LORNA BYRNE

Engel berühren meine Fingerspitzen

GOLDMANN

Buch

Wie kaum eine zweite versteht es Lorna Byrne, mit ihren Büchern die hoffnungsvolle Botschaft der Engel greifbar zu machen. Doch wie erlebt sie selbst ihre Hellsichtigkeit? Wie ist die Verbindung zu ihrem eigenen Schutzengel, der sie von Kindheit an begleitet? Und wie greifen Engel in ihrem Leben schützend ein? In der lange erwarteten Fortsetzung von »Engel in meinem Haar« kommen wir der irischen Engelsflüsterin so nahe wie nie zuvor. Erstmals verrät Lorna außerdem, wie die Seelen unserer Lieben aus dem Himmel zurückkehren, um uns zu helfen und zu führen. Anhand zahlreicher, direkt von den Engeln übermittelter Übungen lernen wir, Zeichen der Engel wahrzunehmen und mit unserem persönlichen Schutzengel Kontakt aufzunehmen.

Autorin

Lorna Byrne, geboren und aufgewachsen in Irland, kann seit frühester Kindheit Engel sehen und mit ihnen kommunizieren. Seit sie 2008 das erste Mal mit ihrem Wissen an die Öffentlichkeit ging, erreichte ihre Botschaft Millionen von Lesern in der ganzen Welt. Ihre Bücher, darunter »Engel in meinem Haar« und »Himmelspfade«, wurden in 30 Sprachen übersetzt. Lorna Byrne ist Mutter von vier Kindern und lebt zurückgezogen in Irland.

Von Lorna Byrne sind bei Goldmann, Arkana und Kailash außerdem erschienen:

Herzensgebete für ein Leben voller Licht (22339)
Himmelspfade (22104)
Liebe – Das Geschenk des Himmels (22158)
Engel in meinem Haar (22088)
Engel in meinem Haar, 5 CDs (Arkana Audio 33964)
Deine Seele leuchtet (63128)

Lorna Byrne

Engel berühren meine Fingerspitzen

Wie wir Kontakt zu unseren Schutzengeln und den Seelen unserer Lieben finden

Aus dem Englischen von
Bettina Lemke

GOLDMANN

Die englische Originalausgabe erschien 2017 unter dem Titel »Angels at my Fingertips« bei Coronet, Hodder & Stoughton, einem Unternehmen von Hachette UK, London.

FSC www.fsc.org
MIX
Papier | Fördert gute Waldnutzung
FSC® C014496

Penguin Random House Verlagsgruppe FSC® N001967

4. Auflage
Vollständige Taschenbuchausgabe Dezember 2020

Lektorat: Birgit Groll
Umschlaggestaltung: UNO Werbeagentur, München,
nach einer Vorlage von ki 36 Editorial Design, Daniela Hofner, München,
unter Verwendung eines Motivs von istockphoto/Vichailao
LG · Herstellung: cf
Satz: Satzwerk Huber, Germering
Druck: GGP Media GmbH, Pößneck
Printed in Germany
ISBN 978-3-442-22316-9

www.goldmann-verlag.de

Inhalt

Einleitung

Während ich dies schreibe, sind bereits viele Jahre vergangen, seit die Engel mir meine Mission verkündet haben, die Menschen daran zu erinnern, dass jeder von ihnen einen Schutzengel hat, sowie ihnen von der spirituellen Realität ihres Lebens zu berichten.

Ich erfahre ständig mehr über die Engel. Als Kind wurde mir nicht alles auf einmal gesagt. Die Dinge werden mir erst mitgeteilt, wenn ich in der Lage bin, sie zu verstehen – und ich schreibe darüber, wenn mir gesagt wird, dass die Welt bereit ist, sie zu verstehen.

Manchmal werden mir Dinge erzählt, die ich nicht weitergeben darf, und zu anderen Zeiten wird mir gestattet, etwas zu verraten, das ich zuvor geheim halten sollte. So war es mir zum Beispiel lange Zeit verboten, in irgendeiner Weise über meinen eigenen Schutzengel zu sprechen.

Dieses Buch enthält viele Geheimnisse dieser Art, die ich – so wurde es mir aufgetragen – nun verraten kann und soll.

Das Buch ist – wie auch meine anderen Bücher – eine Fortsetzung zu *Engel in meinem Haar* und erzählt bestimmte Begebenheiten aus meinem weiteren Leben. Zudem enthält es Geschichten über die Zeit, als meine Kinder heranwuchsen, über

Begegnungen mit dem Erzengel Michael, dem Engel Elija, meinem Liebesvogel, und es beinhaltet Episoden großen Glücks und großer Traurigkeit sowie von verlorener und gefundener Liebe.

In diesem Buch verrate ich Ihnen auch, auf welche Weise Sie Ihrem Schutzengel näherkommen können. Mein Schutzengel hat mich diese Dinge als Kind gelehrt, damit ich sie an Sie weitergeben kann, sodass Sie eine tiefere spirituelle Verbindung zu Ihrem Schutzengel aufbauen können.

Wenn ich heute mit dem Wissen auf mein Leben zurückblicke, das ich seit dem Buch *Engel in meinem Haar* erworben habe, verstehe ich viel besser, was mit mir passiert ist und warum – ebenso wie ich besser verstehe, was mit uns allen und mit der Welt, in der wir leben, geschieht. In meinen früheren Büchern und bei meinen öffentlichen Vorträgen habe ich mich auf die Rolle der Engel in unserem Leben konzentriert. In diesem neuen Buch fokussiere ich mich auch auf die Rolle geliebter Menschen, die uns verlassen haben, die Seelen aus dem Himmel, denen es gestattet ist, uns kurz zu besuchen, und ich spreche darüber, auf welche Weise wir ihnen begegnen sollten. Ich spreche überdies darüber, wie wir mit den Engeln zu Gott beten können und wie diese Gebete unser gesamtes Dasein transformieren.

Vor allem verstehe ich viel besser, wie die Engel uns sehen, auf welche Weise sie uns lieben, was sie für uns tun können und was sie von uns wollen – was sie sehen.

Gott und die Engel umgeben uns und können uns in jedem Moment helfen – wir müssen sie lediglich darum bitten und natürlich zuhören. Deshalb nenne ich dieses Buch *Engel berühren meine Fingerspitzen*.

Kapitel 1

Der Beginn

Ich war in meiner eigenen Welt und malte ein Bild mit Buntstiften aus, die verstreut auf dem Boden herumlagen. Ich tat mein Bestes, um innerhalb der Ränder zu malen, aber es gelang mir nicht sehr gut, und zuweilen frustrierte es mich etwas. Damals war ich etwa vier Jahre alt.

An diesem Tag tauchte eine riesige goldene Hand voller Licht über meiner kleinen Hand auf. Die Berührung der Hand des Engels erfüllte mich mit Liebe, sodass ich fast das Bild vergaß, das ich gerade ausmalte. Stattdessen konzentrierte ich mich, gebannt von all dem Licht und den Details, auf die Hand des Engels über meiner. Seine langen Finger waren so perfekt, als sie sich zusammen mit meinen bewegten und den Stift in meiner Hand führten. Und während sie das taten, leuchteten die Fingerspitzen des Engels. Die gesamte Engelshand strahlte so hell, dass sie wie eine Taschenlampe wirkte, die den Boden dort beleuchtete, wo mein Bild lag und all die Buntstifte in einem Kreis um mich herum verstreut waren.

Dann sagte der Engel zu mir: »Deine Mum kommt.«

Mum kam ins Zimmer, stellte sich einen Moment neben mich und sagte: »Das ist ein wunderschönes Bild.« Ich strahlte sie von unten herauf an, dann wandte meine Mum sich ab, ging zum

Fenster und zog die Vorhänge zurück, um mehr Licht hereinzulassen.

Wie so oft sprach ich ohne Worte zu dem Engel. Es war nicht nötig, irgendetwas laut auszusprechen.

»Mum sieht das Licht nicht, das du für mich gemacht hast. Sie weiß nicht, dass sie die Vorhänge nicht für mich zurückziehen muss.«

»Denk daran, Lorna, du musst das Geheimnis bewahren, sag nichts!«, erwiderte der Engel.

»Okay«, antwortete ich.

Meine Mum verließ das Zimmer wieder, um in die Küche zurückzukehren.

Unser kleines Empfangszimmer war meistens dunkel. Tagsüber erlaubte Mum uns nicht, das Licht anzuschalten. Rückblickend betrachtet hatten meine Eltern nur sehr wenig Geld. Als ich mein Bild fast fertig ausgemalt hatte, kam Blackie, unsere Katze, ins Zimmer und setzte sich neben uns. Der Engel nahm seine Hand von meiner fort und führte sie zu ein paar Buntstiften auf dem Boden. Dann deutete er mit einem Finger darauf und ließ die Buntstifte sich bewegen, ohne sie zu berühren. Ich lachte, als Blackie darauf reagierte, indem sie ihre Pfote ausstreckte und mit den Stiften zu spielen begann. Sie fing einen Buntstift mit den Pfoten und rollte sich damit auf den Rücken. Immer wieder versuchte sie, den Buntstift zwischen ihren Pfoten festzuhalten, während sie sich hin und her rollte.

Ich fragte den Engel: »Kann Blackie das Licht sehen, das aus deiner Hand kommt?«

»Nein, Blackie kann das Licht nicht sehen«, antwortete er. Die Hand des Engels bewegte sich erneut über mein Bild auf dem Boden, und das Bild wurde durch das helle Licht angeleuchtet, das aus der Hand des Engels hervorstrahlte.

Erfreut rief ich aus: »Es ist fertig!«

Als ich es in die Hand nahm und intensiv betrachtete, flüsterte der Engel mir ins Ohr: »Weißt du, Lorna, du kannst ein Bild auch ohne meine Hilfe perfekt selbst ausmalen.« Bestimmt sagte er das, weil ich als kleines Kind nicht glaubte, ohne die Hilfe des Engels gut genug im Ausmalen zu sein.

»Danke, Engel, dass du es mir beibringst und mir hilfst«, sagte ich jedes Mal, wenn der Engel seine Hand über meine legte, um mir beim Ausmalen eines Bildes zu helfen.

Seit ich ein Kind war, habe ich Engel an jedem Tag meines Lebens auf eine körperliche Weise gesehen. Ich kann mir nicht vorstellen, wie das Leben wäre, ohne die Engel physisch zu sehen oder mich mit ihnen zu unterhalten. Es ist normal für mich, aber ich weiß, dass es für Sie nicht normal ist.

Ich kann Sie nur dazu auffordern, Ihre Zweifel beiseitezuschieben und sich selbst eine Chance zu geben zu erkennen, dass Sie nicht nur ein menschliches Wesen sind. Sie sind eine Milliarde Mal mehr als das. Sie haben eine Seele. Sie sind ein spirituelles Wesen ebenso wie eine physische Person. Denken Sie nur einmal einen Moment lang darüber nach. Wenn Sie irgendwie skeptisch oder vielleicht sogar zynisch sind, fragen Sie sich Folgendes: Was haben Sie zu verlieren, wenn Sie sich für die Möglichkeit öffnen, dass Sie einen Schutzengel haben?

Eines kalten Wintertages fragte ich meine Mum, ob ich zum Spielen in den Garten hinaus dürfe. Meine Mum erwiderte: »Ja, aber du musst dich warm anziehen, in Ordnung?« Ich antwortete, dass ich das tun würde, und rannte in den Flur, um meinen Mantel zu holen. Meine Mum folgte mir in den Flur. »Hier sind ein Paar alte Handschuhe. Sie werden deine Finger warmhalten.« Ich rannte den Flur entlang und blieb bei der Tür zur Werkstatt stehen. Es war sehr dunkel dort drinnen. Meine Augen mussten sich stets erst an die Dunkelheit gewöhnen, um einen Weg in dem ganzen Durcheinander zu finden und über die Hintertür hinauszugelangen. (Zu dieser Zeit lebten wir immer noch in unserem Haus in Old Kilmainham.)

Unser Haus in Old Kilmainham glich ein bisschen einem kleinen Puppenhaus. Wir wohnten dort, seitdem ich geboren worden war, bis das Dach einstürzte, als ich etwa fünf Jahre alt war. Ich kann mich in der Regel nicht sehr gut an ein genaues Alter erinnern, deshalb bin ich mir diesbezüglich nie hundertprozentig sicher. Jedenfalls zogen wir nach Ballymun, in das Haus meiner Cousine Netty, nachdem das Dach eingestürzt war. Sie lebte alleine dort. Ihre Eltern waren gestorben, als sie noch sehr jung war. Wir wohnten nur ein paar Jahre bei Netty und zogen danach in ein Haus aus einem sozialen Wohnungsbauprojekt in Edenmore, in Raheny. Alle Häuser dort sahen gleich aus. Dad hatte sich bei einem Arbeitsunfall verletzt. Soweit ich weiß, bekam er als Entschädigung einen besser bezahlten Posten anstelle von Geld. Durch das zusätzliche Geld konnten Dad und Mum dann etwas sparen. Nach ein paar Jahren kauften sie ein Haus in Leixlip, einer Stadt außerhalb von Dublin. Zu der Zeit war ich ein Teenager. Ich wohnte dort mit meiner Familie, bis ich Joe heiratete und wir mit einem öffentlichen Darlehen ein Cottage in Maynooth kauften.

Ich schlenderte also den Pfad in unserem Garten entlang und kletterte die Böschung am Ende des Pfades hinauf. Dann ging ich zu der kleinen Mauer hinüber und begann dort zu spielen. Ich war gerade dabei, ein Haus aus Stöcken und Steinen zu bauen, als mein Name gerufen wurde. Ich drehte mich um und erblickte den Erzengel Michael etwa einen Meter von mir entfernt an der Tür eines kleinen Schuppens, unserer Außentoilette. Ich strahlte ihn an und begrüßte ihn, während ich ein paar weitere kleine

Steine vom Boden aufsammelte. Ich fragte ihn, ob er gekommen sei, um mir zu helfen.

»Nein, Lorna«, antwortete er. »Ich bin lediglich gekommen, um mit dir zu reden.« Ich hörte mit dem Steinesammeln auf. Als ich gerade die paar Steine, die sich noch in meiner Hand befanden, auf die Mauer legen wollte, um sie dort sicher aufzubewahren, erschien eine riesige goldene Hand voller Licht über meiner. Der Erzengel Michael fragte mich: »Weißt du, wessen Hand das ist, Lorna?«

»Ja, das weiß ich. Es ist der Engel, der immer bei mir ist, selbst wenn ich schlafend im Bett liege. Wenn ich meine Augen für ein paar Sekunden öffne, kann ich die Arme des Engels sehen, die er um mich gelegt hat. Es ist mein Schutzengel. Weißt du das denn nicht, Michael? Jeder hat einen Schutzengel, also muss ich auch einen haben.« Das Lachen des Erzengels Michael klang wie ein Donner, und es brachte mich zum Kichern. »Ich habe nur darauf gewartet, dass du es mir sagst«, fuhr ich fort. »Ich wollte dich nicht danach fragen, weil ich befürchtete, dass du vielleicht sagen würdest, ich hätte – anders als alle anderen Menschen – keinen Schutzengel, aber nun bin ich glücklich.« Ich konnte den Schutzengel hinter jedem anderen Menschen sehen. Der Erzengel Michael hatte mir schon früher etwas über die Schutzengel erzählt, aber meinen eigenen hatte er noch nie ausdrücklich erwähnt. Als Kind fragte ich mich dann stets: »Was ist nur mit meinem?«, und hoffte darauf, dass der Erzengel Michael mir sagen würde, dass ich natürlich einen eigenen Schutzengel hatte.

In diesem Moment tauchte der Engel mit der riesigen goldenen Hand, die sich immer noch über meiner befand und sie hielt, vor mir auf. Ich sagte zu dem Engel: »Ich habe dich noch nie vor mir stehen gesehen.«

Der Engel antwortete mir: »Ich habe es viele Male getan, Lorna, aber meistens, wenn du geschlafen hast. Manchmal stehe ich vor dir, wenn du Bilder ausmalst und meine Hilfe nicht brauchst. Du bemerkst es nur nicht.«

Schutzengel kommen manchmal hinter den Menschen hervor und bewegen sich vor sie. Zuweilen umgibt Ihr Schutzengel Sie vollkommen, obwohl er sich im gleichen Moment hinter Ihnen befindet. Es ist schwer zu erklären. Ein Schutzengel kommt vor allem während einer Krisenzeit eines Menschen nach vorne, um ihm zu helfen, eine Verbindung zu sich selbst herzustellen und in der Krise einen Weg zu sehen, weil er die Präsenz seines Schutzengels wahrnimmt und daher auch Hoffnung spürt.

Der Erzengel Michael fragte mich schließlich: »Erinnerst du dich daran, was ich dir über deinen Schutzengel gesagt habe?«

»Ich glaube schon!«

»Dann erzähl mir mal, woran du dich erinnerst, Lorna.« Ich dachte einen Moment lang nach, und dann fiel es mir ein. Mir wurde bewusst, dass ich bis zu diesem Moment alles vergessen hatte, was der Erzengel Michael mir bereits über Schutzengel erzählt hatte.

Ich sagte zu ihm: »Ich saß oben in meinem Zimmer auf dem Bett, als du hereinkamst. Du hattest ein Buch in der Hand, und es war aufgeschlagen. Du hast mir daraus vorgelesen und mir etwas über meinen Schutzengel erzählt. Du hast gesagt, dass mein Schutzengel mich nicht einmal für eine Sekunde verlassen würde, dass ich nie allein sein werde und dass er mich liebt. Weißt du, welches große Wort ich meine, Erzengel Michael? Ich kann es nicht richtig aussprechen.«

»Bedingungslose Liebe«, antwortete der Erzengel Michael.

»Ja, das ist das Wort.«

»Sprich es laut aus, Lorna.« Ich tat es ungefähr sechs Mal, bevor ich es korrekt sagen konnte. Aufgrund meiner Legasthenie habe ich lange gebraucht, um es richtig auszusprechen, ganz zu schweigen davon, es zu verstehen!

»Bedingungslose Liebe«, wiederholte ich. »Ich kann es immer dann sagen, wenn du es mir vorsprichst, Erzengel Michael. Was hast du mir noch über meinen Schutzengel erzählt?«

Er antwortete: »Für deinen Schutzengel bist du die wichtigste Person auf der Welt.« Ich lächelte den Erzengel Michael von unten herauf an und dachte, dass ich mich nun an alles erinnert hatte, aber er hakte nach: »War da nicht noch etwas?« Ich blickte zu meinem Schutzengel hinauf, der lächelnd vor mir stand und meine Hand hielt. Ich grübelte einen Moment lang nach und versuchte intensiv, mich an noch etwas zu erinnern. Dann sah ich zum Erzengel Michael hinauf, und da fiel mir alles wieder ein. Ich rief aufgeregt:

»Ja, jetzt erinnere ich mich, er ist der Torhüter meiner Seele!« Ich betrachtete meinen Schutzengel und konnte meinen Blick nicht von ihm abwenden. Für mich war er schöner als irgendein Engel, den ich je gesehen hatte. Sein strahlendes Licht ließ mich die menschliche Erscheinung erkennen, in der er sich zeigte. Ich versuchte, jeden Teil von ihm zu sehen, und betrachtete meinen Schutzengel so, als wären meine Augen eine Lupe; ich wollte ihn mir ganz genau ansehen. Keinen einzigen Punkt wollte ich übersehen.

Er war in goldene wallende Roben gehüllt, die bis zu seinen Zehen reichten. Ich konnte nicht erkennen, wie viele Roben er trug, aber jede Stofffalte war perfekt. Seine Gewänder schienen wie in einer sanften Brise leicht hin und her zu wogen.

Ich machte einen Schritt nach vorne, um ihn zu umarmen, aber der Erzengel Michael sagte zu mir: »Du kannst nicht in deinen Schutzengel hineingehen, Lorna, auch wenn es manchmal so aussehen mag. Immer wenn das geschieht, umhüllt dein Schutzengel dich lediglich mit einem seiner Gewänder. Es kann nicht anders geschehen. Du selbst könntest es nicht tun, Lorna. Nur dein Schutzengel ist in der Lage dazu.«

»Ich weiß«, sagte ich traurig zu Michael. »Ich wünschte nur, ich könnte es.« Mein Schutzengel lächelte zu mir herab, sagte aber kein Wort. Er wirkte wie ein Riese auf mich. Plötzlich öffneten sich seine Flügel und umhüllten mich. Sie bestanden aus goldenen Federn in verschiedensten Formen und Größen. Ich konnte jede einzelne Faser bei jeder Feder erkennen, jedes Detail. Sie sahen so weich aus. Manche hatten die Form von Federn, wie man sie bei Vögeln sieht; andere waren dagegen rund, dreieckig, quadratisch, kreuzförmig oder hatten viele, viele andere Formen.

Der Erzengel Michael rief meinen Namen, und gleichzeitig begann mein Schutzengel, seine Flügel sehr sanft zurückzuziehen und sie wie eine Tür zu öffnen. Ich blickte nach oben, und während ich das tat, berührte der Erzengel Michael einige Federn meines Schutzengels mit seinen Fingerspitzen. Sie leuchteten auf! Einige der Federn, die wie Symbole geformt waren, begannen sich im Kreis zu drehen und berührten mich beinahe. Ich konnte eine sanfte Brise *spüren.* Dann zog der Erzengel seine Finger zurück, und die Federn hörten auf, sich zu drehen. Ich fragte, ob ich sie mit der Hand berühren dürfe.

Nun antwortete mir mein Schutzengel mit einem »Nein«. Als er jedoch seine Flügel ausbreitete, ließ er eine der Federn seiner rechten Flügelspitze meine Hand berühren. Sie fühlte sich so weich an, wie eine Welle der Liebe, die durch meinen Körper strömte. Im selben Moment ließ der Schutzengel meine Hand los.

Dann sagte der Erzengel Michael, er müsse gehen, und damit verschwand er.

Ich wandte mich meinem Schutzengel zu. »Ich bin froh, dass du nicht irgendwohin musst.«

Er flüsterte mir ins Ohr: »Ich bin immer bei dir, Lorna.«

Ich legte meine Hand an meinen Mund, machte einen Satz zurück und rief aus: »Oh, ich habe ganz vergessen, dem Erzengel

Michael zu sagen, dass es mir nicht erlaubt ist, deinen Namen zu sagen. Er muss geheim bleiben.« Über das ganze Gesicht strahlend sagte mein Schutzengel, dass er dies wisse, und deutete auf die Steine, mit denen ich gespielt hatte. Ich nahm sie von der Gartenmauer herunter und widmete mich wieder meinem Spiel, bei dem ich ein kleines Haus aus Stöcken und Steinen baute.

Engel sind weder männlich noch weiblich. Manchmal erscheinen sie eben in einer männlichen oder weiblichen Gestalt und manchmal in keiner dieser beiden. Mein Schutzengel hat sich stets in einer männlichen Erscheinung gezeigt. Ich habe bisher nie über meinen Schutzengel gesprochen, weil ich es nicht durfte. Mein ganzes Leben lang hat mein Schutzengel mich immer wieder daran erinnert, dass ich nicht über ihn sprechen oder seinen Namen verraten dürfe, dass es mir allerdings eines Tages erlaubt sein würde, ein bisschen von ihm zu erzählen. Es wird mir nie gestattet sein, den Namen meines Schutzengels zu verraten oder Ihnen alles zu erzählen. Als mein erstes Buch *Engel in meinem Haar* erschien, wurde ich nicht nur von meinem Schutzengel, sondern von allen Engeln ständig daran erinnert, dass ich nie Fragen über meinen Schutzengel beantworten dürfe.

Bei Radio- oder Fernsehinterviews oder wenn ich auf einer Bühne war und der Interviewer mir Fragen zu meinem eigenen Schutzengel stellte, bekam ich oft einen richtigen Schreck. Ich fragte die Engel dann in dem Moment auf der Bühne: »Was soll ich sagen?«

Mein eigener Schutzengel flüsterte mir dann ins Ohr: »Sag die Wahrheit.«

Also atmete ich tief ein und antwortete einfach: »Ich kann nicht über meinen eigenen Schutzengel sprechen. Es ist mir nicht erlaubt.« Manchmal versuchte ein Interviewer, mir eine Antwort zu entlocken, aber ich musste Nein sagen, und manchmal war mir das peinlich.

Kapitel 2

Mein Schutzengel

An einem warmen Sommertag, als ich etwa zwölf war, ging ich einmal mit meinem Vater und seinem besten Freund, Arthur, zum Angeln. Die beiden waren wie Brüder. Ich glaube, mein Vater und Arthur nahmen im ganzen Land an jedem Angelwettbewerb teil.

Ich liebte es, mit meinem Vater zum Angeln zu gehen. An diesem speziellen Wochenende bat er mich darum, das Lagerfeuer in einem Uferbereich vorzubereiten, wo sich viele Steine befanden. Mein Vater hatte mir gesagt, dass er mit Arthur eine Weile etwas weiter flussaufwärts angeln werde und wir danach alle gemeinsam zu Mittag essen würden. Ich sagte: »Okay!«, und ging vergnügt zu dem Uferbereich, der voller Steine in allen möglichen Größen war und wie eine Kiesbucht wirkte. Einige Steine waren groß genug, um darauf zu sitzen. Wenn der Fluss viel Wasser führte, das wusste ich, waren die Steine vom Wasser bedeckt, so als gehörten sie zum Fluss dazu. Es waren viele Engel bei mir, und ich fragte sie: »Wo soll ich anfangen?«

Einer von ihnen rief mich zu sich: »Ich denke, das ist ein geeigneter Platz, um das Lagerfeuer vorzubereiten, Lorna.« Mein Vater hatte mir beigebracht, wie man ein Lagerfeuer macht, als ich etwa vier Jahre alt war, und schon damals hatte ich ihm beim

Steinesammeln geholfen. Ich war ihm allerdings keine große Hilfe, denn die meisten Steine, die ich sammelte, waren ziemlich klein. Trotzdem legte mein Vater sie von außen an den Kreis aus Steinen, den er für das Feuer errichtet hatte, und sagte mir, ich hätte meine Sache gut gemacht.

Seit jenem Tag versuchte ich stets, größere Steine für meinen Vater zu sammeln. Manchmal sagten die Engel jedoch: »Nein, Lorna, dieser Stein ist zu groß.« Dann hörte ich auf sie und nahm stattdessen einen kleineren Stein.

An diesem Tag nun stellte ich meine Tasche auf dem Boden ab und begann Steine zu sammeln, um daraus einen Kreis zu errichten. Dann sammelte ich ein paar Zweige und anderes Treibholz von Bäumen, die bei Hochwasser in den Fluss gespült worden waren. Ich hatte das Gefühl, im Nu mit allem fertig zu sein. Ich öffnete die Tasche mit all den Sandwiches, schnappte mir die Teekanne und ging damit zum Fluss. Einer der Engel sagte zu mir: »Geh nicht mit deinen Schuhen in den Fluss, Lorna.«

Ich wandte mich ihm zu und erwiderte: »Natürlich nicht! Ich ziehe meine Schuhe aus.« Dann watete ich fast bis zu den Knien ins Wasser hinein. Die Engel umgaben mich die ganze Zeit. Ich füllte den Teekessel mit Wasser und watete wieder ans Ufer. Meine Schuhe und Socken ließ ich ausgezogen. Die Steine waren warm, und die meisten waren vom Wasser rund abgeschliffen, daher war es angenehm, barfuß auf ihnen zu laufen.

Ich saß auf einem der Steine, blickte einfach auf den Fluss, genoss die Sonne, lauschte den Vögeln und sah gleichzeitig den Engeln zu. Vor allem ein Engel war an diesem Tag in meiner Nähe. In diesem Moment tat er so, als würde er am Flussufer angeln. Er brachte mich zum Lachen, indem er vorgab, einen Fisch an einer unsichtbaren Angel zu haben. Ein anderer Engel tat so, als hielte er ein Fischernetz in den Händen, während der andere vorgab, seinen Fisch ans Ufer zu bringen. Als der andere Engel, derjenige mit dem Fischernetz, dieses gerade unter den Fisch halten wollte, schien der Engel mit der Angel rückwärts hinzufallen und die Angel beinahe fallen zu lassen. Die beiden Engel taten so, als wäre ihr unsichtbarer Fisch entkommen. Es sah so lustig aus. Ich lachte und lachte.

Während ich den Späßen der Engel zusah, erschien eine wunderschöne goldene Hand über meiner linken Hand. Mein Schutzengel saß neben mir.

»Genießt du diesen Tag, Lorna?«, fragte er mich.

»Ja, das tue ich«, antwortete ich. »Ich hoffe, mein Vater und Arthur fangen etwas!«

»Das werden sie bestimmt, Lorna«, sagte mein Schutzengel.

»Manchmal fangen sie keinen Fisch, und dann bin ich enttäuscht.«

»Reagiert dein Vater enttäuscht, wenn er keinen Fisch fängt?«

Ich sah meinen Schutzengel angesichts dessen, was er da gesagt hatte, etwas überrascht an. »Nein, mein Vater ist offenbar nie betrübt, wenn er keinen Fisch fängt. Es macht ihm so viel Spaß zu angeln und einfach draußen in der Natur zu sein. Ich glaube, die beiden werden bald wieder zurück sein.«

»Es wird noch eine kleine Weile dauern, Lorna. Sie haben die Zeit und das Mittagessen völlig vergessen.«

»Ich bekomme allmählich Hunger«, sagte ich, » ... haben wir denn etwas Zeit, uns zu unterhalten?«

Mein Schutzengel strahlte mich an. »Ja, Lorna.«

»Es gibt etwas, das ich schon immer wissen wollte«, fuhr ich fort. »Vielleicht beantwortest du meine Frage nicht, aber ich werde sie dir trotzdem stellen. Seit ich ein kleines Kind war, ist mir etwas aufgefallen – ich weiß schon, dass ich immer noch klein bin, ich bin erst zwölf, und bald werde ich dreizehn sein. Ich habe noch nie einen Engel einen Schutzengel berühren oder einen Schutzengel einen anderen Schutzengel berühren gesehen.«

»Schau noch einmal zum Fluss, Lorna.« Das tat ich und sah dort die beiden Engel, die mich zum Lachen gebracht hatten. Sie bewegten ihre Hände überaus sanft aufeinander zu. Dann berührten sich ihre Hände gegenseitig leicht mit den Fingerspitzen. Während ich sie beobachtete, erlaubten die Engel mir plötzlich, ihre Flügel zu sehen. Ich fühlte mich wie immer sehr privilegiert. Es war eine solche Überraschung, als die beiden Engel ihre Flügel nur etwas ausbreiteten, und für den Bruchteil einer Sekunde, während der eine Engel am anderen vorbeiglitt, berührte er die Flügel des anderen Engels mit seiner Flügelspitze. Das alles wurde mir erlaubt wie in Zeitlupe zu sehen.

»Siehst du, Lorna«, sagte mein Schutzengel, »Engel berühren einander, aber nur, wenn Gott es erlaubt.«

»Wie ist es bei Schutzengeln?«, fragte ich ihn. Mein Schutzengel lächelte mich an und sagte mir, dass mein Vater und Arthur auf dem Rückweg seien, daher erhob ich mich von dem Stein, auf dem ich saß, und ging in die Richtung, aus der mein Vater kommen würde. Ein paar Sekunden später erblickte ich sie und lief ihnen winkend entgegen. Als ich sie erreicht hatte, fragte ich sie als Erstes: »Habt ihr etwas gefangen?« Mein Vater nahm eine große Forelle aus seiner Angeltasche und strahlte dabei bis über beide Ohren.

»Toll!«, rief ich.

Beim Lagerfeuerplatz sagte Arthur zu mir, dass ich meine Sache fantastisch gemacht habe. Es dauerte nur einen Moment, um das Feuer in Gang zu bringen, und innerhalb kurzer Zeit kochte das Teewasser im Kessel. Ich genoss es, auf den Steinen zu sitzen, heißen Tee zu trinken und ein Sandwich mit meinem Vater und Arthur und all den Engeln zu essen, die uns umgaben. Wir angelten den ganzen Tag und machten uns erst auf den Nachhauseweg, als es langsam dunkel wurde. Als ich dann auf dem Rücksitz im Auto saß, sprach ich ohne Worte mit meinem Schutzengel.

Ich wollte wissen, warum ich noch nie einen Schutzengel einen anderen Schutzengel berühren gesehen hatte.

Mein Schutzengel flüsterte mir ins Ohr: »Schließ deine Augen und schlaf, während dein Vater euch nach Hause fährt.«

Ich habe dies auf meinem Computer im alten Farmhaus, mit dem Engel Hosus an meiner Seite geschrieben. Auch ein paar andere Engel waren mit im Raum. Es war ein kalter Morgen, aber die Sonne schien durch das Fenster.

Der Engel Hosus fragte mich: »Was geht dir durch den Kopf, Lorna? Warum hast du aufgehört zu schreiben?«

»Ich denke nur darüber nach, wann die Engel sich berühren, Hosus. Es ist etwas, das ich nur selten gesehen habe, und es kommt kaum vor. Ich erinnere mich, dass ich den Erzengel Michael gefragt habe, ob er mir etwas genauer erklären würde, warum die Engel einander offenbar nicht so berühren, wie wir Menschen es tun. Weißt du was, Engel Hosus, ich denke, ich lege eine Pause ein und mache mir unten eine Tasse Tee.«

Ich stand vom Computer auf und ging nach unten, um mir einen Tee zuzubereiten. Als ich die Treppe wieder hinaufging und dabei an dem Tee nippte, hörte ich, dass mein Name gerufen wurde. Ich sah nach oben und erblickte den Erzengel Michael am Ende der Treppe.

»Guten Morgen, Lorna«, sagte er.

»Guten Morgen, Erzengel Michael!« Als ich am Ende der Treppe angekommen war, fügte ich hinzu: »Ich bin froh, dass du gekommen bist. Es gibt etwas, worüber ich liebend gerne mit dir sprechen würde.«

»Das habe ich gehört, und deshalb bin ich hier«, antwortete der Erzengel Michael.

Ich ging in das Zimmer, in dem ich arbeitete, setzte mich und trank noch ein paar Schlückchen Tee. Die anderen Engel, die vorher im Raum gewesen waren, waren verschwunden. Nur der Engel Hosus war noch da.

Ich fragte den Erzengel Michael: »Vor all den Jahren, als ich noch ein Kind war, hattest du ein Buch in der Hand. Du hast daraus vorgelesen und mir von meinem Schutzengel erzählt. Mein Schutzengel ist nie dazu gekommen, mir mehr über die Berührungen der Engel untereinander zu erzählen. Wie viel darf ich den Menschen über die Engel erzählen?«

Der Erzengel Michael strahlte mich an und streckte mir seine Hand entgegen. Da meine Großeltern mir beigebracht haben, dass es höflich ist, diese Geste zu erwidern, streckte ich automatisch meine Hand aus, um seine zu schütteln. Es erfüllte mich mit großer Liebe und Glück. Die Hand des Erzengels Michael hielt meine umfasst. Meine Hand verlor sich in seiner.

Er sagte: »Engel geben sich nicht die Hand, Lorna.«

»Ich weiß, aber warum nicht?«, hakte ich nach.

»Weil wir Geschöpfe sind, die von Gott erschaffen wurden. Wir haben keinen Wunsch, kein Bedürfnis, einander zu berühren. Wir sind nicht wie Menschen. Wenn ein Engel einen anderen berührt, geschieht es nur, weil Gott es erlaubt hat. Das passiert bei besonderen Gelegenheiten.«

»Ja, Erzengel Michael. Ich weiß, dass es sehr selten vorkommt. Ich denke nur darüber nach. Ich erinnere mich, dass ich einmal vor sehr langer Zeit gesehen habe, wie ein Schutzengel einen anderen Engel tatsächlich berührt hat. Kann ich darüber sprechen?«, fragte ich ihn.

»Ja, Lorna, und ich werde dir helfen, dich daran zu erinnern«, antwortete der Erzengel Michael.

Es war zu der Zeit, als ich für meinen Vater in der Grosvenor-Tankstelle in Rathmines gearbeitet habe. Ich fragte meinen Vater, ob ich um zwei Uhr mit der Arbeit Schluss machen könne, und fuhr dann mit dem Bus ins Stadtzentrum von Dublin. Ich liebe es stets, im Bus zu sitzen und zu hören, wie sich all die Leute unterhalten, sowie all die Engel um sie herum zu sehen, einschließlich der Schutzengel natürlich.

Engel auf eine so physische Weise zu sehen wie Menschen ist ganz normal für mich.

Ich stieg am Ende der O'Connell Bridge aus und ging die O'Connell Street entlang. Eigentlich wollte ich zu Penneys in der Mary Street. Ich hatte etwas Geld gespart, sodass ich mir ein paar neue Kleidungsstücke – ein Top und einen Rock – kaufen konnte. Ich bog in die Henry Street ab, ging zwischen den Passanten hindurch und steuerte weiterhin auf mein Ziel zu. Auf meinem Weg kam ich an der Moore Street vorbei, in der sich ein Markt mit lauter Obst- und Gemüseständen befindet. Man hört dort die Frauen immer laut rufen: »Äpfel! Orangen! Bananen! Zu verkaufen!«

Es hat mir immer sehr gut gefallen, meinen Blick diese Straße entlangschweifen zu lassen, weil die Engel manchmal die ganze Energie aus dem Obst und Gemüse in Form von Lichtbällen überall herumhüpfen ließen.

An diesem Tag kaufte eine junge Frau direkt an der Straßenecke etwas Obst. Ich blieb stehen, weil ich sah, dass ihr Schutzengel seine Hand ausstreckte. Seine Fingerspitzen schienen die Hand eines Engels neben ihm zu berühren.

»Habe ich das richtig gesehen, Erzengel Michael?«, fragte ich. »Als der Schutzengel der jungen Frau dem anderen Engel seine Hand entgegenstreckte, schienen sich ihre Fingerspitzen fast unmerklich zu berühren, oder als berührten sie sich beinahe nicht.«

»Ja, Lorna«, antwortete der Erzengel Michael. »Du würdest fast meinen, dass sie sich nicht berührten, aber das taten sie. Es ist ein Hauch einer Berührung. Kein Engel braucht es, einen anderen Engel zu berühren. Engel haben es nicht nötig, sich gegenseitig zu umarmen.«

»Berühren Erzengel einander jemals, Erzengel Michael?«

»Nur wenn es Gott zufolge geschehen soll, und nur dann. Ich habe es nicht nötig, einen anderen Erzengel oder sonst irgendeinen Engel zu berühren. Aber Gott erlaubt uns, Menschen zu berühren: Männer, Frauen und Kinder. Wie du weißt, Lorna, ist auch das keine vollständige Berührung.«

»Ja«, sagte ich. »Als ich ein Kind war, hat mein Schutzengel seine Hand über meine gelegt. Es war das Licht der Hand meines Schutzengels, das mich berührte. Nicht die Hand selbst.«

Der Erzengel Michael sagte bestätigend: »Ja, das stimmt, Lorna.«

Ich fuhr fort: »Selbst als du mir die Hand gegeben hast und meine Hand sich in deiner verloren hat, berührten unsere Hände sich nicht richtig. Lediglich das Licht deiner Hand umgab meine Hand. Deine Wärme, deine Liebe ließen mich die Form deiner Hand und Finger erfühlen, obwohl sie meine Hand eigentlich nicht berührten.«

»Woran erinnerst du dich noch, was den Schutzengel an der Ecke zur Moore Street betraf, als seine Fingerspitzen den Engel neben ihm berührten?«, fragte mich der Erzengel Michael.

»Wie kann ich das erklären?«, antwortete ich. »In dem Moment, als die Fingerspitzen des Schutzengels den anderen Engel berührten, war es so, als ströme eine Lichtinfusion wie eine Explosion aus den Fingern des Schutzengels heraus. Es handelte sich um die linke Hand des Schutzengels der jungen Frau. Seine Hand schien heller zu strahlen als jeder Schutzengel, den ich je gesehen habe, allerdings nur seine Hand. Es war, als passiere das alles innerhalb eines kurzen Moments. Ich erinnere mich daran, dass der Schutzengel der jungen Frau zu mir herübersah, als ich dort auf der Straße stand. Er trug eine Robe, die violett, grün und golden war. Der andere Engel wurde von dem Schutzengel der jungen Frau mit Wonne durchströmt.«

»Woran erinnerst du dich noch, Lorna?«, fragte der Erzengel Michael nach.

Ich überlegte einen Moment lang und sagte dann zu Michael: »Ich erinnere mich daran, dass ich den Schutzengel fragte, warum er den anderen Engel berührt habe, aber er hat mir nicht geantwortet.«

Ich sah, wie die junge Frau ihr Obst bezahlte, sich umdrehte und sich von dem Stand entfernte. Erst in diesem Moment wurde mir bewusst, dass der andere Engel verschwunden war.

Ich sagte zum Erzengel Michael: »Scheinbar braucht ihr Engel die Umarmung, diese freundschaftliche oder liebevolle Berührung, nach der sich Männer, Frauen und Kinder an jedem Tag ihres Lebens sehnen, definitiv nicht. Manchmal kann ich die Art der Engel nicht verstehen, Erzengel Michael. Ihr Engel schenkt jedem Mann, jeder Frau und jedem Kind so viel Liebe. Die Schutzengel lieben uns bedingungslos. Ich wünschte, wir könnten einander so lieben, wie ihr Engel uns liebt, Erzengel Michael.«

Da sagte der Erzengel Michael, er müsse gehen, und damit verschwand er.

Ich wandte mich dem Engel Hosus zu. »Musst du auch gehen?«

»Nein, Lorna, ich kann bleiben.«

Sobald der Engel Hosus das gesagt hatte, kamen drei andere Engel in den Raum.

»Ich hoffe, ihr werdet mir eine Mittagspause gestatten?«, sagte ich lächelnd zu ihnen.

Die Engel antworteten gleichzeitig: »Um drei Uhr kannst du einen Spaziergang machen.«

Ich erwiderte schmunzelnd: »Ich danke euch.«

Kapitel 3

Leid in der Vergangenheit

Wir lebten gerade in Ballymun. Mum nahm mich immer mit nach Dublin, damit ich ihr beim Einkaufen helfen konnte. Ich kümmerte mich um den kleinen Handwagen, der aus einer Einkaufstasche auf zwei Rädern und einem Griff daran bestand. Damals benutzte fast jeder in Irland solche Einkaufstrolleys. Sie waren sehr praktisch, da man sie einfach hinter sich herzog. Samstagmorgens nahmen Mum und ich den Bus nach Dublin. Mum ging dann immer in der Henry und der Mary Street zum Einkaufen, und der Einkaufswagen füllte sich mit Obst und Gemüse von den Ständen der Frauen in der Moore Street. Ich liebte es, dort herumzuschlendern und das geschäftige Treiben zu beobachten.

Bei besonderen Anlässen ging Mum ins Hauptpostamt in der O'Connell Street. Es ist ein großes Postamt und ein berühmtes historisches Gebäude in Dublin, da es eins der Hauptgebäude war, in denen die Kämpfe um die Unabhängigkeit Irlands beim Osteraufstand von 1916 stattfanden. Ich war stets etwas nervös, aber auch gespannt, wenn wir in dieses Postamt gingen, denn jedes Mal war es voller Leute. Zudem zeigten die Engel mir Dinge, die dort in der Vergangenheit passiert waren.

Meistens wollte meine Mutter nur telefonieren. Wir gingen durch die Eingangstüren – sie waren sehr groß und schwer –, und der Telefonraum lag auf der linken Seite. Dann bogen wir in einen türlosen Raum voller Telefonkabinen ab.

An diesem speziellen Tag war ich vielleicht zehn oder elf Jahre alt. Mum musste zu einem der Schalter gehen und stellte sich in der Schlange an; ich stand neben ihr. Ich erinnere mich, dass ich begann, die Leute in den Schlangen zu zählen, und manchmal schmunzelte ich, weil die Engel zwischen all den Menschen standen.

Ich sagte ohne Worte zu ihnen: »Könnt ihr aus dem Weg gehen, damit ich zählen kann?«

Sie taten es nicht.

Dann wandte meine Mutter sich mir zu und sagte: »Ich glaube, ich werde noch eine ganze Weile hier stehen, Lorna. Geh und warte dort drüben in der Nähe des Schalters bei der Wand.«

Ich sagte: »Okay!«, und schon war ich fort.

Als ich dort so stand, die Leute beobachtete und all die Engel inmitten der Menge erblickte, sah ich, dass der Engel Hosus auf mich zukam.

»Hallo, Lorna«, sagte er.

Ich lächelte ihm zu.

»Ich möchte, dass du aufpasst, Lorna. Es wird dir erlaubt, einige Dinge aus der Vergangenheit zu sehen, die hier geschehen sind.«

»Ich möchte die Vergangenheit nicht sehen, besonders nicht hier oder draußen«, erwiderte ich seufzend.

Die Engel hatten mir bereits die Kämpfe vor dem Hauptpostamt gezeigt, die in der Vergangenheit stattgefunden hatten. Ich hatte Angst davor, Menschen mit Schusswaffen zu sehen, Menschen, die erschossen und verwundet wurden. Der Lärm war immer sehr furchterregend gewesen – es wurde gerufen, geschrien, und Schusswaffen wurden abgefeuert.

Der Engel Hosus versicherte mir: »Du wirst es ertragen können, Lorna. Ich bin hier bei dir.«

»In Ordnung«, seufzte ich.

Innerhalb von Sekunden veränderte sich der Raum. Es war, als würde ich die Vergangenheit und die Gegenwart zusammen sehen. Als würde ich einen Film sehen, aber mit zwei Filmen gleichzeitig, einer über den anderen gelegt, wobei die Gegenwart dominanter war als die Vergangenheit.

Im nächsten Moment veränderte sich das jedoch. Ich stand in der Vergangenheit im Hauptpostamt. Es war sehr laut, und der Ort schien voller Staub zu sein. Lautes Rufen war zu hören. Ich konnte den Engel Hosus neben mir sehen.

Als ich zu ihm aufsah, sagte er zu mir: »Pass auf, Lorna.«

Ich tat, wie er mich geheißen hatte. Ich sah eine junge Frau, die einen jungen Mann stützte, der offenbar verletzt war. Sie mühte sich sehr dabei ab, da sie ihn beinahe trug, als sie den Raum durchquerten. Ich hörte sie um Hilfe rufen, und jemand eilte hinter einem der Schalter hervor und auf sie zu. Sie sprachen miteinander, aber ich konnte nicht verstehen, was sie sagten, während sie den jungen Mann gemeinsam stützten. Ich war sehr traurig und litt mit ihm, weil ich wusste, dass er große Schmerzen hatte.

Aufgrund des ganzen Lärms und Staubs, die diese drei zu umgeben schienen, fragte ich den Engel Hosus: »Was ist los, Engel Hosus? Der junge Mann ist verwundet.«

Plötzlich sah ich die Gegenwart hervorkommen, und die Vergangenheit verblasste. Die junge Frau und der junge Mann schienen in der Menge zu verschwinden, und dann wurde alles wieder normal. Meine Mutter stand immer noch in der Schlange, aber sie befand sich nun etwas näher am Schalter. Ich war sehr traurig.

Der Engel Hosus stand vor mir und sagte: »Es war Krieg, Lorna.«

»Das verstehe ich nicht«, erwiderte ich.

»Ich weiß, dass du es nicht verstehst. Bete einfach«, wies der Engel Hosus mich an, »deine Mum wird bald wieder gehen wollen.«

Als ich aufblickte, war nur noch eine Person vor meiner Mutter.

Ein paar Minuten später verließen wir das Hauptpostamt. Der Engel Hosus begleitete uns zur Tür hinaus. Ich schmunzelte, weil ich wusste, dass meine Mutter seine Anwesenheit direkt neben uns nicht bemerkte. Sie wusste nichts über die Engel. Sie wusste nicht einmal, dass ich diese auf die gleiche physische Weise sehen konnte, wie ich meine Mutter sah. Wir gingen zur Henry Street, und Mum erledigte ihre Einkäufe. Später fuhren wir dann mit dem Bus wieder nach Hause zurück.

Die Engel zeigen mir Dinge aus der Vergangenheit, damit ich der Welt davon erzählen kann und wir damit aufhören, immer wieder Krieg zu führen. Wenn wir damit weitermachen, wird – abgesehen von Verbitterung und Hass – für die Kinder der Zukunft nichts übrig bleiben. Wir müssen uns um Frieden bemühen. In meinem Buch *Engel in meinem Haar* berichte ich darüber, dass der Engel Hosus Nordirland als Meilenstein des Friedens für die Welt bezeichnet hat. Nordirland hat den Frieden erst erlebt, als die Menschen der gegnerischen Seiten zusammenkamen, weil sie erkannten, dass sie aufhören mussten, sich gegenseitig zu töten, und dass sie ihren Kindern eine Chance geben mussten, ein Leben in Freiheit und Frieden zu führen.

Joes Familie war am irischen Osteraufstand von 1916 beteiligt gewesen. Seine Tante Dolly war zu einem bestimmten Zeitpunkt im Hauptpostamt. Ich erinnere mich daran, dass ich einmal mit Joe am Küchentisch saß, als Dolly uns davon berichtete, wie sie den Rebellen Proviant und Schusswaffen brachte. Sie betete die ganze Zeit über dafür, nicht erwischt zu werden, als sie sich mitten im Gefecht ins Hauptpostamt schlich.

Als sie mir die Geschichte erzählte, flüsterte mein Schutzengel mir zu: »Erinnerst du dich daran, dass du sie gesehen hast, als wir dich in diese Zeit zurückversetzt haben, Lorna?«

Sobald er das gesagt hatte, erinnerte ich mich daran. Dolly war damals eine junge Frau gewesen. Sie hatte Waffen mit Munition geladen und sie dann den jungen Männern gereicht. Ich war etwa 14 Jahre alt, als die Engel mich spirituell in diese Zeit zurückversetzten.

Es ist schrecklich, in die Vergangenheit zu blicken, vor allem, wenn Krieg ist und es so viel Leid gibt. Ich spüre stets die Emotionen und das spirituelle Leid all der beteiligten Männer und Frauen, auf allen Seiten. Es zerreißt mich dann fast.

Wie ich bereits an anderer Stelle geschrieben habe, dachte meine Familie, ich sei – wie es damals hieß – »zurückgeblieben«. Daher wurde es mir erlaubt, viele Dinge zu sehen, die andere Familienmitglieder nicht sehen durften. Sie dachten wohl, ich würde diese Dinge nie verstehen oder nicht in der Lage sein, darüber zu sprechen, aber natürlich verstand ich sie und bin nun in der Lage, darüber zu sprechen. Dabei hatte ich stets die besten Lehrer der Welt: die Engel.

Mein Vater und ich arbeiteten beide bei der Grosvenor-Tankstelle. Jeden Morgen fuhr ich mit Dad zur Arbeit, aber eines Morgens machte er einen Umweg, anstatt auf direktem Weg zur Arbeit zu fahren, und während er das tat, hörte ich, wie mein Name gerufen wurde. Ich drehte mich um und blickte zum Rücksitz. Dort saß der Engel Hosus.

Er sagte zu mir: »Während du mit deinem Vater zusammen bist, Lorna, solltest du gut aufpassen, damit du dich an alles erinnerst, was du siehst.«

Ich antwortete dem Engel Hosus ohne Worte: »Okay.«

Mein Dad fragte mich: »Brauchst du irgendetwas vom Rücksitz?«

»Nein, ich habe mich nur umgeschaut«, antwortete ich.

Ein paar Minuten später fand mein Vater einen Parkplatz bei einer Reihe von Geschäften. Ich würde Ihnen sagen, in welchem

Bereich das war, aber es ist besser, das nicht zu tun, denn die Dinge, die ich dort mit meinem Vater sah, sind wahrscheinlich immer noch dort.

Wir stiegen aus dem Auto aus, überquerten die Straße und gingen an alten georgianischen Häusern entlang. Als wir uns unserem Ziel näherten, sah ich den Engel Hosus neben zwei geparkten Autos vor einem der Häuser stehen.

Er sagte zu mir: »Die Polizisten in den Autos sind bewaffnet, Lorna.« Als ich tief durchatmete, fügte er hinzu: »Hab keine Angst.«

Dann kam er zu mir und ging neben mir her.

Mein Vater bemerkte die Polizisten in den Autos nicht. Vor der Pforte zögerte er kurz und sagte: »Ich glaube, das ist das richtige Haus.«

Wir gingen durch die Pforte und stiegen die Stufen zur Eingangstür hinauf. Von außen wirkte das Haus wie ein gewöhnliches georgianisches Gebäude, aber als die Tür sich öffnete, sah ich, dass es keineswegs gewöhnlich war.

Ein bewaffneter Wachmann öffnete uns die Tür. Dad sagte seinen Namen, und der Wachmann ließ uns eintreten. Als wir durch die Tür gingen, sahen wir, dass weitere bewaffnete Wachmänner im Flur standen und dass die Tür keine normale Tür war. Sie sah nur von außen so aus. An der Innenseite der Tür war eine weitere aus Stahl befestigt.

Wir gingen den Flur entlang und geradewegs in ein Büro hinein. Es war das Büro meines Großvaters. Das wurde mir erst klar, als ich ihn dort auf seinem Stuhl hinter dem Schreibtisch sitzen sah. Es handelte sich nicht um ein normales Büro. Großvater Cruthers hatte in seinem Raum zwar einen großen Tisch und Stühle, aber seltsamerweise war sein Büro voller Waffen.

Mein Großvater begrüßte meinen Vater mit ausgebreiteten Armen. Lächelnd begrüßte er auch mich, und ich erwiderte sein Lächeln.

An meinen Vater gewandt sagte er: »Komm, Jim, ich zeige dir alles.«

Ich folgte den beiden. Der Engel Hosus erzählte mir, dass mein Vater und mein Großvater sich eines Tages über die irische Vergangenheit, über die IRA und die englische Besetzung Irlands unterhalten hatten. Mein Großvater hatte an diesem Tag auf seinen Schutzengel gehört und meinem Vater ein Geheimnis anvertraut, was dazu führte, dass er Dad seinen Arbeitsplatz zeigte.

Ich sagte, natürlich ohne Worte, zum Engel Hosus: »Das hast du nicht nur für meinen Vater so eingefädelt, sondern auch für mich, nicht wahr?«

»Ja, Lorna, es ist vor allem für dich, pass daher gut auf«, antwortete der Engel Hosus.

Wir verließen das Büro meines Großvaters und wurden die ganze Zeit von zwei Wachmännern begleitet. Ich war es nicht gewohnt, bewaffnete Wachmänner zu sehen, denn auf Dublins Straßen trug die Polizei nie Waffen. Es war beängstigend.

Als wir so von einem Zimmer zum nächsten gingen, bemerkte ich, dass jede Tür mit Stahl verstärkt war und jeder Raum eine riesige Anzahl von Schusswaffen aller Art enthielt. Die Zimmer waren dunkel. Darin befanden sich Schränke, die ebenfalls mit Schusswaffen gefüllt waren. Ich habe in meinem ganzen Leben nie mehr so viele Waffen gesehen. Während ich mit meinem Vater und Großvater durch das Haus ging, fühlte ich mich überwältigt. Es jagte mir Angst ein, da ich wusste, dass Waffen Menschen und Tiere töteten. Hin und wieder stand der Engel Hosus in einer Ecke des Raums, während ich all die Schusswaffen um mich herum betrachtete. Er lächelte mich freundlich an, und das beruhigte mich. Ich wollte nicht, dass mein Vater oder Großvater bemerkte, welche Angst ich hatte.

Wir gingen ins Büro zurück und setzten uns. Mein Großvater unterhielt sich mit meinem Vater, so als wäre ich gar nicht da.

Die ganze Zeit über waren Wachmänner bei uns. Manche trugen Polizeiuniformen, die anderen waren in Zivil gekleidet. Mein Großvater erzählte meinem Vater, dass er Waffen für die IRA geschmuggelt habe. Doch als die Republik Irland unabhängig wurde und ihre eigene Regierung gründete, wurde er zum Waffenlieferanten für unser Land. Daher waren wohl das irische Militär und die Polizei vor Ort.

Ich erinnere mich noch gut daran, als mein Großvater starb. Er wurde mit der irischen Flagge und im Beisein vieler irischer Militäroffiziere begraben. Sechs irische Soldaten feuerten Salutschüsse über dem Grab meines Großvaters ab.

Kapitel 4

Platz für Gott schaffen

Es gibt etwas, das ich Ihnen noch nie über meinen Schutzengel erzählt habe. Sie wissen bereits, dass Ihr Schutzengel Sie keine Sekunde verlässt. Ich habe Ihnen von Zeiten berichtet, in denen Gott bei mir ist und mir durch die Haare fährt. Ich habe Ihnen in *Engel in meinem Haar* von der Begebenheit erzählt, als Er mit mir über die Wiesen ging und wir in Mountshannon, in der Grafschaft Clare, bei dem alten Chalet saßen. Mein Schutzengel verlässt mich auch in solchen Momenten nicht, sondern befindet sich seitlich neben mir. Wenn mein Schutzengel sich seitlich neben mich stellt, spüre ich seine Anwesenheit tatsächlich auf eine physische Weise, ich nehme seine Energie und sein Wesen wahr. Es ist nicht leicht, Ihnen das zu erklären. Es ist, als würde ein Teil von mir seitlich neben mir stehen. Unser Schutzengel ist durch einen sehr dünnen Lichtfaden mit uns verbunden, und ich nehme an, dass ich es bei verschiedenen Gelegenheiten deshalb so empfand. Dies geschieht aber nur, wenn ich in der Gegenwart Gottes bin.

Wenn Gott da war, habe ich meinen Kopf häufig nach rechts gewandt und meinen Schutzengel dort stehen gesehen, nur circa einen Meter von mir entfernt, aber dennoch fühlte es sich so an, als wäre mein Schutzengel eine Million Kilometer von mir entfernt. Ich weiß, dass mein Schutzengel beiseitetreten muss, wenn Gott mich besucht, und ich danke meinem Schutzengel dafür, dass er es auf eine so sanfte Weise tut. Es ist wirklich ziemlich unglaublich, die starke Kraft des eigenen Schutzengels zu spüren, der einen Schritt zur Seite macht. Ich weiß, dass ich es nicht wirklich gut erkläre, aber es gibt noch einen weiteren Aspekt: Wenn unser Schutzengel in den Hintergrund tritt, umgibt uns seine Kraft, die uns äußerst wohlwollend durchströmt. Wir fühlen uns so erleichtert.

Manchmal, wenn ich zurückblickte, um meinen Schutzengel zu sehen, sagte Gott zu mir: »Keine Angst, Lorna. Dein Schutzengel kann dich nie verlassen.«

»Welche Frage möchtest du mir stellen, Lorna?«, fragte mich der Engel Hosus eines Tages. Er musste bemerkt haben, dass mir etwas durch den Kopf ging.

»Wann erleben die Menschen dieses Beiseitetreten?«

»Die Menschen erleben es erst, wenn sie bereits gestorben sind, Lorna. Wenn ihre Seele mit ihrem Schutzengel in den Himmel gegangen ist. Wenn sie im Himmel sind, kann der Schutzengel sich erst ab einem bestimmten Zeitpunkt von ihrer Seele entfernen, denn wenn die Seele im Himmel ist, muss ihr Schutzengel nicht die ganze Zeit bei ihr sein. Ihr Schutzengel ist in ständigem Gebet für diejenigen, die zurückgelassen wurden: ihre Angehörigen und deren Nachkommen. Ihr Schutzengel kann jedoch nie der Schutzengel irgendeines anderen Menschen sein. Er kann nur der Schutzengel der Seele sein, die Gott ihm zugeordnet hat. Und dieser Schutzengel ist auch im Himmel für immer und ewig mit dieser Seele, aber sie müssen nicht jede Sekunde beieinander sein.«

Ich trödelte häufig herum, wenn ich von der Schule nach Hause ging. Wir lebten damals in Ballymun, und es war ein gutes Stück zu laufen. Es gab zwar einen Schulbus, aber ich ging meist zu Fuß. Eines Tages lief ich über eine der Wiesen und pflückte ein paar Blumen. Dann setzte ich mich auf ein Grasbüschel und sortierte meine Blumen auf dem Boden in Sträuße aus weißen Gänseblümchen, gelben Schlüsselblumen und einer lilafarbenen Wildblumenart. Ich begann mit meinem Schutzengel zu sprechen.

Eigentlich beschwerte ich mich bei ihm: »Ich habe dich um eine Feder gebeten. Nun sind drei Tage vergangen, und ich habe nirgendwo eine Feder gefunden, nicht einmal auf dieser Wiese.« Ich wartete kurz und fragte meinen Schutzengel dann: »Sprichst du nicht mit mir?«

Ich bekam keine Antwort und fühlte mich auf einmal sehr schuldig. Ich sagte meinem Schutzengel, dass es mir leidtue, ihn wegen der Feder geschimpft zu haben.

Immer noch im Gras sitzend fügte ich hinzu: »Ich hätte wirklich sehr gerne eine passende Feder für die Blumen. Eine schwarzweiße wäre schön, aber ich glaube, du hörst mir nicht zu.«

Ich sortierte meine Blumen, dann stand ich auf und begann zur anderen Seite der Wiese zu laufen. Es waren keine Engel bei mir. Aber natürlich wusste ich, dass mein Schutzengel da war. Ich war jedoch nicht sehr zufrieden mit ihm, weil ich die Feder, um die ich gebeten hatte, nicht bekommen hatte.

Während ich so über die Wiesen lief, pflückte ich hier und da ein paar Blumen. Ich ließ aus Versehen einige von ihnen fallen, und als ich mich bückte, um sie wieder aufzusammeln, erschien die Hand des Schutzengels über der meinen.

»Du bist hier!«, rief ich aus.

Mein Schutzengel antwortete, ohne zu zögern: »Ja, natürlich bin ich hier. Möchtest du wirklich eine Feder, Lorna?«.

»Ja.«

»Du weißt aber schon, dass ich dir keine von meinen eigenen geben kann.«

»Natürlich«, erwiderte ich lachend.

»Ich werde also einen Vogel darum bitten müssen, die Feder für dich zu hinterlassen. Geh zu dem großen Baum dort drüben, Lorna.«

»Okay«, sagte ich, und kurz bevor ich bei dem Baum ankam, entdeckte ich eine Feder im Gras.

Vor lauter Freude machte ich einen Satz! Sie war schwarzweiß.

»Wie hast du das gemacht?«, fragte ich meinen Schutzengel. »Es ist nicht leicht, eine schwarz-weiße Feder zu finden.«

»Ich weiß, Lorna, aber ich wusste, dass du mich heute noch einmal um eine schwarz-weiße Feder bitten würdest. Gestern hat eine Dohle, deren Federn zum Teil schwarz und weiß gefärbt waren, eine verloren, damit diese für dich hinterlassen werden konnte.«

»Ich danke dir!«, sagte ich zu meinem Schutzengel, aber ich hoffte, dass der Vogel nun nicht frieren musste, falls er seine Feder vorzeitig verloren hatte.

»Keine Sorge, Lorna. Eine andere Feder wächst bereits an der Stelle nach. Du musst dir keine Gedanken darüber machen, dass der Vogel friert.«

»Ich danke dir«, sagte ich, während ich meine Feder bewunderte. Ich hielt sie gegen die Sonne und pustete sie vorsichtig an.

Die Engel haben mir beigebracht, eine Feder auf diese Weise zu reinigen und sie in den Wildblumenstrauß zu stecken. Auf dem Nachhauseweg hüpfte ich fast die ganze Zeit über. Ich schenkte die Blumen meiner Mum, und sie stellte sie ins Küchenfenster. Sie sahen sehr hübsch aus. Ich liebte es, meiner Mum Blumen mit nach Hause zu bringen.

Ich sehe ständig, dass Engel den Menschen Federn schenken. Es ist eins der vielen Zeichen, die die Engel uns geben, wenn wir

Hoffnung in unserem Leben brauchen. Wenn wir zum Beispiel um ein Zeichen der Hoffnung bitten, weil ein Angehöriger verstorben ist. Manchmal bitten wir um ein weiteres Zeichen, um uns zu vergewissern, dass er Frieden gefunden hat und im Himmel ist.

Ich erinnere mich gerne an die Angelwettbewerbe an verschiedenen Orten im ganzen Land, zu denen ich meinen Vater begleitet habe. Eines Tages sagten die Engel mir, einer der Angler namens Pat habe zu Gott gebetet und um ein Zeichen gebeten. Es sollte ihm Hoffnung schenken, dass die Dinge sich für ihn und seine Familie klären und alles gut werden würde.

Bei einem dieser Ausflüge angelte Dad gemeinsam mit etwa zehn anderen Anglern. Sie veränderten immer wieder ihre Position am Flussufer. Jedes Mal, wenn Pat seine Angeltasche nahm, um an einer anderen Stelle weiterzuangeln, deuteten die Engel auf ihn. Jedes Mal lag eine Feder genau unter oder neben seiner Tasche, und ich kann Ihnen versichern, dass ich mich überall umgesehen habe, um zu prüfen, ob sonst noch irgendwo andere Federn waren, aber das war nicht der Fall. Es geschah immer wieder. Aber Pat bemerkte es nicht.

Es wurde allmählich dunkel, daher sagte mein Vater: »Ich denke, wir werden bald nach Hause gehen müssen.«

Einer der Angler antwortete: »Lasst uns unsere Angeln nur noch ein paar Mal im Fluss auswerfen, dann packen wir zusammen.«

Die ganze Zeit über beobachtete ich, wie sehr die Engel sich an diesem Tag bemühten, dem Mann eine Feder zukommen zu lassen, um ihm die Hoffnung zu schenken, die er brauchte. Ich dachte, er würde es nie bemerken, aber als er gerade seine Angelausrüstung zusammenpackte und seine Tasche vom Boden hochhob, zögerte er einen Moment. Dann bückte er sich und hob die Feder auf. Er betrachtete sie, sagte aber niemandem ein Wort, sondern schob sie in seine Tasche. Im gleichen Moment sah ich, dass sein Schutzengel ihn umarmte. Ich fragte ihn, was los sei, aber ich bekam keine Antwort. Die Engel sagten mir nichts. Ich sehe häufig, dass Engel den Menschen Federn schenken, aber meistens bemerken diese sie nicht.

Die Engel bemühen sich intensiv darum, uns Zeichen zu geben, aber es ist nicht leicht für sie. Sie nutzen die Federn der Vögel in der Luft, daher müssen auch die Vögel ihren Beitrag dazu leisten. Die Engel benutzen in der Regel Federn, da diese sehr leicht sind. Einfacher ist es für die Engel, etwas gedanklich in den Köpfen der Menschen zu bewegen, als physische Objekte zu bewegen. Ich habe in meinen Büchern physische Manifestationen der Engel beschrieben – zum Beispiel, dass sie an Türen oder Fenster klopfen oder den Wind wehen lassen –, aber solche Manifestationen sind ziemlich selten.

Wenn wir um ein Zeichen in Form einer Feder bitten, finden wir sie meistens an einem ungewöhnlichen Ort, dort, wo wir keine Feder erwarten würden. Auch am Flussufer waren normalerweise keine Federn. Nur bei Pats Angeltasche lag jedes Mal eine. Für mich ist das ein Wunder. Ich weiß einfach nicht, wie die Engel das machen. Oft sind wir schwer von Begriff, wenn es darum geht, die Zeichen der Engel zu erkennen. Das trifft sogar manchmal auf mich selbst zu. Wir übersehen sie.

Eine Freundin von mir hat mir einmal gesagt, dass sie liebend gerne eine Feder von einem Engel bekommen würde. Sie hatte ihr ganzes Leben lang darum gebeten, aber nie eine erhalten. Die Engel, die sie an jenem Tag umgaben, sagten mir, sie habe bereits viele Federn bekommen, diese allerdings nie gesehen. Selbst als die Engel ihr die Federn direkt vor die Nase legten, nahm sie es nicht ernst. Sie dachte, die Federn stammten nicht wirklich von den Engeln, da sie nicht an Orten auftauchten, an denen man eigentlich nicht erwarten würde, eine Feder zu finden.

Daher bat ich im Namen meiner Freundin darum, und als ich sie etwa sechs Monate danach wieder traf, sagte sie zu mir: »Ich habe meine Feder bekommen, Lorna.«

»Das habe ich dir ja gesagt. Wo hast du sie gefunden?«, fragte ich.

»Du wirst es nicht glauben, aber ich habe sie in meinem Schuh gefunden«, antwortete sie.

»Das ist unglaublich. Bist du nun glücklich?«

»Ja, das bin ich«, sagte sie.

Wie ist es den Engeln gelungen, eine Feder in ihren Schuh zu tun? Ich weiß es wirklich nicht, aber das ist die Art der Engel. Manchmal gibt es einfach keine Erklärung dafür. Ich weiß, dass die Schutzengel noch andere Engel haben, die ihnen helfen – und dass sie darüber hinaus auf unsere Mitarbeit angewiesen sind. Wenn Ihr Schutzengel Ihnen also einen Gedanken schickt, sollten Sie darauf reagieren. Vielleicht hat jemand um ein Zeichen gebeten, und Sie sollen dabei helfen, dieser Person das Zeichen zu übermitteln. Möglicherweise werden Sie um etwas sehr Einfaches gebeten. Vielleicht geht es nur darum, jemanden anzurufen oder ihm einen Brief zu schreiben. Vielleicht werden Sie dazu angeleitet, jemandem eine Blume zu schenken, ihn anzulächeln oder ihm Ihren Stuhl anzubieten, damit er sich setzen kann. Vielleicht sollen Sie jemandem eine Tasse Tee oder Ihre Hilfe anbieten, selbst wenn es sich um einen Fremden handelt. Mein Schutzengel und all die anderen Engel haben mich etwas gelehrt, das auch meine Großmutter zu sagen pflegte.

Sie wiederholen stets die folgenden Worte für mich: »Gib mit einem reinen Herzen und erwarte nichts dafür.«

Einmal, als meine Mutter wieder im Krankenhaus war, wohnten meine Schwester und ich bei meiner Großmutter. Wir lebten damals in Ballymun, aber da meine Großmutter nicht weit von Old Kilmainham entfernt wohnte, kannte ich die Gegend. Gelegentlich schickte meine Oma mich zum Einkaufen, damit ich ihr ein paar Dinge besorgte. Ich ging gerne in die Geschäfte, weil ich auf diese Weise etwas Zeit für mich hatte. Und natürlich hörte ich unterwegs nie auf, mit meinem Engel zu sprechen.

Manchmal spielte ich auch etwas. Bei einem dieser Spiele versuchte ich in die riesigen Füße meines Schutzengels hineinzutreten, aber es gelang mir nie. Ich weiß, dass es unmöglich war, denn mein Schutzengel sagte mir, es sei nicht erlaubt. Dennoch spielten wir dieses Spiel. Wenn ich mit meinem rechten Fuß einen Schritt vorwärtsging, setzte mein Schutzengel seinen rechten Fuß zuerst nach vorne. Ich musste dann versuchen, in den Fuß meines Schutzengels hineinzutreten, aber er verschwand stets, egal wie schnell ich ging.

Häufig sagte ich zu meinem Schutzengel: »Das ist nicht fair! Lass uns noch einmal von vorne anfangen und dieses Mal ohne Schummeln!«

Dann lachte mein Schutzengel. Sein Lachen klang nicht so wie das vom Erzengel Michael. Es war viel weicher.

»Ich schummle nicht. Das kann ich gar nicht. Das ist unmöglich, Lorna«, erwiderte mein Schutzengel.

Ich blieb stehen und sagte: »Okay, noch einmal von vorne. Erst der rechte Fuß, dann der linke.«

Ich ging, so schnell ich konnte. Ich rannte fast und versuchte in die Füße meines Schutzengels zu treten. Manchmal lachte ich so sehr, dass ich bei den Geschäften angekommen stehen bleiben und erstmal tief Luft holen musste.

Eines Tages blieb eine Frau stehen, die ein paar Einkaufstaschen trug, und fragte mich: »Was für ein Spiel spielst du?«

Ich lächelte sie an, weil ich nicht wusste, was ich sagen sollte. Gleichzeitig sprach ich im Stillen mit meinem Schutzengel.

»Sag, dass du ein Spiel spielst, bei dem du versuchst, deine Füße einzuholen, dass es dir allerdings nicht gelingt, weil deine Füße dir immer voraus sind«, wies mich mein Schutzengel an.

Ich tat, wie er mich geheißen hatte, und wiederholte es der Frau gegenüber.

Sie zögerte einen Moment, bevor sie antwortete.

»Du hast recht«, sagte sie. »Du kannst deine Füße nicht einholen. Das ist ja witzig.«

Und damit entfernte sie sich mit ihren Einkaufstaschen.

»Du hast sie aufgeheitert, Lorna«, bemerkte mein Schutzengel.

Als wir in Edenmore wohnten, spielte ich eines Tages während der Sommerferien mit ein paar anderen Kindern auf der Straße. Damals muss ich wohl zwölf Jahre alt gewesen sein. Ich bin die Sackgasse ein gutes Stück entlanggelaufen, als eine Nachbarin nach mir rief, um mich zu fragen, ob ich ihr Baby im Kinderwagen auf der Straße etwas hin und her schieben würde. Sie versuchte es zum Einschlafen zu bringen. Catherine, so hieß seine Mutter, schob den Kinderwagen durch das vordere Gartentor, wo ich ihn übernahm und mindestens eine Stunde lang mit dem Baby im Kinderwagen die Straße auf und ab lief.

Ich tat das oft für Mütter, die in der Straße wohnten, und es gefiel mir sehr gut. Das Baby war unruhig und schrie hin und wieder.

Ich sagte lediglich: »Ihr Engel, könnt ihr dem Baby helfen?«

Die Wangen des Babys waren ganz rot, daher wusste ich, dass es zahnte.

Ein Engel erschien neben dem Kinderwagen. Er war in eine goldene fließende Robe gekleidet und sagte zu mir: »Bleib einen Moment stehen, Lorna.«

Das tat ich, und der Engel beugte sich über den Kinderwagen, um das Baby zu betrachten. Dann legte er seine Hand für einen Moment über das Baby. Ich weiß nicht genau, was der Engel tat, aber das Baby hörte auf zu schreien, seine kleinen Augen fielen ihm langsam zu, und dann schlief es ein. Der Engel wandte sich mir lächelnd zu. Ich bedankte mich bei ihm, und er verschwand wieder. Kurz darauf kamen ein paar Freunde zu mir und betrachteten das Baby im Kinderwagen. Es schlief tief und fest.

Später brachte ich den Kleinen dann zurück. Als ich ihn durch das Gartentor schob, kam seine Mutter gerade zur Tür heraus. Ich sagte ihr, dass der kleine Jack fest schlafe. Seine Mutter strahlte, als sie ihr kleines Baby betrachtete, und im selben Moment erschienen zahlreiche Engel rings um den Kinderwagen. Ich verabschiedete mich und lief die Straße hinunter.

Mein Schutzengel fragte mich: »Warum gehst du nicht zu der Grünfläche, Lorna, und setzt dich an den Fluss?«

Ich tat genau das, was mein Schutzengel mir vorgeschlagen hatte, und setzte mich am Flussufer auf den Rasen. Es war nur ein sehr kleiner Fluss. Er befand sich außerhalb der Wohnanlage und floss an der Hauptstraße entlang. Wenn man an seinem Ufer saß, konnte man von der Hauptstraße nicht gesehen werden. Und das gefiel mir, weil ich dann das Gefühl hatte, mit den Engeln allein zu sein.

Kapitel 5

Die Tiefe von Engeln

Als kleines Kind begann ich gelegentlich, automatisch auf eine rhythmische Weise zu beten, wenn ich so dasaß, die Vögel beobachtete und das dahinströmende Flüsschen sowie die Insekten, Schmetterlinge, die Libellen und die gesamte Natur um mich herum betrachtete. Währenddessen stand hin und wieder ein Engel vor mir, ohne ein Wort zu sagen. Ich betrachtete ihn einfach, und nach ein paar Minuten verschwand er dann wieder. Ich blieb am Flussufer sitzen, bis mein Schutzengel mich aufforderte aufzustehen und mir sagte, es sei an der Zeit, nach Hause zu gehen.

Ich werde Ihnen einen dieser Engel beschreiben, damit Sie mehr über die Erscheinung der Engel erfahren. Eigentlich habe ich noch nie sehr ausführlich über die Tiefe aller Engel gesprochen. Man kann in einen Engel hineinsehen, aber man kann nicht durch ihn hindurchsehen. Auch kann man nicht vollständig in einen Engel hineinsehen, aber wenn man einen Engel betrachtet, ist es so ähnlich, als würde man in einen Raum hineinblicken. Es ist, als könnte man in diesen Raum, in diesen Teil des Engelskörpers hineingehen. Ich bezeichne ihn nur deshalb als Körper, weil ich nicht weiß, wie ich ihn sonst nennen sollte, da die Engel mir bisher noch keinen Namen für ihre körperliche Erscheinung verraten haben. Aber hoffentlich werden sie das bald tun.

Stellen Sie sich nun einen weiteren Raum hinter dem ersten vor, so als habe ein Engelskörper eine endlose Tiefe. Es ist, als würde man eine weitere Tür öffnen und als würde die Tiefe des Engels sich weiter fortsetzen. Es ist mir bis heute unbegreiflich. Ich betrachte einen Engel stets verwundert und überrascht. Man könnte sagen, die Tiefe eines Engels ist wie kristallklares Wasser, so rein, dass man alles an dem Engel sehen kann und er unendlich zu sein scheint.

Jeder noch so kleine Teil eines Engels hat diese unglaubliche Tiefe, sogar seine Fingerspitzen. Die Tiefe innerhalb der Fingerspitzen unterscheidet sich von der Tiefe des Fingernagels. Alle Teile eines Engels scheinen voneinander getrennt, aber gleichzeitig eine Einheit zu sein und mit Licht zu strahlen.

Das hat wohl mit der Tiefe des Engelskörpers zu tun. Allerdings weiß ich nicht, ob es richtig ist zu sagen, ein Engel habe einen Körper, weil dieser nicht wie unser menschlicher Körper ist. Auch habe ich noch nie einen Engel alt oder krank werden gesehen, so wie es bei uns Menschen der Fall ist.

Die Engel haben diese unglaubliche Tiefe überall. An jenem Tag stand der besagte Engel am gegenüberliegenden Ufer des kleinen Flusses. Seine Kleidung war auf eine einzigartige Weise smaragdgrün und violett gefärbt. Er hatte weder eine männliche noch eine weibliche Erscheinung. Er stand einfach da und sah zu mir herüber. Ich betrachtete ihn ebenfalls. Erstaunt erforschte ich jedes Detail des Engels. Jede gerade und jede geschwungene Linie, jede Bewegung, vor allem, als der Engel seine Hand hob, mir zuwinkte und dann verschwand.

Manchmal trägt ein Engel einen Umhang oder eine Art Tunika, die an seinem Körper entlangfließt. Sicherlich können Sie alle sich das gut vorstellen, allerdings habe ich noch nie jedes einzelne Detail der physischen Tiefe eines Engelskörpers beschrieben, und dazu gehört sogar die Kleidung. Wahrscheinlich kann man aufgrund der Tiefe nicht durch einen Engel hindurchschauen und nicht einmal einen Schatten sehen. Man kann das, was ich als Tiefe bezeichne, tatsächlich wahrnehmen, egal auf welchen Teil des Engels man sich konzentriert.

Zuweilen hebt ein Engel sein Gesicht, seine Flügel oder einen anderen Teil seines Körpers stärker hervor als den Rest. Das geschieht normalerweise, wenn ein Engel uns etwas zeigt. Manchmal lässt er sein Gesicht oder auch seine Flügel heller strahlen. Es können auch die Gewänder sein, in die er gekleidet ist. Darüber hinaus ist jeder Teil des Engelskörpers in jeder erdenklichen Weise, die Sie sich nur vorstellen können, lebendig.

Als ich an meinem Schreibtisch saß und dies schrieb, fragte ich den Engel Hosus: »Erkläre ich dies richtig?«

»Ja, Lorna«, bestätigte er. »Halte es stets einfach, damit die Menschen es besser verstehen. Denke immer an Folgendes, Lorna: Gott hat den Engeln gestattet, eine menschliche Erscheinung anzunehmen, damit die Menschheit sich im Geist ein Bild von ihnen machen kann.«

»Okay«, sagte ich. »Ich werde die Schönheit eines Engels oder auch nur irgendeines Teils von ihm wohl nie beschreiben können, aber ich kann sagen, dass Gott jedem Engel erlaubt hat, eine menschliche Erscheinung anzunehmen. Ich bin so froh, Engel Hosus. Danke, dass du bei mir bist und stets diese vertraute menschliche Erscheinung annimmst. Es ist, als würde ich eine Spiegelung in einem ruhigen Gewässer sehen. Ich könnte dich nie auf eine andere Weise beschreiben.«

»Dreh dich um, Lorna«, forderte er mich auf.

Ich schwang herum und betrachtete Hosus eingehend. Er stand in der Nähe der Tür meines Arbeitszimmers. Wie immer sah er wie ein altmodischer Schullehrer aus, mit einem lustig geformten Hut und einer Robe, die manchmal herumwirbelt und meistens blau ist, aber gelegentlich die Farbe wechselt.

Ich musste schmunzeln und strahlte ihn an, denn für einen Moment hatte er die Farbe seiner Robe verändert. Sie war nun außen violett und hatte innen diese wunderschöne blaue Farbe. Engel können ihre Farbe verändern, und wie in diesem Fall kann sich sogar ihre Kleidung verändern. Ich habe jedoch noch nie einen Engel gesehen, der seine Kleidung an- oder auszog. Offenbar gehört sie zur menschlichen Erscheinung dazu, die der Engel annimmt. Es ist nicht wie bei Ihnen oder bei mir. In unserem Fall ist der Körper ja von der Kleidung getrennt.

»Selbst deine Robe hat diese unglaublich tiefe Erscheinung, so als würdest du eine Vielzahl von Roben tragen«, fuhr ich fort. »Als könnte ich in eine davon hineingehen und meilenweit laufen, um schließlich in die nächste hinüberzugehen. Die Tiefe der physischen Erscheinung deiner Robe ist unglaublich. Sie ist voller Leben. Ich weiß nicht, wie ich diesen Teil beschreiben soll.«

»Beschreibe ihn als Licht«, riet der Engel Hosus mir.

»Okay. Dann wollen wir mal: Es ist, als könne man Licht auf eine physische Weise wahrnehmen, und zwar nicht nur das Licht, das reflektiert oder die Möbel in einem Zimmer oder die Blumen und Bäume in einem Garten beleuchtet, sondern das Licht selbst. Ich kann es nicht treffend beschreiben, Hosus! Ich bin keine Wissenschaftlerin. Ich weiß nicht, ob die Wissenschaft einen Weg entdeckt hat, um Licht zu sehen, und zwar nur das Licht selbst.«

»Nimm die Sonne als Beispiel, Lorna, denn die Sonne spendet Licht.«

»Okay«, antwortete ich. »Ich könnte sagen, es ist, als würde man die Sonne unter einem Mikroskop betrachten und dieses Licht voller Leben sehen, ein Licht, das sich fortwährend in der Tiefe der physischen Erscheinung eines Engels bewegt. Das ist einer der Gründe, warum ich liebend gerne in einen Engel hineingehen würde, Hosus, denn damit würde ich in die Tiefe eines Engels hineingehen, in dieses lebendige Licht.«

»Du weißt, dass Gott das nicht erlauben würde, Lorna. Ein Engel kann seine Arme um dich legen oder sogar seine Flügel oder seine Robe, aber kein Engel kann einem Mann, einer Frau oder einem Kind erlauben, in diese Tiefe der physischen Erscheinung eines Engels hineinzugehen.«

»Ich verstehe, Hosus.«

»Sieh aus dem Fenster, Lorna, es schneit«, forderte der Engel Hosus mich auf.

Ich wandte mich zum Fenster und sah hinaus. Es schneite tatsächlich.

»Glaubst du, es wird 2016 kälter werden, Hosus?«

Er beantwortete meine Frage nicht. Stattdessen wies er mich lediglich an, nach unten zu gehen und mir noch eine Tasse Tee zu machen. Und damit verschwand er. Ich tat, wie er mich geheißen hatte, und kehrte eine Stunde später wieder nach oben zurück. Das Zimmer war voller Engel. Ich war etwas enttäuscht, weil der Engel Hosus nicht da war, aber kurz darauf tauchte er wieder auf, und ich setzte meine Arbeit fort.

Die Engel erinnern mich stets daran, dass sie Geschöpfe sind, die vor langer Zeit von Gott erschaffen wurden, und dass Sie und ich eine Milliarde Mal strahlender und wichtiger sind als jeder Engel, weil wir eine Seele haben, die ein Funken von Gottes Licht ist. Dieser winzige Funken Gottes ist sehr klein, aber dennoch leuchtet er auf eine solche Weise, dass er jeden Teil des menschlichen Körpers erfüllt. Unsere Seelen sind vollkommen. Wir sind Kinder Gottes. Jeder Einzelne von uns, was immer Sie auch glauben mögen. Aus diesem Grund haben Sie auch einen Schutzengel.

Ich werde Ihnen etwas über diesen Lichtfunken Gottes erzählen, der unsere Seele ist. Sie sollten wissen, dass ich für alles, was ich Ihnen erzähle, zunächst Gottes Erlaubnis einholen muss. Das geschieht normalerweise durch den Erzengel Michael, aber manchmal auch mithilfe eines anderen Erzengels. Gelegentlich sagt mir auch einer der anderen besonderen Engel, die Gott in mein Leben schickt, dass ich die Erlaubnis habe, Ihnen mehr mitzuteilen.

Ich war mit meiner Mum, meinem Dad und meinen Geschwistern im Urlaub. Wir fuhren nach Mountshannon in das Haus meiner Großmutter und meines Großvaters. Ich war begeistert von der Landschaft in dieser Gegend und lernte sie im Laufe der Zeit sehr gut kennen. Bei jeder sich mir bietenden Gelegenheit wanderte ich in alle Richtungen über die Wiesen. Ich wusste, dass ich mich nicht verlaufen oder in irgendeine Gefahr geraten würde. Es war eine großartige Gelegenheit, in der Natur und mit Gott und den Engeln alleine zu sein. Die Engel spielten immer mit mir und meinem Schutzengel, daher war ich nie allein. Als ich eines Tages im Wald war, forderten die Engel mich auf, mich unter einen der alten Bäume zu setzen und zu beten. Also setzte ich mich mit angezogenen Knien hin und verschränkte meine Hände davor. Ich weiß nicht, wie lange ich betete. Ich war von Engeln umgeben, die gemeinsam mit mir beteten, als ich hörte, wie mein Name gerufen wurde. Ich sah auf und erblickte den Erzengel Michael, der auf einem kleinen Pfad durch die Bäume auf mich zukam.

Ich wollte mich erheben, doch er sagte zu mir: »Bleib sitzen, Lorna.«

Er ließ sich vor mir auf ein Knie nieder, und seine rechte Hand schien den Boden zu berühren, aber kein Teil von ihm berührte die Erde tatsächlich. Kein Engel kann den Boden berühren. Zwischen dem Erzengel Michael und der Erde befanden sich Luftkissen – so bezeichne ich sie.

»Ich werde deine Seele mitnehmen, Lorna. Gott möchte mit dir sprechen. Hab keine Angst«, sagte der Erzengel Michael zu mir.

Ich war von Engeln umgeben. Sie wirkten wie eine Decke.

»Sieh mir in die Augen, Lorna«, forderte der Erzengel Michael mich auf.

Ich sah ihm in die Augen, und im selben Moment griff er mit seiner linken Hand in meinen Körper hinein und nahm mir für den Bruchteil einer Sekunde den Atem. Im nächsten Moment schien ich nur eine Sekunde lang alleine zu sein, aber ich war es nicht wirklich. Es war sehr hell. Alles war aus einem unglaublichen Weiß, und dann sah ich noch weitere Engel.

Sie schienen durch das weiße Licht hindurchzugehen. Die Engel waren ebenfalls weiß gekleidet. Im selben Moment spürte ich, wie eine Hand mir durch die Haare fuhr, und mir wurde bewusst, wo ich war. Ich war im Himmel und wusste, wer es war. Ich blickte auf, Er nahm meine Hand, und wir gingen ein kleines Stück. Ich weiß nicht, wie weit wir gegangen waren, aber nun saß Gott auf irgendetwas, das ich nicht erkennen konnte, weil alles so hell war. Dann hob Er mich hoch und setzte mich auf Sein Knie. Er wirkte riesig, aber ich spürte nur Seine Liebe: diese überwältigende Liebe. Ich wollte nur mit Ihm verschmelzen.

»Ich werde dir eine Seele zeigen, die geboren wird, Lorna«, sagte Er zu mir.

Gott war in weißes Licht gekleidet. Ein weißes Licht, das heller und reiner ist als jedes Weiß, das Sie je gesehen haben. Als Gott Seine Hand hob, strömte Licht aus Seinen Fingern hervor. Ein Teil der Ärmel Gottes bedeckte wie immer Seine Handflächen.

Er sprach mit einer sanften Stimme zu mir wie ein Vater zu seinem Kind: »Sieh genau hin, Lorna.«

Während ich auf Seinem Knie saß, sah ich, wie Seine linke Hand sich auf Seine Brust zubewegte. Sein Brustbereich öffnete sich. Ich war extrem geblendet, und es fiel mir schwer, etwas zu erkennen. Dann sah ich Sein Herz. Es bewegte sich nach vorne. Es war von einem strahlenden, tiefen Rot. Aus Seinem Herzen kam Licht, das in jede Richtung schoss. Mit Seinen Fingerspitzen griff Gott in Sein Herz hinein, entnahm ein winziges Stück daraus, das er auf seine linke Handfläche legte, mitten auf Seinen Ärmel, der Seine Handfläche bedeckte, und hauchte es mit Seinem Atem an. Es erwachte zum Leben und begann sich zu einem Kind zu entwickeln, zu einem Kind Gottes. Und Er hielt diese Seele, dieses winzige Baby in seiner Hand. Schließlich kam ein Engel herbei und stellte sich neben Gott.

Im nächsten Moment sagte Gott zu dem Engel: »Nimm dieses Kind von mir.«

Überaus behutsam streckte der Engel seine Arme aus und nahm es Gott ab.

Kapitel 6

Ein Chirurg, der eine Patientin zu mir schickte

Letzten Sommer bekam ich überraschend Besuch von meiner Freundin Audrey. Wir versuchen stets, uns hin und wieder zu treffen. Ich sage den Engeln immer wieder, wie gerne ich mehr Zeit mit meinen Freunden verbringen würde, denn leider sehe ich sie nicht oft genug. Ich kenne Audrey seit vielen Jahren. Manchmal vergeht ein Jahr oder mehr, bevor wir uns wiedersehen. An jenem Sommertag bog Audreys Auto in die Auffahrt ein. Gleichzeitig füllte sich der Vorgarten mit Engeln. Es war wunderbar, sie zu sehen. Im Laufe der Jahre habe ich gelegentlich Audreys Schutzengel gesehen, und an diesem sonnigen Tag, als sie strahlend auf die Tür des Hauses zukam, sah ich ihren Schutzengel wieder. Dieses Mal hatte er eine wunderschöne weibliche Erscheinung. Er war in eine schier unglaubliche violette Farbe gekleidet. Es war, als würden eine Million verschiedene Violetttöne durch seine Gewänder strömen, die ihn fließend umhüllten. Er war extrem groß und ragte hoch über Audrey auf. Ich musste lächeln, denn als Nächstes tat er etwas, was Schutzengel nicht immer tun – er öffnete langsam seine Flügel. Nur selten erlauben die Schutzengel mir, ihre Flügel zu sehen, und ich fühle mich dann stets privilegiert. Dieses Mal war es besonders großartig, da es sich um die Flügel des Schutzengels meiner Freundin handelte.

Seine Flügel öffneten sich langsam, aber nicht vollständig. Sie schienen sich überaus sanft zu bewegen, und gleichzeitig hatte es den Anschein, als bewegten sie sich kaum. Ich lächelte, denn offenbar erzeugten sie eine leichte Brise um Audrey herum – ein Teil ihrer Haare wehte wie im Wind. So etwas sehe ich nur sehr selten. Audreys Schutzengel sagte zu mir, er lasse die sanfte Brise seiner Flügel Audrey berühren.

Ich fragte ihn: »Weiß sie das?«

»Nein«, antwortete er.

Ihr Schutzengel hob seinen linken Arm und legte ihn sanft um Audrey. Sein wunderbares Gewand legte sich fließend um Audrey herum, sodass ich sie, bis auf ihre Zehen, nicht mehr sehen konnte. Ihr Schutzengel hob seinen Arm. Daraufhin schien der Ärmel seines Gewandes sich wie eine Gardine in Falten zu legen. Dann legte der Schutzengel seine wunderbare strahlende Hand auf Audreys Schulter.

In diesem Moment fragte ich ihren Schutzengel ohne Worte: »Darf ich es Audrey sagen?«

Aber ihr Schutzengel sagte: »Nein.«

Heute sprach ich am Telefon mit Audrey, und als ich auflegte, war der Engel Hosus bei mir.

Mein Schutzengel sagte zu mir: »Du hast die Erlaubnis von Audreys Schutzengel, Lorna. Du darfst darüber schreiben, dass du ihren Schutzengel an jenem Tag gesehen hast.«

Also spreche ich in den Computer und tue dies. Ich hieß Audrey willkommen, und wir umarmten uns, als sie durch die Scheunentür trat. Ich freute mich sehr, sie zu sehen. Wir hatten uns viel zu erzählen und redeten deshalb ohne Unterlass. Schließlich aßen wir im Garten zu Mittag.

Die ganze Zeit über bat ich die Engel: »Bitte lasst es nicht regnen und lasst die Sonne weiter scheinen.«

Und dafür sorgten sie tatsächlich, das muss ich sagen.

Audrey erzählte mir etwas, das sie mir noch nie zuvor berichtet hatte. Vor vielen Jahren, so sagte sie, habe eine Freundin von ihr mich aufgesucht. Das war sogar noch, bevor ich meine Bücher geschrieben hatte. Ich sehe Engel auf eine ebenso physische Weise, wie ich Sie sehen würde, wenn Sie hier im Zimmer wären. Und ich kann sie genauso deutlich hören, wie ich Sie hören würde, wenn Sie mit mir sprechen würden. Allerdings sprechen die Engel auf sehr unterschiedliche Weise mit mir. Manchmal sprechen sie so mit mir, wie Sie und ich uns unterhalten würden. Aber sie können auch ohne Worte mit mir reden, und ich spreche auf dieselbe Weise mit ihnen. Manche Menschen bezeichnen das als Telepathie. Ich nenne es einfach ohne Worte sprechen. Manchmal reden drei Engel mit mir, manchmal sind es sogar fünf Engel, die gleichzeitig zu mir sprechen. Trotzdem höre ich jeden einzelnen von ihnen deutlich. Ich kann also in Gesellschaft meiner Freunde oder meiner Familie ein Gespräch mit den Engeln führen. Das ist so, weil die Engel es mich mein ganzes Leben lang gelehrt haben und es mir daher in Fleisch und Blut übergegangen ist.

Audrey erzählte mir, ihre Freundin, die wir hier Hannah nennen wollen, habe damals unter Rückenproblemen gelitten. Ihr Spezialist in England habe ihr gesagt, sie müsse operiert werden, was jedoch sehr gefährlich sei. Man könne nichts anderes für sie tun. Die Operation sei zwar sehr kompliziert, aber wenn alles gut ginge, würden all ihre Schmerzen verschwinden, und sie würde problemlos laufen und andere alltägliche Dinge tun können. Wenn es aber schiefginge, würde sie im Rollstuhl landen und weiterhin chronische Schmerzen haben. Deshalb hatte sie angesichts der Operation große Bedenken. Der Chirurg empfahl ihr, darüber nachzudenken. Die Entscheidung lag bei ihr. Von all dem wusste ich allerdings nichts.

Als Hannah gerade gehen wollte, sagte der Chirurg zu ihr: »Ich werde Ihnen nun etwas sagen, das Sie vielleicht seltsam finden, aber ich würde Ihnen empfehlen, Lorna Byrne in Irland aufzusuchen. Wir dürfen anderen Ärzten nicht erzählen, dass ich Sie zu ihr geschickt habe, weil sie nicht damit einverstanden wären. Sie sollten auch Lorna Byrne nicht sagen, dass Ihr Chirurg Ihnen empfohlen hat, sie aufzusuchen. Sagen Sie ihr einfach, dass Sie Rückenprobleme haben und über eine Operation nachdenken. Wenn sie Ihnen dazu rät, sich operieren zu lassen, und Ihnen sagt, dass die Operation erfolgreich sein wird, würde ich es ohne zu zögern tun.«

Tatsächlich suchte diese Frau mich auf, ohne dass ich etwas von diesen Dingen wusste.

Ich sagte zu Audrey: »Ich kann mich gar nicht mehr daran erinnern.«

»Ich dachte mir schon, dass du dich nicht an sie erinnern würdest«, antwortete Audrey. »Hannah erzählte mir, sie habe dir lediglich gesagt, unter welch schrecklichen Rückenschmerzen sie leide und dass ihr Arzt ihr eröffnet habe, sie müsse operiert werden, und wie viel Angst sie vor der Operation habe. Du hast sie angesehen und über ihr gebetet. Dann hast du ihr empfohlen, sich der Operation zu unterziehen. Du hast ihr gesagt, sie werde erfolgreich verlaufen und sie werde nie zurückblicken. Die Operation war erfolgreich, Lorna. Sie *hat* nie zurückgeblickt.«

»Ich bin froh, dass sie es mir vorher nicht gesagt hat. Ich hätte es nicht wissen wollen. Ich möchte nie beeinflusst werden«, sagte ich zu Audrey. »Ich möchte nur sehen, was ich physisch wahrnehme. Ich bin froh darüber, dass sie genau das gemacht hat, was der Chirurg ihr empfohlen hatte. Aber es ist unglaublich – ein Chirurg, der eine Patientin zu mir schickt.« Ich freute mich sehr für die Frau, Hannah, dass sie ihr Leben wieder zurückgewonnen hatte.

»Ja, Lorna«, sagte Audrey. »Hannah hat mir auch gesagt, dass du ihr geraten hast, sie solle sich nach der Operation genau an die Empfehlungen des Chirurgen halten. Sie befolgte seine Anweisungen genau. Außerdem hast du ihr das Gebet der Heilengel gegeben.«

»Wir wissen alle, welche Kraft das Gebet hat. Im Gebet danke ich Gott dafür, dass er den Chirurgen eine solch knifflige Operation an der Wirbelsäule erfolgreich durchführen ließ. Ich danke Gott für all Seine Heilung.«

Der Chirurg muss ebenfalls gebetet und Gott darum gebeten haben, seine Hände während der Operation zu führen. Der Operationssaal wird voller Heilengel gewesen sein. Hannahs Schutzengel hat gewiss auf sie herabgesehen und auf sie aufgepasst.

Ich hatte einen tollen Tag mit Audrey und war etwas traurig, als sie losmusste. Als sie mit dem Auto durch das Tor fuhr, folgte ihr ein Strom zahlreicher Engel.

»Bringt sie sicher nach Hause«, bat ich sie.

Einer der Engel wandte sich zu mir um und sagte: »Keine Sorge, Lorna. Wir behüten sie.« Die meisten Engel waren in wunderschöne Pastellfarben aus Blau- und Grüntönen sowie dem unglaublichen vorherrschenden Weiß gekleidet.

Mein Leben verändert sich ständig, und ich versuche, Ihnen so viel wie möglich davon mitzuteilen.

Manchmal sage ich zum Erzengel Michael: »Die Menschen sind bestimmt nicht daran interessiert, was ich erlebt habe.«

Erst heute hat er mich an eine Frau erinnert, die mich eines Tages in einem Geschäft ansprach: »Hallo, ich freue mich sehr,

Sie persönlich zu treffen. Ich habe meinen Schutzengel immer wieder darum gebeten, dies eines Tages geschehen zu lassen. Vielen Dank. Sie haben mein Leben entscheidend verändert. Sie haben es lebenswert gemacht. Es ist, als würde ich Sie aufgrund Ihrer Bücher persönlich kennen.«

Ich bin stets etwas perplex, wenn jemand so etwas zu mir sagt. Während ich dies ausspreche, friert es mich. Ich trage eine Wolljacke, und über meinen Knien liegt eine Decke, aber trotzdem fröstelt es mich etwas.

Der Engel Hosus hat mir vorgeschlagen, nach unten zu gehen und mir eine Tasse Suppe zu machen. Das habe ich getan. Außerdem habe ich unseren kleinen Yorkshireterrier Holly ins Haus gelassen.

Ich sagte zu den Engeln: »Mir ist kalt, daher dachte ich, Holly friert vielleicht auch.«

Einige von Ihnen haben vielleicht ein Foto von Holly auf Facebook oder auf meiner Website gesehen. Neulich, etwa um 16 Uhr, flüsterte mir mein Schutzengel etwas ins Ohr. Er sagte nur ein Wort: »Holly.« Also ging ich nach unten und holte Holly ins Haus.

Als sie durch die Tür kam, hinkte sie etwas.

»Danke«, sagte ich zu meinem Schutzengel.

Ich ließ Holly sich auf ihre Matte legen und begann, ihr Hinterbein zu massieren. Dabei betete ich dafür, dass es heilen möge. Ein Engel kniete sich neben mir hin, und Holly hob den Kopf von der Matte. Gewiss konnte sie den knienden Engel sehen. Manchmal können Tiere Engel sehen, nicht immer, aber wenn es nötig ist, schon. Wenn ein Tier verletzt ist, beruhigt ein Engel es.

Der Engel sagte zu Holly: »Es ist alles in Ordnung. Ganz ruhig. Dir wird geholfen.«

Holly legte ihren Kopf wieder auf die Matte und entspannte sich vollkommen, während ich ihr Hinterbein weiterhin sanft massierte.

»Sie hat sich beim Herumrennen im Garten eine Zerrung zugezogen«, erklärte mir der Engel.

Ich sollte versuchen, Holly den restlichen Abend ruhig zu halten.

»Danke«, sagte ich zu dem Engel, aber er war bereits verschwunden.

KAPITEL 7

Johannes der Täufer

Über eine Sache habe ich mich vor allem als Kind bei Gott beklagt, und zwar, wenn Gott gelegentlich den Erzengel Michael oder die Gebetsengel anwies, meine Seele mitzunehmen. Für mich war dies stets schwer zu ertragen, und das ist es noch heute. Der Körper spürt, wie ihm der Atem genommen wird, was für einen kurzen Moment leidvoll und beängstigend ist.

Ein Engel holt meine Seele, wenn Gott sie in den Himmel bringen will, damit sie in Seiner Präsenz ist, oder wenn Er mir eine Vision zeigt und mich in die Vergangenheit oder in die Zukunft versetzt.

Dies passierte einmal, als ich etwa neun Jahre alt war. Wir lebten damals in Ballymun. Wir hatten einen riesigen Garten, in dessen hinterem Teil sich ein großer Heuhaufen befand. Er schien nie kleiner zu werden, denn das gemähte Gras wurde einfach oben aufgehäuft. Manchmal ging ich um den Heuhaufen herum. Ich liebte es, mich dahinter niederzulassen und einfach mit den Engeln alleine zu sein. Ich saß dann gegenüber der Gartenmauer, die etwa zwei Meter hoch war.

An jenem Tag besuchte ich meine Freundin Rosaline. Ich kletterte die Leiter hinauf und lief auf der Mauer entlang bis zu Rosalines Haus. Währenddessen flüsterten die Engel mir ins Ohr, ich solle nicht lange bei Rosaline bleiben, sondern nur kurz Hallo sagen und dann sofort zurückkommen.

»Okay«, sagte ich.

Ich stieg die Holzleiter hinauf, die mein Dad gezimmert hatte, damit wir Kinder auf die Mauer klettern konnten. Ich ging also auf der Mauer entlang, kletterte dann in Rosalines Garten hinunter, rannte ins Haus, durch die Küche hindurch und ins Esszimmer hinein. Sie saß am Tisch und malte ein Bild. Ich blieb stehen, denn sie war von drei Engeln umgeben, die auf demselben Papier malten.

Es machte mich glücklich zu sehen, wie die Engel ihr halfen, das Bild zu malen. »Hallo, Rosaline!«, rief ich. Sie sah auf und sagte: »Toll. Du bist zum Spielen gekommen.«

»Nein«, erwiderte ich. »Aber ich komme später wieder. Ich wollte nur kurz sehen, was du gerade machst. Ich komme später zum Spielen zurück. Tschüss!« Damit machte ich kehrt, ging zur Tür hinaus und rannte quer durch den Garten bis zur Ecke, wo ich auf die Mauer kletterte und nach Hause ging, indem ich auf der Mauer vorsichtig einen Fuß vor den anderen setzte. Dann kletterte ich auf der Leiter in unseren eigenen Garten hinunter. Die Hintertür war geöffnet, und ich sah meine Mutter in der Küche. Weder meine Brüder noch meine Schwestern waren in der Nähe. Dann hörte ich, wie mein Name gerufen wurde, und erblickte den Erzengel Michael beim Heuhaufen.

Er rief nach mir: »Komm mal hierher, Lorna.«

Ich rannte zu ihm hinüber. »Hallo«, sagte ich. »Warum bist du hier?« Ich war beunruhigt, denn der Erzengel Michael kommt immer, um mir etwas von Bedeutung zu sagen, etwas Lebensveränderndes oder Wichtiges für die Welt. »Ist irgendetwas nicht in Ordnung?«

»Nein, alles ist okay«, erwiderte der Erzengel Michael. »Du bist eine kleine Sorgenkrämerin, Lorna, dabei bist du noch so klein.«

Bei unseren wichtigen Gesprächen gibt Michael sich gelegentlich eine so menschliche Erscheinung, dass andere Menschen ihn ebenfalls sehen können, ohne zu bemerken, dass er ein Engel ist. Der Erzengel Michael war dunkel gekleidet. Er trug eine dunkle Hose und eine Jacke. Seine Kleidung ähnelte dem, was mein Vater und die Väter meiner Freunde damals trugen.

»Gott möchte dir etwas zeigen. Er wird dir eine Vision zeigen, und ich soll deine Seele mitnehmen.«

Der Erzengel Michael streckte seine Hand aus, und meine Hand verlor sich in seiner. Er wusste, wie sehr es mir gefiel, wenn er das tat. Seine Hand zu halten erfüllte mich mit seiner Liebe und der Gewissheit, in Sicherheit zu sein.

»Setz dich, Lorna«, forderte er mich auf. »Ich weiß, wie gerne du hier bei dem Heuhaufen sitzt.«

Wahrscheinlich machte ich ein trauriges Gesicht, weil ich etwas Angst hatte. Der Erzengel Michael beruhigte mich jedoch: »Keine Sorge, Lorna. Dir passiert nichts. Ich werde ganz nah bei dir sein.«

Ich setzte mich hin, lehnte mich mit dem Rücken gegen den Heuhaufen und machte es mir bequem. Ich blickte zur Gartenmauer. Der Erzengel Michael kniete sich vor mir hin und streckte seine linke Hand nach meiner Brust aus. Für den Bruchteil einer Sekunde schnappte ich nach Luft, aber dann war ich blitzartig in der Vergangenheit.

Ich war ein kleines Mädchen, etwa in demselben Alter wie in meinem realen Leben. Obwohl ich den Erzengel Michael nicht sah, wusste ich, dass er ganz nah bei mir war. Ich befand mich auf einem kahlen, staubigen Feld, sammelte Steine auf und legte sie in einen Korb. Ein kleiner Junge half mir und trug den Korb fort, als dieser voll war. Er sah etwa so alt aus wie ich. Dann kam er zurück und half mir wieder, Steine in den Korb zu legen. Jedes Mal, wenn der Korb voller Steine war, trug er ihn ein kleines

Stück weit fort und leerte ihn auf einer rauen Grasunterlage aus, sodass wir ihn wieder mit uns mitschleifen konnten. Wir halfen dabei, das Feld zu säubern. Der Junge war sehr ruhig. Er sagte nichts, und ich schwieg ebenfalls. Dann rief eine Frau, die in einen dunklen Umhang gehüllt war, nach uns. Sie sprach in einer anderen Sprache, aber ich verstand sie.

Der Junge rief mir zu: »Lauf!«, und ich rannte, so schnell ich konnte, aber er war schneller.

Als wir bei der Frau ankamen, schalt sie ihn: »Du hättest deine Freundin gewinnen lassen sollen, Johannes.«

Sie sagte ihm, kein anderer Junge und kein anderes Mädchen sei so schnell wie er. Wir gingen ins Haus hinein. Es war klein, aber es hatte einen Garten, der von einer Mauer umgeben war. Die Mauer war ziemlich niedrig und der Garten recht klein. Ich kicherte, da Johannes Grimassen schnitt. Dann wies seine Mutter ihn an, er solle seinen Vater holen. Also ging er zur Tür hinaus, und ich folgte ihm.

Bei der kleinen Gartenmauer blieb er dann stehen und sagte zu mir: »Du wartest hier, bis ich zurück bin.« Also setzte ich mich eine Weile auf die kleine Mauer, dann stand ich auf, ging zur Tür des Hauses und öffnete sie langsam. Ich hörte Johannes' Mutter beten, und als ich hineinspähte, sah ich, dass sie auf dem Boden vor einem kleinen Fenster kniete und zu Gott betete. Dabei presste sie ihre Hände fest zusammen und betete mit jeder Faser ihres Körpers und ihrer Seele zu Gott. Sie betete für ihren Sohn, Johannes, zu Gott und rief seinen Namen häufig aus. Im Gebet war sie nicht alleine, denn ihr Schutzengel betete mit ihr. Er hatte eine männliche Erscheinung und trug weiße und himmelblaue Kleidung. Der Schutzengel war nach vorne über Johannes' Mutter gebeugt und hatte seine Hände zum Gebet gefaltet. Jedes Mal, wenn sie das Wort Gott aussprach, blickte ihr Schutzengel geradewegs zum Himmel und hob seine Hände im Gebet empor.

Ich entfernte mich leise und betete darum, dass Gott ihr Gebet erhören würde. Ich stand mit dem Rücken zur Tür und blickte über das Feld, auf dem ich mit Johannes die Steine aufgesammelt hatte, als ich den Erzengel Michael links von mir bemerkte. Er war so gekleidet wie ein paar andere Männer, die herumstanden und sich unterhielten.

Einer von ihnen kam an uns vorbei und grüßte.

Der Erzengel Michael sagte zu mir: »Sei nicht traurig, Lorna. Was Gott geschrieben hat, wird geschehen. Dein Freund Johannes ist Johannes der Täufer.«

»Ich weiß«, sagte ich.

Mit Tränen in den Augen blickte ich zum Erzengel Michael auf und fragte ihn: »Warum weiß ich das bereits?«

»Weil du ein Gespräch mit Gott im Himmel hattest, bevor du geboren wurdest, Lorna. Gott lässt diese Erinnerungen wieder in deinen Geist zurückfließen. Wir erinnern dich lediglich daran.«

»Johannes' Mutter liebt ihn so sehr«, sagte ich zum Erzengel Michael.

Der Erzengel Michael ergriff meine Hand.

»Danke, Erzengel Michael«, sagte ich.

»Geh nun«, erwiderte er.

Also rannte ich wieder auf das Feld zurück, um weiter Steine aufzusammeln. Es kam mir so vor, als wären Stunden vergangen, bevor ich Johannes mit seinem Vater zum Haus zurückkehren sah. Als ich nach Johannes rief, kam er zu mir gerannt. Er spielte Fangen mit mir, und ein paar andere Kinder spielten mit.

Plötzlich war ich wieder zurück in unserem Garten und saß bei dem Heuhaufen. Der Erzengel Michael kniete noch immer vor mir und lächelte mir zu.

Ich sah ihn einen Moment lang an und fragte ihn dann leise: »Was ist mit dem Jungen?«

»Gott hat dir eine Vision von Johannes dem Täufer gezeigt, als er vor langer Zeit ein kleiner Junge war«, antwortete der Erzengel Michael.

»Hat er etwas Besonderes für Gott gemacht?«, fragte ich.

»Ja, aber das war vor langer Zeit«, erklärte der Erzengel Michael.

»Er war ein netter Junge. Ich habe mit ihm gespielt und war in seinem Haus. Es war sehr klein, und wir haben Steine gesammelt. Seine Mutter hat uns etwas zu essen gegeben. Daran erinnere ich mich, aber ich bin nicht sicher, ob es ein Keks oder ein Stück Brot war. Es war rund und hat lecker geschmeckt.«

Der Erzengel Michael sagte lächelnd: »Bleib noch hier sitzen, Lorna, und ruhe dich aus.«

Ich tat, wie er mich geheißen hatte, und muss wohl eine kleine Weile eingeschlafen sein. An diesem Tag hatte Gott mir zum ersten Mal eine Vision von Johannes dem Täufer gezeigt. Ich werde Ihnen noch von weiteren berichten, aber später, in einem anderen Buch.

KAPITEL 8

Gott holt meine Mutter zu sich

Gott hat meine Mutter nach Hause in den Himmel geholt, als sie 80 Jahre alt war. Das war vor einem Jahr. Ich vermisse sie, und der Rest meiner Familie tut das ebenso. Mir war bewusst, dass ihre Zeit bald gekommen sein würde, und es war eine sehr schwierige Entscheidung für meine Schwester, sie in einem Pflegeheim in der Nähe ihres Wohnortes unterzubringen, aber das war die beste Entscheidung, die sie je für meine Mutter getroffen hat. Mum lebte sich im Laufe der Zeit gut ein und war dort sehr glücklich. Aber die letzten paar Wochen im Leben meiner Mutter waren wohl für uns alle sehr schwierig. Ich fuhr, sooft ich konnte, ins Pflegeheim. Zwei Mal begleitete Pater John mich.

Pater John ist ein Priester. Früher war er der Gefängnispfarrer von Limerick. Viele Jahre zuvor hatte er mir einen Brief geschickt, den ich auf Geheiß der Engel beiseitelegte und aufbewahrte, und im Laufe der Zeit wurden wir enge Freunde.

Bei einem der Besuche bei meiner Mutter aßen Pater John und ich gemeinsam mit ihr zu Mittag. Wir saßen zusammen und sprachen mit ihr über all die Dinge in ihrem Leben, an die sie sich erinnerte. Sie lachte häufig, als sie sich in die Vergangenheit zurückversetzte und sich daran erinnerte, als wir alle noch Kinder waren. Außerdem erinnerte sie sich an meinen Vater und sprach über die Zeiten, in denen sie umgezogen waren. Ich habe meine Mutter noch nie so viel reden gehört wie an diesem Tag. Sie wirkte so glücklich.

Rechts und links von ihr stand jeweils ein Engel. Ich lächelte ihnen zu, weil sie ihr unaufhörlich den Rücken massierten, da dieser wie auch ihre Hüften sie oft schmerzten. Ich genoss diesen Tag und das Mittagessen mit meiner Mutter.

Bevor wir gingen, segnete Pater John meine Mutter. Ich versprach ihr, sie bald wieder zu besuchen, aber dann rief mich meine Schwester an und sagte mir, meine Mum habe einen weiteren Schlaganfall gehabt, und es sehe nicht gut aus.

In der darauffolgenden Zeit pendelte ich regelmäßig von Kilkenny aus hin und her, um etwas Zeit mit meiner Mutter zu verbringen, bevor Gott sie nach Hause in den Himmel holte. Jedes Mal, wenn ich durch die Türen des Pflegeheims ging, erwarteten mich zwei Engel, die vor mir auf dem Flur bis zu dem kleinen Zimmer entlanggingen. Dann stellten sie sich zu beiden Seiten der Tür auf. Sie waren in goldene Gewänder gekleidet und hielten, während sie so dort standen, jeweils eine Kerze auf ihren beiden Handflächen, die sehr hell strahlten. Schließlich betrat ich den Raum, und dort lag meine Mum auf ihrem Bett. Sie war so zerbrechlich, und ihr Schutzengel hielt ihre Seele, sodass mein Herz in meinem Inneren weinte. Am liebsten hätte ich meine Mutter etwas aufgerichtet, in die Arme genommen und einfach etwas hin und her gewiegt, aber das konnte ich nicht tun, weil es ihr nur Schmerzen bereitet hätte.

In den ersten paar Tagen nach ihrem Schlaganfall verlor sie hin und wieder das Bewusstsein. Jedes Mal, wenn ich das wahrnahm, flüsterte ihr Schutzengel ihr etwas ins Ohr. Sicherlich erzählte der Schutzengel meiner Mutter, wer im Zimmer war, und nannte ihr die Namen meiner Schwestern und Brüder sowie der anderen Menschen, die sie besuchten.

Insbesondere die letzte Woche im Leben meiner Mutter war sehr schwer für uns alle, weil ihr Körper extrem litt. Zum Glück hatten die Ärzte die Schmerzen jedoch meistens unter Kontrolle. Es gab nur einen Grund, warum meine Mutter Schmerzen hatte. Ihr Körper war so zerbrechlich, dass allein schon eine Berührung schmerzvoll für sie war.

So viele Male bat ich Gott darum, dem Schutzengel meiner Mutter zu erlauben, sie nach Hause in den Himmel zu holen, aber wahrscheinlich war die Zeit meiner Mutter noch nicht gekommen. Es ist nun mal schwierig, wenn man einen geliebten Menschen sterben sieht. In diesen letzten Tagen im Leben meiner Mutter sah ich die Seelen meines Vaters und meiner zwei Brüder, die sie besuchten. Wenn mein Vater ihr etwas ins Ohr flüsterte, erkannte ich ein kleines Lächeln in ihrem Gesicht. Gewiss wusste sie, dass er da war.

Wenn unsere Zeit gekommen ist, kehren unsere Seelen in den Himmel zurück, und unser menschlicher Körper stirbt. Die Seelen geliebter Menschen, die uns vorausgegangen sind, besuchen uns, wenn wir sterben.

Als ich das bei meiner Mutter zu verschiedenen Zeiten beobachtete, erfüllte es mein Herz mit Freude. Dies geschieht auch bei Menschen, die Sie lieben. Als ich meine Mutter zum letzten Mal besuchte, lag sie wie ein neugeborenes Baby in ihrem Bett. Ihr Schutzengel hielt die Seele meiner Mutter nicht nur in seinen Händen. An diesem Tag hatte er seine Arme vielmehr komplett um ihre Seele gelegt und hielt seine Hände verschränkt. Es wirkte so, als läge der Schutzengel meiner Mutter mit ihr in ihrem Bett. Allerdings berührte er keinen Teil ihres Bettes, während er mit ihr dort lag.

Der Schutzengel meiner Mutter sagte zu mir: »Es wird nun nicht mehr lange dauern, Lorna. Ich werde deine Mutter in den Himmel bringen.«

Ich sehe so etwas nicht jeden Tag. Und ich empfinde es als Privileg, einen Schutzengel zu sehen, der die Seele eines Menschen hält, der auf diese Weise stirbt. Ich blieb, solange ich nur irgend konnte.

Am späten Abend flüsterte mein eigener Schutzengel mir ins Ohr: »Du musst nach Hause gehen, Lorna.«

Das wollte ich nicht. Ich wollte bleiben. Verzweifelt sprach ich ohne Worte zu meinem Schutzengel, denn dies war das letzte Mal, dass ich meine Mutter lebend sehen würde, das wusste ich. Schließlich gab ich den Aufforderungen meines Schutzengels nach. Mir war klar, dass ich gehen musste. Mein Schutzengel hatte mir gesagt, es sei mir nicht gestattet, dort zu sein, wenn ihr Schutzengel ihre Seele in den Himmel brachte. Ich wünschte mir so sehr, mit dabei zu sein, aber es sollte nicht so sein. Ich verabschiedete mich von meiner Mutter und gab ihr einen Kuss. Dann verabschiedete ich mich von meinen beiden Schwestern. Als ich den Korridor entlangging, sagte ich einer der Schwestern, die im Empfangsbereich waren, Gute Nacht. Sie öffnete die Tür und ließ mich hinaus.

Am liebsten wäre ich wieder hineingelaufen, um meine Mutter zu umarmen.

»Nein, Lorna«, flüsterte mir mein Schutzengel zu.

Ich hielt einen Moment lang inne. Das Pflegeheim lag auf einem Hügel, und ich blickte zum Nachthimmel hinauf und betete für meine Mutter. Von dort aus konnte ich einen Teil der Lichter von Dublin sehen, was sehr schön aussah, aber mir war so kalt. Ich war nur ein kleines Stück vom Auto entfernt, und als ich es erreichte, sah ich den Engel Hosus neben der Fahrertür des Autos.

Ich ging zu ihm und begrüßte ihn.

Dann fragte ich ihn, ob er das Auto für mich fahren würde, aber der Engel Hosus sagte: »Nein, Lorna.«

Als ich zu ihm aufblickte, flossen mir die Tränen aus den Augen und liefen an meinen Wangen hinunter. Der Engel Hosus streckte seine Hand aus, um sie mir mit seiner Fingerspitze fortzuwischen. Obwohl er mein Gesicht nicht berührte, trocknete er meine Tränen dennoch irgendwie.

»Weine nicht, Lorna«, tröstete er mich. »Deine Mum kehrt nur in den Himmel zurück.«

»Das weiß ich, aber das macht es nicht leichter«, erwiderte ich.

Als ich ins Auto einstieg, saß der Engel Hosus auf dem Beifahrersitz.

»Fahr heim nach Kilkenny, Lorna.«

Ich betete, und die Engel beteten mit mir. In meinem Gebet bat ich darum, dass meine Mutter friedlich sterben würde und meine Schwestern etwas Besonderes für sich erleben würden, wenn der Schutzengel meiner Mutter ihre Seele nach Hause in den Himmel brachte.

Ich vermisse meine Mum. Ich vermisse es, sie zu besuchen, mit ihr zum Mittagessen zu gehen und etwas zu shoppen. Manchmal sah ich sie sehr lange nicht. Aber das lag daran, dass Gott mich beschäftigt hielt, da ich um die Welt reiste und den Menschen Botschaften der Hoffnung und Liebe übermittelte. Natürlich besuchte meine jüngste Tochter Megan ihre Oma häufig mit mir zusammen. Auch Megan vermisst ihre Oma.

All die Male, als wir sie besuchten, sind erfüllt von glücklichen Erinnerungen. Ich erinnere mich an einen Tag, an dem ich meine Mutter alleine besuchte. Wir saßen an ihrem Küchentisch, tranken Tee und aßen Kekse dazu, und sie erzählte mir, sie fühle sich manchmal einsam. Sie war damals schon zu alt, um ihre Nachbarn zu besuchen. Sie hatte das immer gerne getan und vermisste es nun. Ich genoss diesen Tag mit meiner Mum. Ihre Küche war stets voller Engel, und manchmal hatte ich das Privileg, die Seele meines Vaters in die Küche hereinkommen zu sehen. Er stand dann mit der Pfeife zwischen seinen Lippen und seinem Anglerhut auf dem Kopf dicht bei meiner Mutter und lächelte mich einfach an.

An jenem Tag kam die Seele meines Vaters durch die Küchentür, stand neben meiner Mutter und blies etwas Rauch aus der Pfeife dicht über ihren Kopf. Dann ging sie um den Tisch herum und zur Hintertür hinaus.

Meine Mutter fühlte sich offenbar etwas unbehaglich und sagte zu mir: »Manchmal rieche ich den Tabak aus der Pfeife deines Vaters.«

»Tatsächlich?«

»Ja«, antwortete sie.

Der Schutzengel meiner Mutter wies mich an, etwas mit der Nase zu schnuppern. Ich tat, wie er mich geheißen hatte, und sog die Luft intensiv durch die Nase ein.

Dann sagte ich zu Mum: »Ich glaube, ich kann den Tabak aus Dads Pfeife jetzt auch riechen.«

Meine Mum lächelte mich an, und der Schutzengel meiner Mutter sagte zu mir: »Deine Mutter hatte Angst, es dir gegenüber offen zuzugeben.«

Meine Schwester erzählte mir, sie hätten, ein paar Tage bevor meine Mum den schlimmen Schlaganfall hatte, einen Tagesausflug nach Dublin gemacht. Es war ein wunderschöner sonniger Tag, daher gingen sie zum Shoppen. Meine Mutter liebte es zu shoppen und mittags zum Essen zu gehen. Ich weiß nicht, wo sie zu Mittag aßen, aber jedenfalls saßen sie draußen in der Sonne, und meine Mutter hatte einen fantastischen Tag.

Für uns alle ist es stets wichtig, uns nach Kräften zu bemühen, uns an all die guten Zeiten zu erinnern, die wir mit unseren Lieben verbracht haben, bevor sie nach Hause in den Himmel zurückgekehrt sind. Denken wir an all die Momente, in denen sie uns zum Lachen gebracht haben. Denken wir an die Geschichten, die sie uns über die verschiedenen Ereignisse in ihrem Leben erzählt haben. Bringen wir die Erinnerungen daran zurück, als wir ihnen geholfen haben, das Haus zu streichen, oder als wir kleinere Gartenarbeiten mit ihnen erledigt haben. Es ist wichtig, über all die kleinen Dinge zu sprechen, die die Erinnerungen an sie zurückbringen. Erinnerungen sind wichtig für uns alle, wir alle brauchen sie. Bewahren Sie sich stets diese glücklichen Erinnerungen. Und wenn es auch traurige gibt, ist es wichtig für Sie, mit anderen darüber zu sprechen, damit diese schlimmen Erinnerungen im Laufe der Zeit weniger traurig werden. Auf diese Weise können die guten Erinnerungen in den Vordergrund treten und die anderen überschatten. Sie werden dann feststellen, dass die Dinge, die Sie als traurig oder leidvoll empfunden haben, nicht länger traurig und leidvoll sind.

Machen Sie sich Folgendes stets bewusst: Ihr Angehöriger liebt Sie und erwartet Sie im Himmel, wenn Ihre Zeit gekommen ist, aber nicht davor. Und niemand stirbt alleine, weil der Schutzengel bei Ihrem Angehörigen ist, seine Seele hält und diese im Moment des Todes direkt zum Himmel bringt. Das ist nicht leidvoll. Im Moment des Todes gibt es nur Erleichterung, Freude und Liebe. Alle Fragen sind beantwortet. Sie treffen die Menschen, die vor Ihnen gegangen sind, und sie werden durch die Liebe mit Ihnen verbunden – durch diese unglaubliche Liebe, die ich nicht mit Worten erklären kann, weil es die Liebe Gottes ist. Wenn unsere Seele zu Unserem Vater im Himmel kommt, ist diese Liebe so überwältigend, so unglaublich, dass wir nicht zurückkehren wollen, nicht einmal wegen jenen, die wir hier auf der Erde lieben.

Kapitel 9

Der Erzengel Gabriel und unsere Angehörigen

Als ich eines Tages im September 2014 beim Apfelpflücken im Obstgarten war, hörte ich, wie mein Name gerufen wurde, und wandte mich um. Abgesehen von dem verwilderten Obstgarten sah ich allerdings nichts.

Ich sagte: »Ich dachte, ihr Engel hättet mich gerufen, aber ich habe mich wohl getäuscht.« Gerade als ich mich wieder umdrehen wollte, um weiter Äpfel zu pflücken, erschien ein helles Licht zwischen den Bäumen. In diesem strahlenden Licht tauchte der Umriss eines Portals auf. Es öffnete sich langsam, und ein helleres Licht leuchtete daraus hervor. Während ich dort stand und es beobachtete, öffnete sich das Portal innerhalb kurzer Zeit vollständig. Ich sah ein anderes Licht auf mich zukommen, als wäre es draußen im All eine Million Kilometer entfernt und bewege sich auf das geöffnete Portal zu. Als es näher kam, wurde es größer und heller. Die ganze Zeit über drehte es sich wie der Mond. Kurz vor dem Portal hielt das Licht schließlich an, und ich konnte einen Engel darin sehen. Natürlich wusste ich sofort, wer es war.

Der Erzengel Gabriel stand fast beim Portal, aber er war noch nicht ganz dort. Ich erkannte seine außergewöhnlichen Augen und seine überaus jugendliche Erscheinung – obwohl er nicht so jung wie Raphael aussah. Als er so in dem geöffneten Portal stand, war er von einem wunderschönen purpurfarbenen Licht umgeben; es war wie das Licht, das den Mond umgibt, aber eine Million Mal eindrucksvoller. Als er schließlich langsam durch das Portal nach vorne trat, strömte das purpurfarbene Licht, das ihn umgeben hatte, hinter ihm hervor. Dann schritt er von dem Portal fort in unsere Welt herein, und als er das tat, nahm er eine menschlichere Erscheinung an. Er war wie ein Motorradfahrer vollkommen in schwarze Lederklamotten gekleidet.

»Hallo, Erzengel Gabriel. Ich habe dich nicht erwartet. Keiner hat mir gesagt, dass du kommen würdest. Was für eine Überraschung!«

»Ich bin gekommen, um dir beim Apfelpflücken zu helfen, Lorna, und um dir zu sagen, dass du eines Tages erneut eines der leuchtenden Babys Gottes sehen wirst. Ich weiß, wie sehr du auch deine Mutter vermisst. Sie ist im Himmel und sehr glücklich.«

»Danke, Gabriel«, sagte ich. »Darf ich dir eine Frage stellen?«

»Ja, natürlich darfst du das, Lorna.«

»Ich weiß nicht so recht, wie ich es ausdrücken soll«, sagte ich zögernd.

»Lass es mich dir beantworten, ohne dass du die Frage stellst«, kam mir der Erzengel Gabriel zuvor.

»Gerne«, sagte ich.

»Wenn jemand stirbt, Lorna, egal ob es ein Mann, eine Frau oder ein Kind ist, schenkt Gott ihm häufig zusätzlich Zeit, damit es zwischen dem Sterbenden und seiner Familie sowie seinen Freunden zur Heilung kommen kann. Du kennst im Moment so jemanden, das weiß ich.«

»Ja«, antwortete ich, »ich denke gerade an ihn. Er hat sich vor 30 Jahren mit seiner Familie entzweit und nie mehr mit seinen Angehörigen gesprochen. Aber nun, da er im Sterben liegt, sucht er Kontakt zu ihnen. Er hat sie darum gebeten, ihm zu verzeihen – dafür, dass er sich aufgrund eines Streits vor sehr langer Zeit so dumm verhalten hat. Es ist so wunderbar zu hören, dass seine ganze Familie ihn besuchen kommt, Erzengel Gabriel. Stell dir vor, er musste lediglich sagen, dass es ihm leidtut, und das hat er getan. Seine Angehörigen haben ebenfalls gesagt, es tue ihnen leid. Er hält noch am Leben fest, und Gott gestattet es ihm, damit alle zu ihm kommen und sich von ihm verabschieden können.«

»Ja, Lorna, sie möchten sich alle gegenseitig sagen, dass sie einander lieben und das immer getan haben. Gott gibt Menschen diese Gelegenheiten, sogar Jahre zuvor, aber manchmal geben die Familien aufgrund ihrer Verletzung, ihres Leids und Zorns nichts darauf. Familien sollten Kontakt zu verlorenen Onkeln und Cousins aufnehmen, wenn ein Familienmitglied ihnen von einem Streit vor langer Zeit berichtet, Lorna.«

»Seine Cousins wussten nichts von dem Zerwürfnis, bis sie zufällig von anderen Familienmitgliedern etwas darüber hörten. Sie wussten nicht einmal, dass es noch einen anderen Teil der Familie gab. Sie wollten die Geschichte erfahren und gingen mit offenen Armen auf ihre Angehörigen zu. Aufgrund dessen folgte dann der Rest der Familie ihrem Beispiel. Ich finde es immer sehr traurig, wenn ein Teil der Familie wegen etwas nachtragend ist, das vor 30 oder 50 Jahren geschehen ist, und den Rest der Familie anweist, den Namen einer bestimmten Person nicht mehr zu erwähnen.«

»Ja, Lorna, dann vergeht die Zeit, und die Familie verliert den Kontakt zu einem Angehörigen.«

»Kannst du mir etwas über die Dinge berichten, aufgrund derer Menschen sich zerstritten haben, Erzengel Gabriel?«

»Ja, Lorna. Manchmal geht es um ein Stück Land, ein Grundstück oder um die Liebe und manchmal sogar darum, dass jemand ein anderes Familienmitglied kritisiert, es schlechtmacht oder falsch beurteilt. Es gibt viele verschiedene Gründe. Manche sind sehr banal und nichtig, zum Beispiel, wenn jemand vergisst, einen anderen bei einem Ausflug miteinzubeziehen. Es gibt eine Menge kleiner Streitereien, Lorna, und manche Familienmitglieder sind hasserfüllt und voller Neid. Aber nun muss ich gehen.«

Damit verschwand der Erzengel Gabriel. Ich widmete mich wieder dem Apfelpflücken und ging danach ins Haus, um ein paar Apfeltörtchen zu backen. Im Moment sitze ich am Computer und denke an Apfeltörtchen. Apfeltörtchen mit Vanillesauce. Das wäre wirklich sehr lecker, aber ich muss weiterschreiben. Ich möchte Ihnen noch mehr zum Thema Familie und Freunde erzählen.

Der geliebte Mensch kann im Himmel mehr für Sie tun, das sollten Sie sich bewusst machen. Er kann für Sie eintreten und Ihren himmlischen Vater in Ihrem Namen um etwas bitten. Die Verbindung zwischen dem geliebten Menschen und Ihnen bleibt immer bestehen, selbst wenn Sie diesen Menschen hier auf der Erde verlieren.

Ich habe häufig darüber gesprochen, wie wichtig es ist, Ihren Schutzengel um etwas zu bitten. Es ist aber ebenso wichtig, Ihre Lieben um etwas zu bitten. Ein geliebter Mensch kann auf eine sehr wirksame Art und Weise für Sie eintreten. Ich habe gesehen, wie die Engel beiseitegehen, damit der geliebte Mensch direkt zum Thron Gottes vortreten und seine von Herzen kommende Bitte vorbringen kann.

Ich sehe Engel die ganze Zeit, und ich sehe auch die Verstorbenen. Bei meinen Vorträgen sehe ich nicht nur die Schutzengel aller Anwesenden. Es sind stets auch viele »arbeitslose« Engel zugegen – die Engel, die Gott vom Himmel zu uns schickt, damit sie uns bei den vielen alltäglichen Dingen unseres Lebens helfen. Überdies sind viele andere Engel anwesend, und häufig sehe ich auch die Seelen geliebter Menschen. Manchmal strömen sehr viele Seelen unserer Lieben wie ein endloser, schnell fließender Strom vorbei. Und manchmal sprechen all diese Seelen gleichzeitig. Das geschieht in der Regel zu Beginn eines Vortrags, wenn ich den Raum betrete und auf die Bühne gehe. Es passiert nur in den ersten paar Momenten während des Vortrags oder manchmal während des Fragen-und-Antworten-Teils. Das Publikum weiß nichts davon. Ich habe noch nie über den Strom der Seelen gesprochen, die dort auftauchen.

Die Engel fordern mich häufig dazu auf, Botschaften der Seelen unserer Lieben weiterzugeben. Die häufigste Botschaft unserer Lieben lautet: »Sag ihnen, dass wir ganz nah bei ihnen sind, wenn sie uns brauchen, und dass wir sie lieben.« Ich weiß, dass diese Botschaft an viele Menschen aus dem Publikum gerichtet sein könnte.

Manchmal fällt es uns schwer, weiterzumachen, aufzustehen und wieder zu beginnen zu leben, aber der geliebte Mensch möchte, dass wir wieder anfangen zu leben. Ein geliebter Mensch möchte nicht, dass Sie die ganze Zeit weinen. Er will nicht, dass Sie aufgeben. Er weiß, dass Sie dieses Loch in Ihrem Herzen haben, diese Kälte, diesen leeren Raum, den Schmerz und das Leid, weil Sie ihn vermissen, aber Ihr Angehöriger möchte Ihnen dabei helfen, das Loch zu schließen und zu heilen. Der geliebte Mensch liebt Sie. Das bedeutet nicht, dass Sie ihn vergessen sollen, aber Sie müssen nicht die ganze Zeit an ihn denken. Er möchte das nicht, weil er weiß, wie schmerzlich es für Sie ist. Es bedeutet auch nicht, dass Sie ihn nicht mehr lieben. Ihr Angehöriger weiß, dass Sie es tun, und er liebt Sie ebenfalls, aber er möchte Sie glücklich sehen. Er möchte Liebe und gute Dinge in Ihr Leben kommen sehen.

Ihr Angehöriger möchte, dass Sie das Leben genießen. Das sollten Sie sich bewusst machen. Gott erlaubt der Seele Ihres Angehörigen, für einen kurzen Moment bei Ihnen zu sein, wenn Sie an ihn denken, und manchmal auch, wenn Sie nicht an ihn denken. Wenn Sie wissen wollen, was Ihr Angehöriger Ihnen sagen möchte, sollten Sie sich an das letzte Mal erinnern, als Sie an ihn gedacht haben, und dann versuchen, sich auch daran zu erinnern, woran Sie dachten, unmittelbar bevor Ihnen der geliebte Mensch in den Sinn gekommen ist.

Gott erlaubt der Seele Ihres Angehörigen, in Ihrer Nähe zu sein, weil Gott bereits vorher weiß, wie sehr Sie ihn aufgrund von etwas, das in Ihrem Leben zu diesem Zeitpunkt passiert, brauchen werden. Gott weiß, dass Sie den geliebten Menschen zur Heilung in Ihrem Leben sowie aus vielen anderen Gründen brauchen. Vielleicht spüren Sie seine Gegenwart nicht, aber ich kann Ihnen versichern, dass er da ist, obwohl er gleichzeitig im Himmel ist. Er hat Frieden gefunden. Er ist glücklich, und eines Tages werden Sie ihn wiedersehen.

Während ich hier in den Computer hineinspreche, erinnern die Engel mich daran, nicht zu vergessen, Ihnen Folgendes zu sagen: Falls jemand von Ihnen einen Ehemann, eine Ehefrau oder seinen Partner verloren hat, wünscht sich die Seele Ihres Angehörigen, dass Sie in Ihrem Herzen einen Platz für jemand anderen schaffen, damit Sie von einem anderen Mann oder einer anderen Frau geliebt werden und auf diese Weise ebenfalls wieder lieben können. Es ist an Ihnen, einen Platz in Ihrem Herzen zu schaffen. Ihr Angehöriger wünscht sich das immer für Sie. Warten Sie nicht zu lange damit. Mir wird gesagt, dass viele Männer und Frauen immer wieder die Gelegenheit verpassen, die Liebe in ihr Leben kommen zu lassen, weil sie in der Vergangenheit einen sehr besonderen Menschen geliebt haben, Gott diesen Menschen aber nach Hause in den Himmel geholt hat. Ihr Angehöriger wünscht sich, dass Sie sich erneut verlieben, einen Platz in Ihrem Herzen schaffen, um einen anderen hineinzulassen, weil Ihr Angehöriger im Himmel weiß, dass Sie sich danach sehnen werden. Er möchte nicht, dass Sie einsam sind.

Ich habe die Engel, die hier bei mir sind, gefragt: »Habe ich das richtig beschrieben?«

Sie sagten: »Ja.«

Der Engel Hosus fügte hinzu: »Das hat sich Joe für dich gewünscht, Lorna, und wir wissen, wie schwer es für dich war, dein Herz zu öffnen, um jemand anderen hineinzulassen. Wir wissen, dass du es versucht hast.«

Ich wirbelte mit meinem Stuhl herum und sagte zum Engel Hosus: »Ich habe einen kleinen Platz in meinem Herzen für jemand anderen geschaffen, aber Gott hat auch ihn nach Hause in den Himmel geholt. Jetzt habe ich definitiv keine Lust mehr, einen kleinen Raum in meinem Herzen für noch jemanden zu schaffen. Ich glaube nicht, dass ein Mann mit meinem Leben klarkommen würde. Ich glaube, ich würde ihn wahnsinnig machen.«

Der Engel Hosus lachte mich einfach an, und ich sagte zu ihm: »Geh weg!«

Aber das tat er nicht. Ich weiß, dass ich an dem Tag, an dem ich nach Hause in den Himmel gehe, Joe sehen werde, der unseren kleinen Sohn Michael an der Hand hält, zusammen mit meinem kleinen Bruder Christopher, meiner Mum, meinem Dad und Garrett, meinem Bruder, die bereits nach Hause in den Himmel gegangen sind. Ich werde all die Verstorbenen wiedersehen, die ich kannte. Ich werde sie umarmen, und sie werden mich liebevoll in die Arme schließen und willkommen heißen. Das Gleiche wird sich eines Tages auch für Sie so zutragen, aber in der Zwischenzeit leben Sie das Leben bitte auf die bestmögliche Weise. Das Leben ist wertvoll. Erachten Sie es nicht als selbstverständlich. Es ist wundervoll. Trotz all unserer Höhen und Tiefen sollten Sie sich an Folgendes erinnern: Egal was in Ihrem Leben auch geschehen mag, Sie werden es überwinden. Später werden Sie sich fragen, warum Sie so niedergeschlagen waren. Lernen Sie daher, es zu genießen, am Leben zu sein. Das ist etwas, das die Engel mich mein ganzes Leben lang gelehrt haben. Ihr Schutzengel lehrt Sie ebenfalls, das Leben zu genießen. Erinnern Sie sich deshalb immer wieder daran, die einfachen Dinge zu genießen, die Sie tun.

Kapitel 10

Mein Alltag

Mein Leben hat sich sehr verändert. Ich selbst habe mich nicht verändert, aber ich weiß mittlerweile mehr, und ich lerne dazu, wenn Menschen mir Fragen stellen, die mir zuvor noch nicht gestellt wurden. Und ich bin nach wie vor ich selbst. Ich liebe es, wenn ich in meinem Leben die Möglichkeit habe, mit Kindern zu sprechen. Sie sind so begierig darauf, mehr zu erfahren. Es begeistert sie, dass sie einen Schutzengel haben, und sie haben stets sehr viele Fragen an mich.

Eine Lehrerin einer australischen Schule hat mich gebeten, eine Skype-Sitzung mit ihren Schülern abzuhalten. Die Lehrerin heißt Natasha.

Ich bekomme oft Nachrichten auf Facebook, in denen ich gefragt werde, wann ich nach Australien komme. Leider weiß ich das nicht. Ich würde liebend gerne nach Australien reisen und dort einige Vorträge halten und eine Lesereise machen, aber bisher hat sich das noch nicht ergeben, denn man muss in einem Land bekannt genug sein, damit man von einem Verlag dort oder einer anderen Organisation dazu eingeladen wird. Ich hoffe, dass sich das in der Zukunft einmal ergibt. Und ich bin sehr froh darüber, dass ich von den Schülern und ihrer Lehrerin Natasha gebeten wurde, über Skype mit ihnen zu sprechen.

Ihr seid toll! Ich danke Gott wirklich für die Technologie, denn wenn wir sie und solche Instrumente wie Skype nicht hätten, wäre ich nicht in der Lage, mit Kindern in Australien über ihre Schutzengel zu sprechen.

Bei diesem Skype-Gespräch kam es zu einem kleinen Missverständnis. Die ganze Woche sagten die Engel immer wieder zu mir: »Es ist am Donnerstag, Lorna.«

Aber ich erwiderte: »Nein, es findet am Freitag statt.«

Am Donnerstag sagten die Engel zu mir: »Lass deinen Computer lieber angeschaltet, Lorna.«

Also sagte ich: »Okay.«

Als ich um etwa 22.30 Uhr unten saß und mich mit hochgelegten Füßen entspannte, flüsterte mein Schutzengel mir ins Ohr: »Horch mal, Lorna. Was hörst du?«

Ich sprang von der Couch auf und rannte die Treppe hinauf.

»Jemand ruft mich auf Skype an«, sagte ich zu meinem Schutzengel.

»Ja«, bestätigte dieser.

Als ich auf dem Treppenabsatz ankam, sagte der Engel Hosus zu mir: »Beeile dich!«

Gerade als ich meinen Computer erreichte, hörte es auf zu klingeln.

Ich saß dort und sagte zum Engel Hosus: »Es ist die australische Schule. Ich wette, es ist die Lehrerin Natasha mit ihren Schülern.«

»Ja, und all die Kinder sind sehr aufgeregt. Der Klassenraum ist voller Engel«, antwortete der Engel Hosus.

Im nächsten Moment klingelte es wieder auf Skype, und ich nahm den Anruf entgegen.

Natasha sagte: »Hallo, Lorna.«

Ihre ganze Klasse freute sich, dass die Verbindung jetzt zustande gekommen war, und konnte es gar nicht erwarten, mir Fragen zu stellen.

»Ich dachte, es wäre morgen Abend, am Freitag«, sagte ich zu Natasha.

»In Australien ist heute schon Freitag«, verkündete Natasha.

»Und hier ist es erst Donnerstag«, erklärte ich ihr.

Wir lachten beide.

»Oh, das tut mir sehr leid, Lorna«, sagte sie. »Was für ein Durcheinander! Ihr Freitag wäre unser Samstag.«

»Kein Problem. Es ist alles in Ordnung. Wenn es Ihnen und Ihren Schülern nichts ausmacht, dass ich hier in meinem Morgenmantel sitze. Ich hatte mich bereits fürs Zubettgehen fertig gemacht.«

Natasha wandte sich ihrer Klasse zu, erklärte ihr, dass ich meinen Morgenmantel trug, und fragte, ob das in Ordnung sei. Die Schüler sagten: »Ja!«

Es machte ihnen nichts aus. Sie waren so erpicht darauf, mir Fragen über ihre Schutzengel zu stellen.

Ich weiß nicht, wie viele Jungen und Mädchen in dem Klassenzimmer waren, aber ich schätze, sie waren etwa zehn bis zwölf Jahre alt. Vorne an der Wand, wo die Tafel gewesen wäre, hing ein großer Bildschirm. Ein Kind nach dem anderen kam nach vorne und setzte sich an den Computer. Jedes Kind nannte mir seinen Namen und stellte dann eine Frage. Der Rest der Klasse konnte auf dem Bildschirm sehen, wie ich sie beantwortete. Ich liebe die Fragen von Kindern. Sie sind immer sehr einfach und direkt. Die Kinder bemühten sich, unterschiedliche Fragen zu stellen, weil ihre Klassenkameraden die Antwort ebenfalls mitbekamen. Ich versuche mich gerade daran zu erinnern, damit ich Ihnen davon berichten kann, und habe den Engel Hosus gefragt, ob er mir dabei hilft.

Er antwortete: »Ja, Lorna.«

Eine Reihe von Kindern fragte mich, wie ihr Schutzengel heiße. Ich sagte ihnen, ich wisse es nicht, aber sie könnten ihn dies selbst fragen. Ich forderte sie auf, gemeinsam mit mir die Augen zu schließen und nur an ihren Schutzengel zu denken.

»Entspannt euch einfach und versucht es nicht zu intensiv. Euer Schutzengel wird euch einen Gedanken schicken. Es kann etwas sein, das ihr jeden Tag seht oder tut. Euer Schutzengel kann euch aber auch ein Bild schicken. Es könnte sich auch nur um ein Wort handeln. Egal was euer Schutzengel tut, ihr solltet es euch merken. Es hilft euch dabei, seinen Namen herauszufinden.«

Als die Kinder ihre Augen wieder öffneten, hatten die meisten etwas gefunden, das sie mit dem Namen ihres Schutzengels in Verbindung brachten. Sie sprachen darüber, welcher Gedanke, welches Bild oder welches einzelne Wort ihnen in den Sinn gekommen war.

Als ein kleines Mädchen mir erzählte, es habe eine Narzisse gesehen, sagte ich zu ihm: »Dann sagt dein Schutzengel dir, dass du ihn Narzisse nennen kannst. Es ist nur ein Teil seines Namens, weil der Name eines Schutzengels sehr viele Buchstaben hat. Das könnten wir wahrscheinlich gar nicht aussprechen oder buchstabieren.«

Ein kleiner Junge kam nach vorne, um eine Frage zu stellen, und machte ebenfalls die Übung. Er schloss seine Augen und fragte seinen Schutzengel, wie er heiße. Dann berichtete er von einem Wort, das ihm eingefallen sei, und er nannte seinen Schutzengel Jack. Er hoffte, dass er mit diesem Namen richtiglag. Ich fragte den Engel Hosus, was ich ihm daraufhin sagen sollte. Er wies mich an, den kleinen Jungen dazu aufzufordern, die Frage direkt an seinen Schutzengel zu richten, wenn er wieder an seinem Platz sei.

Eine weitere Frage lautete: »Was geschieht mit meinem Schutzengel, wenn ich sterbe?«

Ich beantwortete sie folgendermaßen: »Ein Schutzengel gehört zu dir und kann nie der Schutzengel eines anderen Menschen sein. Er kehrt mit dir nach Hause in den Himmel zurück.«

Ein anderes Kind stellte mir eine ähnliche Frage. So hatte ich die Gelegenheit, es etwas genauer zu erklären.

»Als deine Seele im Himmel war, bevor du im Bauch deiner Mutter warst, hast du dort deinen Schutzengel getroffen. Du hast mit ihm über viele Dinge gesprochen, und als es für dich an der Zeit war, im Bauch deiner Mutter zu sein, hat dein Schutzengel dich begleitet.«

Viele Jungen und Mädchen fragten mich danach, wie ein Schutzengel aussieht. Also erzählte ich jedem ein bisschen mehr über die Erscheinung eines Schutzengels. Ich hätte ihnen ihre Schutzengel liebend gerne einzeln beschrieben, aber das konnte ich nicht, weil wir uns nicht im gleichen Raum befanden. Das erklärte ich einem der Jungen.

»Das ist okay!«, sagte er.

»Schutzengel sind weder männlich noch weiblich, aber oft nehmen sie eine männliche oder weibliche Erscheinung an. Manchmal nehmen sie allerdings auch keine dieser beiden Erscheinungen an. Dein Schutzengel ist etwa drei Schritte hinter dir, aber gleichzeitig umgibt er dich vollständig. Er ist riesig, aber es kann so wirken, als wäre er nicht viel größer als der physische Körper eines Menschen. Ein Schutzengel sieht anders aus als alle anderen Engel. Das liegt an dem Licht, das von ihm ausstrahlt. Es unterscheidet sich von dem Licht der anderen Engel. Es ist so wie bei einem General, den du unter Hunderten von Soldaten erkennen würdest, verstehst du? Genauso ist es auch bei den Schutzengeln. Sie sind einfach anders. Sie haben eine besonders große Autorität, über die andere Engel nicht verfügen, weil alle anderen Engel wissen, dass ein Schutzengel der Torhüter der Seele eines Menschen ist.

Als Torhüter einer Seele führen sie diese vor der Geburt und begleiten sie helfend durch dieses Leben. Aber ihre wichtigste Aufgabe besteht darin, uns zurück nach Hause in den Himmel zu bringen.«

Als ein Kind mich fragte: »Bleibt mein Schutzengel immer bei mir?«, antwortete ich: »Ja, dein Schutzengel verlässt dich keine Sekunde lang. Daher bist du niemals alleine.«

Ich wurde außerdem gefragt: »Hat jeder Mensch einen Schutzengel?«

Daraufhin erklärte ich: »Ja. Jeder hat einen Schutzengel, weil jeder Mensch eine Seele hat, diesen Lichtfunken Gottes, der jeden Teil deines Körpers und deines Seins erfüllt. Dein Schutzengel kann dich nie verlassen, nicht einmal nur für eine Sekunde, weil er der Torhüter deiner Seele ist.«

Die Schüler stellten noch viele weitere Fragen, und es war wunderbar, mit ihnen zu sprechen. Ein oder zwei Mal war die Skype-Verbindung unterbrochen, aber das störte weder die Schüler noch Natasha. Sie rief mich einfach noch mal an, und innerhalb weniger Minuten waren wir wieder miteinander verbunden. Ich sprach etwa 40 Minuten mit den Kindern und hoffe, sie waren zufrieden mit den Antworten. Ich würde mich freuen, bald wieder einmal mit Natashas Schülern in Australien zu sprechen. Möge Gott geben, dass ich die Gelegenheit dazu haben werde.

Es ist Februar, und ich muss zu einem Meeting nach Maynooth fahren.

Mein Sohn Christopher hat mich angerufen und zu mir gesagt: »Ich habe gehört, dass du am Dienstag hier in Maynooth sein wirst, Mum.«

»Ja, das werde ich.« Er fragte mich, ob ich vielleicht bei ihm übernachten wolle.

Ich fragte ihn: »Was wird denn geboten?«

»Im Kino läuft ein toller Film. Es ist eine Komödie«, antwortete er und sagte, er würde gerne mit mir dorthin gehen.

»Liebend gerne. Es ist lange her, dass wir im Kino waren. Wann bist du denn mit der Arbeit fertig, Christopher?«

»Erst um sechs Uhr. Könntest du mich nach der Arbeit abholen, damit wir direkt ins Kino fahren können? Ich werde dann allerdings noch meine Arbeitskleidung anhaben.«

»Das passt wunderbar, und ich freue mich sehr darauf.«

Christopher fragte mich noch einmal, ob ich nicht bei ihm übernachten wolle, weil es spät werden würde. Ich lehnte ab, da ich lieber nach Hause fahren wollte. Es macht mir nichts aus, in der Nacht zu fahren. Es ist dann stets sehr ruhig auf den Straßen.

Zwei Tage später fuhr ich also zu der Besprechung nach Maynooth. Das sollte ich vielleicht noch etwas erläutern. Es ging dabei um alle möglichen Dinge, die etwas mit dem Verlag zu tun hatten. Um Interviews, Gespräche, Reisen und vieles andere. Es dauerte Stunden, und am Ende des Tages waren meine Töchter Ruth und Megan, mein Sohn Owen und ich selbst sowie alle anderen Anwesenden erschöpft. Nun, zumindest ich war es. An jenem Tag erledigten wir jede Menge Arbeit, und ich freute mich darauf, mit Christopher ins Kino zu gehen. Ich liebe es, mit ihm einen Film anzusehen. Die Filme, die er auswählt, sind stets actiongeladen, temporeich und spannend. Früher habe ich nur selten Filme gesehen, aber mittlerweile liebe ich Actionfilme sehr, vor allem wenn sie eine gute Handlung haben. Als wir bei dem neuen Kino im Liffey Valley Shopping Centre ankamen, zog Christopher los, um die Karten zu kaufen. Ich wollte etwas Popcorn, Maltesers und ein gemeinsames Getränk für uns beide besorgen.

Während ich in der Schlange stand, rief Christopher mir zu: »Lass es bleiben. Wir müssen in die nächste Vorstellung gehen, es gibt keine zwei Plätze mehr nebeneinander.«

Also gingen wir ins Restaurant neben dem Kino und aßen eine Kleinigkeit.

Der Film war wirklich sehr lustig, es ging darin um Superhelden. Christopher hatte mir zuvor gesagt, er sei möglicherweise etwas brutal, aber wahrscheinlich gut gemacht.

Als wir dann aus dem Kino kamen, sagte ich zu Christopher: »Das war großartig. Es hat mir wirklich gefallen.«

Anschließend brachte ich meinen Sohn nach Hause, und bevor Christopher aus dem Auto ausstieg, sagte er zu mir: »Es sieht etwas unbequem aus, wie du Auto fährst, Mum.«

Ich antwortete ihm: »Ich habe den Wagen erst seit ein paar Wochen. Er ist Baujahr 2008 und ein Diesel. Ich bin erst ein paar Mal damit gefahren, aber er ist viel besser als mein altes Auto.«

»Es sieht so aus, als würdest du das Lenkrad etwas zu fest halten«, erwiderte er. »Vielleicht befindet es sich nicht in der richtigen Position für dich.«

Er veränderte es, und das machte tatsächlich einen großen Unterschied. Er zeigte mir, wie ich die Position des Lenkrads wieder verändern konnte, falls es nötig war, dann verabschiedeten wir uns voneinander. Christopher erinnerte mich daran, ihm eine SMS zu schicken, sobald ich gut zu Hause angekommen war.

Ich sagte ihm, er solle sich keine Sorgen machen: »Ich komme schon klar.«

Als ich in Kilkenny ankam und durch das Tor fuhr, war es etwa zwölf Uhr. Als Erstes schrieb ich Christopher eine SMS, in der ich ihm mitteilte, dass ich gut zu Hause angekommen sei und welch großen Unterschied es gemacht habe, das Lenkrad anders einzustellen.

Ich freue mich schon darauf, wieder einmal mit Christopher in einen Film zu gehen, aber ich weiß, dass es Monate dauern könnte, weil ich in ein paar Tagen nach Afrika fliege. Ich war noch nie in Afrika und freue mich wirklich sehr darauf. Obwohl ich sehr gespannt darauf bin, habe ich immer noch ein bisschen Angst davor. Aber die Engel sagen mir, es gebe keinen Grund, mir Sorgen zu machen. Ich fahre mit einer Gruppe von Leuten dorthin, um mit ihnen einen Dokumentarfilm zu drehen. Ich weiß nicht, wie dieser Dokumentarfilm wird, aber hoffentlich wird er die Herzen der Menschen bewegen, damit sie dabei helfen, leidenden Kindern ein besseres Leben zu schenken und ihnen ein Lächeln ins Gesicht zu zaubern. Ich habe meine eigene Wohltätigkeitsorganisation gegründet, um solchen Kindern zu helfen. Sie heißt Lorna Byrne Children's Foundation. Im Moment unterstütze ich damit drei andere Wohltätigkeitsorganisationen – zwei im Ausland und eine in Irland. Ich hoffe, mit der Unterstützung all der vielen Menschen werden wir in der Lage sein, ein paar weitere Wohltätigkeitsorganisationen auf die Liste zu setzen, um Kindern zu helfen, denn dazu haben Gott und die Engel mich aufgefordert. Natürlich kann ich das nicht alleine tun. Ich brauche Ihre Hilfe. Deshalb hoffe ich, dass Sie sich über die Lorna Byrne Children's Foundation informieren und sich entschließen, etwas zu spenden. Jede Spende macht einen Unterschied, egal wie klein oder groß sie ist. Selbst die kleinste Spende ist willkommen. Vielleicht spenden Sie ja sogar jeden Monat etwas, um das Leben eines Kindes zu verändern.

Kapitel 11

Der Engel Hosus sitzt mit einem geheimnisvollen Buch auf meinem Bett

Im Jahr 2016 reiste ich zu einer Vortragsreise nach England. Ich hielt einen Vortrag in Bournemouth, in Dorset, und einen weiteren in Devon. Außerdem war ich gerade erst aus Äthiopien zurückgekommen. Am Morgen des 22. März fühlte ich mich ziemlich erschöpft. Ich lag gemütlich unter der Bettdecke, als ich hörte, wie mein Name flüsternd gerufen wurde. Ich lugte unter der Decke hervor und öffnete dabei meine Augen kaum. Ich sah lediglich ein helles Licht. Dann öffnete ich meine Augen etwas mehr und erblickte den Engel Hosus, der am Kopfende meines Bettes »saß«, dort wo meine Kissen waren, und aus dem Fenster blickte.

Ich hatte nicht auf meinen Kissen gelegen, sondern mich während der Nacht im Bett etwas nach unten bewegt und die Decke um mich herumgewickelt. Ich wollte einfach bleiben, wo ich gerade war.

Der Engel Hosus wandte seinen Kopf zu mir, sah mich lächelnd an und sagte: »Guten Morgen, Lorna.«

In diesem Moment bemerkte ich ein Buch, das er in der Hand hielt. Ich hätte das Buch, das er las, unmöglich übersehen können, denn es wirkte sehr groß. Er fuhr fort, darin zu lesen. Als ich ihn so betrachtete, wurde ich richtig wach, weil ich neugierig war. Obwohl der Engel Hosus auf meinem Bett saß, berührte kein Teil von ihm die Matratze oder die Kissen tatsächlich. Wenn Sie einen Engel auf Ihrem Bett sitzen sehen würden, dann würden Sie denken, dass er tatsächlich physisch darauf sitzt, so wie Sie selbst es tun würden, aber Gott hat mich stets den Raum sehen lassen, der unsere Welt von diesen wunderbaren Geschöpfen trennt, die Gott erschaffen hat. Wie schon gesagt habe ich diesen Raum stets als Kissen bezeichnet. Dieses Kissen hat alle möglichen Formen und Größen. Das ist auch der Grund dafür, warum die Füße der Engel den Boden nicht richtig berühren. Mir gefällt es stets sehr gut, wenn die Engel solche Dinge tun – wenn sie zum Beispiel auf dem Bett sitzen oder daneben stehen oder auf einem Stuhl vor uns sitzen.

Wenn Sie das nächste Mal an einem Tisch in Ihrer Küche sitzen, sich eine kleine Pause gönnen, eine Tasse Tee trinken, können Sie zu Ihrem Schutzengel sagen: »Es wäre schön, wenn ein Engel mir gegenüber auf dem Stuhl sitzen würde und wenn du neben mir sitzen würdest, mein Schutzengel.«

Denn vielleicht könnten Sie ja einen Lehrengel oder einen gerade arbeitslosen Engel gut gebrauchen? Obwohl Sie die Engel nicht sehen können, sollten Sie darauf vertrauen, dass sie Ihrer Bitte nachkommen. Die Engel haben das bei mir stets getan und sich häufig um den Tisch herum versammelt. Seitdem ich ein Kind war, saßen sie an dem kleinen Tisch vor dem Fenster in Old Kilmainham in Dublin.

Heute Morgen, als ich die Decke von meinem Kopf zurückgeschlagen habe, erkannte ich, warum der Raum so hell war. Als ich das erste Mal unter der Decke hervorlugte, dachte ich, es sei das Sonnenlicht, das durch das Fenster hereinfiel, sowie das strahlende Licht des Engels Hosus. Die Decke schirmte mich davor ab, mehr zu erkennen. Doch welch eine Überraschung war es für mich, als ich sie vollends zurückschlug und mein Schlafzimmer voller Engel sah. Es müssen etwa 30 im Raum gewesen sein.

Sie sagten alle einstimmig: »Guten Morgen, Lorna.«

Ich saß nun auf meinem Bett und beugte mich neugierig nach vorne, um zu sehen, welches Buch der Engel Hosus in seiner Hand hielt.

Ich wandte mich ihm zu und fragte: »Was liest du?«

Doch er las weiterhin in dem Buch und ignorierte mich einfach. Mittlerweile saß ich mit angezogenen Knien auf dem Bett und hatte meine Hände um meine Beine gelegt. Ich hoffte, ich würde die Aufmerksamkeit von Engel Hosus bekommen, wenn ich nicht aufstand, aber offensichtlich funktionierte das nicht.

Kurz darauf sagte er zu mir: »Steh auf, Lorna. Es ist an der Zeit für dich, wieder weiterzuschreiben. Es ist eine Weile her, seitdem du das gemacht hast. Ich weiß, dass du noch eine Reise nach Taiwan und Hongkong vor dir hast. Aber Gott hätte gerne, dass du vor deiner Abreise noch etwas schreibst.«

Der Engel Hosus hatte sich von dem Punkt, an dem er gesessen hatte, verlagert und saß nun auf dem Kopfteil des Bettes. Ich schmunzelte, weil er im Schneidersitz dasaß und das Buch, das er las, in seiner linken Hand hielt. Das brachte mich noch mehr zum Schmunzeln. Das Buch hatte einen festen Einband, war weiß, mit goldenen Rändern, aber ich konnte überhaupt keine Schrift auf dem Umschlag erkennen.

Er blickte von dem Buch auf, und als er mich gerade auffordern wollte aufzustehen, sagte ich: »Ich weiß. Okay, ich werde aufstehen und mich anziehen, aber sag mir bitte zunächst, was du liest.«

Der Engel Hosus wandte sich mir zu, während er das Buch zuklappte und es in seiner linken Hand nah bei seiner Brust hielt.

Er wandte sich nicht mit seinem Körper zu mir, sondern saß in einem solchen Winkel auf dem Bett, dass das Buch komplett aus meiner Sicht war und von seinen Händen abgedeckt wurde.

Er erklärte mir: »Ich kann dir nicht sagen, was ich lese, Lorna. Es ist ein Buch aus der Bücherei Gottes, und es ist sehr wichtig für mich, es zu lesen, weil ich auf Gottes Geheiß mit dir arbeite, ebenso wie viele andere Engel.«

Dann hob er seinen Umhang etwas hoch und verstaute das Buch auf der linken Seite darin, etwa in der Höhe, wo sich bei einem Menschen das Herz befindet.

Ich fragte ihn: »Müssen alle Engel dieses Buch lesen?«

»Nicht dieses, Lorna. Dieses Buch muss *ich* lesen. Gott hat mir aufgetragen, es aus Seiner Bibliothek zu nehmen, und von nun an muss ich es bei mir tragen.«

Das hatte ich mir nicht bewusst gemacht beziehungsweise hatte ich nicht sonderlich darauf geachtet, dass Engel bestimmte Dinge bei sich haben.

Der Engel Hosus antwortete mir, noch bevor ich überhaupt daran gedacht hatte, ihn danach zu fragen, ob Engel oft Dinge bei sich haben.

»Nicht sehr oft«, sagte er lächelnd.

Ich bemerkte: »Der Erzengel Michael trägt immer das Schwert und einen Schild. Ich weiß das, obwohl es mir nur selten erlaubt ist, diese beiden Dinge zu sehen.«

»Keine weiteren Fragen mehr. Los, aufstehen, Lorna!«

Ich dachte kurz nach, während ich vom Bett aufstand. Der Engel Hosus blieb, wo er war.

Ich zog meinen Morgenmantel an und sagte zu ihm: »Übrigens, Engel Hosus, ich hoffe, es macht dir nichts aus, wenn ich dir noch eine Frage stelle.«

Ich ignorierte also, was er mir gerade gesagt hatte, und ergriff die Gelegenheit, weil er nach wie vor auf dem Bett saß.

Der Engel Hosus sagte nickend: »In Ordnung, sag mir, was dir durch den Kopf geht, Lorna.«

»Der Erzengel Michael. Er ist ein Erzengel und steht auf dem Thron Gottes. Gott schickt ihn häufig in mein Leben, ebenso wie den Erzengel Gabriel und einige andere Erzengel. Müssen sie auch ein bestimmtes Buch aus Gottes Bibliothek lesen, weil Gott sie mit meinem Leben betraut hat? Sage ich das richtig, Engel Hosus?«

Einen Augenblick lang war es still. Der Engel Hosus erhob sich, und die Zimmerdecke schien kurz zu verschwinden. Dann klopfte es an meiner Schlafzimmertür. Ich erkannte das Klopfen, weil – das habe ich Ihnen noch nie erzählt – der Erzengel Michael häufig anklopft. Es hört sich dann so an, als wäre das Klopfen eine Million Kilometer entfernt, aber mit jedem Klopfen kommt es näher. Es klingt wie eine Melodie aus tiefen Tönen, wie ein Donnerhall. Ich wandte mich der Tür zu.

Der Erzengel Michael kam herein. Er grüßte die anderen Engel, die im Zimmer waren, mit einer Verbeugung, und sie grüßten ihn zurück. Dann entfernten sie sich, doch der Engel Hosus blieb beim Schlafzimmerfenster stehen.

Der Erzengel Michael stellte sich vor mich hin und sagte: »Guten Morgen, Lorna.«

»Ich habe dich nicht gerufen, Erzengel Michael, und trotzdem bist du hier. Ich freue mich, dich zu sehen. Es ist schon eine Weile her.«

»Ja, Lorna, für dich ist es eine Weile her, aber nicht für mich.«

Der Erzengel Michael streckte seine Hand aus und ergriff meine, was mich mit Liebe und einer inneren Ruhe erfüllte. »Gott hat mich aufgrund deiner Frage geschickt, Lorna. Also sag mir, was dir durch den Kopf geht.«

»Gott hat dem Engel Hosus ein Buch aus Seiner Bibliothek gegeben, Erzengel Michael.«

Ich sah zum Engel Hosus hinüber, der beim Fenster stand. Er sagte zum Erzengel Michael und zu mir, er müsse nun gehen. Und damit verschwand er. Ich war etwas enttäuscht.

»Gott hat dem Engel Hosus ein Buch aus Seiner Bibliothek gegeben, Erzengel Michael«, wiederholte ich.

Meine Stimme muss etwas unklar geklungen haben, da ich in diesem Moment kurz meine Stimme verlor. Ich räusperte mich etwas und wiederholte dann, was ich gerade gesagt hatte.

»Ja, Lorna«, antwortete der Erzengel Michael. »Gott hat den Erzengel Hosus in die Bibliothek gerufen, damit dieser ein bestimmtes Buch bekommt. Mir ist nicht erlaubt, dir viel zu erzählen, Lorna. Aber du warst ja selbst schon häufig in Gottes Gegenwart, und Er hat dir gesagt, dass er seine Meinung ändern kann, egal was geschrieben wurde. Es hängt stets von der Menschheit ab und von jeder Entscheidung, die die politischen Führer der Welt treffen. Manchmal, wenn die Welt nicht gerade auf die beste Art und Weise auf das reagiert, was du tust und sagst, ändert Gott Seine Pläne für dich. Das Buch, das der Engel Hosus nun in seinem Besitz hat, enthält Geschriebenes, das von Gott in die Seiten eingraviert wurde. Es geht um die Veränderungen auf deiner Lebensreise und um die verschiedenen Pfade, die Gott für dich sieht und die du vielleicht beschreiten musst, Lorna.«

»Ich wünschte, du hättest mir das nicht gesagt, Erzengel Michael. Ich bin nicht so stark, wie Gott es von mir denkt. Ich weiß, dass Er mich als Seinen Liebesvogel bezeichnet. Was im Moment auf der Welt passiert, ist sehr beängstigend. Zu wissen, dass die Dinge sich verändern, aber nicht zu wissen, ob sie sich zum Guten verändern. Ich bete darum, dass die meisten dieser Veränderungen gut für die Welt sein mögen.«

Der Erzengel Michael hielt meine beiden Hände gegeneinandergedrückt und sagte: »Sieh mir in die Augen, Lorna. Warum, glaubst du, hat Gott dich zu dieser Zeit auf die Welt geschickt?«

»Ich weiß es nicht. Ich tue alles, worum Gott mich gebeten hat. Trotz all der Veränderungen auf der Welt, zu denen es aufgrund der Entscheidungen kommt, die die Menschheit für die Welt trifft. Es ist mir egal. Ich tue es. Er wird mich nie auffordern, etwas Falsches zu tun, das weiß ich, aber häufig habe ich den Eindruck, als sei es Zeitverschwendung. Es ist, als würde ich auf taube Ohren stoßen, als wollten die Menschen nicht hören, wie sie diese Welt verändern und einen wunderschönen Ort der Liebe daraus machen können. Wie sie eine friedliche Zukunft schaffen können. Eine großartige Aussicht für die Kinder kommender Generationen. Warum hat Gott nicht jemand anderen ausgewählt, Erzengel Michael? Wenn ich ein Mann wäre – davon bin ich überzeugt, und in meinem Herzen weiß ich es –, dann würde man auf mich hören. Man würde sich an mich wenden, damit ich dabei helfen könnte, die Welt in die richtige Richtung zu führen. Aber weil ich eine Frau bin, sieht man auf mich herab und nimmt mich nicht ernst. Warum hat Gott mich als Frau erschaffen? Das kann ich nicht verstehen, Erzengel Michael.«

»Ist es nicht eine Frau, eine Mutter, die ihre Kinder nährt und beschützt, Lorna? Sei nun still, Lorna, und höre einfach zu. In dem Buch, das der Engel Hosus hat, steht eine Botschaft, die Gott dir schicken möchte: Du sollst beginnen, ein Buch zu schreiben, das erst nach deinem Tod veröffentlicht wird.«

Ich atmete tief durch und sagte: »Wie soll ich das nur schaffen, Erzengel Michael, wenn ich jeden Tag nicht einmal genug Zeit habe, um all die Dinge zu tun, um die mich Gott jeden einzelnen Tag bittet? Die Dinge, von denen andere Menschen nichts wissen. Und nun soll ich auch noch dieses Buch für die Welt schreiben, zusätzlich zu den Büchern, die bald veröffentlicht werden sollen, vor allem die Kinderbücher?«

Tränen rannen über meine Wangen. Der Erzengel Michael hob seine rechte Hand, in der er ein schneeweißes Taschentuch hielt. Zumindest sah es so aus. Es war sehr hell, so wie ein Licht. Als er meine Wangen damit berührte, fühlte es sich sehr weich an, wie Samt und Seide.

»Weine nicht, Lorna«, sagte er. »Denke daran, dass Gott bestimmte Engel mit dir arbeiten lässt und dass ich auch hier bin.«

Das brachte mich zum Lächeln.

Dann sprach der Erzengel Michael erneut: »Was geht dir durch den Kopf, Lorna? Zögere nicht. Sage es.«

»Okay«, antwortete ich. »Nächstes Mal, wenn ich in Gottes Gegenwart bin, muss ich Ihn über den Friedensstifter befragen.« Der Friedensstifter ist ein Individuum, das eine entscheidende Rolle für die Weltgeschichte spielen wird, aber es ist mir noch nicht erlaubt, Ihnen etwas darüber zu erzählen. Bald, hoffentlich.

Ich wartete, ob der Erzengel Michael etwas sagen würde, aber er schwieg. Er hielt lediglich meine beiden Hände in seinen, und wir begannen gemeinsam zu beten. Die Berührung meiner Seele mit der des Erzengels Michael im Gebet lässt für einen kurzen Moment eine Harmonie zwischen mir und dem Erzengel Michael entstehen, der einen Platz auf dem Thron Gottes hat.

Ich weiß nicht, wie viel Zeit verging, aber als ich aufhörte, mit Erzengel Michael zu beten, wurde es draußen dunkel. Sobald man im Gebet ist, kann die Zeit sehr schnell vergehen. Wie ein Wimpernschlag.

Ich fragte den Erzengel Michael: »Was ist mit Erzengeln wie dir? Lässt Gott euch auch ein Buch lesen, das mit meinem Leben zu tun hat, weil ihr in meinem Leben vorhanden seid?«

»Nein, Lorna«, antwortete der Erzengel Michael. »Aber gelegentlich überreicht Gott mir eine Schriftrolle, und darin geht es tatsächlich um dich und darum, was zurzeit auf der Welt passiert. Die Schriftrolle enthält Anweisungen für mich, die ich an dich weitergeben soll. Du sollst weiterhin über Frieden und Liebe sprechen, Lorna. Sprich weiter über Mitgefühl, Verständnis,

Gerechtigkeit, Freiheit – und vergiss nicht, die Geburtsrechte jedes Kindes hinzuzufügen, das auf der Welt geboren wird.«

»Vielleicht sollte ich das als Nächstes tun?«, überlegte ich. »Jedes Kind wird wehrlos und unschuldig geboren.«

»Schreibe am Morgen, wenn du aufstehst, Lorna. Schreibe es dann. Jetzt wird es spät.«

Dann sagte der Erzengel Michael, er müsse gehen. Er ließ meine Hände los, lächelte mich an und wandte sich ab. Es war, als würde er einen Pfad voller Licht entlanggehen. Dieses Licht war das Licht des Himmels sowie das Licht all der Engel und der Seelen von all unseren Angehörigen.

Ich stand nun in meinem Schlafzimmer. Der Erzengel Michael war gegangen, und mir war etwas kalt. Es wurde dunkel. Ich dankte Gott für seinen Besuch.

Als ich die Treppe hinunterging, sagte ich: »Ich verstehe tatsächlich nicht alles so ganz, Gott. Wahrscheinlich werde ich zu meinen Lebzeiten nicht alles verstehen. Wenn ich aber zu dir in den Himmel komme, wird mir alles sehr klar werden, das weiß ich.«

Unten öffnete ich den Kühlschrank und nahm eine Dose mit Pilzsuppe heraus. Ich schüttete sie in einen Topf und stellte diesen auf den Gasherd. Dann schnitt ich ein leckeres Brot auf, das ich tags zuvor gekauft hatte, und im Nu war meine Mahlzeit fertig. Ich ging in die Scheune, so nennen wir unser Wohnzimmer, da es eine Scheune war, bevor wir das Haus renovierten. Dort stellte ich mein Abendessen auf den kleinen Tisch und schaltete den Fernseher an. Die Nachrichten liefen gerade. Sie waren voller schrecklicher Weltereignisse dieses Tages. Es versetzte meinem Herzen einen weiteren Stich, von den Explosionen am Flughafen und in der U-Bahn-Station in Brüssel zu hören. Es gibt keine tröstenden Worte für die Familien, die durch den Verlust eines geliebten Menschen auseinandergerissen wurden, oder für das Leid, das die Menschen an diesem Tag erfuhren. Ich bete für alle Familien, die unter Verletzungen leiden, und für diejenigen, die Angehörige verloren haben. Wir dürfen nicht zulassen, dass der Terrorismus zu einem alltäglichen Ereignis wird. Alle Länder, alle Nationalitäten, alle Religionen müssen zusammenstehen, sich vereinen, um dieses Übel zu besiegen und den Frieden für die Menschen auf der Welt wiederherzustellen, damit Menschen in Länder einreisen und auch wieder ausreisen können, damit sie in Sicherheit arbeiten und die Kinder sicher zur Schule gehen können. Denken Sie an all die Männer, Frauen und Kinder, die nicht an ihrem Ziel angekommen sind. An den Schrecken und das Entsetzen, die der Terrorismus verursacht hat. Die Menschen der Welt müssen sich als eine Nation für Freiheit, Frieden und Hoffnung zusammenschließen. Diese Dinge, die die gesamte Menschheit zu schätzen weiß, bewahren wir in unserem Herzen.

Doch während ich die Nachrichten sah, konnte ich trotz der Bomben und des Terrorismus Hoffnung sehen. Krieg ist an jedem Ort der Welt falsch. Wir müssen stets nach friedlichen Wegen suchen. Wir dürfen niemals aufgeben. Vielmehr müssen wir alle das Licht der Hoffnung für uns am Brennen halten. Egal, wie unterschiedlich unsere Ansichten auch sein mögen. Ich kenne Menschen, nicht nur in Europa, sondern auch in anderen Ländern, die erleben, dass Bomben explodieren, und deren Familien getötet wurden. Die ganze Zeit werden Leben zerstört. Das nährt nur Bitterkeit, Hass und den Wunsch nach Rache. An diesem Punkt müssen wir alle zusammenstehen, um den politischen Führern der Welt dabei zu helfen, Lösungen zu finden – egal welche Religion oder Nationalität wir haben. Wir sollten uns im Gebet vereinen. Sogar während ich dies schreibe, werden unschuldige Leben fortgerissen. Unschuldige Männer, Frauen und Kinder leiden. Wie es der Engel Hosus bereits gesagt hat – es ist leicht, Krieg zu führen, und es ist am schwersten, den Frieden zu bewahren. Wir alle sollten für den Frieden beten und uns als eine Nation vereinen, als ein vereinigtes Volk, das nicht zulassen darf, dass Hass und Wut in den Herzen unserer Kinder wachsen, der Kinder, denen die Ereignisse der heutigen Welt stark zusetzen.

Ich weiß, wie schockiert die Menschen sind, aber wir dürfen unsere Augen nicht verschließen oder sagen: »Was geht mich das an?«

Das geschieht jeden Tag. Wir dürfen uns nicht zu sehr an Terrorismus, Krieg oder irgendeine Form von Gewalt gewöhnen. Wir sollten stets nach Frieden streben, um unseren Kindern eine Zukunft zu schenken, die von Liebe, Gerechtigkeit und Freiheit geprägt ist. Ihre Kinder haben ein Recht auf eine Zukunft, genauso wie Sie.

Während ich auf der Couch saß, begann ich zu weinen. Der Appetit war mir vergangen. Erst kurz zuvor war der Erzengel Michael oben bei mir gewesen und hatte über Liebe, Frieden und Hoffnung gesprochen. Wir hatten für all die guten Dinge gebetet, dafür, dass die Menschheit diese Welt in einen besseren Ort verwandeln möge.

Mein Schutzengel sagte zu mir: »Schalte auf ein anderes Fernsehprogramm um.«

Ich tat, wie er mich geheißen hatte, und das erfüllte mich mit Hoffnung. Auf dem Fernsehbildschirm war eine Mutter zu sehen, die ihr Kind in den Armen hielt. Die Mutter strahlte und sprach zu ihrem Kind. Das Kind erwiderte ihr Lächeln, und in diesem Moment konnte ich all das Gute auf der Welt erkennen. Die Welt ist voller Hoffnung und Liebe. Das Bild der Mutter mit ihrem Kind bewegte mich tief in meinem Herzen. In dem Film ging es um das Familienleben auf dem Land. Eine der Szenen zeigte einen Vater mit seinen zwei kleinen Kindern, die über einen Hof hinter ihm herrannten. Sie waren voller Freude und Glück, da sie die Freiheit hatten, Kinder zu sein.

Mein Schutzengel sagte zu mir: »Du solltest nun essen, Lorna.«

Ich tat, wie er mich geheißen hatte, und ließ mir meine Pilzsuppe und das Brot schmecken. Ich hatte mir vorgenommen, am nächsten Morgen als Erstes über die Geburtsrechte jedes Kindes zu schreiben, das auf der Welt geboren wird. Schließlich hatte ich es dem Erzengel Michael versprochen; allerdings hatte ich vergessen, dass meine Enkel für ein paar Tage zu Besuch kamen. Nun erinnerte mein Schutzengel mich daran und forderte mich auf, das Haus lieber noch etwas zu putzen, bevor sie ankamen. Am nächsten Morgen würde ich also überhaupt keine Gelegenheit haben, über die Geburtsrechte jedes Kindes zu schreiben, das auf der Welt geboren wird. Erst ein paar Wochen später kam ich dann tatsächlich dazu.

Kapitel 12

Wiedersehen mit Joe

Ich war erst am 25. März aus London zurückgekommen, und meine Tochter Ruth wollte mich am nächsten Tag mit ihren Kindern besuchen. Nachdem ich rasch etwas saubergemacht hatte, rief ich Ruth an und fragte sie, wann sie ungefähr nach Kilkenny kommen würden. Sie sagte mir, ihr Sohn Billy Bob komme erst um 12.00 Uhr aus der Schule. Sie werde alles bereits fertig gepackt haben, und dann würden sie sofort losfahren und etwa um 14.30 Uhr da sein. Ich musste zum Friseur in die Stadt, daher vergewisserte ich mich, dass sie einen Schlüssel für das Haus hatte. Als ich beim Friseur war, bekam ich einen Anruf von Ruth, die mir sagte, sie würden sich verspäten und ich solle mir ruhig Zeit lassen. Keine von uns beiden musste sich also beeilen. Ich informierte sie, dass es bei mir noch eine Weile dauern werde, und fragte sie, ob wir irgendetwas vom Supermarkt bräuchten. Sie verneinte, weil sie nur eine Nacht bleiben würden.

Am nächsten Tag fuhren wir nach Dublin, weil meine Tochter dort um 11.00 Uhr einen Termin hatte. Als wir in der Stadt Swords in der Grafschaft Dublin ankamen, wies Ruth ihre Kinder an, sich ihrer Oma zuliebe gut zu betragen, während sie ihren Termin wahrnahm. Wir verbrachten die Zeit damit, viel herumzulaufen und uns die hübschen Dinge in den Geschäften anzusehen. Es war kalt, aber als die Sonne hinter den Wolken hervorkam, war es wunderbar, ihre Wärme zu spüren. Während wir durch das Shoppingcenter bummelten, hielt ich die kleine Jessica bei der Hand, und Billy Bob lief neben mir her. Er erinnerte mich, dass dies ein besonderer Tag sei.

»Es ist Opas Geburtstag«, sagte er. »Wir dürfen nicht vergessen, Mami daran zu erinnern, dass wir zu Woodie's müssen, um Blumen und ein paar Säcke Torf für Opas Grab zu besorgen.«

Ich blickte zu ihm hinab und sagte: »Wir werden es nicht vergessen. Aber vielleicht sollten wir vorher irgendwo etwas essen. Woodie's ist nicht weit von hier entfernt.« Woodie's ist ein großer Baumarkt mit einem Gartencenter.

Was mein Enkel zu mir sagte, bewegte mich in meinem Herzen. Er war seinem Großvater nie begegnet, aber er wusste alles über ihn. Wir gingen noch etwas weiter in der Sonne spazieren, aber dann wurde es sehr kalt, und wir kehrten wieder zum Haupteingang des Shoppingcenters zurück.

Als wir gerade durch die Tür gehen wollten, um uns aufzuwärmen, riefen die Kinder aus: »Mami!« Ruth war zurück. Sie liefen aufgeregt zu ihr. Man hätte meinen können, sie sei stundenlang weg gewesen. Die Kinder erinnerten ihre Mutter nun daran, zu Woodie's zu gehen.

Sie sagte zu ihnen: »Lasst uns zuerst etwas essen gehen.«

Aber die Kinder bestanden darauf – zuerst zu *Woodie's* und dann etwas essen. Also fuhren wir ein paar Minuten später dorthin. Die Kinder halfen, die Blumen auszusuchen, die auf dem Grab ihres Großvaters gepflanzt werden sollten. Als das erledigt war, waren sie sehr glücklich, und nun gingen wir etwas essen. Danach fuhren wir direkt nach Maynooth. Wir durchquerten die Stadt und fuhren zum Friedhof. Die Kinder stiegen aufgeregt aus dem Auto aus, und wir trugen alles auf den Friedhof. Billy Bob ging gemeinsam mit mir über die Wiese auf Joes Grab zu.

Er fragte: »Welches ist Opas Grab? Es ist schwer, es zu finden.«

Ich suchte mit den Augen danach und antwortete dann: »Dort ist es.«

Als wir näher kamen, sah ich mich auf dem Friedhof um. Ich erblickte etwa 20 Engel. Sie warteten auf Menschen, die die Gräber ihrer Angehörigen besuchten. Wenn wir zum Grab eines Angehörigen gehen, sind wir stets von Engeln umgeben, die uns trösten und unseren Schmerz lindern. Ich bin noch nie an einem Friedhof vorbeigekommen, ohne dort Engel zu sehen. Die Engel sind nicht für die Toten, sondern für die Lebenden dort. Lediglich der menschliche Körper ist in der Erde begraben. Der Schutzengel hat die Seele des Verstorbenen bereits liebevoll in den Himmel gebracht.

Als wir alle bei Joes Grab angelangt waren, zupften die Kinder Unkraut zwischen den kleinen weißen Kieselsteinen heraus. Mit einer kleinen Handschaufel entfernte ich das Unkraut in den kleinen Bereichen, in denen wir die Torferde ausbringen wollten, damit die neuen Pflanzen später wunderschön blühen würden. Wir müssen uns auf eine solche Weise um die Gräber kümmern, auf eine solche Weise trauern, Zeichen der Liebe zum Ausdruck bringen, die wir für die Verstorbenen empfinden. Die Seelen sehen es gerne, wenn wir solche Dinge tun, weil sie wissen, dass sie uns guttun.

Ich arbeitete so vor mich hin, als Billy Bob zu mir kam und neben mir stehen blieb.

»Soll ich dir helfen, Oma?«, fragte er.

Also lockerte ich das Unkraut, und er zog es heraus. Als ich aufsah, erblickte ich meine kleine Enkelin, die emsig Unkraut zwischen den weißen Kieselsteinen jätete. Sie war sehr eifrig bei der Sache, denn es machte ihr großen Spaß, zu helfen und zu spüren, wie wichtig ihre Arbeit war, obwohl sie noch so klein war.

Das Folgende habe ich weder meiner Tochter noch sonst jemandem aus meiner Familie erzählt, daher hören Sie diese Geschichte zum ersten Mal. An jenem Tag fiel es mir einfach zu schwer. Mein Herz schmerzte innerlich, und ich war sehr emotional. Ich befürchtete, wenn ich es Ruth erzählte, würde ich in Tränen ausbrechen. Daher erzähle ich Ihnen nun, was am Grab passierte. Jessica war vornübergebeugt und jätete mit ihren kleinen Fingern das Unkraut. Immer wenn sie etwas Unkraut herausgezogen hatte, war sie sehr stolz. Sie hielt es in die Höhe und betrachtete es voller Bewunderung. Sie berührte die Wurzel mit ihren Fingern und fragte in ihrer Babysprache, was das war. Sie wusste nicht genau, was diese Dinger waren, die unten an dem Unkraut baumelten, aber ihre Mum erklärte ihr, dies seien die Wurzeln des Unkrauts. Jessica betrachtete die Pflanze in ihrer Hand noch einen Moment lang. Dann sah sie auf ihre Füße und schob ein paar Kieselsteine zur Seite. Ich wusste nicht, was sie dachte oder was sie als Nächstes tun würde. Schließlich ging sie zum Rand des Grabes ihres Großvaters und warf das Unkraut in Richtung ihrer Mutter. Dann hockte sie sich wieder hin, da sie ein weiteres Unkraut gefunden hatte, das sie herausziehen wollte. Es war sehr klein. In diesem Moment hörte ich jemanden meinen Namen rufen.

Ich sah auf und erblickte die Seele von Joe beim Grabstein. Mein Mann Joe verstarb im März 2000. Er war erst 46 Jahre alt gewesen. Als ich ihn beim Grabstein erblickte, sah er wieder sehr jung und gesund aus. Er wirkte sehr attraktiv. Er hatte einen Arm auf den Stein gelegt, war leicht nach vorne gebeugt und sah zu Jessica hinunter. Dann blickte er auf und sah uns alle an.

Er strahlte mich an und sagte: »Hallo.«

Eine Weile stand er so da und betrachtete seine Enkel. Ich war sehr bewegt, denn ich hatte nicht darum gebeten oder dafür gebetet, Joe dort beim Grab zu sehen. Aber er teilte mir auf diese Weise mit, dass er auf seine Enkel aufpasste, das wusste ich. Ich sagte im Stillen zu ihm, meine anderen zwei kleinen Enkelkinder könnten ebenfalls einmal herkommen, aber es werde wohl an einem anderen Tag sein.

Er antwortete: »Sie müssen nicht herkommen. Ich bin auch bei ihnen.«

Ruth sortierte zusammen mit Billy Bob eifrig die Pflanzen, blickte dann zu ihrer kleinen Tochter und rief ihr zu, dass sie ihre Sache gut mache. Ich kann nicht in Worte fassen, wie liebevoll Joe sie ansah.

Joe wandte sich mir zu und sagte: »Gott hat gerade beschlossen, dir eine Überraschung zu schenken, Lorna.«

Während Joe eine kurze Weile so dastand, war sein Grab von Engeln umgeben. Eine Vielzahl von Engeln umgab uns alle. Sie umringten uns in einem geschlossenen Kreis. Die Sonne schien hell und warm.

Ich war einen Moment lang abgelenkt, da sagte mein kleiner Enkelsohn zu mir: »Hier ist eine schöne Blume zum Pflanzen, Oma.«

Er ging wieder in die Hocke, grub ein Loch in die Erde und setzte die Pflanze hinein. Ich half ihm dabei, aber als ich wieder aufsah, war Joe verschwunden. Ich war enttäuscht.

Meine Enkelin half mittlerweile ihrer Mum, einige Pflanzen, die in die Erde gesetzt werden sollten, aus den Töpfen herauszunehmen. Alle waren eifrig bei der Arbeit. Es bewegte mich sehr. Hin und wieder blickte ich zu Joes Grabstein, in der Hoffnung, dass er noch einmal auftauchen würde, aber das tat er nicht. Ich dachte daran, wie er dort am Grabstein gestanden und auf seine Enkeltochter hinuntergesehen und dann zu seinem Enkelsohn geblickt hatte, ja, wie er uns alle betrachtet hatte.

Zu einem späteren Zeitpunkt werden wir den Kindern genauer erklären müssen, dass ihr Großvater nicht wirklich dort in dem Grab liegt. Seine Seele ist in den Himmel gegangen. Ein Grab ist ein Ort, den wir besuchen können, um uns an unsere Angehörigen zu erinnern. Wir haben dann das Gefühl, nach wie vor für sie zu sorgen, wenn wir ihnen Blumen bringen. Und wenn wir nach dem Grab sehen, hilft uns das beim Trauerprozess. Obwohl meine Enkel Joe nicht gekannt haben, betrauern sie auf eine andere Weise den Verlust des Großvaters, dem sie nie begegnet sind. An diesem Tag erkannte ich, wie wichtig es für sie war, eine Aufgabe zu haben und am Grab ihres Großvaters zu helfen. Sie lernten ihn auf eine spirituelle Weise kennen und erfuhren, dass ihr Großvater bei Gott im Himmel war.

Am Schluss war noch eine Pflanze übrig, und Billy Bob wollte sie mir gerade reichen, als seine Mum sagte: »Nein, wir werden diese kleine Pflanze zum Grab von Baby Bridget bringen.«

Es bewegte mich sehr, als ich Ruth das sagen hörte. Ich hatte überhaupt nicht erwartet, dass sie an das Grab von Baby Bridget dachte. Ich blickte nach rechts zur Friedhofsmauer, wo das Auto geparkt war, und auf der gegenüberliegenden Seite, am anderen Ende der Mauer stand der Erzengel Michael.

Er sprach ohne Worte zu mir: »Bald wirst du einem Engel begegnen, den du seit Langem nicht gesehen hast, Lorna.«

Ich hatte nicht einmal die Gelegenheit, ihn zu begrüßen oder ihm Fragen zu stellen, denn nachdem der Erzengel Michael gesprochen hatte, verschwand er sofort wieder. Ich wusste nicht, was das alles zu bedeuten hatte, aber ich war froh darüber, dass meine Tochter an das Grab von Baby Bridget gedacht und eine der Blumen behalten hatte, um sie beim Grab des Babys zu pflanzen. Nun werde ich Ihnen etwas Wichtiges darüber erzählen, was als Nächstes geschah. Ich hatte es überhaupt nicht erwartet. Der Engel, von dem der Erzengel Michael gesprochen hatte, überraschte mich vollkommen. Lassen Sie mich mit diesem Teil der Geschichte beginnen. Sie macht mich glücklich und treibt mir gleichzeitig die Tränen in die Augen. Sie rührt mich emotional wirklich zu Tränen. Ich werde Ihnen lediglich erzählen, was an jenem Tag auf dem Friedhof von Maynooth mit meiner Tochter und meinen Enkeln geschah. Doch zuvor muss ich Ihnen ein paar Informationen über etwas geben, das sich vor vielen Jahren ereignet hat.

Damals wurde der Leichnam von Baby Bridget von einem Mann gefunden, der mit seinem Hund spazieren ging. Ich habe in meinem Buch *Engel in meinem Haar* darüber berichtet. Dort geht es um die spirituelle Reise von Baby Bridget und darum, was geschah, bevor ihr kleiner Körper gefunden wurde. Sie werden es sehr bewegend finden, aber nun werde ich zu dem besagten Tag zurückkehren.

An jenem Tag im März des Jahres 2016 sammelte Ruth auf dem Friedhof ein paar Dinge vom Boden auf und nahm Jessica bei der Hand. Billy Bob hielt die Blume mit beiden Händen umfasst, und so gingen sie zum Grab von Baby Bridget. Ich sah ihnen nach und machte dort, wo ich Blumen an Joes Grab gepflanzt hatte, noch etwas Ordnung.

Ruth rief mir zu: »Mum, beeil dich!«

»Okay«, rief ich zurück, »ich komme.«

Ich schnappte mir meine Tasche und folgte den anderen. Kurz bevor sie beim Grab von Baby Bridget angekommen waren, blieb ich stehen und schaute in Richtung des Grabes. Dort stand ein Engel, den ich seit dem Tag nicht mehr gesehen hatte, als ich ihm auf der Brücke von Maynooth, Jahre vor Joes Tod begegnet war. Es war der Engel Arabia. Das ist der Engel, den ich als Teenager jeden Tag auf der Brücke getroffen hatte, wenn ich ins Zentrum von Maynooth gegangen war. Er hatte mir von Baby Bridget erzählt, bevor sie geboren wurde. Er war groß, schlank, elegant und weißer als Schnee. Der Engel Arabia strahlte wie ein helles Licht. Er stand rechts von Baby Bridgets Grabstein.

»Hallo, Lorna«, sagte er.

Ich erwiderte seine Begrüßung ohne Worte. Ruth und die Kinder hatten das Grab von Baby Bridget bereits erreicht.

»Komm«, forderte der Engel Arabia mich auf.

Ich setzte mich langsam in Bewegung, und als ich nur noch ein paar Meter vom Grab entfernt war, tauchte die Seele von Baby Bridget hinter dem Engel Arabia auf – manche Menschen würden vielleicht sagen, es sei ihr Geist gewesen. Baby Bridget hatte die menschliche Erscheinung eines etwa vierjährigen kleinen Mädchens mit gewelltem, schulterlangem Haar. Es war barfuß und trug ein kleines blaues, intensiv leuchtendes Kleid. Es kicherte, als es Jessica und Billy Bob beim Spielen zusah. Es waren nur wenige Augenblicke, aber dennoch kam es mir wie eine Ewigkeit vor, die Seele von Baby Bridget zu betrachten.

Der Engel Arabia sagte ohne Worte zu mir: »Wir müssen nun gehen, Lorna.«

Da lächelte Baby Bridget mich strahlend an, und im selben Moment veränderte sich ihre menschliche Erscheinung von der eines Kindes zu einem Teenager und dann zu einer jungen Frau. Sie war sehr schön.

»Werde ich dich wiedersehen?«, fragte ich den Engel Arabia.

»Vielleicht«, antwortete er.

Ich fragte ihn, ob ich Baby Bridget wiedersehen werde, woraufhin der Engel Arabia erwiderte: »Nein. Nur wenn Gott Seine Meinung ändert.«

Damit verschwanden die beiden. Der Leichnam von Baby Bridget war damals im Kanal von Maynooth gefunden worden. Die Engel brachten ihre Seele in den frühen Morgenstunden des Tages, an dem ihr kleiner Körper aufgefunden wurde, zu meinem Haus. In den Tagen zuvor hatten die Engel den Pfad vom Kanal über die Brücke bis zu meiner Eingangstür gesäumt, damit ihre Seele zu mir gelangen konnte. Ich bin überzeugt davon, dass der Engel Arabia an jenem Tag gemeinsam mit Baby Bridget nicht nur für mich erschien, sondern auch für ihre Mutter und für ihre Familie, um sie wissen zu lassen, dass das Baby glücklich war und sie liebte. Bridget ist sicher im Himmel.

Die kleine Blume wurde auf Baby Bridgets Grab gepflanzt, und meine Enkel freuten sich darüber. Anschließend gingen wir alle zu Joes Grab zurück. Ich sammelte all das Unkraut auf und brachte es zu dem Behälter, der auf dem Friedhof dafür bereitstand. Als wir fertig waren, verließen wir den Friedhof rasch, da es zu regnen begann.

Später an diesem Abend fuhr ich zurück nach Kilkenny. Auf dem Heimweg sprach ich ein Gebet für die gesamte Familie von Baby Bridget. Außerdem dachte ich an die Geburtsrechte jedes Kindes. Etwa eine halbe Stunde später kam ich zu Hause an. Es war ziemlich spät. Ich machte mir eine Tasse Tee und ging dann zu Bett. Ich sprach meine Gebete, und als ich damit fertig war, beschloss ich, rasch ein paar Dinge in dem Notizbuch festzuhalten, das ich auf dem kleinen Tisch neben meinem Bett liegen habe. Sie würden es nicht lesen können, weil es mehr oder weniger in meinem Code verfasst war, den nur ich verstehe. Wie Sie wissen, ist meine Rechtschreibung nicht gut. Ich brauchte nur ein paar Minuten, um ein paar Notizen festzuhalten, und schlief dann ein.

In den nächsten Tagen arbeitete ich nur sehr wenig an diesem Buch weiter, weil ein paar Besucher zu mir nach Hause kamen. Außerdem musste ich viele andere Dinge schreiben: meinen Newsletter, Facebook Posts, Tweets und Instagram Posts. Und natürlich hatte ich einige Dinge für meine Wohltätigkeitsorganisation, die Lorna Byrne Children's Foundation, zu erledigen. Überdies hatte ich eine ganze Reihe von Besprechungen. Natürlich bin ich auch eine Mutter wie all die anderen Mütter und muss putzen, waschen und Gartenarbeiten verrichten. Ich versuche zudem, so oft wie möglich einen Spaziergang zu machen. Die Engel drängen mich stets dazu, draußen spazieren zu gehen, damit ich fit bleibe, aber es regnet schrecklich viel in Irland, deshalb komme ich nicht sehr häufig dazu.

Kapitel 13

Das Geburtsrecht von Kindern

Es muss gegen 21.00 Uhr gewesen sein, als der Engel Hosus ins Zimmer kam und zu mir sagte: »Ich sehe, dass du darüber nachdenkst, darüber zu schreiben, woran der Erzengel Michael dich erinnert hat, Lorna – über das Geburtsrecht von Kindern.«

Ich war sehr erfreut, den Engel Hosus zu sehen, und sagte: »Hi.«

»Denke nicht nur darüber nach, Lorna«, fuhr er fort. »Geh hinauf und hole dein Notizbuch und einen Stift. Du solltest anfangen, laut zu denken.«

Ohne zu zögern, sprang ich von der Couch auf. Ich ging rasch am Engel Hosus vorbei, rannte hinauf in mein Schlafzimmer und schnappte mir das Notizbuch und einen Stift, die neben der Bibel auf dem kleinen Tisch neben meinem Bett lagen.

Mein Schutzengel sagte zu mir: »Schlag die Bibel auf, Lorna.«

Als ich danach griff, um sie aufzuschlagen, sprach ich wie immer ein kleines Gebet: »Gott, leite mich zu der Stelle, die ich lesen soll, und lass meinen Schutzengel mir bitte dabei helfen.«

Ich öffnete die Bibel, blätterte rasch die Seiten durch und hielt inne, als ich die Stimme meines Schutzengels sagen hörte: »Stopp dort, Lorna.«

Ein paar weitere Seiten glitten durch meine Finger, aber das war in Ordnung, da auf der Seite, die ich aufschlug, sich das Lukasevangelium befand mit dem Kapitel über Jesu Geburt. Mein Schutzengel half mir, es zu lesen. Ich werde Ihnen von dem Teil berichten, der mir im Gedächtnis geblieben ist. Es sind nicht die genauen Worte, die in der Bibel stehen. Josef und Maria waren in Bethlehem. Maria war schwanger, und für sie war die Zeit gekommen, das Baby zur Welt zu bringen. Sie gebar einen Sohn, wickelte ihn in Stofffetzen und legte ihn in eine Krippe, weil es für sie keinen Platz in einer Herberge gab.

Als ich diesen Abschnitt zu Ende gelesen hatte, segnete ich mich und sagte: »Danke, Gott.«

(Ich bin schon oft gefragt worden, was eine Segnung ist, deshalb möchte ich an dieser Stelle ein paar Worte dazu sagen. Wenn ein Priester Gott darum bittet, die Menschen am Ende eines Gottesdienstes zu segnen, bittet er Gott darum, sie mit Seiner Liebe zu berühren und sie damit zu erfüllen, um ihnen Kraft und Glauben zu schenken, wenn sie wieder in die Welt hinausgehen. Eine Segnung kann eine Person verwandeln, die gesamte Person, einschließlich des physischen Körpers. Wenn ich Menschen am Ende meiner Vorträge segne, geschieht noch etwas anderes, aber es ist mir nicht erlaubt, Ihnen zu sagen, was es ist. Wenn ich das täte, wären Millionen von Menschen bei mir! Ich weiß, dass es Ihnen erlaubt sein wird, mehr zu erfahren, und jemand, den ich ausgewählt habe, wird diese Information nach meinem Tod an die Welt weiterleiten.)

Ich rannte die Treppe wieder hinunter, und als ich in die Scheune kam, stand der Engel Hosus beim Feuer.

»Ich hoffe, dir ist nicht kalt«, sagte ich zu ihm.

»Nein, Lorna, ich spüre die Kälte nicht«, antwortete er lachend.

»Natürlich nicht, und ich weiß, dass du auch die Hitze des Feuers nicht spürst, aber es sieht irgendwie lustig aus, dich dort beim Feuer stehen zu sehen und mir vorzustellen, dass du frieren könntest.«

Der Engel Hosus brachte mich zum Lachen, weil er sich zu schütteln begann, als würde er zittern. Außerdem rieb er seine Hände aneinander, während er sich dem Feuer zuwandte, als würde er sich wärmen. Er hatte mir den Rücken zugewandt, und plötzlich, ohne ein Wort zu sagen, wirbelte er zu mir herum. Als er das tat, bewegte sich sein Umhang in Zeitlupe und spiralförmig wie Wellen in der Luft. Dabei veränderte er seine Farbe. Anstatt wie zuvor auf der Außenseite schwarz zu sein, nahm Engel Hosus' Umhang eine wunderschöne Goldfärbung an, mit einem lilafarbenen Innenfutter.

Ich sagte zu ihm: »Ich liebe es, wenn du das tust, denn wenn dein Umhang sich so bewegt und du ihn manchmal mit deinem Arm herumwirbelst, ist es so, als würde ich eine Vielzahl von Umhängen sehen. Manchmal bin ich von den schillernden Farben etwas geblendet, weil ich dann eine Vielzahl von Farben wie in einem Regenbogen sehen kann.«

Ich fühle mich stets privilegiert, wenn der Engel Hosus das mit seinem Umhang macht. Er hat es bisher vielleicht nur etwa zehn Mal in meinem ganzen Leben getan, und es ist ziemlich unglaublich, es zu sehen.

Der Engel Hosus entfernte sich vom Feuer. Daraufhin schien es heller zu brennen. Draußen peitschte der Regen herunter, und ich hörte den Wind heulen. Ich saß auf der Couch, und der Engel Hosus stand etwa einen Meter von mir entfernt. Ich hatte das Notizbuch und den Stift in meiner Hand.

Ich sah ihn an und fragte ihn: »Wo soll ich beginnen?«

Er antwortete mir: »Du hast nun eine ganze Weile über die Geburtsrechte jedes Kindes, das geboren wird, nachgedacht, Lorna. Denke laut, und während du das tust, halte deine Gedanken in deinem Notizbuch fest. Aber lass uns zuerst kurz zusammen beten.«

»Beim letzten Mal, als ich das mit Erzengel Michael gemacht habe, ist sehr viel Zeit vergangen.«

»Heute wird es dir nur wie ein paar Sekunden vorkommen. Länger wird es für dich nicht dauern, Lorna.«

Der Engel Hosus trat näher. Ich legte mein Notizbuch und den Stift auf die Couch neben mir. Der Engel Hosus ließ sich auf ein Knie nieder. Er streckte seine Hände aus und nahm meine beiden Hände in seine. Dann begannen wir zu beten. Als wir damit fertig waren, erkannte ich, dass er recht gehabt hatte. Es waren nur etwa 60 Sekunden vergangen.

Im Gebet zu sein ist, wie in der Ewigkeit zu sein. Das ist ebenfalls etwas, das ich Ihnen noch nie mitgeteilt habe. Wenn ich aus einem tiefen Gebet herauskomme, habe ich nur wenig Gefühl dafür, wie viel Zeit vergangen ist, weil ich an einem Ort war, an dem es keine Zeit gibt, und die Seele betet weiter, selbst wenn ich wieder in die Welt zurückkomme.

Das Gebet hat eine enorme Kraft, selbst wenn wir nur eine Sekunde lang beten. Ich habe Ihnen noch nie gesagt, dass ich jedes Mal bete, bevor ich etwas schreibe, und die Engel, die bei mir sind, tun das ebenfalls. Jedes Mal, wenn Sie beten, beten die Gebetsengel natürlich mit Ihnen, ebenso wie Ihr Schutzengel. Daher beten Sie nie alleine. Die Gebetsengel sind wie ein riesiger umgekehrter Wasserfall voller Engel, die zum Himmel strömen und unsere Gebete unterstützen.

Als wir zu Ende gebetet hatten, erhob der Engel Hosus sich. Er stand einfach da, während ich meine Gedanken laut aussprach und sie im Notizbuch festhielt. Als ich fertig war, sagte mir der Engel Hosus, er müsse nun gehen, und damit verschwand er. Ich betrachtete all die Notizen, die ich mir im Notizbuch gemacht hatte, und ging nach oben. Dort legte ich das Notizbuch neben meinen Computer, beschloss aber, an diesem Abend nichts mehr zu tun.

Am nächsten Morgen setzte ich mich an meinen Computer und begann zu lesen, was ich im Notizbuch festgehalten hatte. Außerdem ging ich noch einmal durch, was ich ein paar Abende zuvor geschrieben hatte, und begann dann, in meinen Computer zu sprechen. Die Worte erschienen auf dem Bildschirm vor mir. Das Zimmer war voller Engel, aber sie sagten kein Wort. Nur der Engel Hosus war die ganze Zeit über nicht da.

Die Geburtsrechte jedes Kindes, das in die Welt hineingeboren wird.

Egal ob eine Familie reich oder arm ist, alles muss für jedes Kind, das in die Welt hineingeboren wird, gleich sein. Die folgenden Rechte sollten für diese Kinder gelten.

1. Jedes Kind hat das Recht zu leben.
2. Jedes Kind hat das Recht, ein Kind zu sein.
3. Jedes Kind hat das Recht, gleich behandelt zu werden.
4. Jedes Kind hat das Recht, nicht aufgrund religiöser Überzeugungen oder aufgrund seines Glaubens diskriminiert zu werden.
5. Jedes Kind hat das Recht, geliebt und umsorgt zu werden.
6. Jedes Kind hat das Recht, Teil einer Familie zu sein.
7. Jedes Kind hat das Recht auf ein Zuhause.
8. Jedes Kind hat das Recht auf Nahrung und Wasser.
10. Jedes Kind hat das Recht, saubere Luft zu atmen.
11. Jedes Kind hat ein Recht darauf, dass die Natur existiert.
12. Jedes Kind hat das Recht, glücklich zu sein, zu lachen und in einem sicheren Umfeld zu spielen.
13. Jedes Kind hat das Recht, in eine friedliche Welt hineingeboren zu werden.
14. Jedes Kind hat das Recht, frei und nicht versklavt zu sein.

15. Jedes Kind hat das Recht, nicht in Angst und Schrecken zu leben.
16. Jedes Kind hat das Recht auf eine umfassende Bildung.
17. Jedes Kind hat das Recht, sein Potenzial auszuschöpfen.
18. Jedes Kind hat das Recht auf eine umfassende medizinische Versorgung.
19. Jedes Kind hat das Recht, an allen Sportarten teilzunehmen.
20. Jedes Kind hat das Recht, Bäume, Pflanzen, Tiere, Seen und Flüsse zu sehen und zu berühren und sie ohne Umweltverschmutzung zu erleben.
21. Jedes Kind hat das Recht, dass seine Rechte als Kind an erster Stelle stehen, vor Geld und materiellen Dingen, weil jedes Kind das größte und wertvollste Gut der Menschheit ist.

Mir ist bewusst, dass die Vereinten Nationen einige Dokumente über die Geburtsrechte jedes Kindes, das in die Welt hineingeboren wird, erstellt haben, aber diese Geburtsrechte werden in keiner Weise umgesetzt. Es gibt Kinder auf der ganzen Welt, die heutzutage leiden. Kinder haben offenbar überhaupt keine Rechte. Sie können ermordet werden. Sie werden auf vielfache Weise diskriminiert – aufgrund ihrer Herkunft, möglicherweise aufgrund der religiösen Überzeugungen ihrer Familien oder ihres Glaubens. Kinder werden entführt und zu Sexsklaven gemacht, oder man lässt sie verhungern, verdursten oder erfrieren. Man enthält Kindern die essenziellen Dinge des Lebens vor. Regierungen und die politischen Führer der Welt versklaven heutzutage die Kinder der Welt. Sie berechnen, wie viel es kosten würde, jedem Kind, das heute in die Welt hineingeboren wird, diese Geburtsrechte zuzuerkennen. Wir könnten jederzeit damit beginnen, wenn alle Nationen lernen würden, gemeinsam zu handeln, wenn wir uns alle miteinander verbunden fühlen und uns als ein globales Volk empfinden würden. Wir könnten jedem Kind, das auf der Welt geboren wird, die gleichen Geburtsrechte schenken, aber ich sehe nicht, dass dies in der nahen Zukunft geschehen wird. Ich wünschte, es wäre so. An diesem Punkt müssen die Frauen der Welt aufstehen und ihre Aufgabe übernehmen und zu Müttern aller Kinder der Welt werden. Kinder sind schutzlos und unschuldig. Sie haben keine Stimme, die für sie spricht, daher müssen wir für sie aufstehen. Ich nehme jede mögliche Gelegenheit wahr, um zu Frieden, Gerechtigkeit und Freiheit aufzurufen – zum Beispiel mithilfe der Bücher, die ich schreibe, oder über die Medien. Ich rufe alle Frauen der Welt dazu auf, die Kinder der Welt zu retten, Ihre und meine. Seien Sie ihre Stimme.

Als ich zu verschiedenen Zeiten in meinem Leben in der Gegenwart Gottes war, hat Er mich stets an die Zeit erinnert, zu der Jesus gekreuzigt wurde. Er zeigte mir eine sehr kleine Szene – es war, als würde ich aus einem Fenster sehen – von Jesus, der eilig fortgebracht und von Soldaten umringt wird. Sie wird im Lukasevangelium beschrieben, an der Stelle, wo eine Gruppe von Frauen um ihn weint. Da sagt Jesus zu ihnen: »Ihr Töchter von Jerusalem, weinet nicht über mich, sondern weinet über euch selbst und über eure Kinder.« (Lukas 23;28)

Das ist alles, was ich sehe, und dies sind die einzigen Worte, die ich höre. Kinder sind unschuldig und wehrlos. Wir alle sind Mütter, egal ob wir Kinder haben oder nicht. Ich bete darum, dass eines Tages alle Frauen die Stimme für die Kinder der Welt sein werden.

Ich werde nun kurz aufhören zu schreiben und ein Gebet für den Frieden auf der Welt sprechen. Dabei bin ich von Engeln umgeben. Ich neige meinen Kopf nach unten und begebe mich in einen meditativen Gebetszustand.

Kurz darauf habe ich gehört, dass mein Name gerufen wurde: »Lorna, kannst du mich hören?«

»Ja.«

Ich hob langsam meinen Kopf, während ich aus dem Gebet kam. Ich machte das Zeichen des Kreuzes und öffnete meine Augen. Es war mein Schutzengel.

»Gott hat mich angewiesen, dich zu rufen, Lorna. Du sollst dir bewusst machen, dass Er deine Gebete immer hört.«

Ich fragte meinen Schutzengel: »Würdest du auf eine Tasse Tee mit mir nach unten kommen?«

Mein Schutzengel lachte über mich. »Natürlich komme ich mit dir, Lorna. Du weißt, dass ich dich nicht eine Sekunde verlassen kann.«

»Ich weiß«, sagte ich, »aber es ist schön, dich auf eine Tasse Tee mit mir einzuladen.«

Also gingen wir hinunter und bereiteten eine Tasse Tee zu.

Dann ging ich in die Sonne hinaus und setzte mich an den Tisch im Garten. Während ich draußen im Garten war, herrschte absolute Stille. Man hätte eine Stecknadel fallen hören können. Nicht einmal der Gesang eines Vogels war zu vernehmen.

Ich fragte meinen Schutzengel: »Hast du das gemacht? Hast du all die Geräusche um mich herum geblockt?«

»Ja«, antwortete mein Schutzengel.

Ich fragte ihn, warum er das getan habe, und mein Schutzengel antwortete: »Weil Gott gesagt hat, dass du etwas Ruhe um dich herum brauchst.«

Ich sagte kein weiteres Wort. Ich brauchte meinen Schutzengel. Ich saß einfach da, in der absoluten Stille, und die heiße Sonne schien auf mich herab, während ich meinen Tee trank und jeden Moment genoss. Eine halbe Stunde später ging ich hinauf und setzte mich an den Computer. Ich wollte gerade beginnen zu sprechen, als drei Engel in den Raum kamen.

»Hallo«, sagte ich.

Einer der Engel ging zu dem rosafarbenen Trainingsball und setzte sich darauf. Dieser Engel wirkte weiblich. Die anderen zwei zeigten sich weder in einer männlichen noch in einer weiblichen Erscheinung. Sie waren alle in Silberfarben gekleidet.

Der Engel auf dem rosafarbenen Übungsball sagte zu mir: »Sieh aus dem Fenster, Lorna.«

Ich lächelte, weil seine Kleidung eine wunderschöne Rosafärbung annahm, um zu dem Übungsball zu passen. Ich schwang mit meinem Stuhl herum und sah aus dem Arbeitszimmer im Obergeschoss zum Fenster hinaus. Unser Hund Holly begann gemeinsam mit einigen anderen Hunden, die mit ihren Besitzern vorbeigingen, zu bellen. Sie bleiben immer stehen, um Holly zu begrüßen, und sie liebt es. Sie schießt dann aufgeregt durch den Garten und bleibt bei dem kleinen Tor stehen, um die anderen Hunde zu begrüßen. Sie erwidern die Begrüßung meistens, wedeln mit dem Schwanz und geben dabei kleine wohlige Grunzlaute von sich, die ich durch das geöffnete Fenster hören kann. Als die Besitzer der beiden Hunde ihren Weg fortsetzten, tobte Holly erneut im Garten herum. Ich sah, wie glücklich sie war. Ich hatte sie am Samstag zum Hundefriseur gebracht, wo sie geschoren wurde. Als sie nun durch den Garten schoss, brach ich in lautes Gelächter aus, weil ein arbeitsloser Engel hinter ihr herrannte. Ich sagte zu meinem Schutzengel: »Es sieht so aus, als wisse Holly, dass der arbeitslose Engel mit ihr spielt.«

Mein Schutzengel antwortete: »Ja, Lorna. Holly nimmt den Engel durchaus wahr.«

Holly blieb stehen und setzte sich auf den Rasen. Der Engel, der mit ihr gespielt hatte, verschwand wieder.

Ich erkläre den Menschen stets, dass Tiere keine persönlichen Schutzengel und keine Seelen haben. Aber wenn Sie Ihr Tier sehr lieben, wird Gott es für Sie in den Himmel aufnehmen. Manchmal erlaubt Gott Ihnen, die Anwesenheit Ihres Haustiers zu spüren. Wenn Sie eine schwere Zeit in Ihrem Leben durchmachen, setzt Gott ein Tier vielleicht als Zeichen ein, um Ihnen zu helfen, die richtigen Entscheidungen zu treffen. Engel begleiten Tiere stets, wenn diese Probleme haben. Sie beruhigen sie und nehmen ihnen die Angst. Der Engel Hosus hat mir häufig gesagt, wir selbst seien dazu bestimmt, die Schutzengel der gesamten Natur und der Tiere zu sein. Gott weist Seine Engel an, uns immer wieder daran zu erinnern, auf die Tiere und die Natur zu achten, auf den Planeten aufzupassen. In letzter Zeit – in den letzten paar Monaten – habe ich den Engel Jimazen fast täglich gesehen. Das kommt daher, weil zurzeit eine größere Gefahr für eine Umweltkatastrophe besteht. Ich nenne diesen Engel den Torhüter der Erde. Er tut alles, was möglich ist, um Mutter Erde am Leben zu erhalten. Aber es ist sehr schwer, wenn wir weiterhin Gifte in die Luft, die Flüsse und Seen leiten und all das Leben unseres wunderschönen Planeten zerstören, der uns als Geschenk gegeben wurde. Wenn man etwas umsonst bekommt, schätzt man es nicht und geht so damit um, als wäre es ersetzbar. Aber die Erde ist nicht ersetzbar. Ebenso wenig sind es die Natur oder all die Tiere und die Vögel im Himmel. Das nächste Mal, wenn Sie draußen spazieren gehen oder aus Ihrem Fenster hinaussehen oder wenn Sie Auto fahren oder in einem Bus sitzen, sollten Sie einfach versuchen, das wunderschöne Geschenk zu erkennen, das Ihnen gegeben wurde, und sich bewusst machen, dass Sie darauf achtgeben müssen. Das würde dem Engel Jimazen helfen. Wir alle müssen unsere Stimme erheben und in Bezug auf die globale Erwärmung Druck auf unsere Regierungen und die politischen Führer ausüben. Wir alle spüren die Auswirkungen davon auf der ganzen Welt.

Es war der 12. April, und an jenem Morgen schien hier in Irland die Sonne. Es war ein absolut großartiger Tag. Ich ging mit einer Tasse Tee und einer Scheibe Toast in der Hand in den Garten hinaus. Es war etwa 12.30 Uhr. Als ich über den Zaun sah, erblickte ich reichlich blühenden Löwenzahn. Mein Kaninchen Mimsy liebt diese wunderschöne gelbe Blume. Also beschloss ich, ihm ein paar davon zu pflücken, sobald ich meinen Toast und den Tee verzehrt hatte. Dabei stellte ich fest, dass der Löwenzahn sich verändert hatte, sogar die Blüte.

Ich sagte zu den Engeln, die mich umgaben: »Ich hoffe, es liegt nicht an der globalen Erwärmung oder daran, dass etwas den Löwenzahn genetisch verändert hat.«

Die Engel antworteten mir nicht, und ich sammelte eine Handvoll davon. Mein Kaninchen frisst den Löwenzahn nach wie vor, und das ist ein gutes Zeichen.

KAPITEL 14

Ein Besuch der Sainte-Chapelle

Als ich mich vor Kurzem ein bisschen beim Engel Hosus beklagte, weil ich nicht genau wusste, wo ich anfangen sollte, erklärte er mir: »Wir sagen es dir stets, Lorna, aber manchmal hörst du nicht auf uns. Das passiert, wenn deine dickköpfige Ader sich einschaltet.«

Dann begann er zu lachen. Sein Gelächter schien das Zimmer zu erschüttern und brachte mich ebenfalls zum Lachen.

Der Engel Hosus kam zu mir und stellte sich grinsend neben meinen Stuhl vor dem Computer.

»Es hat dir Spaß gemacht, über mich zu lachen«, sagte ich zu ihm.

Seine Reaktion war lediglich: »Sei aufmerksam. Ruf Megan an. Sie ist gerade aus ihrer College-Vorlesung gekommen. Du hast ihren Anruf verpasst. Sie wird dich ermutigen, vor allem wenn du nicht auf uns hörst.«

Ich wandte mich dem Engel Hosus zu und sagte zu ihm: »Ich höre die ganze Zeit auf euch.«

»Lorna«, erwiderte er dieses Mal mit einem noch breiteren Grinsen im Gesicht – sodass ich dachte, er werde gleich wieder in

Gelächter ausbrechen –, »ich habe dich aufgefordert, eine Geschichte aufzuschreiben, aber die ganze Zeit über hast du nach einer Ausrede gesucht, es nicht zu tun. Du hast es aufgeschoben.«

Jedes Mal, wenn der Engel Hosus mich anstrahlt, muss ich zurücklächeln und fühle mich glücklich. Ich konnte nun auch erkennen, wie lustig das Ganze war.

»Wie oft hast du dir den Text angesehen, den du vor ein paar Wochen geschrieben hast, Lorna?«, hakte er nach.

Ich weiß, dass ich das häufig tue, und der Engel Hosus fordert mich stets dazu auf, es sein zu lassen.

Ich nahm mein Handy zur Hand und sah den verpassten Anruf von Megan. Also rief ich sie zurück. Ich erzählte ihr vom Engel Hosus und dass er mich ausgelacht und mir gesagt hatte, ich sei manchmal dickköpfig. Ich erzählte ihr sogar, dass er mich aufgefordert hatte, sie anzurufen, damit sie mich ermutigen könne.

Meine Tochter lachte am Telefon ebenfalls über mich und sagte: »Das ist lustig, denn der Engel Hosus hat recht, Mum. Du bist manchmal sehr dickköpfig.«

Megan erzählte mir, was sie an diesem Tag vorhatte. Sie hatte eine weitere Vorlesung gegen 16.00 Uhr, und danach wollte sie sich mit einer Freundin treffen.

Wir unterhielten uns etwa zehn Minuten, dann sagte Megan zu mir: »Nun werde ich dir sagen, wozu der Engel Hosus dich auffordern will, Mum. Mach dich wieder an die Arbeit. Fang an zu schreiben!«

Wir lachten beide am Telefon und verabschiedeten uns voneinander.

Als ich vor ein paar Jahren mit Christopher und Megan in Paris war, besuchten wir unter anderem eine Kapelle namens Sainte-

Chapelle. Als ich diese Kirche betrat, war es, als würde ich Hunderte von Jahren in die Vergangenheit versetzt werden. Die Kapelle war wunderschön und voller Engel – aber auch sehr kalt. Es fühlte sich darin an wie in einem Eiswürfel.

Die Engel schritten in einer Linie hintereinander durch die Kirche und trugen kleine Lichter wie Kerzen. Diese winzigen Kerzen, die sie in der rechten Hand hielten, brannten mit einem wunderschön leuchtenden Licht, das in dieser alten Kirche zu schimmern schien. Es war ein heiliger Ort, an dem Gebete gesprochen wurden, und die Engel sprachen fortwährend die Gebete aus der Vergangenheit.

Die Engel schienen singend zu beten. Ich verstand nicht, warum mir so kalt war. Aber ich war fasziniert von diesen wunderbaren Engeln mit den kleinen Kerzen, die betend durch die winzige Kirche schritten. Es klang wie ein unaufhörlicher Refrain, der wohltuend und friedvoll war. Auch ich verfiel in einen meditativen Gebetszustand.

Wahrscheinlich waren nur ein paar Minuten vergangen, als der Engel, der leicht versetzt hinter mir ging – gerade so, dass ich ihn rechts von mir noch sehen konnte –, mir ins Ohr flüsterte: »Du darfst dich nicht vollkommen in einen meditativen Gebetszustand versenken, Lorna.«

Wenn wir in einem meditativen Gebetszustand sind, lassen wir eine Verbindung zwischen unserer Seele und unserem menschlichen Selbst zu. Unser Körper wird leicht, fast so, als existiere er nicht. In diesem tiefen Gebetszustand können uns andere Gedanken erreichen, und wir können keine Geräusche wahrnehmen. Nichts von außen kann zu uns hindurchdringen, und wir werden uns bewusst, dass wir uns an einem Ort befinden, an dem wir bereits gewesen sind.

Der Engel berührte meine Hand, und in diesem Moment begann ich mich aus dem meditativen Gebetszustand herauszulösen. Als ich die Stimme des Engels erneut etwas in mein Ohr flüstern hörte, stand er hinter mir. Während ich mich langsam, aber nicht vollständig aus diesem meditativen Gebetszustand löste, wandte ich mich dem Engel zu, konnte ihn aber nicht deutlich erkennen. Ich wollte etwas sagen, doch ich war nicht dazu in der Lage.

Meine Seele war immer noch im Gebet. Der Engel sagte zu mir: »Gute Dinge und schlechte Dinge geschehen an heiligen Orten, Lorna. Spüre auch die Liebe, die hier ist, und nicht nur die schlechten Dinge, die passiert sind. Denn aufgrund dieser Dinge frierst du und fühlst dich etwas unwohl.«

Als diese Worte gesprochen wurden, bemerkte ich, dass es der Erzengel Michael war, der neben mir herging. Ich erkannte zudem, dass er eine Rüstung trug.

Ich wollte ihm viele Fragen stellen, aber ich wusste, dass es nicht nötig war. Zumindest nicht jetzt, da meine Seele immer noch im Gebet war. Vielleicht später. Während ich langsam mit Erzengel Michael an meiner Seite weiterging, begann ich, den Engeln mit den brennenden Kerzen zu folgen. Sie umrundeten das Mittelschiff der Kapelle, und ich hörte ihrem Gebetsgesang zu. Zudem betrachtete ich die Schnitzereien und Symbole an den Wänden. Ich ging ein paar Mal durch die Kirche, zunächst durch die Unterkapelle und dann durch die Oberkapelle im Obergeschoss. Das hätte ich stundenlang so weitermachen können. Aber dann flüsterte der Erzengel Michael mir zu, es sei an der Zeit, wieder nach unten zu gehen. Im selben Moment forderten Christopher und Megan mich auf, ihnen nach unten zu folgen. Auf dem Weg dorthin schritten die Engel vor mir her. Christopher und Megan waren die alten Stufen bereits hinuntergegangen. Ich ging nur langsam hinab. Es kam mir so vor, als würde ich mich wieder in der Vergangenheit bewegen. Ich beobachtete die Engel, die auch in diesem Teil der Kirche an den Wänden entlanggingen und die Lichter trugen, so wie sie es im oberen Teil der Kirche getan hatten.

Ich wollte den Engeln vor mir weiterhin folgen, aber der Erzengel Michael forderte mich auf, ihm hinterherzugehen. Das tat ich. Er blieb an einem Punkt stehen und wies mich auf einige Stufen darunter hin, die mit Steinplatten bedeckt waren. Die Stufen führten zu einem heiligen Ort hinunter, der im Laufe der Zeit in Vergessenheit geraten war. Doch ortsansässige Menschen kamen nach wie vor dorthin, um an diesem Platz zu beten. Und auch Touristen wie wir, die die Heiligkeit dieses Ortes spürten, taten das. Ich wusste, dass meine Seele in einem ständigen Gebet war – ich konnte es hören –, während ich mit dem Erzengel Michael herumging.

Als er zu mir sagte: »Schau nach rechts, Lorna«, wandte ich mich dorthin und erblickte Seelen aus der Vergangenheit, die in diesen Teil der Kirche kamen. Wie ihre Kleidung vermuten ließ, waren manche offenbar Soldaten. Sie schienen niederzuknien, einen Moment lang zu beten und dann wieder zu gehen. Es waren noch weitere Männer und Frauen da, Zivilisten, normale Menschen dieser Stadt, die vor langer Zeit zum Beten in diese Kirche gekommen waren. Die meisten trugen dunkle Kleidung. Ich weiß nicht, warum. Dann verschwanden sie wieder. Der Erzengel Michael forderte mich auf, etwas weiterzugehen. Ich tat, wie er mich geheißen hatte, und blieb dann stehen. Ich sah mich um. Ich erblickte Christopher und Megan, die geschnitzte Statuen und Symbole betrachteten und sich darüber unterhielten. Alle sprachen sehr leise und respektvoll, weil sie sich in einer Kirche befanden. Es war ein Ort des Gebets, und man konnte den Frieden, die Ruhe, Sicherheit und Geborgenheit spüren, die ein Gebetsort bietet, egal welche Religion dort zelebriert wird.

Ich ging wieder weiter, und der Erzengel Michael lief neben mir her. Die Engel mit den kleinen Kerzen schritten immer noch ringsherum durch die Kirche und sangen im Gebet. Da vernahm ich ein kratzendes Geräusch und blickte auf. Die Kirche schien sich zu verdunkeln, so als wäre die Abenddämmerung hereingebrochen. Das Geräusch stammte von einer Seele aus der Vergangenheit, die in die Kirche hereinkam. Ich konnte fast nichts erkennen. Der Erzengel Michael berührte meine Hand, und von diesem Moment an wurde die Seele, die die Kirche betreten hatte, heller. Ich bin nicht sicher, aus welcher Richtung sie kam, aber sie ging langsam und schwerfällig zum vorderen Teil der Kirche. Es war, als wäre der menschliche Körper – zu ihren Lebzeiten – an dem Tag, an dem dieser Mensch in die Kirche gekommen war, sehr müde, ja erschöpft gewesen. Das Geräusch, das ich vernahm, stammte von dem Schwert, das diese Seele mit sich trug. Es schien über den Boden zu schleifen. Die Seele trug eine sehr schwere Rüstung, mit vielen Riemen. Sie wirkte sehr groß und gedrungen auf mich, aber möglicherweise lag das an ihrer Kleidung. Jeder Schritt erweckte den Anschein, als trüge sie eine große Last auf ihren Schultern und könne diese kaum tragen. Es war ein großer Kampf. Als die Seele des Mannes an mir vorbeikam, blickte ich mich um und bemerkte, dass ich niemand anderen mehr sehen konnte. Ich befand mich tatsächlich in der Vergangenheit, und der Erzengel Michael hielt meine Hand.

Ich beobachtete das Leben des Soldaten an dem Tag, als er in diese Kirche kam. Ich begann, seine Qualen und sein Leid zu spüren. Seine Agonie zerriss ihn innerlich, aufgrund all der Schrecken und seiner Schuld. Nun war er nur noch etwa zwei Meter von mir entfernt, blieb plötzlich stehen und fiel auf die Knie. Er war vornübergebeugt, so als habe er große Schmerzen. Er schluchzte unterdrückt. Sein ganzer Körper schien zu beben. Dann begann er laut zu weinen und bat Gott um Vergebung für das, was er gerade getan hatte. Der Soldat betete mit all seinem

Sein. Er betete aus tiefster Seele. Die schmerzvollen Qualen zerrissen ihn innerlich. Für einen kurzen Moment sah ich seine Seele in den Vordergrund treten und sich dann wieder zurück in seinen menschlichen Körper ziehen. Ich erkannte, dass er Gott an diesem Tag in der Kirche um Verzeihung bat.

Angesichts des Leids, das er durch seine schrecklichen Taten verursacht hatte, befand er sich in einem Schockzustand. Ich sah Bilder in seinem Geist auftauchen, von Jerusalem, vom Krieg gegen Muslime, die Gesichter von Kindern, die ihn entsetzt ansahen, bevor er sie gnadenlos niedermetzelte.

Es war mir erlaubt, ein paar seiner Worte zu hören: »Sieh nur, was ich getan habe. Sieh das Blut an meinen Händen, das nie mehr abgewaschen werden kann.« Er suchte nach den guten Aspekten in seinem Leben, aber es fiel ihm schwer, sie zu finden. Mir war bewusst, dass seine Seele in den Vordergrund getreten war und mir diese Dinge gezeigt wurden, damit ich sie Ihnen erzählen kann und Sie seine Agonie verstehen können. Er begriff, dass er während der Kreuzzüge viele Menschen getötet hatte und jedes Mal ein spirituelles Wesen, eins von Gottes Kindern getötet hatte. Er betete immer noch auf seinen Knien, als vier Engel zu ihm kamen, die etwas trugen, was für mich so aussah wie ein feines Seidentuch. Jeder Engel hielt eine Ecke des schimmernden Stoffs in die Höhe. Als sie sich auf den Mann zubewegten, konnte ich hindurchsehen. Der Stoff war voller Spiegelungen. Diese Spiegelungen, diese Bilder stammten aus dem Leben des Mannes, aber sie spiegelten all die Liebe und all den Trost in seinem Leben. Die Engel ließen das Tuch sanft an ihm hinunterfließen und wickelten ihn tröstend in die Seide ein. Genau in diesem Moment schien er tief einzuatmen, als würde das Leben wieder in ihn hineinströmen. Nun spürte er, dass der Trost, den Gott ihm gewährt hatte, ihm die nötige Stärke verlieh, um das Unrecht, das er begangen hatte, wiedergutzumachen.

Der Soldat erhob sich. Offenbar fiel es ihm sehr schwer. Er schien immer noch sehr belastet zu sein und ein schweres Kreuz auf seinen Schultern zu tragen.

Ich wurde angewiesen, still stehen zu bleiben, während er an mir vorbeiging. Dabei hörte ich ihn murmeln: »Bitte vergib mir.« Ich sah, dass er ein spirituelles Erweckungserlebnis hatte. Gott vergab diesem Soldaten, obwohl er schreckliche Dinge getan hatte, und er kam in den Himmel.

Dann schien er langsam in die Dunkelheit hineinzugehen und verschwand schließlich ganz. Als er die Kirche betreten hatte, um Gott um Verzeihung zu bitten, hatte es bereits gedämmert. Als er sie nun verließ, war es vollkommen dunkel draußen. Mittlerweile war es für ihn Nacht.

Ich sah zu dem Platz, an dem er auf seine Knie gefallen war, um Gott um Verzeihung zu bitten, und erblickte zwei Engel, die dort im Gebet standen. Sie trugen goldene Gewänder.

Ich fragte den Erzengel Michael: »Warum stehen sie an dem Punkt, an dem der Soldat sich hingekniet hat?«

»Die Engel beten für Frieden«, antwortete der Erzengel Michael. »Was mit diesem Soldaten geschehen ist, geschieht heute immer noch, Lorna. Es ist wichtig, für Frieden zu beten. Gott möchte immer, dass du weiterhin über den Frieden sprichst, Lorna. Als dieser Soldat gestorben ist, hat Gott ihn in den Himmel geholt.«

In diesem Moment kamen Megan und Christopher zu mir. Sie fragten sich, warum ich so dastand, aber mir war klar, dass sie es irgendwie wussten. Wir sollten uns alle bewusst machen, dass die meisten großen sakralen und heiligen Stätten auf der ganzen Welt, die wir manchmal als spirituelle Orte bezeichnen, wie zum Beispiel Stonehenge oder die großen Tempel in Griechenland und Rom, in der Vergangenheit auch für Prozesse und Hinrichtungen genutzt wurden. Das ist an manchen Orten auch heute noch so. Man muss nur die Nachrichten hören, um das zu erkennen. Menschen, die an der Macht sind, wollen stets auch die heiligen Orte kontrollieren.

Sie sollten sich bewusst machen, dass das Gebet eine Kraft hat. Beten Sie daher bitte für Frieden. Schließen Sie den Frieden stets in Ihre Gebete ein, egal welcher Religion Sie angehören. Streben Sie stets nach Frieden, egal was in Ihrem Leben oder auf der Welt auch geschehen mag.

Im weiteren Verlauf des Tages genossen wir es, durch Paris zu laufen und noch ein paar Orte, die mein Lektor Mark mir empfohlen hatte, zu besichtigen. Auf diese Weise verbrachten wir einige großartige Tage in Paris. Die Menschen waren sehr freundlich. Christopher und Megan konnten etwas Französisch. Ich dagegen sprach kein Wort Französisch, aber ich habe es versucht. Ich finde, es ist eine wunderschöne Sprache. Sie klingt für mich sehr lieblich, wie eine sanfte Melodie. Wenn ich Franzosen sprechen höre, klingt es für mich so, als würden sie singen.

Als ich meiner Tochter Megan das sagte, lachte sie und erwiderte: »Das sagen alle. Die Sprache ist dafür bekannt, melodisch und romantisch zu sein. Ich höre sie auch sehr gerne.«

»Mir gefällt sie auch sehr gut«, sagte ich. »Man muss einfach nur zuhören und den Klang der Sprache wahrnehmen.«

Ich hoffe, ich werde eines Tages in der Lage sein, noch einmal nach Paris zu fahren. Ich würde die Sainte-Chapelle sehr gerne noch einmal besuchen. Als wir dort waren, wurde gerade viel renoviert. Man versuchte, diesen heiligen Ort so gut wie möglich zu erhalten.

Kapitel 15

Hat man die Engel trivialisiert und kommerzialisiert?

Im Laufe der letzten Jahre habe ich immer wieder mit den Engeln besprochen, welche Dinge ich über mein Leben, über sie und über Gott in dieses Buch aufnehmen soll. Bei verschiedenen Gelegenheiten habe ich dazu auch Erzengel Michael befragt. Er hat mich gerade an einen Moment erinnert, als ich ihm während meiner Ferien bei einem Spaziergang begegnet bin. Ich ging damals an einem Kanal entlang, den ich bereits seit vielen Jahren kenne und der mir sehr vertraut ist.

Gerne erinnere ich mich an den Tag, an dem ich mit Joe und meinem Dad dort war. Zu der Zeit waren wir noch nicht verheiratet.

Die Engel sagten damals zu mir: »Mach einen Spaziergang am Kanal entlang, Lorna, und lass deinen Dad und Joe angeln.«

»Ich kann doch nicht einfach weggehen. Unter welchem Vorwand soll ich das tun?«, fragte ich sie.

Aber sie antworteten mir nicht. »Okay«, lenkte ich ein. »Ich werde einfach sagen, dass ich ein paar Beeren suchen werde.«

Also ging ich zum Kofferraum des Autos, nahm eine Tasse heraus und sagte zu Joe und meinem Vater: »Ich denke, ich werde etwas am Kanal entlanggehen. Vielleicht kann ich dort ein paar Beeren pflücken.«

Sie nahmen keine große Notiz von mir.

»Ja«, murmelten sie und nickten mehr oder weniger mit dem Kopf, während sie ihre Angeln vorbereiteten.

Also zog ich los. Als ich ein kurzes Stück gegangen war, blieb ich stehen und blickte zurück. Mein Vater unterhielt sich mit Joe. Beide hielten Angeln in den Händen, die zum Auswerfen bereit waren. Dann hörte ich, wie mein Name gerufen wurde. Also lief ich weiter, bis ich zu einer kleinen Baumgruppe kam. Die Engel wiesen mich an, dort zu warten. Während ich wartete, begann ich, nach ein paar Beeren zu suchen. Ich fragte diesbezüglich nicht bei den Engeln nach. Ein paar Minuten später hörte ich erneut, wie jemand meinen Namen aus den Bäumen heraus rief. Also spähte ich dorthin. Ich schmunzelte, als der Erzengel Michael zwischen den Bäumen hervorkam und die Kanalböschung betrat.

Ich liebte es, wenn der Erzengel Michael sich hin und wieder wie ein Angler kleidete. Ich lächelte ihn an und bemerkte: »Weißt du, Michael, du brauchst diese großen Gummistiefel heute nicht. Keiner der Angler muss ins Wasser steigen.«

»Ich weiß, Lorna«, antwortete er.

Plötzlich verschwanden seine Gummistiefel, und an seinen Füßen tauchte ein altes Paar Schuhe auf, das ziemlich abgenutzt und verblichen aussah.

»Ich wünschte, ich könnte meine Kleidung genauso wechseln. Das wäre sehr praktisch«, überlegte ich laut.

Der Erzengel Michael antwortete mir nicht. Als er mit der Angel in seiner Hand auf den Kanal zuging, sagte er stattdessen: »Ich bin hier, um dich daran zu erinnern, dass du eines Tages über Gott und uns schreiben wirst, Lorna.«

»Ich hoffe, du täuschst dich und meinst nicht wirklich mich«, protestierte ich.

»Wenn ich von dir, Gott und uns spreche, dann meine ich Gott und uns Engel und ja, dich und dein Leben, Lorna. Aber Gott möchte, dass ich dir noch eine weitere Botschaft übermittle. Es wird eine Zeit kommen, zu der Gott dir erlauben wird, durch Seine Augen zu sehen. Möglicherweise erlaubt Gott dir, der Welt zu einem bestimmten Zeitpunkt davon zu erzählen.«

»Wie meinst du das?«, fragte ich den Erzengel Michael.

Ich war angesichts seiner Worte ziemlich perplex und hakte flüsternd nach: »Durch Gottes Augen?«

»Ja«, antwortete der Erzengel Michael lächelnd und berührte meine Hand, was mich mit innerer Ruhe und Liebe erfüllte.

Ich wollte ihm gerade eine Frage stellen, als er sagte, er müsse gehen. Doch kurz bevor er verschwand, erinnerte er mich daran zu beten.

Seit diesem Tag habe ich über diese Botschaft des Erzengels Michael gebetet. Ich war ziemlich schockiert und hatte Angst. Angst davor, was Gott mich möglicherweise durch Seine Augen sehen lassen würde.

Kurz darauf ging ich langsam wieder zu meinem Dad und zu Joe zurück. Unterwegs fand ich ein paar Beeren. Joe hatte einen kleinen Hecht gefangen und war sehr stolz darauf. Es ist mir gestattet, Ihnen einige Dinge zu erzählen, die Gott mich durch Seine Augen sehen ließ, aber ich werde sie Ihnen noch nicht sofort erzählen. Sie werden noch etwas warten müssen.

Vor etwa zwei Jahren war ich eines Tages allein zu Hause. Megan war bei ihrer Schwester in Dublin.

Ich war gerade oben beim Bügeln, als ein Engel seinen Kopf hinter der Tür hervorstreckte und lediglich sagte: »Hallo, Lorna.« Dann verschwand er wieder.

Es geschah sehr rasch. Ich war mir nicht sicher, ob ich den Engel erkannt hatte oder nicht, und bügelte einfach weiter. Als ich etwa eine halbe Stunde später mit dem Bügeln fertig war, beschloss ich, dass ich eine Tasse Tee verdient hatte, und ging nach unten. Als ich mit meinem Tee in die Scheune kam, erwartete mich eine Überraschung. Am Tisch saßen der Engel Hosus, der Engel Elija und die Engelfrau Bloema. Die Engelfrau Bloema hat stets eine weibliche Erscheinung und ist in wunderschöne himmelblaue Seide gekleidet. Diese Engelfrau hat die anderen Engel oft begleitet, die immer in meinem Leben sind. Sie beteiligt sich häufig am Gespräch, aber ich habe sie nie gefragt, warum sie hier bei mir ist.

»Hallo, Lorna«, sagten die Engel gleichzeitig.

»Das ist ja eine Überraschung«, antwortete ich. »Was macht ihr hier?«

»Wir sind gekommen, um mit dir über uns zu sprechen.«

»Ihr meint, über euch Engel?«

»Ja«, sagte der Engel Hosus, also zog ich mir einen Stuhl heran, setzte mich zu ihnen an den Tisch und begann, meinen Tee zu trinken.

Da fiel mir auf, dass ich den Engeln keinen Tee angeboten hatte. Daher sagte ich: »Oh, Entschuldigung! Möchtet ihr Engel eine Tasse Tee? Wenn ich gewusst hätte, dass ihr kommt, hätte ich ein paar Tassen hingestellt. Obwohl ich ohnehin weiß, dass ihr keinen Tee trinkt.«

Die Engel schüttelten den Kopf und sagten: »Richtig, Lorna, das tun wir nicht.«

Sie strahlten mich alle an. Der Engel Hosus brachte mich zum Lachen, da eine Tasse vor ihm erschien und er so tat, als würde er daraus trinken.

»Lorna«, sagte der Engel Hosus, »in ein oder zwei Jahren wirst du beginnen, dein Buch zu schreiben.«

»Das hoffe ich«, sagte ich.

»Es gibt etwas, das dich stets beschäftigt, etwas, das dir in letzter Zeit besonders durch den Kopf gegangen ist.«

»So ist es«, sagte ich zum Engel Hosus gewandt. »Warum werdet ihr Engel nicht wahr- oder ernst genommen?«

Lachend fügte ich hinzu: »Es ist mir so peinlich, all das zu sagen, aber ihr Engel werdet als trivial erachtet. Es tut mir richtig weh, das auszusprechen.«

Im nächsten Moment spürte ich eine Hand auf meiner Schulter. Es war der Erzengel Michael.

»Hallo, Lorna«, begrüßte er mich.

»Hallo, Michael«, antwortete ich. »Ich bin froh, dass du hier bist.«

»Wir möchten mit dir darüber sprechen, Lorna, und wir werden dir helfen, es zu tun.«

»Oh, Michael. Ich schäme mich wirklich sehr, da ich weiß, dass Millionen von Menschen auf der ganzen Welt auf diese Weise über euch Engel denken. Es ist ihnen peinlich zuzugeben, dass sie von ihrem Schutzengel oder anderen Engeln wissen, weil sie befürchten, verspottet und ausgelacht zu werden. Mir ging es genauso. Ich hatte große Angst, über Gott und euch Engel zu sprechen.«

»Schreibe auf, was du gerade gesagt hast, Lorna.«

Der Erzengel Michael sagte, er müsse gehen, und damit verschwand er wieder.

Ich fragte die anderen Engel am Tisch: »Müsst ihr auch gehen?«

»Nein«, antworteten sie. »Wir können noch eine kleine Weile bleiben, um mit dir zu sprechen.«

Der Engel Elija sagte: »Schreibe darüber, dass die Engel kommerzialisiert worden sind, über das Gute und das Schlechte daran.«

Dann sprach der Engel Hosus mit mir darüber, auf welch unterschiedliche Weise Engel als Symbole genutzt werden und wie diese Symbole der Engel kommerzialisiert wurden – sogar in einem solchen Maße, dass große Geschäfte damit gemacht werden. Zudem sprach er mit mir über die Art und Weise, wie auch die Religion selbst kommerzialisiert wird. Wir unterhielten uns noch eine Weile miteinander, dann sagten auch diese Engel, sie müssten gehen, und damit verschwanden sie.

Nun sitze ich also zwei Jahre später an meinem Computer und frage mich, wie ich dieses Thema angehen kann. Ich möchte niemanden verärgern oder verletzen. Wieder bin ich nicht allein im Zimmer. Die Engel sind bei mir. Heute ist ein nasser, kühler Tag. Wenn ich aus dem Fenster schaue, sehe ich die nebligen Berge. Ich habe ein paar Schafe mit ihren kleinen Lämmern auf den Wiesen gesehen. Es erfüllt mein Herz mit Freude, sie einfach herumspringen zu sehen, so wie kleine Lämmer eben herumspringen – mit allen vier Beinen gleichzeitig in der Luft. Wenn ich eine Pause vom Schreiben brauche, erledige ich etwas Hausarbeit. Ich spüle ab oder stelle die Waschmaschine mit einer Ladung Wäsche an, und natürlich trinke ich viele Tassen Tee.

Vielleicht lautet die Frage, die man stellen sollte, warum die Engel kommerzialisiert und trivialisiert wurden. Der Erzengel Michael ist heute wieder bei mir, und ich habe ihm diese Frage gestellt.

»Aus vielen Gründen ist die Menschheit in der modernen Zeit weniger *in Verbindung* als in der Vergangenheit, Lorna. Vor langer Zeit waren die Menschen stärker mit der Natur und ihrer spirituellen Seite verbunden. Im Laufe der industriellen Entwicklung lehnten sich die Menschen gegen Ungerechtigkeiten auf und strebten nach Gleichheit. Ihr Geist wurde offener. Die Menschheit wollte mehr lernen, sie wollte entdecken. Allerdings begann sie damit auch, ihre spirituelle Seite zu verleugnen: ihre Seele. Obwohl all das geschehen ist, Lorna, hungert und dürstet die Menschheit nach wie vor danach, mehr zu wissen. Erinnere dich daran, was Gott dir gesagt hat, Lorna.«

»Ja, ich erinnere mich daran. Die Menschen sind hungrig und durstig danach, mehr zu wissen – zu wissen, dass es mehr im Leben gibt, dass sie eine Seele haben und diese ewig leben wird, dass lediglich der Körper stirbt und zu Staub wird. Sie leben aufgrund ihrer Seele, Erzengel Michael. Heutzutage sehen wir viele Statuen von Jesus und Maria wie auch von Heiligen und Engeln, die zum Verkauf angeboten werden. Viele Geschäfte in bekannten Touristenorten verkaufen zum Beispiel Engelsstatuen, und es gibt Läden, die wunderschöne Bilder von Engeln und Bücher über sie verkaufen.

Manche Menschen betrachten diese Dinge verächtlich, aber ich habe nichts dagegen einzuwenden. Ich habe viele hübsche Karten und Poster mit wunderschönen Bildern von Engeln gesehen. Natürlich können Menschen kein Bild malen, das der Schönheit eines Engels entspricht, da Gott das nicht erlaubt hat. Ich hoffe, das wird sich in der Zukunft ändern.«

Als ich dies sagte, betrachtete ich die Engel, die mit mir im Zimmer waren.

»Viele moderne Geschäfte in unseren Shoppingcentern machen einerseits zwar Geld mit den Menschen, die Statuen oder Bilder von Engeln kaufen möchten, aber andererseits trösten diese die Menschen auch und geben ihnen Hoffnung, Erzengel Michael. Man kann zum Beispiel kleine Engelsbroschen kaufen. Sie sind sehr hübsch, und viele Menschen tragen sie, weil sie sich damit beschützt und sicher fühlen. In gewisser Weise machen sie sich so bewusst, dass sie einen Schutzengel haben. Und das ist für mich etwas Positives.

Ich glaube, die Kommerzialisierung von Engeln hilft tatsächlich dabei, die Menschen wieder zur Spiritualität zurückzuführen und sie erkennen zu lassen, dass wir viel mehr sind als nur Fleisch und Blut und dass wir eine Seele haben. Aufgrund unserer Seele sind wir zu unglaublichen, wunderbaren Dingen in der Lage, wenn unsere Spiritualität sich entfalten darf. Ich wünschte, die Menschheit hätte keine Angst vor ihrer spirituellen Seite, Erzengel Michael. Sie ist ein Teil der menschlichen Evolution. Warum wacht die Menschheit nicht auf?«

»Du hilfst der Menschheit aufzuwachen«, antwortete der Erzengel Michael. »Du tust genau das, was Gott dir aufgetragen hat.«

»Ich habe Geschäftsleute gesehen und Menschen, die sehr gebildet sind oder sich dafür halten. Menschen, die an den besten Universitäten studiert haben und die der Meinung sind, sie stünden über der Spiritualität. Die Vorstellung, über der Spiritualität zu stehen, gibt es auf der ganzen Welt – in kleinen Unternehmen, in großen multinationalen Unternehmen, in Regierungen und bei Menschen in Führungspositionen. Politiker und Leute in anderen Machtpositionen sollten in der Lage sein, die Menschen auf der Welt dabei zu unterstützen, sich in die richtige Richtung zu bewegen. Aber sie hören nicht genug auf die innere Stimme ihrer spirituellen Seite. Auf die innere Stimme, die sie darin bestärkt, moralisch und gerecht zu handeln und danach zu streben, all das Unrecht auf der Welt für die Menschheit zu beseitigen. Um Liebe und Frieden zu fördern, damit wir alle eine Zukunft haben werden.

Ich bete ständig dafür, dass die Menschen in Führungs- und Machtpositionen auf der Welt sich dessen bewusst werden mögen – selbst wenn es nur ein kleines bisschen mehr wäre – und dass sie Gott und ihren Schutzengel um Führung bitten. Denn wenn sie das täten, wäre die Welt so anders, Erzengel Michael.«

Die Menschheit hat in ihrer Geschichte viele falsche Wege eingeschlagen, und einen davon hat sie eingeschlagen, als sie zu leugnen begann, dass Menschen Seelen haben. Wenn der Mensch etwas spiritueller wäre und daran glauben würde, dass es etwas Größeres gibt als uns selbst, dann würde unser Planet nicht aufgrund von Umweltverschmutzung zugrunde gerichtet. Es gäbe weder Kriege, noch käme es zu den großen Vertreibungen von Männern, Frauen und Kindern, die jeden Tag darunter leiden. Wenn die Menschheit wirklich an Gott glauben würde und daran, dass wir eine Seele sowie einen Schutzengel haben, würden wir einander nicht solches Leid zufügen. Wir würden nicht zulassen, dass so viele Kinder auf der Welt leiden, an Hunger und Durst sterben oder erfrieren. Menschen an der Macht in organisierten Religionen würden die Religion nicht als tödliche Waffe einsetzen und die Erlaubnis geben zu töten und zu zerstören. Wenn wir unsere spirituelle Entwicklung während der industriellen Revolution weiterhin zugelassen hätten, würden wir das Licht der Seele in jedem Kind wahrnehmen. Wir würden danach streben, stets alles für jeden Menschen gleich zu gestalten. Das Leben würde sich nicht nur um wirtschaftlichen Profit oder um Geld drehen. Es würde vielmehr darum gehen, spirituell zu wachsen, sowie darum, dass die Seele mit dem menschlichen Körper verflochten wird.

Wie ich an anderer Stelle in diesem Buch bereits gesagt habe, befindet sich die Seele in unserem Inneren und erfüllt jeden Teil von uns – und dennoch ist sie in gewisser Weise von uns getrennt. Meine Bücher helfen Menschen häufig dabei, das zu erkennen, selbst wenn es nicht immer auf eine vollkommen bewusste Weise geschieht. Die Lektüre meiner Bücher verändert Menschen manchmal, weil dies die Seele ermutigt, in den Vordergrund zu treten. Und wenn unsere Seele hervortritt, hilft es uns, zu erkennen und zu akzeptieren, dass wir tatsächlich eine Seele haben. Dadurch wird unsere Verbindung mit Gott stärker. Möglicherweise versenken wir uns in einen tiefen Gebetszustand. Und dabei fördern wir den Prozess, bei dem die Seele sich mit dem Körper verflicht, sodass der Körper transformiert wird, leichter und mit Licht erfüllt wird, sodass er nie mehr erkrankt. Auf diese Weise sollte die Menschheit sich nun eigentlich weiterentwickeln.

Ich sagte zum Erzengel Michael: »Wenn wir das nur zugelassen hätten, vielleicht hätten wir dann einen Punkt erreicht, an dem viele Mütter und Väter in der Lage wären, den Schutzengel ihres Kindes zu sehen.«

»Ja, Lorna, diesem Punkt wären wir dann viel näher«, antwortete der Erzengel Michael, »aber im Moment ist er noch weit entfernt. Sehr weit entfernt, fürchte ich.«

»Du sagst also, dass die Menschen Engel lediglich auf eine kommerzielle Weise betrachten, weil sie Angst haben und auf einer tiefen Ebene wissen, dass sie sich falsch verhalten? Oder bedeutet es anders ausgedrückt, dass die Menschheit vor sich selbst davonläuft?«

»Ja, Lorna, obwohl die Menschen Gott manchmal als Entschuldigung für ihr falsches Verhalten heranziehen. Verschiedene Religionen befürchten sogar, die Menschen könnten in Kontakt mit Gottes Engeln kommen. Sie fürchten, die Kontrolle über die Menschen, die dieser Religion angehören, zu verlieren. Aber Gottes Engel setzen sich sehr dafür ein, die Menschen zurück zu Gott zu führen.

Viele Menschen interessieren sich für das Übernatürliche und begeben sich auf die Suche nach Geistern, dessen solltest du dir bewusst sein, Lorna.«

»Ja, ich weiß, Michael. Sie sind regelrecht besessen vom Übernatürlichen, fasziniert von Geisterhäusern oder der Vorstellung, Geister zu jagen. Sie hoffen, eine andere Seite des Lebens jenseits des Materialismus zu finden, aber dieses Bestreben ist häufig gefährlich. Ouijaboards beziehungsweise die Praxis des Gläserrückens sind wirklich gefährlich ebenso wie der Gebrauch von

Drogen, um spirituelle Erfahrungen zu machen. Man kann nur allzu leicht von der anderen Seite, vom Teufel, fasziniert werden.«

»So ist es«, stimmte der Erzengel Michael mir zu.

Dann musste er gehen und verschwand.

Viele Menschen nehmen Drogen, um spirituelle Erlebnisse zu haben, aber sie sollten sich bewusst machen, dass diese Erlebnisse nicht wirklich real sind. Sie wurden von der anderen Seite vergiftet. Mit der anderen Seite meine ich die böse Seite, das, was die Menschen als den Teufel bezeichnen. Drogen zu nehmen kann den Geist verzerren. Möglicherweise macht es in einem bestimmten Moment großen Spaß, aber ich rate Ihnen, es nicht zu tun. Ich bin im Laufe der Jahre Menschen begegnet, bei denen dies zum Nervenzusammenbruch und zu ernsthaften Schwierigkeiten in ihrem Leben geführt hat. Sie brauchen keine Drogen, um echte spirituelle Erfahrungen zu machen. Meditieren Sie ohne Drogen. Versenken Sie sich in einen tiefen Gebetszustand. Bitten Sie Ihren Schutzengel darum, Ihnen dabei zu helfen, sich spirituell mehr zu öffnen und die spirituellen Dinge, die jeden Tag in Ihrem Leben geschehen, zu erkennen. Dann werden Sie sagen können, dass Sie eine wahre spirituelle Erfahrung gemacht haben, die nicht durch eine Kraft vergiftet wurde, die uns gerne böse Streiche spielt und es liebt, die Welt zu verwirren.

Draußen wird es dunkel. Im Moment sind gerade zwei Engel bei mir im Zimmer. All die anderen sind gegangen, sogar der Engel Hosus. Einer der Engel steht auf der Türschwelle. Dieser Engel hat weder eine männliche noch eine weibliche Erscheinung. Aber er trägt einen wunderschönen grünen, fließenden Umhang und sieht ziemlich maskulin aus. Ich muss über den anderen Engel schmunzeln, da er, ob Sie es glauben oder nicht, auf dem Drucker sitzt, ohne ihn zu berühren. Säße der Engel tatsächlich auf dem Drucker, würde dieser kaputtgehen. Er würde zerdrückt werden. Der Engel lächelt mich an, während ich dies sage. Ich habe ein Mikrofon, das jedes Wort, das ich spreche, aufnimmt und es auf dem Bildschirm sichtbar macht. Der Engel ist in viele verschiedene Farben gekleidet.

Sie sagen mir nun, dass ich bald Schluss machen soll, also sage ich: »Okay, ich möchte nur noch ein kleines bisschen weiterschreiben.«

Ich werde nun über die Zeit schreiben, als mein erstes Kind, Christopher, geboren wurde. Eines sonnigen Tages kam meine Mutter uns besuchen. Der Kinderwagen stand draußen im Garten, und Baby Christopher schlief darin. Ich freute mich sehr, meine Mum zu sehen. Ich machte eine Tasse Tee, wir setzten uns auf die Türschwelle und plauderten eine Weile. Mum sagte mir, sie habe ein Geschenk für Christopher mitgebracht, und zog eine kleine Plakette mit einer Anstecknadel aus ihrer Tasche. Es war ein Bild des Erzengels Michael.

»Dies soll Christopher beschützen und behüten«, sagte Mum.

Ich lächelte meine Mum an und sagte: »Ich danke dir.«

Die Plakette war sehr hübsch. Als ich zum Kinderwagen ging, um sie auf der Innenseite des Verdecks zu befestigen, sah Christophers Schutzengel voller Liebe auf ihn herab. Ich wandte mich zu meiner Mum um, die auf der Türschwelle saß, ihren Tee trank und einen Keks dazu aß. Mein Dad war nicht bei ihr. Er hatte sie am Tor abgesetzt, da er jemanden besuchen wollte, der nicht weit entfernt wohnte.

Ich sagte zu mir selbst, wie gerne ich meiner Mum erzählen würde, dass ich ihren Schutzengel genauso physisch sehen konnte, wie ich sie auf der Türschwelle sitzen sah, aber mein Schutzengel flüsterte mir ins Ohr: »Nein, Lorna, du weißt, dass du dieses Geheimnis für dich behalten musst.«

An diesem Tag hatte der Schutzengel meiner Mutter eine weibliche Erscheinung und war ganz in Gold gekleidet. Er hatte seine Arme um sie herumgelegt. In den Händen des Schutzengels meiner Mutter war ein strahlendes weißes Licht zu sehen. Der Engel sah wunderschön aus, als er meine Mutter mit einem wundervollen Licht umhüllte.

Ich ging zu meiner Mum hinüber, setzte mich neben sie und sagte zu ihr: »Ich danke dir.«

Als wir unseren Tee getrunken hatten, fragte mich meine Mutter, ob sie mit Christopher einen kleinen Spaziergang auf der Straße machen könne, bevor mein Vater wieder zurückkam.

»Natürlich«, antwortete ich, und Mum schob den Kinderwagen zum Tor hinaus. Als sie gegangen war, erntete ich etwas Gemüse aus dem Garten und legte es in eine Tasche, die ich ihr mitgeben wollte. Dann hielt ich sehnsüchtig Ausschau nach ihr. Schließlich hörte ich die Räder des Kinderwagens auf der Straße und öffnete das Tor. Meine Mutter sah sehr glücklich aus.

Sie war erst ein paar Minuten zurück, als Dad vor dem Tor vorfuhr. Ich nahm Christopher aus dem Kinderwagen und trug ihn zum Auto. Mein Vater fragte mich: »Hat deine Mutter dir das kleine Geschenk für Christopher gegeben?«

»Ja, es ist schon an seinem Kinderwagen festgesteckt«, antwortete ich.

Dad berührte Christophers Wange mit seinem Finger und sagte, es tue ihm leid, dass er nicht bleiben könne. Mum verabschiedete sich, stieg ins Auto ein und zeigte Dad die Tasche mit dem Gemüse. Dann fuhren sie los.

Wenn die Bilder von Engeln nicht kommerziell hergestellt würden, hätte meine Mutter mir die kleine Brosche des Erzengels Michael wohl nicht schenken können. Ich weiß nicht genau, wo sie diese gekauft hat. Viele Großeltern, Freunde, Tanten und Onkel, sogar Kinder kaufen Geschenke, die etwas mit Engeln zu tun haben, um sie geliebten Menschen zu schenken. Manche sind wie meine kleine Engelbrosche. Viele Menschen jeden Alters tragen sie an ihren Jacken oder Mänteln. Manchmal erzählt jemand mir, ihm sei ein Engel geschenkt worden, und zeigt mir seine Brosche. Manchmal handelt es sich auch um einen Engel an einer Halskette.

Wenn wir jemandem das Bild eines Engels schenken, helfen wir ihm, sich an seinen eigenen Schutzengel sowie an all die Engel Gottes auf der Welt zu erinnern. Sie unterstützen uns und erinnern uns daran, dass wir nicht alleine sind.

Bereits früh in ihrer Geschichte begann die katholische Kirche Geld durch den Verkauf religiöser Bilder zu verdienen. Sie verkaufte zum Beispiel Medaillions mit Bildern von der Jungfrau Maria, von Jesus und dem Erzengel Michael. So etwas gibt es daher bereits seit langer Zeit. Wenn die Engel heute nicht mehr kommerzialisiert würden, könnten wir unseren Angehörigen und Freunden diese kleinen Geschenke nicht machen. Ich trage häufig einen Engel in meiner Tasche, der mir von einem fremden Menschen geschenkt wurde. Er ist rund und glatt wie eine klare Glasperle mit einem Engel darin. Es fühlt sich gut an, ihn in der Hand zu halten. Viele Menschen auf der Welt haben Symbole von Engeln bei sich. Sie tragen sie entweder am Körper oder bewahren sie bei ihren anderen persönlichen Sachen auf. Wer also auch immer damit begonnen hat, die Engel zu kommerzialisieren: *Ich danke Ihnen dafür*. Es erinnert uns an unsere spirituelle Seite und daran, dass wir viel mehr sind als nur ein Körper aus Fleisch und Blut.

Vor etwa vier Jahren begegnete ich einem jungen Mann, als ich in einem kleinen Park in London spazieren ging. Er schob einen Kinderwagen mit seinem kleinen Kind darin. Seine Frau ging neben ihm her.

Sie kamen auf mich zu, und der junge Mann sprach mich an: »Sie sind Lorna Byrne, nicht wahr?«

»Ja«, antwortete ich lächelnd.

Er sagte, sein Name sei Stephen. Er stellte mir seine Frau Joan vor und sagte, seine kleine Tochter heiße Lisa. Stephen erzählte mir, er habe fünf Jahre zuvor nicht an Engel oder Gott oder irgendsoetwas geglaubt. Hätte irgendjemand ihm erzählt, dass er einen Engel gesehen habe, hätte er ihn lediglich ausgelacht und zu ihm gesagt: »Entweder bist du betrunken oder im Drogenrausch.« Er erklärte mir, er habe eine schwere Zeit durchgemacht, in der für ihn überhaupt nichts gut funktioniert habe. Dann schenkte ein Freund namens Paul ihm eine kleine Engelsfigur.

Er sagte zu seinem Freund: »Ich will sie nicht haben!«

Aber sein Freund bestand darauf und sagte zu ihm: »Dein Engel kann dir helfen.«

Er lachte seinen Freund aus, der Stephen den kleinen Engel trotzdem in die Tasche steckte. Als dieser ein paar Tage später ins Auto einstieg, um nach Hause zu fahren, und in seiner Tasche nach etwas Geld suchte, fand er zwischen den Geldmünzen diesen kleinen Engel. Er betrachtete ihn und stellte fest, dass er über Engel nachdachte und darüber, was wohl wäre, wenn er einen Engel hätte.

Schließlich sagte er einfach: »Hilf.«

Dann warf er den Engel auf eine Ablage des Armaturenbretts und dachte nicht weiter darüber nach. Doch ein paar Tage später stellte er fest, dass ihm derselbe Gedanke erneut in den Sinn kam. Was wäre, wenn er einen Engel hätte? Er bat weiterhin um Hilfe und bemerkte, dass die Dinge in seinem Leben sich zum Besseren veränderten. Er begegnete seiner wunderschönen Frau, und zwei Jahre später bekamen sie ihre Tochter.

Wir unterhielten uns eine Weile, und kurz bevor sie weitergingen, empfahl ich den beiden: »Sie sollten einen Engel am Kinderwagen Ihrer Tochter befestigen. Natürlich so, dass sie nicht drankommt, aber damit er da ist und Sie daran erinnert, wie gesegnet Sie sind. Sie haben so eine wunderschöne kleine Tochter.«

Dann verabschiedeten wir uns voneinander.

Das ist ein Beispiel dafür, wie die Kommerzialisierung eines Engelsymbols – eine kleine Figur oder eine Anstecknadel oder ein Engel an einer Kette – uns dabei helfen kann, uns der Engel, die uns umgeben, wieder bewusst zu werden. Solche Engelsymbole erinnern uns an unsere spirituelle Seite, vor der wir offenbar Angst haben, über die wir aber dennoch sehnlichst mehr wissen möchten. Wir sind ständig auf der Suche nach der übernatürlichen Kraft, die uns zu dem zurückführt, wer wir wirklich sind: Gottes Kinder.

Engel sind eine Verbindung, die Gott uns geschenkt hat. Sie sind eine Verbindung zwischen Gott und uns, eine Verbindung zwischen Ihm und uns als Menschen: unseren Seelen. Manchmal fällt es uns leichter, an Engel zu glauben als an Gott, weil wir Gott für alles Schlechte in der Welt verantwortlich machen. Wenn Gott nicht zugelassen hätte, dass die Engel kommerzialisiert werden, hätte kein Verleger jemals Ja zu den Büchern gesagt, die ich geschrieben habe, das weiß ich. Ich wäre nicht in der Lage, das zu tun, worum Gott mich gebeten hat. Ich wäre definitiv auf Ablehnung gestoßen. Die Tatsache, dass Engel kommerzialisiert wurden, hat die Tür geöffnet, durch die ich nach Gottes Wunsch gehen sollte, damit Sie die Verbindung zwischen den Engeln und sich selbst erkennen. Diese Verbindung wird durch Ihre Seele hergestellt, das Bindeglied zwischen Ihnen und Gott.

Wenn die Engel nicht vor langer Zeit von der katholischen Kirche und anderen Glaubensrichtungen kommerzialisiert worden wären, hätte ich nicht das Geld, um all die Dinge zu tun, die ich tue, da in der heutigen Welt alles Geld kostet. Ich bin sehr froh darüber, dass Gott die Kommerzialisierung der Engel zugelassen hat, weil ich somit die Aufgabe erfüllen kann, die er mir aufgetragen hat. Es kommt nicht darauf an, ob die Menschen mir glauben oder nicht, sofern ich tue, was Gott von mir möchte. Es liegt bei Ihnen, es für sich selbst zu entscheiden.

Kapitel 16

Die Engel im Alltag

Manchmal sagen Menschen mir, sie seien neugierig, wie mein Umgang mit den Engeln im Alltag aussieht, auch in Bezug auf relativ unwichtige Dinge. Daher werde ich Ihnen nun darüber berichten.

Heute ist Freitag, und es ist viel geschehen, also werde ich Ihnen einige Dinge erzählen, die sich heute zugetragen haben. Ich hatte vor, den ganzen Tag zu schreiben und das Haus nicht zu verlassen, aber Gott und die Engel hatten offenbar andere Pläne für mich.

Am Morgen war es kalt, und es regnete den ganzen Nachmittag. Als der Engel Hosus mich fragte: »Meinst du nicht, dass wir aufhören und eine Pause einlegen sollten, Lorna?«, erwiderte ich: »Nein, lass uns dies zuerst fertig machen. Es ist immer noch früher Morgen.«

»Wir Engel kennen dich alle sehr gut, Lorna«, antwortete der Engel Hosus. »Du wirst keine Pause machen, es sei denn, wir sorgen dafür.«

Ich zuckte lediglich mit den Achseln und nahm keine Notiz mehr vom Engel Hosus, sondern fuhr mit der Arbeit fort.

Als meine Tochter Ruth mich über Skype anrief, musste ich das Dragon Net – mein Diktierprogramm – ausschalten, damit ich mit ihr sprechen konnte.

Ich sagte zum Engel Hosus: »Ihr habt also einen Weg gefunden, um mich zu einer Pause zu veranlassen.«

Zu meiner Überraschung funktionierte Skype nicht richtig. Meine Tochter konnte mich deutlich verstehen, aber ich konnte sie nicht hören.

Egal was ich tat, es funktionierte nicht. Daher sagte ich zu ihr: »Ich werde einen Freund anrufen, der stets meinen Computer repariert, wenn irgendetwas schiefläuft.«

»Du kannst doch nicht wegen jeder Kleinigkeit bei ihm anrufen, Mum«, widersprach Ruth.

Sie versuchte, mir bei meinem Skypeproblem zu helfen, aber es funktionierte trotzdem nicht, daher musste sie es aufgeben. Wir verabschiedeten uns über mein Handy. Ich sah zur Uhr. Es war nach zwölf.

Ich wandte mich dem Engel Hosus zu und sagte: »Du hättest mir helfen können. Du weißt doch, dass ich ein Interview mit der Schule in Australien habe. Dort freuen sich viele Kinder darauf, mit mir zu sprechen.«

»Ruf Gavin an«, forderte der Engel Hosus mich auf.

Das tat ich, und mein Freund versicherte mir, er werde sein Bestes tun, um zu mir zu kommen und mein Problem zu beheben.

Dann erinnerte der Engel Hosus mich daran, dass ich nach Kilkenny fahren musste, weil ich kein Ladegerät für mein Telefon hatte. Ich hatte es in Cork vergessen. Mittlerweile begann ich mich definitiv gestresst zu fühlen. Ich beklagte mich: »Das ist nicht fair. Ich wollte heute so viel schaffen.«

Der Engel Hosus lachte im Stillen über mich. Als ich mit meinem Freund Gavin telefonierte, erklärte ich ihm, ich müsse nach Kilkenny fahren. Er sagte mir, ich solle ihn anrufen, wenn ich wieder zurück sei, dann werde er das Problem hoffentlich beheben können.

Dann fuhr ich nach Kilkenny. Das Auto war voller Engel, und der Engel Hosus saß auf dem Beifahrersitz. Ich sprach kein Wort mit ihm, sondern betete lediglich, während ich fuhr. Am Stadtrand von Kilkenny steuerte ich eine Tankstelle an, weil ich es für eine gute Idee hielt, den Tank zu befüllen, da ich am nächsten Morgen um 7.30 Uhr nach Dublin fahren musste. Ich hatte vor Kurzem ein anderes Auto bekommen. Mein Schwiegersohn und meine Tochter Ruth hatten mir ihr altes Auto überlassen. Es war noch gut in Schuss, aber sie hatten mich davor gewarnt, den Fehler zu begehen, Benzin zu tanken, weil es im Unterschied zu meinem alten Auto ein Diesel war. Dessen war ich mir sehr bewusst und betrachtete die Zapfsäule genau, als ich aus dem Auto ausstieg. Ich dachte, ich hätte die richtige gefunden, aber offensichtlich war das nicht der Fall.

Der Engel Hosus wies mich darauf hin: »Das ist die falsche, Lorna!«

Ich erwiderte: »Nein, das stimmt nicht. Ich möchte es alleine machen. Ich muss lernen, dieses Auto nicht mit dem falschen Treibstoff zu betanken, also lass mich in Ruhe, damit ich es selbst schaffen kann.« Ich zog meine Hand von der Zapfsäule zurück und schaute erneut, aber der Engel Hosus schüttelte immer noch seinen Kopf.

Dann widersprach ich plötzlich laut: »Ich weiß, dass ich es richtig mache.« Natürlich haben die Engel mir noch nie eine falsche Information gegeben, aber ich bin sehr dickköpfig und ärgere mich schnell und möchte lernen, die Dinge manchmal selbst zu tun, ohne ihre Hilfe.

Ich nahm also einen der Zapfhähne und steckte ihn in den Tank.

Der Engel Hosus rief laut: »Nein! Stopp, Lorna! Das ist der falsche!«

Aber ich reagierte nicht sofort darauf, sodass etwas Benzin in den Dieseltank des Autos gelangte.

Ich fragte den Engel Hosus: »Wie konnte mir nur dieser Fehler unterlaufen?«

Er beruhigte mich: »Keine Sorge, es ist in Ordnung. Es ist noch nicht zu viel Benzin in den Dieseltank deines Autos geraten.«

»Ich hasse es, Legasthenikerin zu sein«, beklagte ich mich beim Engel Hosus, »und die Dinge verkehrt herum zu sehen. Obwohl der eine Zapfhahn schwarz ist und der andere grün, habe ich trotzdem den falschen genommen. Eigentlich wollte ich den schwarzen nehmen.«

»Ruf den Mann an, der sich um dein Auto kümmert«, schlug der Engel Hosus mir vor.

Das tat ich, und er antwortete. Ich war sehr erleichtert. Er sagte ebenfalls, ich solle mir keine Sorgen machen. Es sei sicher alles in Ordnung, beruhigte er mich, nachdem er mir viele Fragen gestellt hatte.

»Befüllen Sie den Tank nun mit Diesel und achten Sie darauf, den richtigen Zapfhahn zu verwenden«, riet er mir.

»Auf Wiederhören und vielen Dank«, sagte ich.

»Würdest du bitte deine Hand auf den Zapfhahn legen? Denjenigen, den ich nehmen muss«, bat ich den Engel Hosus.

»Ja, natürlich, Lorna.«

Daraufhin betankte ich das Auto mit Diesel.

Als ich zum Bezahlen ging, sagte der Mann hinter dem Tresen: »Ich nehme an, Sie haben einen Fehler gemacht. Ich hoffe, Sie haben nicht zu viel falschen Kraftstoff getankt.«

Ich sagte ihm, wie viel ich getankt hatte, und er bestätigte mir ebenfalls, dass es in Ordnung sei. Er lachte, aber mit großem Verständnis. Ich ging wieder zu meinem Auto und betete. Der Engel Hosus saß bereits auf dem Beifahrersitz. Ohne ein Wort zu ihm zu sagen, startete ich den Motor. Er sprang problemlos an. Dann fuhr ich ins Stadtzentrum von Kilkenny und kaufte ein Ladegerät für mein Telefon.

Als ich zum Auto zurückging, war der Engel Hosus immer noch bei mir. Er fragte mich: »Möchtest du nicht in dein kleines Lieblingsrestaurant gehen, eine Tasse Tee trinken und etwas essen? Du hast den ganzen Tag noch nichts gegessen, und es ist schon zwei Uhr.«

Ich atmete tief ein und sagte: »Ja, okay.«

Dann aß ich etwas, entspannte mich kurz in dem Restaurant und fuhr schließlich nach Hause. Als ich durch das Tor fuhr, rief ich Gavin an, um ihm zu sagen, dass ich nun zu Hause sei. Er sagte mir, er sei gerade dabei, Kilkenny zu verlassen, und werde auf direktem Weg zu mir kommen. Das tat er, und bald darauf war das Skypeproblem gelöst.

Als er wieder fuhr, sagte ich zum Engel Hosus: »Ich weiß nicht, warum ich überhaupt irgendetwas plane, da ihr Engel und Gott immer alles verändert. Eigentlich müsste ich es mittlerweile wissen.«

Etwa eine halbe Stunde später legte der Engel Hosus seine Hand auf den Bildschirm.

»Ich kann deine Hand sehen. Sie ist im Weg«, protestierte ich.

Er entgegnete lediglich: »Schau auf den anderen Monitor, Lorna, den von der Sicherheitskamera.«

Das tat ich und sah dort einen weißen Lieferwagen vor meinem Tor vorfahren. Ich erkannte den Mann, der ausstieg. Er öffnete das Tor.

Ich stand auf und beklagte mich beim Engel Hosus: »Was habt ihr Engel vor?«

Der Engel Hosus antwortete: »Du brauchst eine Pause.«

Ich ging nach unten. Der Mann war auf der Rückseite des Hauses. Ich weiß nicht, wie er heißt, aber ich bin ihm im Laufe der Jahre immer mal wieder begegnet. Er liest stets den Stromzähler ab. Draußen nieselte es, und es ging ein starker Wind. Ich begrüßte den Mann, und wir gingen auf die Giebelseite des Hauses, um uns unterzustellen. Etwa zehn Minuten blieben wir dort stehen. Ich musste zwischendurch schmunzeln, da ich eine Gruppe von Engeln erblickte, die auf den weißen Lieferwagen zugingen und dann durch das Tor kamen, um direkt vor uns stehen zu bleiben. Der Mann konnte sie natürlich nicht sehen, aber sie schrieben fleißig alles auf, was er sagte. Schließlich begleitete ich ihn wieder zum Tor, und wir verabschiedeten uns voneinander. Ein paar der Engel fuhren mit ihm mit. Andere blieben bei mir und folgten mir ins Haus. Ich sprach ein Gebet und bat Gott darum, den Mann so gesund wie möglich zu erhalten. Ich wusste, dass er viele Beschwerden hatte. Schließlich ging ich wieder hinauf. Der Engel Hosus saß auf dem Stuhl, auf dem ich normalerweise sitze.

Ich sagte zu ihm: »Nun hatte ich eine Pause und konnte etwas frische Luft schnappen. Obwohl es kalt und regnerisch ist, hat es gutgetan. Wie wäre es, wenn du mir meinen Stuhl zurückgeben würdest, Engel Hosus?«

Er schwang mit dem Stuhl herum, und ich sagte lächelnd: »Du schaffst es immer wieder, mich aufzuheitern, Engel Hosus.«

»Das gehört zu meinem Job«, bemerkte er.

Viele weitere Dinge geschahen an diesem Tag, und ich weiß nicht, wie es mir trotzdem gelungen ist, fast 6000 Wörter zu schreiben. Schließlich sagte der Engel Hosus: »Schalte deinen Computer aus, Lorna. Du hast genug getan.«

Also sage ich Ihnen allen nun Gute Nacht.

Ich grüße Sie. Ich spreche mit Ihnen, egal ob Sie auf einem Stuhl oder in Ihrem Bett oder auf einer Parkbank sitzen. Vielleicht haben Sie auch gerade Urlaub und lesen dieses Buch. Ja, ich spreche mit *Ihnen*. Viele von Ihnen stellen mir die folgende Frage, und vielleicht haben auch Sie diese gerade im Hinterkopf. Sie möchten wissen, wie man die Gegenwart des eigenen Schutzengels spüren kann. Ich habe diese Frage häufig unterschiedlich beantwortet, weil jeder von Ihnen diese Form der Kommunikation anders erlebt. Jeder Schutzengel kommuniziert auf unterschiedlichen Ebenen mit einem Menschen. Aufgrund Ihrer wunderschönen Seele hat Gott Ihren Schutzengel dazu bestimmt, auf Sie achtzugeben. Ihre Seele zieht Ihren Schutzengel an.

Viele von Ihnen wissen vielleicht bereits, dass manche Menschen, die im Gebet um Hilfe bitten – zum Beispiel, wenn sie sich Sorgen wegen eines Bewerbungsgesprächs machen –, ein leichtes Kribbeln oder einen kühlen Lufthauch zum Beispiel auf ihrem Gesicht oder ihrer Hand spüren. Es kann auch sein, dass Sie für einen kurzen Moment lediglich eine innere Ruhe empfinden oder dass Ihr kleiner Finger Sie juckt. Dann nehmen Sie auf diese Weise Ihren Schutzengel wahr. Ihr Schutzengel könnte Ihnen diese Empfindungen eingeben, um Ihnen zu helfen oder Ihnen beizubringen, ihn zu erkennen, damit Sie seine Anwesenheit spüren. Aber etwas, das Sie vielleicht noch nicht wussten und das vielleicht von der Norm abweicht oder den allgemeinen Erwartungen widerspricht, ist die Tatsache, dass kein einziger Mensch auf der Welt, kein Mann, keine Frau und kein Kind, die Anwesenheit seines Schutzengels mit genau der gleichen Empfindung wahrnimmt. Ich habe gelegentlich beobachtet, auf welche Weise der Schutzengel einer Person das Gefühl vermittelte, bei ihr zu sein. Der Schutzengel sagte mir stets Folgendes: Selbst wenn er etwas ganz Einfaches tue, wie etwa sanft auf einen bestimmten Punkt im Gesicht einer Person zu pusten, fühle sich ein solcher sanfter Hauch eines Schutzengels nie wie der eines anderen an. Ich finde das unglaublich.

Seit ich ein Kind war, haben mein Schutzengel und ich stets ein Spiel gespielt. Ich spiele es sogar noch als Erwachsene, und ich weiß, dass auch Sie es mit Ihrem Schutzengel spielen können. Wir alle sind dazu in der Lage. Während Sie dieses Buch lesen, möchte ich, dass Sie alles aufnehmen. Ich sage das, weil Ihr Schutzengel Ihnen helfen möchte, seine Anwesenheit zu spüren. Ich soll Sie daran erinnern, dass Sie zu 99,9 Prozent der Zeit die Präsenz der Seele eines geliebten Menschen spüren, die vielleicht in Ihrer Nähe ist – eher, als Sie je die Präsenz Ihres Schutzengels spüren werden. Aber Ihr Schutzengel kann Ihnen helfen, seine Anwesenheit auf viele unterschiedliche Arten zu spüren. Sehr viele von Ihnen wissen bereits, dass es ein Kribbeln oder ein kühler Hauch sein kann. Es gibt viele weitere Empfindungen, die Ihr Schutzengel Ihnen vermitteln kann, um Ihnen zu helfen, seine Präsenz zu spüren, damit Sie wissen, dass er unmittelbar bei Ihnen ist. Sie können das folgende Spiel jederzeit mit Ihrem Schutzengel spielen.

Erst neulich, als ich einen Spaziergang machte, sagte ich zu meinem Schutzengel: »Lass uns das Fingerspitzenspiel spielen.«

Dies sind die Worte, die ich stets benutze, seit ich ein Kind war, weil sie den Worten entsprechen, die mein Schutzengel damals zu mir sagte. Sie lauteten: »Lass uns ein Spiel spielen, Lorna.«

(Eigentlich hätte ich Spiele wie dieses nicht erlernen müssen, aber ich habe erkannt, dass die Engel sie mich gelehrt haben, damit ich sie allen anderen Menschen beibringen kann.)

»Welches Spiel?«, fragte ich meinen Schutzengel.

Mein Schutzengel hob seine goldene Hand und bewegte seine Finger in Zeitlupe. »Das Fingerspitzenspiel.«

Ich wiederholte die Worte meines Schutzengels: »Das Fingerspitzenspiel.« Kichernd sagte ich: »Das ist ein lustiger Name.«

Es ist dasselbe Spiel, das ich neulich mit meinem Schutzengel während meines Spaziergangs gespielt habe.

Ich fragte meinen Schutzengel: »Wie kann ich es den Lesern vermitteln?«

Mein Schutzengel antwortete: »Fordere sie auf, sich vor den Spiegel zu stellen. Dann sollen sie ihren Schutzengel begrüßen.«

»Einen Spiegel zu benutzen ist eine gute Idee«, sagte ich.

Und genau dazu möchte ich Sie jetzt auffordern. Stellen Sie sich vor einen Spiegel und machen Sie sich bereit, Ihre linke oder rechte Hand zu bewegen – diejenige, mit der Sie schreiben. Während Sie vor dem Spiegel stehen, betrachten Sie Ihr Spiegelbild. Heben Sie dann die Hand. Strecken Sie Ihre Finger leicht gespreizt aus, sodass sie sich nicht berühren. Betrachten Sie Ihr Spiegelbild im Spiegel und stellen Sie sich vor, Ihr Spiegelbild sei Ihr Schutzengel, der Sie ansieht und seine Hand in der gleichen Höhe hält wie Sie.

Bewegen Sie Ihre Hand nun langsam auf den Spiegel zu, so nah, dass Sie das Spiegelbild Ihrer Fingerspitzen berühren und die sanfte Berührung auf dem Spiegel wahrnehmen. Bewegen Sie jeden Finger nacheinander. Berühren Sie mit einer Fingerspitze jeweils den Spiegel und verharren Sie einen Moment lang so – oder so lange, wie Sie eben möchten –, mit der Fingerspitze am Spiegel. Achten Sie darauf, jeweils das Spiegelbild Ihrer eigenen Fingerspitze zu berühren, aber stellen Sie sich gleichzeitig vor, dass es die Fingerspitzen Ihres Schutzengels sind. Vielleicht müssen Sie das häufig wiederholen. Wenn Sie dieses Spiel mit Ihrem Schutzengel spielen, nehmen Sie zwischendurch vielleicht eine Empfindung wahr, die Ihr Schutzengel Ihnen eingibt, um Ihnen zu helfen, seine Präsenz zu spüren.

Wenn Sie fertig sind, können Sie aufhören, dieses Spiel vor dem Spiegel zu spielen. Der nächste Schritt besteht darin, Ihren Schutzengel zu bitten, sich vor Sie zu stellen. Dann wird er es tun. Stellen Sie sich Ihren Schutzengel dort vor, genauso, wie Sie sich vorgestellt haben, Ihr Spiegelbild im Spiegel sei Ihr Schutzengel. Halten Sie dieselbe Entfernung zwischen sich und Ihrem Schutzengel ein wie beim Spiegel. Ihr Schutzengel wird genau vor Ihnen stehen. Sobald Sie Ihre Hand heben, wird Ihr Schutzengel seine Hand genau vor Ihre halten. Beginnen Sie nun, die Finger Ihres Schutzengels zu spüren. Vielleicht nehmen Sie zunächst nichts wahr, aber ich verspreche Ihnen, dass Sie im Laufe der Zeit irgendetwas spüren werden – vielleicht sogar mehr als nur eine Empfindung –, wenn Sie die Fingerspitze Ihres Schutzengels mit Ihrer eigenen Fingerspitze berühren. Halten Sie diese Position für einen Moment. Erlauben Sie sich, diesen Kontakt herzustellen. Ziehen Sie diesen Finger dann zurück und stellen Sie eine Berührung mit dem nächsten Finger her. Vergessen Sie den Daumen nicht. Sie können mit Ihrem kleinen Finger oder Ihrem Mittelfinger oder Ihrem Daumen beginnen. Ihrem Schutzengel ist es egal, welchen Finger Sie zuerst einsetzen. Es ist ein wunderbares Spiel. Vielleicht stellen Sie fest, dass Sie schmunzeln, lachen oder dass Ihnen ein lustiger Gedanke in den Sinn kommt. Zu all diesen Reaktionen kommt es, weil Sie und Ihr Schutzengel Ihre Fingerspitzen aneinanderlegen und Ihr Schutzengel Ihnen hilft, Ihre Empfindungen wahrzunehmen, damit Sie seine Präsenz spüren können.

Zu den Empfindungen, die Ihr Schutzengel Ihnen eingeben könnte, damit Sie seine Anwesenheit spüren, gehört zum Beispiel ein Kribbeln oder das Gefühl, elektrisiert zu werden – diese Wahrnehmung kann extrem schwach oder ziemlich stark sein. Sie könnte sogar dazu führen, dass Sie zusammenzucken.

Wenn dies geschieht, sollten Sie »Danke« zu Ihrem Schutzengel sagen.

Sprechen Sie mit Ihrem Schutzengel, indem Sie sagen: »Lass uns noch einmal spielen.«

Sie können Ihren Schutzengel darum bitten, etwas sanfter oder vielleicht etwas deutlicher zu sein. Die Art und Weise, wie Ihr Schutzengel mit Ihnen kommuniziert, ähnelt vielleicht dem, was jemand anderer von seiner Erfahrung berichtet, aber es ist, wie gesagt, nicht dasselbe. Ich lache stets, wenn mein Schutzengel mir einen starken elektrischen Schlag gibt, der von seinen Fingerspitzen durch meine hindurchläuft. Es tut nicht weh. Während Sie das mit Ihren Fingerspitzen machen, haben Sie vielleicht das Gefühl, etwas so Weiches zu berühren, dass Sie keine Worte dafür finden. Es könnte sich aber auch wie etwas Heißes anfühlen, etwa wie eine Verbrennung, als ob man seine Fingerspitze über eine Kerzenflamme hält oder man einen Eiswürfel berührt.

Es gibt viele verschiedene Empfindungen, die Ihr Schutzengel Ihnen eingeben kann, aber vielleicht vermittelt er Ihnen auch nur eine einzige. Kein anderer Mann, keine Frau und kein Kind kann sie auf die gleiche Weise wahrnehmen wie Sie. Sie sollten sich mit dieser Empfindung gut vertraut machen und eine Verbindung dazu aufbauen, damit Sie die Präsenz Ihres Schutzengels tatsächlich spüren können. Es ist kein Spiel wie jedes andere. Ihr Schutzengel hilft Ihnen, an dieser Empfindung zu arbeiten, sie intensiver für Sie zu machen und seine Präsenz wahrzunehmen. Die Präsenz Ihres eigenen Schutzengels zu spüren und nicht etwa die irgendeines anderen Engels.

Als ich die Maus bewegte, die an meinen Computer angeschlossen ist, legte mein Schutzengel seine wunderschöne Hand über meine und flüsterte mir ins Ohr: »Vergiss nicht, Lorna, dass sie das in ihrem Leben fortwährend tun sollten. Der Schutzengel jedes Menschen kann diesen viele Dinge lehren, um ihm zu helfen, das Leben zu bewältigen.«

Ich fragte meinen Schutzengel: »Glaubst du, es wird den Leserinnen und Lesern gelingen?«

»Ja, Lorna, du weißt, dass all deine Leserinnen und Leser dazu in der Lage sind, und hast keinerlei Zweifel daran. Du weißt, dass ihr Schutzengel real ist, genauso wie sie es sind, und dass sie daher dazu ebenfalls in der Lage sind.«

»Ja, das sind sie«, pflichtete ich meinem Schutzengel bei, während er seine Hand langsam von meiner entfernte.

Dann forderte mein Schutzengel mich auf: »Sprich den Gedanken aus, der dir in den Sinn gekommen ist, Lorna. Wende dich damit persönlich an die Menschen, die dieses Buch lesen.«

»Okay, dies ist also für die Leserinnen und Leser: Ich weiß, dass Sie alle dazu in der Lage sind. Ich habe keinerlei Zweifel daran. Ihr Schutzengel ist real, genauso wie Sie es sind, und deshalb sind auch Sie in der Lage dazu. Ihr eigener Schutzengel wird Sie immer wieder daran erinnern. Sie können lernen, die Präsenz Ihres eigenen Schutzengels wahrzunehmen. Machen Sie sich bewusst, dass Ihr Schutzengel nicht der Schutzengel eines anderen sein kann. Es ist allein Ihrer. Ihr Schutzengel gehört zu Ihnen.«

Kapitel 17

Ein Gebet für das Zuhören

Ich war neulich im Obstgarten und sah mir das Wachstum der Blumen an, die gerade begannen, aus der Erde zu sprießen. Es war kalt, aber die Sonne schien. Ich saß betend auf einem Baumstamm, als ich hörte, wie mein Name gerufen wurde. Ich öffnete meine Augen und blickte auf. Da sah ich den Erzengel Michael auf mich zukommen. Ich schmunzelte, weil er ganz normal in Jeans und einen Anorak gekleidet war. Allerdings sah er so stattlich aus wie immer.

»Hallo, ich freue mich, dich zu sehen«, begrüßte ich ihn.

Der Erzengel Michael antwortete: »Bete weiter, Lorna, ich werde mit dir beten.«

Er stellte sich neben mich, und ich schloss meine Augen und begann wieder zu beten.

Wenn wir beten, gesellen sich stets Engel zu uns. Sowohl unser Schutzengel als auch die Gebetsengel beten immer mit uns, aber ich liebe diese besonderen Gelegenheiten, wenn der Erzengel Michael mit mir betet. Ich habe gefragt, ob ich mehr darüber erzählen kann, was geschieht, wenn der Erzengel Michael mit mir betet, aber mir wurde gesagt, dass ich das nicht darf. Vielleicht ein anderes Mal, aber bisher hat Gott es noch nicht erlaubt. Ich weiß nicht, wie lange der Erzengel Michael an diesem Tag mit mir gebetet hat, aber als er mich berührte, wusste ich, dass es an der Zeit war, das Gebet zu beenden. Als ich meine Augen öffnete, war die Sonne verschwunden, und mir war kalt.

Der Erzengel Michael begleitete mich zum Haus zurück, und dabei unterhielten wir uns etwas.

Er sprach darüber, dass die Menschen zu leicht aufgeben. Ihm zufolge versuchen die Menschen nicht intensiv genug, den Kontakt zu ihrem Schutzengel herzustellen. Sie vergessen, dass ihr Schutzengel all ihre Gedanken hören kann und diese kennt, noch bevor sie überhaupt sagen können, was ihnen durch den Kopf geht.

Ich sagte zum Erzengel Michael: »Manchmal nervt mich das an all euch Engeln. Wenn ihr mich fragt, was los ist, und ich es euch erzähle, obwohl ihr es bereits wisst.«

»Das liegt daran, weil es gut für dich ist, es uns zu erzählen, Lorna«, erwiderte der Erzengel Michael lächelnd. »Genauso, wie es gut für jeden Menschen ist, sich seinem Schutzengel und Gott mitzuteilen. Es hilft den Menschen – Männern und Frauen und sogar Kindern –, sich auszutauschen. Miteinander zu reden ist sehr wichtig, Lorna. Und Menschen, die offener sind, Menschen, die anderen zuhören und empathischer sind, fällt es leichter, Engel wahrzunehmen. In gewisser Weise ist es wichtiger, sich mit anderen Menschen auszutauschen, als mit dem eigenen Schutzengel zu kommunizieren. Denn wenn man nicht mit seinen Mitmenschen reden kann, wie soll man dann in der Lage sein, mit seinem Schutzengel zu kommunizieren?«

»Ich glaube, das ist ein großes Problem in der heutigen Welt, Erzengel Michael«, überlegte ich. »Menschen sind schüchtern und haben Angst davor, sich gemeinsam hinzusetzen und miteinander zu reden. Sie tun es lieber über eine große Distanz hinweg. Wenn sie sich dann begegnen, können sie oft keine zwei Worte miteinander sprechen.«

Während der Erzengel Michael und ich weiterhin zum Haus zurückgingen, sagte ich zu ihm: »Eines weiß ich sicher – ich kann keine Geheimnisse vor dir haben und keinen Gedanken vor dir verbergen, der mir durch den Kopf geht.«

»Du kannst es uns genauso gut laut sagen, Lorna, weil du ja weißt, dass nichts, was du denkst oder sagst, einen Engel je verärgern würde«, antwortete der Erzengel Michael.

Während ich das kleine Tor öffnete, sagte ich zu ihm: »Es ist manchmal schwierig für mich, das zu verstehen. Was immer ihr mich auch über Gott und dich, Erzengel Michael, gelehrt habt sowie über all die anderen Erzengel und Engel im Himmel, es übersteigt nach wie vor meinen Verstand. Und ich glaube, es wird immer jenseits des menschlichen Verständnisses sein – bis der Tag kommt, an dem unsere Seelen beginnen, sich mit dem menschlichen Körper zu verflechten, und eins mit ihm werden. Wenn wir uns spirituell weiterentwickeln. Ich weiß, dass wir uns alle bei den Engeln beklagen, wenn die Dinge nicht so laufen, wie wir uns das vorstellen, und wir beklagen uns auch ständig bei Gott. Ich tue das jedenfalls. Ich beklage mich ständig bei Gott, aber wenn ich es mir recht überlege, beklage ich mich nicht oft bei euch Engeln. Jedenfalls verstehen wir nicht, warum unser Schutzengel etwas nicht auf wundersame Weise zulässt, wenn wir es uns wünschen.«

Gott hat stets viele verschiedene Pläne für uns alle – dazu gehören größere Wendepunkte in unserem Leben ebenso wie kleinere Pläne. Aber das Problem ist, dass wir diese Pläne häufig nicht erkennen und manchmal der Meinung sind, das, was uns geboten wird, sei nicht gut genug für uns. Wir sollten versuchen, zuzuhören und Fragen zu stellen. Das Gebet ist ein solcher wechselseitiger Prozess.

Versuchen Sie also zuzuhören. Ich habe das Gebet weiter unten geschrieben, um Ihnen dabei zu helfen, zuzuhören und die

Pläne zu erkennen, die Segnungen, die Gott für Sie vorgesehen hat, wenn Sie diese nur wahrnehmen würden.

Je mehr wir beten, desto mehr tritt unsere Seele in den Vordergrund und beginnt sich mit unserem Körper zu verflechten. Je harmonischer wir mit ihr leben, desto mehr werden wir uns der liebevollen Pläne Gottes für die Welt bewusst. Wenn wir in unseren Gebeten um etwas bitten, glauben wir manchmal, wir wüssten, was wir brauchen. Bekommen wir es dann nicht, werden wir wütend. Wenn wir dann nach einiger Zeit zurückblicken, sind wir vielleicht froh darüber, dass wir es nicht bekommen haben! Nur Gott weiß, was wir wirklich brauchen.

Gott schenkt uns stets eine große Fülle, mehr, als wir brauchen, sogar mehr, als wir wollen – obwohl wir die Segnungen, die uns geschenkt werden, nicht unbedingt erkennen.

Gott hält diese Segensfülle stets für uns bereit, kleine Segnungen und große Segnungen. Er möchte jedem Einzelnen große lebensverändernde Segnungen schenken, die beginnen, wenn dieser Mensch geboren wird. Dazu kann es zum Beispiel gehören, einem bestimmten Partner zu begegnen und ihn zu heiraten, in eine große Stadt zu ziehen, Kinder zu bekommen, in das eigene Geburtsland zurückzukehren und dort ein erfolgreiches Unternehmen zu gründen. Auch zwischen zwei Menschen kann es eine Segensverbindung geben. Wenn sie zum Beispiel nicht sofort erkennen, dass sie zusammengehören, wird Gott sie auf unterschiedliche Weise und zu unterschiedlichen Zeiten immer wieder zusammenführen. Gott möchte uns einen solchen speziellen Segen möglicherweise wirklich bereiten, und Er wird alles tun, damit es dazu kommt. Und es kommt auch fast immer dazu, aber Er wird sich nie über den freien Willen eines Menschen hinwegsetzen.

Bevor wir geboren werden, kennen wir all den Segen, der uns in unserem Leben beschert werden soll: unsere Eltern, die Entscheidungen, die wir treffen sollten – die guten und die schlechten. Wenn die Seele vom Himmel kommt, möchte Gott nicht, dass Sein Funke in unserem Inneren – der Seele – unseren freien Willen beeinflusst. Aber er hat jedem von uns einen Schutzengel geschenkt, der uns hilft, spiritueller zu werden, unsere Segnungen zu erkennen, unsere schweren Bürden zu tragen und die richtigen Entscheidungen zu treffen.

Wir alle leiden unter schlimmen Dingen in unserem Leben, und schlechte Dinge geschehen auch ständig auf der ganzen Welt. In gewisser Weise lassen wir alle zu, dass diese Dinge geschehen, und wir sind alle ein Teil aller Prüfungen, die jeder Einzelne erlebt. Gott sieht die Entscheidungen, die von der ganzen Welt getroffen werden, und natürlich treffen die Menschen nicht immer die richtigen Entscheidungen. Deshalb kommt es zu Krieg, Armut, Krankheiten und Umweltkatastrophen.

Daher ist es wichtig, dass wir alle für die Menschen in Führungspositionen beten, darum, dass sie die richtigen Entscheidungen treffen.

Manchmal sind die Menschen überrascht, wenn sie hören, unter welchen Prüfungen ich in meinem Leben gelitten habe, aber ich wäre nicht der Mensch, der ich bin, wenn ich nicht all diese Höhen und Tiefen durchlebt hätte. Schlimme Ereignisse in unserem Leben können uns helfen, zu wachsen und zu lernen, ein besserer Mensch zu werden und dem Guten in uns mehr zu vertrauen. Wenn wir zum Beispiel einen Kampf auf der Straße sehen und das Risiko eingehen einzuschreiten, um jemanden zu retten, der geschlagen wird, ist das eine gottgegebene Gelegenheit, ein Held und Friedensstifter zu sein, die wir mit beiden Händen ergriffen haben.

Manchmal können schlimme Dinge, die uns widerfahren, uns helfen, mitfühlender und fürsorglicher zu werden. Sie können uns auch dazu veranlassen, im Gebet um Hilfe zu rufen, und uns überdies erkennen helfen, dass wir eine Seele haben und dass wir ständig Botschaften bekommen – von unseren Schutzengeln sowie von unseren Angehörigen. Egal ob wir nur ein einzelnes Wort im Gebet sprechen oder uns in ein tiefes Gebet versenken – das Wunderbare an jedem Gebet ist, dass es die Verflechtung unserer Seele mit unserem Körper fördert, und dadurch nehmen wir unsere spirituelle Seite stärker wahr, die reine Liebe ist. Überdies werden wir uns auch der liebenden spirituellen Wesen bewusster, die versuchen, mit uns zu kommunizieren und uns zu helfen.

Es fällt uns leichter, um etwas zu bitten, als zuzuhören. Unsere Gebete sind manchmal so darauf ausgerichtet, um Dinge zu bitten, dass wir gar nicht darauf achten, was Gott, die Engel und unsere Angehörigen versuchen uns mitzuteilen. Hier ist ein kurzes Gebet, das Ihnen hilft zuzuhören.

Mein lieber Schutzengel,
ich danke Gott für all den Segen in meinem Leben,
aber im Moment fühle ich mich verloren und
weiß nicht, was ich tun soll.
Es fällt mir schwer zuzuhören, hilf mir daher bitte, still zu sein
und auf dich und meine Lieben zu hören,
während du mir sagst, was nun Gottes Pläne für mich sind …

(Geben Sie sich an dieser Stelle Zeit,
still zu sein und zuzuhören.)

… Danke, dass du mir hilfst zuzuhören.
Amen.

KAPITEL 18

Ein leuchtendes Baby

Der Erzengel Michael kam mit mir ins Haus, und wir gingen nach oben, wobei er vor mir herging. Ich finde es wunderschön, wenn er so etwas tut. Als er die Treppe hinaufging, verwandelte sich jede Stufe in ein helles Licht und veränderte sich dann wieder in eine normale Holzstufe. Wie ich bereits weiter vorne gesagt habe, berühren seine Füße die Stufen nie – ich bezeichne dieses Licht als Kissen, das sich zwischen jedem Engel und der Erde befindet. Als wir in mein Arbeitszimmer kamen, stellte sich der Erzengel Michael neben mich, und ich setzte mich auf den Stuhl vor meinen Computer.

Er sagte zu mir: »Schreibe nun über all die Dinge, die wir besprochen haben.«

Das tat ich, bis etwa eine halbe Stunde später das Telefon klingelte und ich sah, dass es Pater John war. In diesem Moment verschwand der Erzengel Michael. Er kündigte nicht an, dass er gehen müsse, sondern verschwand einfach.

Ich erzählte Pater John am Telefon davon, und er sagte: »Es tut mir sehr leid, Lorna. Ich werde dafür beten, dass der Erzengel Michael zurückkommt und mit dir weiterarbeitet, wenn wir unser Gespräch beendet haben.«

»Geben Sie sich keine Mühe. Der Erzengel Michael kommt nur, wenn Gott ihn schickt«, erwiderte ich.

Ich schmunzelte in mich hinein, während ich mit Pater John telefonierte. Es war Jahre her, seitdem der Erzengel Michael auf diese Weise verschwunden war, ohne anzukündigen, dass er gehen müsse.

Pater John bat mich, für eine Familie zu beten, die gerade ihre 23-jährige Tochter verloren hatte. Sie war nach einer langen Krankheit gestorben. Ich versprach ihm, dies zu tun, erinnerte ihn aber auch daran, der Familie zu sagen, dass der Schutzengel ihrer wunderschönen Tochter ihre Seele direkt in den Himmel gebracht habe und dass sie nun in Frieden und glücklich sei. Ich sagte ihm zudem, ich werde dafür beten, dass ihre Familie diese schwierige Zeit übersteht. Es sei allerdings sehr wichtig für die Familie, sich an all die glücklichen Zeiten zu erinnern, die sie mit ihr verbracht hatten, und nicht nur an die traurigen. Kurz darauf verabschiedete ich mich von Pater John.

Ich weiß nicht, wie ich Ihnen die nächste Geschichte erzählen soll, weil sie für mich sehr emotional ist. Sie ist voller Liebe und Freude.

Sie trug sich vor etwa einem Jahr zu. Ab dem Moment, an dem ich an jenem Morgen aufwachte und aus dem Bett aufstand, sagten die Engel mir, es gebe ein Kind, das ich an diesem Tag sehen werde, ein kleines Kind. Ich erinnerte mich daran, dass der Erzengel Michael mir im vorigen Jahr im Obstgarten gesagt hatte, ich werde ein weiteres leuchtendes Baby sehen.

Ein leuchtendes Baby ist ein Baby, das bereits spirituell hochentwickelt ist. Gott erlaubt solchen Babys nicht, lange auf der Welt zu bleiben, weil wir noch nicht bereit dafür sind. Sie bleiben eine kurze Weile hier, damit wir ihre grenzenlose Liebe erfahren können. Gott schickt sie uns hin und wieder, um uns zu helfen, uns schneller zu entwickeln. Ich habe zum ersten Mal in meinem Buch *Engel in meinem Haar* über die leuchtenden Babys geschrieben und danach in dem Buch *Himmelspfade*.

Nun, an jenem Tag war ich mit meiner Tochter Megan in Dublin. Wir hatten eine Menge zu erledigen. Am späten Nachmittag sagte ich zu ihr: »Wir sollten lieber mal ein paar Lebensmittel einkaufen und etwas fürs Abendessen besorgen.«

Also fuhren wir kurz darauf mit dem Auto los. Beim Fahren sprach Megan mit mir über verschiedene Dinge, über die eine junge Frau eben so mit ihrer Mutter spricht, und wir diskutierten einige Themen, die im Radio kamen. Wir waren etwa fünf Minuten vom Supermarkt entfernt, als mein Schutzengel mir ins Ohr flüsterte, dass ich bald das kleine Kind sehen werde. Megan sprach gleichzeitig mit mir.

Sie sagte zu mir: »Mum, du hörst mir nicht richtig zu.«

Ich antwortete ihr, es tue mir sehr leid, aber ich sei abgelenkt.

Megan weiß genau, was das bedeutet, und sie protestierte: »Ich wünschte, die Engel würden das nicht tun, vor allem, wenn ich mit dir spreche.«

Als wir auf den Parkplatz des Supermarkts fuhren, war mir sehr bewusst, dass ich dem kleinen Kind begegnen würde, aber ich hatte keine Ahnung, was mich erwartete. Mir war etwas beklommen zumute, weil die Engel mir normalerweise etwas früher Bescheid geben. Als ich durch die Tür des Supermarkts ging, schritt eine Gruppe von sechs Engeln vor mir hinein. Außerdem erblickte ich den Engel Hosus bei den Gemüseständen.

»Hallo, Lorna«, begrüßte er mich.

Ich ging zum Engel Hosus hinüber und begann, etwas Gemüse in den Einkaufswagen zu legen.

»Ich freue mich, dich zu sehen«, antwortete ich.

»Ein kleiner Junge läuft durch die Gänge, Lorna«, sagte der Engel Hosus. »Halte nach ihm Ausschau.«

Ich fragte den Engel Hosus: »Soll ich stehen bleiben und ihn ansehen?«

»Ja«, antwortete er.

Meine Tochter nahm mir den Einkaufswagen ab und sagte, sie werde die Einkäufe erledigen. Ich sagte zu ihr: »Das ist eine tolle Idee.«

Ich schmunzelte, weil ich wusste, dass sie auf ihren Schutzengel gehört und keine Fragen gestellt hatte. Sie tat einfach, worum ihr Schutzengel sie gebeten hatte – ihrer Mum beim Einkaufen zu helfen. Ich wählte eine Packung Karotten und einen Kopfsalat für mein Kaninchen Mimsy aus.

Als ich weiterging, erblickte ich den kleinen Jungen. Drei Engel umgaben ihn. Er war etwa zweieinhalb Jahre alt und sah wunderschön aus. Er war sehr lebendig und strahlte über beide Ohren, während er etwas unsicher herumwatschelte und sich über sich selbst und seine Unabhängigkeit freute. Dieser kleine Junge leuchtete. Er strahlte. Er war noch ein Kleinkind. Er war eines dieser besonderen Kinder, die hin und wieder auf der Welt geboren werden. Die Liebe strahlte aus ihm hervor. Sie leuchtete, und ich wusste, dass er die Engel genauso deutlich sah wie ich. Er spielte mit ihnen. Und er sprach mit ihnen. Wenn andere Menschen an ihm vorbeigingen, sahen sie ihn offensichtlich etwas verwirrt an. Sie wurden von ihm angezogen und wollten ihn hochnehmen und ihn in ihren Armen halten, aber Gott erlaubte das nicht. Die Engel spielten mit ihm, brachten ihn zum Lachen und ließen ein unglaubliches Lächeln in seinem wunderschönen Gesicht entstehen. Die ganze Zeit sah ich diesen kleinen Jungen nur von der Seite und konnte daher nicht sein ganzes Gesicht erkennen. Ich sah nur die Hälfte seines Lächelns, dieses wunderschönen Lächelns.

Der Engel Hosus ging neben mir her und sagte zu mir: »Wenn du an dem kleinen Jungen vorbeigehst, sollst du Folgendes zu ihm sagen, Lorna: ›Hallo, du Wunderschöner.‹«

»Okay«, antwortete ich.

Mir fiel nichts Ungewöhnliches auf.

»Er ist so süß. Ich frage mich, wo seine Eltern sind«, sagte ich zum Engel Hosus.

»Dreh dich um, dann wirst du seine Mutter sehen«, antwortete der Engel Hosus.

Sie war etwas von dem Jungen entfernt, und dann erblickte ich auch den Vater am anderen Ende des Gangs. Er war etwas näher bei ihm. Ich verstand nicht, warum sie nicht bei ihrem kleinen Jungen waren, aber ich wusste, dass es einen Grund dafür geben musste. Vielleicht wissen sie, dass der kleine Junge die Freiheit liebt, neugierig im Supermarkt herumzulaufen, dachte ich bei mir. Offensichtlich hatten sie ihn trotzdem gut im Auge. Die Engel, die den kleinen Jungen umgaben, forderten mich auf, mich zu beeilen und zu tun, was der Engel Hosus mir aufgetragen hatte, wenn ich an dem kleinen Jungen vorbeiging.

Ich sagte: »Hallo, du Wunderschöner.«

Der kleine Junge blieb stehen, sah zu mir auf und strahlte mich an. Er sprang etwas in die Luft, sodass seine Füße ein bisschen tanzten, und rannte dann auf mich zu.

Die Engel bei ihm sagten zu mir: »Entferne dich schnell, Lorna.«

Ich ging, so schnell ich konnte, den Gang entlang. Ich konnte das Lachen des kleinen Jungen hören und wusste, dass die Engel mit ihm spielten und ihn bei Laune hielten.

Wie kann ich Ihnen nur den nächsten Teil erklären? Dieser kleine Junge war behindert, und es war sehr deutlich zu erkennen, als ich sein ganzes Gesicht sah. Sein kleiner Körper war verwachsen, und sein Gesicht wirkte unförmig. Aber ich konnte nur seine Schönheit wahrnehmen. Dies war ein leuchtendes Baby, und es war viele Jahre her, seitdem ich eins gesehen hatte. Es ist sehr besonders für mich, dass dieses kleine Kind in unserem

Land ist. Dieses kleine Kind zu sehen bedeutet Hoffnung für die Welt, das weiß ich. Als ich weiter den Gang entlangging, begriff ich, dass die Welt nun Hoffnung braucht. Leuchtende Babys sind ganz besondere Kinder. Sie sind spirituell eine Million Mal mehr entwickelt als irgendjemand von uns. Gott lässt sie in der Regel nicht erwachsen werden. Er holt sie nach Hause in den Himmel zurück, weil wir als Menschheit nicht bereit sind, sie zu akzeptieren. Wir selbst haben uns spirituell noch nicht genug entwickelt.

In diesem Moment rief Megan nach mir: »Komm mal hierher, Mum. Meinst du, es wäre eine gute Idee, etwas Suppe und vielleicht Knoblauchbrot zu kaufen?«

Ich antwortete, dies wäre großartig, und nahm ein paar Dosen mit Suppe aus dem Regal. Megan besorgte das Knoblauchbrot. Als ich aufblickte, wartete der Engel Hosus am anderen Ende des Gangs auf mich.

Ich sagte zu Megan: »Ich werde mal sehen, ob es den Käse gibt, der mir so gut schmeckt.«

Sie antwortete, sie wolle noch ein Shampoo besorgen. Daraufhin ging ich zu Hosus.

Er wies mich an: »Gehe den Gang entlang, als würdest du nach etwas suchen. Biege dann links ab und nimm den Gang, auf dem du vorhin hergekommen bist. Lass dir Zeit, Lorna. Es eilt nicht.«

Also ließ ich mir Zeit, und als ich am Ende des Gangs angekommen war, bog ich links ab.

Der kleine Junge befand sich im selben Gang wie ich. Er stakste wankend auf mich zu und beobachtete dabei die Engel um sich herum.

Ich sagte zum Engel Hosus: »Mir ist aufgefallen, dass nur sehr wenige Leute in der Nähe des Jungen sind, egal wo er ist.«

Der Gang war fast leer, bis auf seine Eltern und zwei Frauen mit ihren Einkaufswägen. Ich tat so, als würde ich in den Regalen nach etwas suchen, während die beiden Frauen sich dem kleinen

Jungen näherten. Er strahlte sie an, aber sie zuckten angewidert mit den Schultern.

Ich hörte eine von ihnen leise murmeln: »Was für ein hässliches Kind.«

Ich selbst konnte jedoch nur die Schönheit dieses Kindes wahrnehmen.

Ich wiederholte: »Hallo, du Wunderschöner.«

Der kleine Junge strahlte mich an. Seine Mutter und sein Vater waren ganz in der Nähe, als ich diese Worte sagte, und hörten sie. Es erfüllte sie mit Freude, dass jemand sagte, ihr kleiner Junge sei wunderschön.

Der Vater eilte zu seinem kleinen Sohn, streckte seine Arme nach ihm aus, hob ihn hoch und umarmte ihn herzlich.

Der Vater sah mich mit Tränen in seinen Augen an und sagte: »Danke.«

Im selben Moment gesellte sich die Mutter zu ihrem Mann und ihrem kleinen Jungen dazu. Die drei umarmten einander liebevoll.

Während die Engel die Familie umringten, sagten sie zu mir: »Entferne dich nun schnell, Lorna.«

Ich strahlte sie an und begab mich wieder auf die andere Seite des Gangs zurück. Da rief meine Tochter mich zu sich, weil ich ihr helfen sollte.

Als wir mit dem Einkaufen fertig waren, fragte Megan mich: »Ist irgendetwas?«

»Alles in Ordnung«, antwortete ich.

Ich fragte den Engel Hosus ohne Worte: »War dies das erste Mal, dass die Eltern des kleinen Jungen jemanden sagen hörten, wie wunderschön ihr kleiner Junge ist?«

»Ja, das hat bisher noch niemand gesagt, nur schreckliche Dinge«, antwortete der Engel Hosus.

Ich bete für diese Mutter und den Vater und ihren kleinen Jungen, weil dieser kleine Junge ein leuchtendes Baby ist. Ich weiß, dass er nur für eine kurze Weile hier ist. Es ist eine sehr traurige Vorstellung, dass wir nur die physische Erscheinung sehen, wenn wir ein Kind betrachten. Wir sollten stets versuchen, die Schönheit und das Gute in allen Kindern zu erkennen, egal welche äußere Erscheinung sie haben. Sicherlich waren die Worte, die die Engel mir für den kleinen Jungen gaben, eigentlich für die Eltern bestimmt.

Kurz vor Weihnachten erzählte ich einen kleinen Teil dieser Geschichte bei einem Vortrag im Ausland, und sie hat die Menschen bewegt. Möge Gott geben, dass sie ihnen half, darüber nachzudenken.

Als ich während der Segnungen gerade ein paar junge Männer segnete, sagten sie zu mir: »Hallo, du Wunderschöne.«

Ich konnte nichts weiter tun, als zu lächeln und damit fortzufahren, jeden zu segnen, der vor mir stand.

Kapitel 19

Mein letztes Schuljahr und die Begegnung mit dem Heiligen Franziskus

Die Mutter Jesu ist überall auf der Welt erschienen. Sie ist die Königin des Himmels, die Königin der Engel, die Königin der Seelen, Unsere Liebe Frau. Sie ist die Mutter von uns allen. Ich bin eine Katholikin, und als ich in der Schule war, wurde mir gesagt, ich solle sie Unsere Liebe Frau Maria nennen.

Wenn eine Lehrerin uns Kindern von Unserer Lieben Frau Maria im Himmel erzählte, füllte sich der Raum mit Engeln. In Situationen wie diesen erscheint eine bestimmte Engelart, die Gebetsengel. Denn wenn wir über Gott, Unsere Liebe Frau oder auch über Engel sprechen, sind wir tatsächlich im Gebet. Angesichts dieser Engel musste ich lächeln, und ich fühlte mich glücklich, als ich so an meinem Tisch saß, der in der Regel im hinteren Teil des Klassenzimmers stand. Ich war allerdings nicht immer so glücklich.

Die Schule in Edenmore war nur einen Steinwurf von dem Haus entfernt, in dem ich viele Jahre lang wohnte. Es waren eigentlich nur fünf Minuten zu Fuß bis dorthin, aber ich brauchte immer viel länger, weil ich winzige Schritte machte. Ich wollte meine Ankunft so lange wie möglich hinauszögern. Manchmal drehte ich mich um und ging wieder in Richtung des Hauses zurück, aber die Engel ließen mich nur ein kleines Stück gehen. Dann standen drei oder vier Engel in einer Reihe und blockierten meinen Weg.

Ich beklagte mich bei ihnen: »Die Lehrerin weiß nicht einmal, dass ich in der Klasse bin!«, und stampfte heftig mit den Füßen auf.

»Nein, Lorna«, sagten sie dann. »Du musst umkehren und zur Schule gehen.« Aber ich beeilte mich nie. Ich ließ mir immer Zeit.

Manchmal, wenn ich zu spät zur Schule kam, waren alle Kinder bereits im Klassenzimmer. Sobald ich durch das Schultor ging, forderten die Engel mich auf, mich zu beeilen. Also rannte ich los und stieß die große, schwere Schultür auf.

Ich liebte es, die Treppe hinaufzustürmen. Ich sagte zu den Engeln: »Seht, wie schnell ich sein kann!«, und nahm zwei Stufen auf einmal, wobei ich mich auf dem ganzen Weg am Geländer festhielt. Mein Klassenzimmer lag im obersten Stock.

Niemand hat je ein Wort darüber verloren, wenn ich zu spät zur Schule kam. Als ich das Klassenzimmer betrat und zu meinem Tisch ging, stand die Lehrerin über den Tisch eines anderen Jungen oder Mädchens gebeugt. Sie sah mich kurz an, sagte aber nichts. Ein paar andere Male, als ich ins Klassenzimmer kam und mich an meinen Tisch setzte, war es, als wäre ich unsichtbar. Manchmal verbargen mich die Engel sogar, und die Lehrerin bemerkte mein Zuspätkommen nicht. Darüber musste ich immer schmunzeln.

An jenem Tag – ich war zwölf Jahre alt, und es war mein letztes Schuljahr – machte unsere Lehrerin, die eine Nonne war, einen Rechtschreibtest mit uns. Ich wusste, dass all meine Lösungen falsch waren, obwohl ich mein Bestes gegeben hatte. Deshalb beklagte ich mich bei meinem Schutzengel und den Engeln, die mich umgaben: »Warum habt ihr mir nicht etwas mehr geholfen? Ich habe mich so bemüht.« Sie versicherten mir, ich hätte es gut gemacht, und ich spürte ein leichtes Kribbeln zwischen meinen Schulterblättern. Ich ignorierte sie, aber im Grunde wusste ich, dass die Engel mich nur aufheitern wollten. Nun schrieb die Lehrerin die Worte, die sie uns diktiert hatte, an die Tafel. Sie gab uns ein paar Minuten Zeit, um unsere Rechtschreibung zu überprüfen. Ich konnte nicht richtig erkennen, was an der Tafel stand, weil sich die Buchstaben ständig bewegten. Also fragte ich meinen Schutzengel.

Er sagte: »Das Vierte von oben ist richtig, Lorna.« Ich war froh, wenigstens ein Wort richtig geschrieben zu haben.

Die Nonne schlug daraufhin das Buch auf ihrem Tisch zu und stand auf. Sie wies uns alle an, unsere Übungsbücher und Stifte beiseitezulegen. Dann nahm sie ein anderes Buch von ihrem Tisch zur Hand, ein schwarzes mit einem Kreuz auf dem vorderen Umschlag. Ich wusste, welches Buch das war. Es war die Bibel. Sie fragte, ob irgendein Mädchen oder Junge aus der Klasse ihr sagen könne, welches Buch sie hochhielt. Ich blickte in der Klasse herum. Die anderen Kinder wirkten völlig ahnungslos. Ein Mädchen aus der ersten Reihe rief: »Nein, Schwester Ann.«

Schüchtern meldete ich mich, und die Nonne sah mich überrascht an. Aber dann wandte sie sich ab, ignorierte mich und ging wieder um ihren Tisch herum. Sie legte das Buch auf den Tisch und nahm etwas Kreide zur Hand. Dann begann sie etwas an die Tafel zu schreiben.

Mein Schutzengel flüsterte mir zu, was sie geschrieben hatte: »Die heilige Bibel: das Wort Gottes.«

»Ich weiß«, sagte ich zu meinem Schutzengel. »Ich erkenne das Wort Bibel.« Die Ordensschwester hatte mich nicht dazu aufgefordert, ihre Frage zu beantworten. Sie tat es selbst und las die

Worte von der Tafel ab. Ich war enttäuscht und fragte die Engel: »Glaubt die Nonne, dass ich nichts weiß?«

Mein Schutzengel flüsterte mir ins Ohr: »Denk daran, Lorna, sie weiß es nicht besser.«

Die Lehrerin fragte, ob jemandes Eltern eine Bibel im Haus hätten, aber niemand meldete sich. In diesem Moment betrat der Engel Hosus das Klassenzimmer – durch die geschlossene Tür. Ich freute mich, ihn zu sehen. Als er durch das Klassenzimmer zum Tisch der Nonne ging, bewegte sein Umhang sich so, als wehe er in einer starken Brise. Die Innenseite des Umhangs hatte eine goldene Farbe und strahlte mit einem flackernden Licht. Die Außenseite des Umhangs war allerdings schwarz, da der Engel Hosus wie ein altmodischer Schullehrer gekleidet war.

Ohne Worte zu benutzen fragte ich den Engel Hosus: »Soll ich der Nonne sagen, dass mein Großvater eine Bibel hat? Ich habe ihn oft darin lesen sehen.«

»Nein, Lorna, das ist keine gute Idee«, erwiderte der Engel Hosus. »Das würde Schwester Ann nur verärgern.« Ich war enttäuscht. Nun ging der Engel Hosus zwischen den Tischen hindurch. Manchmal blieb er stehen und lächelte die Kinder an, die zu zweit an den Tischen saßen.

Als der Engel Hosus meinen Tisch erreichte, legte er seine Hand auf meine Schulter und tröstete mich: »Sei nicht traurig, Lorna. Gefällt es dir nicht immer gut, wenn der Erzengel Michael dir aus der Bibel vorliest?«

Ich sah zum Engel Hosus auf und antwortete: »Doch.« Dann fragte ich ihn: »Wird der Erzengel Michael heute kommen, um mir etwas aus der Bibel vorzulesen?«

»Nein, heute nicht, Lorna, aber in ein paar Tagen.«

Plötzlich rief die Nonne: »Du da! Dort hinten. Passt du nicht auf?« Vor Schreck zuckte ich zusammen – normalerweise ignorierte sie mich nämlich.

Der Engel Hosus sagte zu mir: »Steh auf Lorna und antworte auf ihre Frage.«

Nervös stand ich auf und sagte: »Doch, ich passe auf.«

»Was habe ich denn gerade gesagt?«, hakte sie nach.

Ich antwortete: »Sie haben über Unsere Liebe Frau, die Mutter des Jesuskindes gesprochen, Schwester Ann.« Sie schien sehr böse auf mich zu werden. Ihr Gesicht wirkte sehr wütend, und sie war im Begriff, auf meinen Tisch hinten im Klassenzimmer zuzustürmen.

Aber plötzlich stand der Engel Hosus nicht länger an meinem Tisch. Er stand nun vor Schwester Ann. Er streckte seine Hand aus und berührte für einen kurzen Moment ihre Hand. Gleichzeitig flüsterte der Schutzengel der Schwester etwas ins Ohr.

Daraufhin blieb sie stehen und sagte: »Setz dich. Sorge dafür, dass ich dich nicht noch einmal ermahnen muss!«

Ich sagte »Danke« zum Schutzengel der Schwester, und ich sagte »Danke« zu der Lehrerin, weil sie auf ihren Schutzengel gehört und seine Worte befolgt hatte. Natürlich sagte ich all das im Stillen. Die Nonne hörte mich nicht, aber ihr Schutzengel strahlte mich an.

Während der Engel Hosus nun zwischen den Tischen hindurchging, wehte sein Umhang wie in einer starken Brise, obwohl natürlich kein Wind im Raum wehte. Es war wunderschön zu beobachten, weil sein Umhang einige der Tische zu berühren schien. Natürlich berührte er keinen der Tische *tatsächlich*, da Engel nur sehr selten etwas in unserer Welt physisch berühren, aber es sah so aus.

Wie ich bereits weiter oben erwähnt habe, gibt es einen Raum zwischen den Engeln und physischen Dingen, selbst wenn alles sehr voll ist. Das Klassenzimmer war mittlerweile brechend voll mit Engeln, und natürlich hatte jedes Kind auch einen Schutzengel, aber irgendwie war dennoch genug Platz vorhanden.

Als der Engel Hosus wieder meinen Tisch erreichte, verkündete er mir, er müsse gehen.

Daraufhin verabschiedete ich mich von ihm.

Der Engel Hosus ging auf den Tisch der Nonne zu. Als er nur noch etwa einen Meter davon entfernt war, verschwand er. Die Lehrerin erzählte uns weiterhin etwas über Unsere Liebe Frau, über Josef – ihren Mann – und das Jesuskind.

Als die Schule aus war, beschloss ich, nicht sofort nach Hause zu gehen. Ich überquerte das Anwesen und begann, auf einem der Feldwege entlangzulaufen, dann kletterte ich auf die Böschung, die parallel zur Hecke verlief. Ich liebte es, auf der Böschung entlangzugehen, weil ich mich dann so groß fühlte. Ein Rotkehlchen landete genau vor mir. Ich trat beinahe darauf, aber es wich mir sicher aus. Als ich darüber lachte, hielt das kleine Rotkehlchen plötzlich inne und flog dann zu ein paar Wildblumen, wo es Blattläuse von den Stängeln sowie von den Unterseiten der Blätter und den Blüten pickte. Ich sah ihm kurz zu. Als ich mich schließlich von dem kleinen Rotkehlchen verabschiedete, flog es in die Hecke hinein.

Da hörte ich, wie mein Name gerufen wurde, und als ich aufblickte, sah ich den Engel Elija auf mich zukommen. Es wirkte so, als wäre er ziemlich weit weg, aber ich wusste, dass es nicht so war.

Als ich dem Engel Elija mit zehn Jahren zum ersten Mal begegnet war, lief er über das Wasser. Diese Erinnerung fasziniert mich sogar noch heute.

Der Engel Elija zeigte mir Joe, meinen zukünftigen Mann, den ich lieben würde und der in einem jungen Alter sterben würde. Der Engel Elija ist der Prophet Elija – in dessen Seele ein Engel wohnt. Deshalb war er ein Mensch auf der Erde. Seine Seele und der Engel sind immer noch miteinander verflochten. Gott hat sie nie voneinander getrennt.

Innerhalb von ein paar Sekunden stand er vor mir. Ich dachte an das letzte Mal, als ich ihn gesehen hatte und er wieder über das Wasser gegangen war, über den Fluss.

In den dazwischenliegenden zwei Jahren hatte der Engel Elija sich überhaupt nicht verändert. Ich stand reglos da, beobachtete, wie er auf der Böschung auf mich zukam, und stellte mir einfach vor, unter seinen Füßen sei Wasser. Alles am Engel Elija ist riesig, und alles an ihm ist bernsteinfarben – in allen Schattierungen, die man sich nur vorstellen kann. Der Stoff seiner Kleidung. Sogar sein Gesicht und seine Hände. Bestimmt gefällt mir das Bernsteingelb deshalb so gut.

Ich sah zu ihm auf und sagte: »Hallo, Engel Elija.«

Ich konnte seinen Namen nie richtig sagen. Es klang immer sehr lustig, weil ich das Wort Elija einfach nicht richtig aussprechen konnte, aber offenbar störte es ihn nicht.

Er sagte: »Folge mir, Lorna.« Damit wandte er sich um und schritt den Weg auf der Böschung, auf dem er gekommen war, wieder zurück. Dann erreichte er ein Weidegatter und sagte zu mir: »Lass uns hier hineingehen.« Ich musste über das Gatter klettern, aber natürlich musste der Engel Elija das nicht tun. Er tauchte einfach auf der anderen Seite davon auf.

Ich protestierte: »Das ist nicht fair.« Ich befand mich auf einer Wiese, auf der ich schon häufig gewesen war, manchmal alleine – abgesehen davon, dass die Engel natürlich immer bei mir waren. Zu anderen Zeiten hatte ich den Hund meiner Nachbarin dabei, einen Schäferhund namens Shane.

Während wir über die Wiese liefen, sagte der Engel Elija zu mir: »Hab keine Angst, Lorna. Ich bin nicht gekommen, um dir erneut etwas Bittersüßes zu sagen.« Ich hielt inne und stand vor dem Engel Elija. Er wirkte tatsächlich wie ein Riese.

»Ich hatte etwas Angst, dass du das tun würdest. Damals war ich erst zehn Jahre alt«, antwortete ich ihm. »Ich erinnere mich an alles, was du mir gesagt hast. Jetzt bin ich zwölf, und ich werde bald dreizehn.«

»Der Erzengel Michael hat mich gebeten, dir eine Botschaft zu übermitteln. Das ist der einzige Grund, warum ich hier bin, Lorna. Die Botschaft lautet: Du wirst einem Heiligen begegnen.«

»Ich habe in der Schule von Heiligen wie der St Brigid gehört«, bemerkte ich. »Jedes Jahr fertigen wir ein St-Brigid-Kreuz aus Stroh an.«

»Du wirst den Heiligen Franziskus treffen, Lorna, und ein anderer Engel wird bei dir sein.« In diesem Moment begann es zu nieseln, und der Engel Elija sagte: »Du musst nach Hause gehen, bevor es zu stark regnet.«

»Kannst du mir nicht sofort irgendetwas über den Heiligen Franziskus erzählen?«, bat ich den Engel Elija.

Doch er verneinte. Also lief ich zurück und kletterte wieder über das Gatter. Der Engel Elija stand bereits auf der Böschung und hielt mich zur Eile an. Als ich die Böschung erklomm, reichte er mir seine Hand, um mir hinaufzuhelfen.

»Danke, Engel Elija.« Ich lächelte ihn an, und er erwiderte mein Lächeln. Dann sagte ich zu ihm: »Deine Beine sind viel länger als meine. Du kannst dich definitiv schneller bewegen.« Der Engel Elija schmunzelte erneut, wandte sich dann um und begann loszugehen. Seine Füße berührten den Boden allerdings nicht. Ich folgte ihm. Als er stehen blieb, kletterte ich von der Böschung hinunter, überquerte die Straße und betrat erneut das Anwesen. Da verkündete mir der Engel Elija, er müsse gehen, und damit verschwand er. Das war im Februar, und im nächsten Monat sollte ich dreizehn Jahre alt werden.

Im Laufe der Sommerferien dieses Jahres vergaß ich, was mir der Engel Elija über die Begegnung mit dem Heiligen Franziskus gesagt hatte. Aber eines Tages nahmen mein Vater und sein bester Freund, Arthur, mich zum Angeln mit. Sie waren ein Stück am Flussufer entlanggelaufen, um dort zu angeln, aber ich blieb, wo ich war, weil Unmengen von Gänseblümchen und Butterblumen an der Uferböschung wuchsen. Ich wollte einen Gänseblümchenkranz anfertigen. Und ich dachte bei mir, dass Butterblumen zwischen den Gänseblümchen sehr hübsch aussehen würden.

Dad rief mir zu: »Bleib nicht zu lange weg.« Ich murmelte irgendetwas zurück, da ich bereits ganz vertieft darin war, die Gänseblümchen und Butterblumen zu pflücken. Ich war in meiner eigenen Welt. Kurz darauf blickte ich am Flussufer entlang, aber ich konnte weder meinen Dad noch Arthur sehen. Also beschloss ich, noch etwas an der Uferböschung sitzen zu bleiben und den Blumenkranz fertigzustellen. Eine Engelfrau kam zu mir und stellte sich vor mich hin. Sie sah aus wie eine silberne Spirale – so glatt, elegant und groß. Ich hatte sie zunächst gar nicht bemerkt. Erst als ich den Erzengel Michael meinen Namen rufen hörte, sah ich auf. Mir war zuvor lediglich aufgefallen, dass das Licht in meinem Umfeld sowie die Gänseblümchen und Butterblumen viel heller wirkten, aber ich hatte nicht weiter darauf geachtet, bis der Erzengel Michael mich rief.

Als ich ihn erblickte, begrüßte ich ihn. Ich legte meine Hand über meine Augen, da auch sein Licht sehr stark zu leuchten schien.

Der Erzengel Michael sagte zu mir: »Du wirst dem Heiligen Franziskus begegnen, Lorna. Wir werden in die Vergangenheit zurückgehen.« Ich wollte aufstehen, aber der Erzengel Michael hielt mich zurück: »Nein, Lorna, bleib sitzen.« Er kniete sich vor mich hin, streckte dann seine rechte Hand aus und sagte: »Hab keine Angst.«

Kaum hatte er das gesagt, veränderte sich alles. Ich saß immer noch an einem Fluss. Allerdings war es nur ein kleiner Bach. Die Landschaft sah völlig anders aus. Sie war hügelig. Ich erblickte einen jungen Mann, der auf mich zukam. Ich lächelte ihn an und wusste, dass es der Heilige Franziskus war. Er kam zu mir und setzte sich neben mich. Ich wusste, dass er es war, weil er einen Strauß Butterblumen in der Hand hielt. Er legte sie zu den Gänseblümchen, die ich gesammelt hatte, und begann sie zu sortieren: eine Butterblume, dann ein Gänseblümchen. Ich betrachtete ihn. Er hatte ein jugendliches Gesicht.

Er strahlte mich an und begrüßte mich: »Hallo, Lorna.«

Schüchtern sagte ich »Hallo« und erwiderte sein Lächeln. Aus der Nähe wirkte seine Haut ziemlich wettergegerbt, als hätte er draußen gelebt. Seine Kleidung sah alt und abgetragen, aber sauber aus. Er war nicht sehr groß und sah sehr schlank aus. Als er sich neben mir niederließ, wirkte er sogar knochendürr auf mich. Seine Hände waren wund und rot. Wir unterhielten uns darüber, wie man den Gänseblümchen-und-Butterblumen-Kranz anfertigte. Er sprach nicht immer Englisch, aber ich verstand ihn trotzdem. Schließlich legte er einen großen Butterblumen-und-Gänseblümchenkranz um meinen Hals und einen um mein Handgelenk. Dann erhob er sich und setzte sich in Bewegung. Ich folgte ihm. Ich musste etwas rennen, um ihn einzuholen. Er schritt sehr schnell voran, obwohl er eher klein war. Die wunderschöne Spiralengelfrau begleitete uns ebenfalls. Ich war mittlerweile nicht mehr am Bach. Während wir so dahinschritten, bemerkte ich, dass der Heilige Franziskus einen Stock hatte. Nun ja, man könnte diesen als Wanderstock bezeichnen, allerdings war er aus einem Ast gefertigt. Bald erkannte ich, dass der Heilige Franziskus auf ein Dorf zusteuerte. Manche würden es vielleicht sogar als eine kleine Stadt bezeichnen.

Als wir die Stadt erreichten, ging ich rechts neben ihm her. Die wunderschöne silberne Spiralengelfrau folgte uns. Sie war nicht der Schutzengel des Heiligen Franziskus. Sie war eine Engelfrau, die die Aufgabe hatte, mich auf einer anderen Reise zu begleiten.

Während der Zeit, die ich mit dem Heiligen Franziskus verbrachte, spielte er mit den Kindern der Stadt. Offenbar mochten sie ihn. Als er eine Frau erblickte, die Strohbündel in der Nähe von ein paar Büschen aufstapelte, half er ihr, ohne zu zögern. Und als die Arbeit erledigt war, entfernte er sich wortlos wieder. Als wir durch die kleine Stadt gingen, hießen einige Leute den Heiligen Franziskus offenbar willkommen, aber andere taten das nicht. Ein paar Leute warfen sogar Steine nach ihm oder beschimpften ihn. Einer der Steine traf ihn am Fuß, und sein Zeh begann zu bluten, da er barfuß war, aber er achtete nicht weiter darauf. Er sagte kein Wort zu mir, während wir durch die Stadt gingen.

Als wir am anderen Ende der Stadt ankamen, ging er auf ein sehr kleines Gebäude zu, das wie ein Schuppen aussah. Es hatte ein flaches Dach. Dann setzte er sich auf einen Holzklotz, ein paar Meter von dem kleinen Haus entfernt.

Ich wandte mich der silbernen Spiralengelfrau zu und sagte zu ihr: »Ich glaube, der Heilige Franziskus weiß nicht, dass ich immer noch hier bei ihm bin.«

Die Engelfrau antwortete: »Ja, Lorna, du hast recht. Er denkt, du wärst immer noch am Bach und würdest Gänseblümchen-und-Butterblumen-Kränze anfertigen. Niemand kann dich sehen.«

»Hat er denn nicht bemerkt, dass ich hinter ihm hergelaufen bin?«

»Nein, Lorna«, erwiderte die silberne Spiralengelfrau. Ich war etwas traurig, dass der Heilige Franziskus nicht wusste, dass ich bei ihm war. Als sich die Tür des kleinen Hauses öffnete, trat eine Frau heraus und bat den Heiligen Franziskus herein. Ich folgte ihm. Das kleine Haus war voller Erwachsener und Kinder. Auf dem Tisch lag etwas Brot, und ein kleines Feuer brannte. Die flackernden Flammen waren offenbar das einzige Licht in dem

Raum, denn es war ziemlich dunkel. Ich konnte die Gesichter von Männern und Frauen erkennen, wenn das Licht des Feuers über sie hinwegtanzte. Einige Kinder saßen in einer Ecke auf dem Boden. Sie spielten leise. Niemand sagte viel. Vielleicht waren alle nach einem harten Arbeitstag sehr müde, dachte ich bei mir selbst. Der Heilige Franziskus sprach ein paar Worte. Ich konnte ihn nicht sehr gut hören, aber es klang irgendwie lustig. Er ging murmelnd durch den Raum. In diesem Moment wurde mir klar, dass er sang, weil seine Stimme lauter wurde und alle offenbar etwas munterer wurden. Kurz darauf hörte ich, dass gelacht wurde. Der Heilige Franziskus lachte ebenfalls.

Ich sagte zu der silbernen Spiralengelfrau: »Ich kann verstehen, warum er ein Heiliger ist. Er macht die Menschen glücklich.« Die Engelfrau antwortete mir nicht.

Im nächsten Moment saß ich wieder am Flussufer. Ich betrachtete die Gänseblümchen-und-Butterblumen-Kette und das Armband, bei denen mir der Heilige Franziskus geholfen hatte.

Ich erhob mich und begann am Fluss entlangzulaufen, um meinen Dad zu suchen. Da trat der Erzengel Michael hinter einem der Bäume hervor und begrüßte mich mit einem »Hallo«.

»Ich bin dem Heiligen Franziskus begegnet«, berichtete ich ihm.

»Ja, das weiß ich, Lorna. Ich war ebenfalls bei dir«, erklärte er mir.

»Aber ich habe dich nicht gesehen.«

»Du solltest mich nicht sehen, Lorna.«

»Warum nicht?«, fragte ich ihn.

»Keine Fragen«, erwiderte der Erzengel Michael.

»Nur noch eine, bitte, Erzengel Michael«, bettelte ich, während ich die Butterblumen und Gänseblümchen um meinen Hals bewunderte. »Werde ich dem Heiligen Franziskus je wieder begegnen?«

»Ja, das wirst du«, antwortete der Erzengel Michael. Dann sagte er, er müsse gehen.

Als ich 15 Jahre alt war, wohnten wir in Leixlip. Ich arbeitete bei meinem Dad in der Tankstelle in Rathmines. Normalerweise arbeitete ich von Montag bis Freitag, aber manchmal bat mein Dad mich darum, an einem Samstag zu arbeiten. Dafür gab er mir unter der Woche einen Tag frei. Eines Tages beschloss ich, mir an einem Mittwoch freizunehmen. Ich half meiner Mutter im Haushalt, saugte und polierte die Möbel im Empfangsraum und putzte das Badezimmer. Aber gegen zwei Uhr machte ich draußen einen Spaziergang.

Ich ging zur Kirche in Leixlip, die ich durch den Haupteingang betrat. Die Kirche war leer. Außer den Engeln, die für uns zu Gott beteten, war niemand dort. Ich ging den Gang etwa bis zur Hälfte entlang und setzte mich dann auf einen der Plätze auf der linken Seite. Kurz darauf hörte ich, wie mein Name gerufen wurde. Ich wandte mich um und erblickte den Erzengel Michael, der auf dem Gang auf mich zukam.

»Hallo, Erzengel Michael«, begrüßte ich ihn. »Bist du gekommen, um mit mir zu beten?«

»Nein, Lorna, du wirst wieder in die Vergangenheit gebracht, um erneut dem Heiligen Franziskus zu begegnen. Setz dich gerade hin.« Ich tat, wie der Erzengel Michael mich geheißen hatte, und begann zu beten. Im selben Moment streckte der Erzengel Michael seine rechte Hand aus und nahm meine Seele. In diesem Augenblick habe ich immer das Gefühl, als würde mir der Atem geraubt, aber im nächsten Moment ging ich bereits auf einer Straße bergauf. Ich blieb stehen und drehte mich um. Die wunderschöne silberne Spiralengelfrau ging direkt hinter mir her. Ich begrüßte sie, und sie nickte mir schlicht mit dem Kopf zu. Dann ging ich weiter. Nach einer kurzen Distanz blieb ich erneut stehen, um mich umzusehen. Ich war an der Spitze des Berges angekommen. In diesem Moment erblickte ich in der Ferne den Heiligen Franziskus.

Die silberne Spiralengelfrau sagte zu mir: »Sieh aufmerksam hin, Lorna.« Ich blieb reglos stehen, da ich befürchtete, ihn sonst zu stören. Der Heilige Franziskus saß auf einem der Felsen neben der Straße. Es war keine Straße, wie wir sie heute haben. Es war ein staubiger Weg, aus Ton und Steinen. Er ruhte sich aus. Während ich ihn weiterhin beobachtete, kamen zwei kleine Spatzen zu ihm geflogen und ließen sich auf seiner Schulter nieder. Ich war erstaunt. Schmetterlinge begannen ebenfalls, um ihn herumzuflattern. Sie schienen aus dem Nichts aufzutauchen. Er kramte in seinen Taschen, als suche er nach Brotkrumen für die Vögel, aber er hatte keine. Daher nahm er ein paar Samen aus dem Gras, das neben ihm wuchs. Als er sich wieder auf den Felsen setzte, hielt der Heilige Franziskus die Samen in seiner Hand, hatte diese jedoch zu einer Faust geballt. Die Samen befanden sich in seiner rechten Hand. Er führte sie zu seiner Brust und umschloss sie mit seiner linken Hand. Im selben Moment sah ich die Gebetsengel in den Himmel aufsteigen, während er über den Samen in seiner Hand betete. Als der Heilige Franziskus seine Hände öffnete, waren auf seinen Handflächen keine kleinen Samen mehr, sondern etwas, das wie Kuchen aussah.

Die silberne Spiralengelfrau erklärte mir: »Nein, Lorna, das ist kein Kuchen. Es ist Brot.« Franziskus brach das Brot in zwei Hälften und steckte eine davon in seine Tasche. Dann brach er die andere Hälfte des Brots in kleine Krümel. Schließlich streckte er beide Hände aus, und die zwei kleinen Vögel flogen dorthin und begannen das Brot aufzupicken.

Innerhalb von ein paar Sekunden war der Heilige Franziskus von vielen weiteren Vögeln umgeben. Ich schmunzelte, denn nun begann er zu singen, und die Vögel zwitscherten, als würden sie mit ihm singen, während er weiterhin seine Hände ausgestreckt hielt. Die Vögel pickten immer noch die kleinen Krümel auf, die einfach nicht weniger zu werden schienen, egal wie schnell die kleinen Vögel sie fraßen. Dann hörte der Heilige Franziskus auf zu singen und erhob sich. Er griff in seine Tasche und zog das andere Brotstück heraus. Er brach es in Krümel und verteilte sie auf dem Boden. Sofort war er von Lebewesen der Natur umgeben: von Kaninchen, Mäusen, Igeln, Ratten, einem Fuchs und einigen anderen, sehr kleinen Lebewesen, die ich nicht erkannte. Hin und wieder ließ sich ein Schmetterling auf seinem Kopf nieder und flog dann wieder davon. Die Vögel machten nie Jagd auf die Schmetterlinge oder die Bienen, die einander umschwirrten. Die gesamte Natur befand sich im Einklang, und alle Lebewesen spürten das Mitgefühl, die zärtliche Fürsorge und Liebe dieses Mannes ihnen gegenüber. Gott hat den Heiligen Franziskus in mein Leben gebracht, um mir dabei zu helfen, allen Menschen mitzuteilen, wie wichtig es ist, aufzuwachen und uns um den wunderschönen Planeten zu kümmern, der uns geschenkt wurde.

Der Heilige Franziskus sah für einen Moment lächelnd in meine Richtung.

Ich fragte die silberne Spiralengelfrau: »Weiß er, dass ich hier bin? Kann er mich sehen?«

»Nein, er weiß nicht, dass du hier bist, aber er denkt an dich«, antwortete die Engelfrau. »Er erinnert sich daran, wie gut es ihm gefallen hat, mit dir an der Uferböschung zu sitzen.«

Plötzlich flogen die Vögel fort, und all die kleinen Lebewesen stoben in alle Richtungen davon. In diesem Moment hörte ich das Geräusch des Windes. Erst jetzt wurde mir bewusst, wie still es vorher gewesen war und dass Gott mich nur die Geräusche all der Lebewesen hatte hören lassen, die den Heiligen Franziskus umringt hatten.

Nun klopfte er mit den Händen seine Kleider aus und versuchte offenbar, ansehnlich auszusehen.

Die silberne Spiralengelfrau sagte zu mir: »Geh näher hin, Lorna.« Ich bewegte mich langsam auf ihn zu. Er schaute in die andere Richtung. In der Ferne winkte eine Gruppe von Jungen und rief dem Heiligen Franziskus etwas zu. Franziskus eilte zu ihnen. Sie umringten ihn, und ich konnte sie miteinander reden hören. Ich konnte verstehen, dass der Heilige Franziskus jemanden in einer anderen Stadt besuchen musste. Er schien nervös zu sein. Er sah sich zu mir um, aber ich wusste, dass er mich nicht sehen konnte. Ich musste die Engel nicht danach fragen, denn ich wusste, dass er aus irgendeinem Grund an mich dachte. Daher sprach ich ein Gebet. Ich bat darum, dass derjenige, den er aufsuchen wollte, ihm freundlich begegnen würde. Da tauchte der Erzengel Michael neben mir auf, und die silberne Spiralengelfrau verschwand.

Der Erzengel Michael sagte zu mir: »Er braucht dein Gebet, Lorna, denn sein Vater hat nach ihm geschickt. Franziskus weiß, dass sein Vater nicht mit seiner Lebensweise einverstanden ist. Sein Vater begreift nicht, wie nah der Heilige Franziskus Gott ist.« Dann nahm der Erzengel Michael meine Hand.

Im nächsten Moment saß ich in der Kirche. Sie war immer noch leer. Niemand war hereingekommen, um ein Gebet zu sprechen. Aber nach wie vor waren Engel in der Kirche, die sich im Gebet befanden. Der Erzengel Michael stand im Gang neben meinem Sitzplatz und sagte: »Ein Geschenk vom Heiligen Franziskus, Lorna.« Für einen kurzen Moment erschienen die Gänseblümchen-und-Butterblumen-Kette und der Armreif an meinem Hals und meinem Handgelenk. Es war eine solche Überraschung. Ich wusste nicht, was ich sagen sollte. Ich berührte die Gänseblümchen und Butterblumen sanft mit meinen Fingerspitzen, um die gelben Blüten und die kleinen Gänseblümchen nicht zu beschädigen. Man hätte meinen können, ich hätte sie gerade erst gepflückt. Der Erzengel Michael berührte meine Schulter: »Sie sind ein Geschenk des Heiligen Franziskus, aber sie werden wieder verschwinden, Lorna.«

»Danke, Franziskus«, sagte ich lächelnd.

Ich fragte den Erzengel Michael, ob der Heilige Franziskus mich hören könne, und der Erzengel Michael antwortete: »Ja, denn er ist bei Gott im Himmel.« Im nächsten Moment leuchteten die Gänseblümchen und Butterblumen hell. Sie strahlten wie ein helles Licht und verschwanden dann mit einem Funken. »Ich muss jetzt gehen, Lorna«, verkündete mir der Erzengel Michael, und damit verschwand er. Ich hatte keine Gelegenheit, ihm eine weitere Frage zu stellen.

Ich blieb noch ein paar Minuten in der Kirche und betete für alle Menschen auf der Welt. Gerade als ich die Kirche verlassen wollte, kam ein Mann zur Tür herein. Er kniete sich nieder, um zu beten. Als ich an ihm vorbeiging, bat ich Gott darum, dem Mann all die Hilfe zu schicken, die er in seinem Leben brauche, und darum, dass dieser die Hilfe nicht ablehnen würde. Das war mein Gebet für ihn, als ich durch das Kirchentor hinausging. Eine Frau kam an mir vorbei, die ebenfalls zum Beten in die Kirche ging.

Die Engel fordern mich auf, Ihnen noch von einem weiteren Mal zu berichten, als ich dem Heiligen Franziskus begegnet bin. Es war im Jahr 2015. Ich machte gerade in meinem Obstgarten etwas Ordnung. Der Engel Hosus saß auf einem der Baumstümpfe.

Ich sagte zu ihm: »Es wäre toll, wenn du mir etwas helfen könntest.«

Der Engel Hosus antwortete mir: »Ja, das werde ich, indem ich einfach hier bei dir sitze.«

Das brachte mich wirklich zum Lachen.

Als ich aufhörte zu lachen, sagte der Engel Hosus: »Wir haben Gesellschaft.«

Ich drehte mich um und sah den Erzengel Michael von der alten Heuscheune aus auf uns zukommen.

»Guten Nachmittag, Lorna«, begrüßte mich der Erzengel Michael.

»Hallo«, antwortete ich. »Bist du gekommen, um mir zu helfen?«

»Nein«, erwiderte der Erzengel Michael, »aber ich bin aus einem anderen Grund gekommen. Ich werde dich zu einer weiteren Begegnung mit dem Heiligen Franziskus mitnehmen, Lorna. Es wird nur einen kurzen Moment dauern.«

Ich setzte mich auf einen der Steine bei der Böschung vor einigen Baumreihen. Zur selben Zeit wurde ich von den Engeln umringt. Sie hüllten mich in die spirituelle Decke ein. Der Erzengel Michael kniete sich vor mir nieder, streckte seine Hand aus und berührte meine Seele.

Augenblicklich war es Nacht, und der Erzengel Michael ging mit mir auf eine Gruppe von kleinen Häusern zu. Ich erblickte die silberne Spiralengelfrau, die neben einem Fenster eines der Häuser stand und ihr Licht leuchten ließ. Es war so dunkel draußen, dass man ohne sie überhaupt kein Licht gesehen hätte.

Die Engelfrau nickte mir zu, und ich begrüßte sie mit einem »Hallo«.

Als wir ein paar Meter von dem Fenster entfernt waren, öffnete ein Mann aus dem Haus den kleinen Fensterladen davor. Der Erzengel Michael und ich traten an das Haus heran und spähten durch das kleine Fenster hinein. Ich sah den Heiligen Franziskus auf einem Bett liegen. Er war sehr krank, und zwei Männer, ein jüngerer und ein älterer, kümmerten sich um ihn. Sie waren Anhänger des Heiligen Franziskus, wie mir der Erzengel Michael erklärte. Der jüngere Mann war genauso dünn wie der Heilige selbst. Er legte immer wieder ein feuchtes Tuch auf die Stirn des Heiligen Franziskus, wusch es dann in einer kleinen Schale mit Wasser aus und legte es ihm dann erneut auf. Der andere, viel ältere Mann war offensichtlich viel schwerer und kräftiger gebaut. Ich war mir nicht sicher, was er genau tat, da das Zimmer dunkel war – abgesehen von dem flackernden Licht einer Kerze neben dem Bett des Heiligen Franziskus. Hin und wieder ging der ältere Mann hinaus und kam mit frischem Bettzeug zurück, das er gegen das alte auf dem Bett austauschte.

Flüsternd fragte ich den Erzengel Michael: »Wenn es Anhänger des Heiligen Franziskus sind, sind sie dann auch Mönche?«

Ich hatte vergessen, dass niemand außer dem Erzengel Michael mich hören konnte.

»Ja, Lorna. Sie gehören zu seinen ersten Anhängern.«

»Ich würde ihm so gerne helfen.«

»Er wird es schaffen, Lorna. Er ist stärker, als du denkst. Aber er ist tatsächlich sehr krank. Er hat hohes Fieber.«

Der Schutzengel des Heiligen Franziskus sah liebevoll zu ihm hinab. Er hatte eine männliche Erscheinung und beugte sich manchmal vollkommen über ihn, sodass er Franziskus komplett zu bedecken schien. Sein Schutzengel war in wunderschöne lila- und goldfarbene Gewänder gekleidet. Er blickte in Richtung des kleinen Fensters und strahlte uns an, aber ich war traurig, den Heiligen Franziskus so krank zu sehen.

»Wir müssen jetzt gehen, Lorna«, sagte der Erzengel Michael zu mir.

Im nächsten Moment saß ich wieder auf dem Stein im Obstgarten. Der Erzengel Michael stand vor mir. Er streckte seine Hand aus. Als ich zu ihm aufsah, ergriff ich seine Hand. Der Erzengel Michael wirkte sehr groß, wie ein Riese stand er vor mir. Seine Hand wirkte gigantisch – wenn unsere Hand sich in die Hand eines Engels legt, scheint sie sich darin zu verlieren. Ich konnte die Liebe spüren, die der Erzengel Michael ausstrahlte, als er mir half aufzustehen.

»Du solltest nun ins Haus gehen, Lorna, um einen Tee zu machen«, forderte der Erzengel Michael mich auf. »Der Engel Hosus wird dir eine kleine Weile Gesellschaft leisten.«

»Ich denke, das werde ich tun, Erzengel Michael«, antwortete ich.

Dann sagte er zu mir, er müsse gehen. Und damit ging er auf die Bäume rechts von mir zu und verschwand.

Der Engel Hosus begleitete mich durch den Obstgarten und kam dann mit ins Haus. Während ich etwas Tee zubereitete, deckte ich den großen Holztisch in der Scheune automatisch für ihn mit.

»Möchtest du dich zu mir setzen?«, fragte ich ihn.

»Ja, Lorna, aber ich kann nur kurz bleiben.«

Der Engel Hosus saß am Tisch. Genauso wenig wie die Füße der Engel den Boden berühren, berühren Engel auch physische Dinge nie wirklich. Daher berührte der Engel Hosus den Tisch oder den Stuhl, auf dem er saß, ebenfalls nicht. Es sah nicht so aus, als würde er auf dem Stuhl sitzen, weil ich, wie gesagt, immer eine Art Kissen zwischen den Engeln und der physischen Welt sehe. Die Engel dürfen etwas nur physisch berühren, wenn Gott es erlaubt.

Wir sprachen über den Heiligen Franziskus, während ich meinen Tee trank. Der Engel Hosus ahmte mich zuweilen dabei nach, und manchmal machte er ein lustiges Gesicht und tat so, als schmecke es ihm nicht. Ein paar Minuten später sagte auch er, er müsse gehen. Er trat zur weit geöffneten Hintertür hinaus und ging durch den Garten, bevor er verschwand.

Als der Engel Hosus gegangen war, bekam ich eine SMS von meiner Tochter Ruth, die mich fragte, ob ich ein paar Seiten ausgedruckt hätte. Ich schrieb ihr zurück und verneinte. In meinem Drucker war keine Tinte mehr.

Daher musste ich nach Kilkenny fahren, um Tintenpatronen zu besorgen. Zudem hatte ich dort noch ein paar andere Kleinigkeiten zu erledigen. Ich parkte am Fluss auf dem Parkplatz des Dunnes Store und ging dann durch die Straßen von Kilkenny. Es ist eine wunderschöne mittelalterliche Stadt. Sie ist sehr klein, aber ich liebe sie. Ich sah die Schutzengel von jedem Menschen und natürlich all die unglaublichen arbeitslosen Engel, während ich durch eine der Gassen lief, bis ich auf der Hauptstraße herauskam.

Eine Frau ging vor mir her. Ihr Gang war sehr seltsam, und ein kleines Kind hätte vielleicht darüber gelächelt oder geschmunzelt und sich gefragt, warum sie auf diese Weise ging. Für mich war es wunderschön, die beiden arbeitslosen Engel zu sehen, die ihr rechts und links zur Seite standen und ihr halfen, das Gleichgewicht zu bewahren, wenn ihre Füße den Boden berührten. Offenbar war sie nicht in der Lage, ihre Knie zu beugen, und deshalb sah ihr Gang komisch aus.

Der arbeitslose Engel auf ihrer linken Seite sprach ohne Worte zu mir: »Ihre Hüfte funktioniert auch nicht sehr gut, aber sie ist so glücklich und lebensfroh, weil sie laufen kann.«

Sie ging in eins der Geschäfte, während ich auf der Straße weiterging. Angesichts all der Männer, Frauen und Kinder, die an mir vorbeikamen, dachte ich bei mir, wie glücklich wir uns alle schätzen konnten, weil wir alle in der Lage waren zu laufen, und welche Freiheit uns das schenkte.

Ein paar Stunden später kam ich nach Hause. Als ich ins Haus hineinging und die Alarmanlage ausschaltete, wirkte es ziemlich leer. Ich sah keine Engel, daher beschloss ich, nach oben zu gehen und noch etwas über den Heiligen Franziskus zu schreiben. Aber als ich die Tür zu meinem Arbeitszimmer öffnete, war es voller Engel.

Ich begrüßte sie: »Hallo. Seid ihr gekommen, um mir zu helfen?«

Alle Engel sprachen gleichzeitig, aber ich konnte jeden einzelnen für sich hören. Ich weiß nicht, wie mir das gelingt. Egal wie viele Engel gleichzeitig sprechen, ich höre jeden einzeln und doch alle gemeinsam.

Ich ging zu meinem Tisch, zog meinen Stuhl darunter hervor und schaltete den Computer sowie das Dragon-Sprachprogramm ein. Bevor ich zu schreiben begann, blickte ich rechts zum kleinen Fenster hinaus. An der Böschung im Garten wachsen Rosensträucher. Ich erblickte drei Engel bei ihnen. Zwei von ihnen hielten Körbe in der Hand, und einer hatte etwas, das wie eine Schere aussah, und schnitt überaus sanft eine Rose damit ab, die er dann in einen Korb legte. Als er das tat, tauchte die Rose in seiner Hand auf. Doch gleichzeitig befand sie sich immer noch an dem Rosenstrauch. All die Rosen an den Sträuchern schienen hell zu strahlen. Die Engel wandten sich mir zu und sahen zum Fenster herauf. Sie winkten mir, sagten aber nichts. Solche Dinge geschehen an jedem Tag in meinem Leben.

Ich verkündete den Engeln, die mit mir im Zimmer waren: »Wenn ich hier fertig bin, werde ich rausgehen und selbst ein paar Rosen pflücken.«

Ich bin dem Heiligen Franziskus bei verschiedenen Gelegenheiten begegnet, und ich kann Ihnen nur sagen, dass er Gott sehr nah war. Das bedeutete, dass er auch mit der Natur sehr verbunden war. Er war voller Liebe, und egal wie schlecht die Menschen ihn manchmal auch behandelten, er empfand nur Liebe für sie. Er hatte ein sehr schweres Leben, aber es war dennoch ein Leben voller Glück und Freude, weil er in die Fußstapfen von Jesus trat. Seit dem Tag in der Kirche von Leixlip, an dem der Erzengel Michael mir sagte, die Gänseblümchen-und-Butterblumen-Ketten seien ein Geschenk des Heiligen Franziskus, seit diesem Tag im Frühling und den ganzen Sommer hindurch habe ich, wenn ich die Gänseblümchen und Butterblumen betrachtete, die aus dem

Gras hervorlugten, mich immer wieder an den Heiligen Franziskus und seine Liebe erinnert.

Wie Sie wissen, reise ich viel um die Welt und halte Vorträge, manchmal in Gemeindesälen, Hotels sowie in Kirchen und anderen Kultstätten verschiedener Glaubensrichtungen. Manchmal habe ich die Gelegenheit, einen besonderen Ort aufzusuchen, wenn jemand mich dorthin bringt, einen heiligen Ort, an dem Unsere Liebe Frau erschienen ist, die Königin der Engel, die Mutter Jesu, unsere Mutter.

Ich weiß nicht, ob Sie es wissen, aber der Erzengel Michael ist ebenfalls an vielen Orten auf der ganzen Welt erschienen. Überall dort, wo der Erzengel Michael erschienen ist, wurde eine Andachtsstätte erbaut, die zu einem heiligen Ort wurde, einem Ort des Gebets. Mir war nicht bewusst, an wie vielen Orten der Welt der Erzengel Michael erschienen ist. Ich habe ihn mehrmals gefragt, warum er mir nichts davon erzählt hat, aber er beantwortet mir diese Frage nicht. Wahrscheinlich soll ich das allein herausfinden. Wenn ich an einem Ort war, an dem der Erzengel Michael oder Unsere Liebe Frau erschienen ist, war ich manchmal etwas perplex, dass der Erzengel Michael mir das nie mitgeteilt hat. Vielleicht wird er eines Tages mit mir darüber sprechen. Ich weiß es nicht. Man kann Gott und den Engeln nie befehlen, was sie tun sollen. Man kann nur darum bitten. Wenn ich eine Frage bezüglich einer Situation auf der Welt stelle, die mich beschäftigt, bekomme ich die Antwort häufig nicht sofort. Manchmal geschieht es viele Jahre später. Daher hoffe ich immer noch, dass der Erzengel Michael mir eines Tages sagen wird, warum er mir nie etwas über sein Erscheinen an verschiedenen Orten auf der Welt erzählt hat.

KAPITEL 20

Heilige Orte und Fahrprüfungen

Als ich einmal in dem deutschen Dorf Heede war, begab ich mich an einen heiligen Ort, an dem die Muttergottes zwei Kindern erschienen war. Menschen kamen und gingen die ganze Zeit über und beteten. Natürlich waren auch die Gebetsengel dort. Ich betrat die Grotte, durch die die Menschen hindurchgingen und in der sie kleine Zettel mit ihrer Bitte an die Muttergottes zwischen die Felsen steckten. Dann blieb ich einen Moment lang am Eingang stehen, weil der Engel Hosus da war.

Er sagte lediglich: »Schau, Lorna.«

Ich spähte in die Höhle hinein. Ein schmaler gewundener Pfad führte hindurch.

Als kein Mensch mehr zu sehen war, erblickte ich Seelen sowie Engel, und als der Engel Hosus zu mir sagte: »Du kannst nun hindurchgehen«, sah ich, wie Seelen, von den Engeln gefolgt, all die kleinen Notizen aus den Felsen nahmen. Manchmal verschwand die Hand eines Engels zwischen den Felsen, und manchmal verschwand auch die Hand einer Seele, aber wenn die Hand wieder zwischen den Felsen hervorkam, konnte ich sehen, dass sie ein Stück Papier herausgezogen hatte, das hell in der

Hand der Seele leuchtete. Einige Zettel waren sehr klein. Manche waren stark zerknittert oder zu einem kleinen Röllchen zusammengerollt. Als eine der Seelen eine Bittschrift aus den Felsen zog, schien diese herunterzufallen und langsam abwärtszuschweben, aber sie berührte den Boden nicht, da die Seele ihre Hand darunterhielt und der Zettel sanft wie eine Feder auf die Handfläche der Seele herabsank. Die Seele sah mich an, sagte aber nichts. Sie sammelte einfach weitere Bittschriften ein. Ein Mann und eine Frau steckten ihre Bittschriften zwischen die Felsen der Höhle, und zur gleichen Zeit sah ich die Gebetsengel in dem unglaublichen umgekehrten Wasserfall emporsteigen, der vom Licht der Engel erfüllt war.

Ich musste kurz stehen bleiben, damit das Paar weitergehen konnte, dann wandte ich mich dem Engel Hosus zu und fragte ihn: »Wer sind diese Seelen, die die Bittschriften aus den Felsen herausnehmen?«

»Es sind Heilige aus Deutschland«, antwortete der Engel Hosus.

Er nannte ein paar deutsche Namen, aber ich verstand sie nicht, deshalb kann ich sie Ihnen nicht sagen. Eine dieser Seelen wandte sich zu mir, sah mich an und kam dann auf mich zu. Ich zögerte und blieb stehen, da die Seele beide Hände voller Bittschriften ausstreckte und mich bat, sie zu berühren.

Der Engel Hosus forderte mich auf: »Berühre sie, Lorna.« Als ich das tat, verschwanden sie alle, und die Seele sprach auf Deutsch zu mir.

Ich verstand nicht, was sie sagte, aber der Engel Hosus erklärte mir: »Diese Bittschriften kamen direkt mit den Gebetsengeln in den Himmel, Lorna. Sie befinden sich nun zu den Füßen Gottes.«

Ich sprach im Stillen zum Engel Hosus: »Ich hoffe, Gott wird sie erhören und Liebe und Hoffnung in das Leben der Menschen bringen, die sie verfasst haben. Mögen ihre Gebete erhört werden.«

»Alle Gebete werden Gott zu Füßen gelegt, Lorna. Er kennt das Gebet, bevor es überhaupt auf Papier geschrieben wurde oder jemandem als Gedanke in den Sinn kam. Alle Engel und Seelen leiten die Bitten im Namen der Menschen weiter. Egal welche Religion diese haben oder ob sie an Gott glauben oder nicht. Gott liebt sie alle und möchte, dass ihr Schutzengel ihre Seele nach Hause in den Himmel bringt – aber erst, wenn es für den menschlichen Körper an der Zeit zum Sterben ist. Gott ist der Vater jedes Mannes, jeder Frau und jedes Kindes. Er möchte, dass sie alle das Geschenk des Lebens genießen.«

»Ich genieße das Geschenk des Lebens«, sagte ich zum Engel Hosus.

»Du genießt es nicht immer, Lorna«, erwiderte er. »Manchmal vergisst du es angesichts all der Höhen und Tiefen im Leben. Es ist wichtig, das Geschenk des Lebens zu genießen, lieben zu können, Emotionen und Mitgefühl zuzulassen, Frieden im Herzen zu empfinden und all die Geschenke wahrzunehmen, die dich umgeben. Es ist wichtig zu erkennen, wie bedingungslos du geliebt wirst. Alle Menschen sind Gottes Kinder. Deshalb sind die Engel hier und helfen der Menschheit, spirituell zu wachsen, zu erwachen, um Frieden und Liebe an heiligen Orten zu spüren.«

Diese Orte üben einen Einfluss auf die Menschen aus und ziehen sie an, selbst wenn sie nicht immer als solche erkannt werden. Ich erinnere mich an einen Rastplatz in Deutschland, an dem der Schleier zwischen der materiellen und der spirituellen Welt in der Regel dünn war. Er wirkte keineswegs besonders, aber ich konnte sehen, dass viele Menschen sich veranlasst fühlten, dort zu halten und die besondere Atmosphäre in sich aufzunehmen.

»Sind heilige Orte, Gebetsstätten für uns alle gedacht, Engel Hosus, egal welche Religion oder welchen Glauben wir haben, sogar wenn wir nicht an Gott glauben oder daran, dass es ein Leben nach dem Tod gibt?«

»Wie du weißt, gibt es ein Leben nach dem Tod, Lorna, denn Gott hat dir erlaubt, all seine Engel und die Seelen der Lebenden und der Toten zu sehen. Du selbst weißt, dass Gott real ist, weil du Gott gesehen hast.«

»Ich gebe diese Botschaft weiter, Engel Hosus. Gott hat mich gebeten, diese Botschaft weiterzuleiten und den Menschen auf der ganzen Welt und aller verschiedenen Religionen und auch denjenigen, die nicht an Gott glauben, zu sagen, dass Gott real ist.«

Als ich langsam durch die Höhle ging und schließlich ins Sonnenlicht hinaustrat, sprach ich im Stillen, also ohne Worte, mit dem Engel Hosus. Dann sagte der Engel Hosus, er müsse gehen, und schritt an mir vorbei.

Heute ist er bei mir im Zimmer. Er steht neben mir am Computer und hilft mir, die richtigen Worte zu finden und zu schreiben.

Ich sagte zum Engel Hosus: »Heilige Orte sind sehr wichtig. Es ist egal, ob es sich dabei um eine katholische oder presbyterianische Kirche, eine Moschee oder um eine Synagoge handelt oder ob dieser Ort sich auf einer Wiese, unter einem Baum, in einer Höhle oder auf der Spitze eines Berges befindet. Man braucht dafür kein Gebäude. Es müssen lediglich Menschen zusammenkommen und Generation für Generation an diesem Ort beten. Dann wird aus einem Ort ein heiliger Ort, eine Gebetsstätte voller Frieden und Liebe und Einigkeit.«

Ich hörte auf, in den Computer hineinzusprechen, und sah zum Fenster hinaus.

Der Engel Hosus ermahnte mich: »Sieh nicht aus dem Fenster, Lorna. Es ist noch nicht an der Zeit, dich auszuruhen. In ein paar

Minuten kannst du hinuntergehen und dir eine Tasse Tee machen. Gott gibt dir Gedanken ein. Sprich weiterhin in den Computer, denn du sagst die richtigen Dinge.«

Also drehte ich mich mit meinem Stuhl wieder schwungvoll zum Computer und begann weiterzusprechen. Ich sah nicht einmal zum Engel Hosus auf. Ich tat einfach, wie er mich geheißen hatte.

Jede einzelne Gebetsstätte ist heilig, und die Menschheit sollte sich an diesen Orten sicher fühlen. Sie sollten alle geschützt werden. Und wir alle sollten respektvoll mit diesen Orten umgehen, da sie heilig sind. Dabei kommt es nicht darauf an, zu welcher Religion sie gehören. Sie gehören uns allen, weil wir alle Gottes Kinder sind, unabhängig von unserem Glauben, unserer Nationalität oder unserer Hautfarbe und egal, ob wir reich oder arm sind. Je mehr wir zu Hause beten, desto friedlicher und von Liebe erfüllt wird unser Heim, aber zu bestimmten Zeiten in unserem Leben sollten wir auch eine Gebetsstätte aufsuchen. Wir sollten uns an einen der heiligen Orte begeben, der vielleicht in der Nähe oder nicht allzu weit entfernt ist, um dort zu beten. In allen Religionen gibt es bestimmte heilige Zeiten im Jahr, zu denen die Menschen aufgefordert sind, die Gebetsstätten aufzusuchen, um dort zu beten. Wenn ein Ort ein heiliger Ort wird, eine Gebetsstätte, sind stets Engel dort, selbst wenn die Menschheit oder irgendeine Religion sich davon abwenden sollte und der Meinung wäre, dieser Ort sei kein heiliger Ort mehr. Die Engel werden immer dort sein und ständig beten.

Auf meinen Reisen wurden mir Orte gezeigt, an denen die Menschen über Generationen hinweg gebetet haben, die aber nicht mehr als Gebetsstätte gelten, weil die entsprechende religiöse Gruppe sie entweiht hat. Doch ich habe dort stets Engel im Gebet gesehen. Meiner Meinung nach kann man die Heiligkeit eines heiligen Ortes nicht wegnehmen, vor allem dann nicht, wenn Gott zugelassen hat, dass er heilig wurde. Ein heiliger Ort bleibt immer ein heiliger Ort, selbst wenn er über Generationen hinweg oder seit Hunderten von Jahren vergessen wurde. Wie Gott mir gezeigt hat, werden wir alle eines Tages als ein Volk der Welt, als eine Nation unter dem einen Schirm zusammenkommen. Wir werden alle in Einigkeit beten. Ich kann diesen Tag gar nicht erwarten, aber in der heutigen Welt scheint er noch sehr weit entfernt zu sein. Die Menschheit benutzt Gott nach wie vor als eine Waffe, um das Böse in der Welt zu rechtfertigen. Um Krieg, Terrorismus und Hass zu rechtfertigen. Wir müssen den Hass beenden und aufhören, uns gegenseitig zu hassen. Wir müssen aufhören, nach Rache zu sinnen, und stattdessen Liebe und Mitgefühl entwickeln. Wir müssen beginnen, zu verzeihen, zu lieben und uns um andere zu kümmern, und nach Gerechtigkeit und Frieden streben sowie nach Freiheit, dem Recht zu lieben, zu leben und Kinder großzuziehen. Wir müssen das Licht der Hoffnung erkennen. Gott lässt das Licht der Hoffnung in der heutigen Welt hell leuchten, aber die Menschheit scheint blind dafür geworden zu sein.

Als ich mit dem Schreiben aufhörte, sagte ich zum Engel Hosus: »Ich denke, ich werde mir einen Tee und vielleicht ein Sandwich zubereiten und einen Spaziergang machen.«

Der Engel Hosus erklärte mir, er müsse gehen, und damit verschwand er. Ich ging nach unten und machte mir ein Tomaten-Zwiebel-Sandwich mit etwas Käse, das ich unter dem Grill toastete. Es war lecker. Mir war nicht aufgefallen, wie hungrig ich war. Es war bereits Abend geworden.

Ich genoss den Spaziergang auf dem kleinen Pfad. Außer den herumfliegenden Schwalben begegnete ich niemandem. Wenn ich spazieren gehe und die frische Luft und die Natur um mich herum genieße, treffe ich manchmal Menschen und bleibe stehen, um mich mit ihnen zu unterhalten. Doch auch dann bin ich im Gebet. Meine Seele ist ständig im Gebet, und in den letzten fünf Jahren ist es tatsächlich sehr intensiv geworden. Sie hört nie damit auf, nicht einmal für eine Sekunde. Als ich das Ende des Pfades erreichte, ging ich nicht durch die Stadt zurück, sondern wandte mich um und lief denselben Weg wieder nach Hause.

Als ich zur Tür hereinkam, rief mich gerade meine Tochter Ruth auf dem Handy an. Meine beiden Enkelkinder wollten ihrer Oma Gute Nacht sagen und mit ihr sprechen. Wir plauderten etwas miteinander. Ich sagte ihnen, wie sehr ich mich auf ihren Besuch am Freitag freue. Sie wollten das ganze Wochenende bei mir bleiben. Ich liebe es, wenn meine Enkel zu Besuch kommen, besonders wenn das Wetter gut ist und sie draußen auf dem Trampolin springen können. Mir gefällt ihre Wissbegierde bezüglich all der Dinge in ihrem Umfeld, vor allem wenn sie mir etwas im Garten helfen. Wir machen häufig abenteuerliche Erkundungstouren auf den Wiesen und suchen nach interessanten kleinen Lebewesen.

Ich frage die Engel häufig, ob sie meiner Tochter Ruth nicht erlauben könnten, die Engel bei ihren Kindern zu sehen, während sie auf dem Trampolin herumspringen. Wenn alle Mütter sehen könnten, was ich sehe, würden sie vor lauter Lachen kaum noch Luft bekommen. Billy Bob und Jessica macht es riesigen Spaß, alle möglichen akrobatischen Figuren auszuprobieren, aber wenn Sie sehen würden, wie die Engel die Kinder imitieren und so tun, als würden sie sich gegenseitig anrempeln, würden Sie lauthals loslachen. Ich habe häufig 20 Engel bei meinen Enkeln und meiner Tochter auf dem Trampolin gezählt.

Ich hoffe, dass an diesem Wochenende die Sonne scheinen wird, damit ich den Schabernack, den die Engel mit meinen Enkeln veranstalten, sehen kann. Engel spielen ständig mit Kindern. Immer wenn Kinder Spaß haben, machen auch die Engel bei diesem Spaß mit. Und wenn ein Kind traurig ist oder sich ausgegrenzt fühlt, tun die Engel alles dafür, um ihm Mut und Zuversicht dafür zu verleihen, wieder aufzustehen, sich zu den anderen Kindern zu gesellen und mit ihnen zu spielen. Die Engel versuchen das Kind vergessen zu lassen, dass es etwas enttäuscht oder schüchtern war.

Vor ein paar Monaten hatte meine Tochter Megan ihre Führerscheinprüfung. An jenem Morgen beklagte ich mich bei Gott und den Engeln, denn als ich hinausging, um zu überprüfen, ob alles am Auto perfekt funktionierte, stellte ich fest, dass das Licht des vorderen Scheinwerfers nicht ging. Wir fuhren direkt zur Werkstatt. Auf dem Weg dorthin betete ich darum, dass sie dort eine neue Birne haben und diese problemlos einsetzen können würden, aber ich ließ mir nichts anmerken, weil Megan ohnehin nervös genug war. Ich wollte sie nicht noch mehr unter Druck setzen.

Die Engel flüsterten mir immer wieder ins Ohr: »Mach dir keine Sorgen. Es wird alles gut gehen.«

Immer wenn die Engel so etwas zu mir sagen, erwidere ich: »Von eurer Warte aus könnt ihr das leicht sagen, schließlich müsst ihr das Problem ja nicht lösen.«

Wie immer in solchen Situationen hörte ich auch diesmal ein leises Lachen. Sie lachen nicht laut, sondern immer auf eine dezente Weise. Ich musste nun selbst etwas schmunzeln, als ich mir vorstellte, wie die Erschütterungen sich auf das Auto übertragen würden, wenn all die Engel, die sich im Auto befinden, laut donnernd loslachen würden.

Megan wandte sich mir zu und sagte: »Warum schmunzelst du, Mum? Es ist nicht lustig.«

»Mach dir keine Sorgen. Der Mann in der Werkstatt hat bestimmt eine Birne und wird das Problem rasch beheben.«

Als wir zur Werkstatt kamen, erblickte ich den Besitzer und einen seiner Mechaniker. Ich sagte diesem, dass Megan ihre Führerscheinprüfung um 11.00 Uhr an diesem Morgen habe und die Birne bei einem der vorderen Scheinwerfer kaputt sei. Er reparierte den Scheinwerfer im Handumdrehen. Es war eine große Erleichterung.

Als der Besitzer kurze Zeit später sagte: »Alles wieder o. k.«, bedankte meine Tochter sich strahlend bei ihm.

Er wünschte ihr Glück, und wir fuhren zum Prüfungszentrum.

Als wir aus dem Auto ausstiegen, sagte meine Tochter: »Ich bin sehr nervös, Mum. Glaubst du, ich werde die Prüfung bestehen?«

»Natürlich«, antwortete ich. »Tu einfach so, als würdest du auf das Navi hören und als säße der Prüfer nicht mit dir im Auto.«

Ich ging mit ihr ins Prüfungszentrum. Dort nahmen wir Platz und warteten. Andere Prüflinge waren vor Megan dran, und einer nach dem anderen verschwand mit dem Prüfer. Ich sprach für jeden ein Gebet. Schließlich wurde Megan aufgerufen. Sie verschwand in einem der Büros. Ein paar Minuten später ging sie zusammen mit dem Prüfer zur Tür hinaus, und ich sah sie auf das Auto zusteuern. Kurz darauf fuhren sie los.

Ich beschloss, etwas in dem Businesscenter herumzulaufen, und betete dafür, dass Megan die Führerscheinprüfung bestehen würde. Als ich zwei junge Männer erblickte, die ebenfalls zu ihrer Prüfung gingen, betete ich auch für sie. Während ich ein paarmal zwischen dem Fahrzentrum und dem Haupttor hin und her lief, betete ich, dass Megan keine Fehler machen würde. Leider sah ich auf einem meiner Gänge in Richtung Fahrzentrum eine junge Frau und ihre Mutter durch die Tür herauskommen. Die junge Frau war in Tränen aufgelöst. Sie war durch die Prüfung gefallen. Ihr Schutzengel hatte seine Arme um sie gelegt, und die Mutter versuchte ihre Tochter zu trösten.

Die Engel erlaubten mir, ein paar Dinge zu hören, die die junge Frau zu ihrer Mutter sagte: »Ich habe alles vergessen. Ich habe einen Fehler nach dem anderen gemacht. Es war aussichtslos.«

Ihre Mutter drückte sie herzlich und hielt sie einen Moment lang fest umarmt. Im selben Moment umarmten sich die Schutzengel der Mutter und der Tochter. Beide nahmen sich zur selben Zeit liebevoll in die Arme, aber noch schöner war es zu sehen, wie die Liebe der Mutter sich spiralförmig um ihre Tochter herumlegte. Es war die Liebe einer Mutter, die ihr Kind tröstet. Diese Liebe, die aus der Seele der Mutter kam und ihre Tochter berührte, ließ die Tochter diese reine Liebe spüren. Dann sah ich die Liebe, die aus der Seele der jungen Frau kam und die Liebe ihrer Mutter berührte.

Ich wünschte, ich könnte das häufiger sehen, als es der Fall ist, denn ich sehe es leider nicht immer. Ich versuche die Menschen daran zu erinnern, wie wichtig es ist, unsere Lieben wissen zu lassen, dass wir sie lieben. Es ist wichtig, es jemandem zu sagen oder durch eine Umarmung zu zeigen, um ihn zu trösten. Jeder Einzelne von uns hat dieses wunderbare Geschenk in seinem Inneren; unsere Seele, die reine Liebe ist. Welch wunderbares Geschenk dieser Lichtfunken doch ist, dieser winzige Funken Gottes. Es ist unsere Seele, und sie erfüllt jeden Teil von uns. Sie ist reine Liebe. Wir sind reine Liebe, und deshalb hat Gott jedem Einzelnen von uns ein einzigartiges und machtvolles Geschenk gegeben: die Fähigkeit, mit der reinen Liebe zu lieben, die unsere Seele ist. Als ich näher kam, gingen die Mutter und die junge Frau auf ihr geparktes Auto zu. Die Mutter setzte sich auf den Fahrersitz, und die junge Frau nahm auf dem Beifahrersitz Platz. Als sie an mir vorbeifuhren, sprach ich ein kurzes Gebet dafür, dass die junge Frau die Fahrprüfung bestehen und eine sichere Fahrerin werden mochte. Hoffentlich würde es ihr beim nächsten Mal gelingen.

Etwa zehn Minuten später fuhr meine Tochter an mir vorbei. Sie parkte das Auto, der Prüfer stieg aus und ging schnellen Schrittes auf den Eingang des Prüfungszentrums zu. Meine Tochter eilte ihm hinterher.

»Ich weiß nicht, was ich davon halten soll. Hat sie bestanden?«, fragte ich die Engel.

Sie sagten kein Wort zu mir. Ich muss sie etwa fünf Mal gefragt haben, aber sie gaben mir keine Antwort. Ein paar Minuten später kam meine Tochter zur Tür heraus.

Sie strahlte, sprang vor Freude in die Luft und sagte: »Ich habe bestanden!«

Erst in diesem Moment machten all die Engel um uns herum ebenfalls einen Freudensprung. Die Engel spannen mich immer auf die Folter. Ich wünschte, sie hätten es mich bereits vorher wissen lassen, da ich mir dann all meine Sorgen hätte sparen können. Aber als ich mit meiner Tochter zum Auto ging, begriff ich, warum sie mich im Dunkeln gelassen hatten. Die Engel sollten mir nicht verraten, dass meine Tochter den Führerschein bestanden hatte. Megan selbst sollte ihre Freude und Begeisterung mit mir, ihrer Familie und ihren Freunden teilen.

Als wir zum Auto kamen, ging ich automatisch zur Fahrerseite, aber Megan sagte: »Gibst du mir die Schlüssel, Mum?«, und hielt ihre Hand auf.

Wir brachen beide in Gelächter aus.

»Daran werde ich mich erst noch gewöhnen müssen«, bemerkte ich. »Ich bin aber sehr froh, und ich danke Gott und den Engeln. Gut gemacht, Megan.«

Wir saßen noch ein paar Minuten im Auto und unterhielten uns. »Ich habe dich gesehen, als du hinter dem Prüfer hergingst, Megan. Da wusste ich nicht, was ich denken sollte.«

Megan erzählte, als sie in Hörweite des Prüfers gekommen war, hatte sie zu ihm gesagt, dies sei der nervenaufreibendste Teil der Fahrprüfung: ins Prüfungszentrum zurückzugehen, um herauszufinden, ob sie bestanden hatte oder nicht. Daraufhin hatte er nur gelacht. Ich habe noch nie einen Prüfer wie ihn gesehen. All die anderen Männer hatten kurze Haare, aber er hatte lange Haare und wirkte sehr lässig. Er erinnerte mich vielmehr an einen Künstler oder einen Musiker, aber nicht an einen Fahrprüfer. Die Tatsache, dass Megan nun eine uneingeschränkte Fahrerlaubnis hatte, verlieh mir ein entspanntes Gefühl. Sie hat nun viel mehr Freiheit. Ich muss sie nicht mehr überallhin fahren. Vielmehr fährt sie nun oft mich. Ich bitte ihren Schutzengel und all die Engel darum, sie zu behüten, und natürlich bitte ich die Seele ihres Vaters, auf sie aufzupassen. Ich bitte Joe darum, stets ein Auge auf all meine Kinder und Enkel zu haben. Und ich weiß, dass er über sie alle wacht.

Kapitel 21

Schmetterlinge

Es war ein warmer, sonniger Tag, und jedes Mal, wenn ich zum Fenster hinaussah, kämpfte ich mit mir, um nicht nach draußen zu gehen.

Mein Schutzengel flüsterte mir ins Ohr: »Mach dir keine Gedanken, Lorna, du hast eine Pause verdient.«

Der Engel Hosus pflichtete ihm bei: »Ja, Lorna, dein Schutzengel hat recht. Ab mit dir!«

Innerhalb von ein paar Minuten verließ ich das Haus und fuhr mit dem Auto los. Ich landete bei einem großen Gasthaus am Rande von Kilkenny. Zu dem Anwesen gehört auch ein wunderschöner Wald, aber zunächst wollte ich ins Restaurant gehen und dort etwas essen. Ich hatte Lust auf etwas, das ein bisschen anders war, mit einem besonderen Geschmack, anstatt eines schlichten Standardgerichts. Ich fand einen sehr schönen Tisch neben einem Fenster, da ich beschlossen hatte, mich nicht nach draußen zu setzen.

Als die junge Bedienung zu mir kam und mich fragte, was ich gerne hätte, sagte ich zu ihr: »Ich hätte einen Sonderwunsch für Ihren Koch.«

»Okay«, antwortete sie lächelnd.

Ich fuhr fort: »Könnten Sie den Koch bitte fragen, ob er vielleicht eine möglichst schmackhafte Gemüse-Nudel-Pfanne zubereiten könnte? Ich möchte sie allerdings nicht zu stark gewürzt haben. Und bitte sagen Sie ihm auch unbedingt, dass ich auf Fisch und Schalentiere allergisch bin.«

Die junge Bedienung antwortete: »Das dürfte bei diesem Pfannengericht eigentlich kein Problem sein.«

»Sie sollten ihn aber trotzdem darauf hinweisen«, sagte ich mit Nachdruck.

»In Ordnung«, sagte sie und entfernte sich. Ich sah drei arbeitslose Engel, die ihr eilig folgten.

Ihr Schutzengel flüsterte ihr etwas ins Ohr. Ich schmunzelte über ihn. Er hatte eine weibliche Erscheinung und trug eine wunderschöne weiß-silberne Robe. Das Lustigste war die schwarze Krawatte, die locker um den Hals gebunden war. Dann ging die junge Frau durch eine Tür, und ich konnte sie nicht mehr sehen.

Auf dem Weg zu meinem Tisch hatte ich mir eine Zeitung vom Tresen unmittelbar hinter der Eingangstür geschnappt. Ich begann darin zu blättern und mir all die Bilder anzusehen. Es waren vorwiegend Fotos von Donald Trump, Hillary Clinton und unserem eigenen Taoiseach, dem Regierungschef, sowie der neuen Premierministerin von England, Theresa May.

Während ich so in der Zeitung blätterte, sagte ein Engel zu mir: »Es stehen keine guten Nachrichten in dieser Zeitung, Lorna.«

Ohne aufzublicken, antwortete ich: »Ich weiß. Wir sind im Krieg.«

»Ja, Lorna.«

Ich erkannte die Stimme. Sie stammte nicht von irgendeinem der Engel, die bei mir waren. Ich sah aus dem Fenster und erblickte in der Distanz, nicht zu weit entfernt, dort, wo die Bäume standen, den Erzengel Michael.

Ich fragte ihn im Stillen: »Wie kann ich dabei helfen, diesen Krieg des Schreckens zu beenden?«

Er antwortete mir nicht, sondern winkte mir lediglich zu und verschwand wieder.

Im nächsten Moment kam die junge Bedienung an meinen Tisch zurück und teilte mir mit: »Der Koch hat gesagt, dass er Ihnen eine Gemüsepfanne mit Nudeln zubereiten wird, aber er kann dafür nicht die Sauce verwenden, die er sonst immer nutzt. Deshalb wird er sich etwas anderes einfallen lassen und sein Bestes tun, um Ihr Gericht so schmackhaft wie möglich zu machen.«

»Bitte danken Sie ihm von mir«, sagte ich zu ihr.

Ein paar Minuten später brachte sie mir etwas Kaffee und heißes Wasser. Als das Gericht kam, schmeckte es mir sehr gut.

Danach machte ich meinen Spaziergang und genoss dabei die Sonne. Ich beachtete die Engel, die sich bei mir befanden, nicht weiter, sondern lauschte lediglich den Vögeln. Nach einer Weile erreichte ich einen Teich, in dem gerade ein paar Seerosen zu blühen begannen. Also machte ich ein paar Fotos davon. Ich glaube, einige davon sind recht schön geworden, aber ich bin mir nie ganz sicher. Als ich mich gerade wieder von dem kleinen Teich entfernte, umflatterte mich ein weißer Schmetterling, so als würde er durch die Luft tanzen. Kennen Sie die Kohlweißlinge? Sie sind weiß und haben kleine schwarze Punkte auf ihren Flügeln. Als ich ein Kind war, gab es im Sommer immer Unmengen von Schmetterlingen. Manche von ihnen sahen anders aus, sie waren wunderschön gefärbt. Aber als wir Gemüse im Garten des kleinen Cottages in Maynooth anbauten, gab es bei uns vorwiegend Kohlweißlinge. Sie legten ihre Eier auf der Unterseite der Blätter ab, und im Nu waren zahlreiche grüne Raupen vorhanden. Diese schlängelten sich über den gesamten Kohl und fraßen den Rand der Blätter weg. Wir sammelten sie ab und trugen sie zu dem Platz, an dem wir alte Kohlblätter und andere Gemüsereste kompostierten.

Manchmal waren so viele Raupen auf einer Kohlpflanze, dass wir diese herauszogen und sie bei der Böschung ablegten, die den Garten umgab. Neben den zahlreichen Kohlweißlingen gab es noch sehr viele andere Schmetterlingsarten, vor allem den Admiral. Im Gegensatz zu heute waren sie damals sehr zahlreich.

Als ich mich von dem Teich entfernte und dieser Kohlweißling mich umflatterte, wandte ich mich um und fragte die arbeitslosen Engel um mich herum: »Wo sind all die Schmetterlinge geblieben?«

»Es gibt nicht mehr viele, Lorna«, antworteten sie. »Ihre Zahlen sind drastisch zurückgegangen.«

»Ich werde bestimmt noch mehr finden«, sagte ich zu den arbeitslosen Engeln.

Dann flog der Schmetterling auf ein kleines Tor zu. Ich folgte ihm überallhin und versuchte ein Foto von ihm zu machen, aber das war sehr schwierig.

Die Engel halfen mir dabei. Dann rief ein anderer arbeitsloser Engel mir zu: »Hier drüben ist einer, Lorna.«

Als ich mich umdrehte, sah ich, wie zwei weitere arbeitslose Engel ein paar Schmetterlinge in eine Richtung scheuchten. Ich beobachtete die drei arbeitslosen Engel, die versuchten, die drei Kohlweißlinge in eine bestimmte Richtung zu einem der Gärten zu dirigieren. Nachdem ich kurz nur so dagestanden und ihnen zugesehen hatte, folgte ich den arbeitslosen Engeln und den drei Kohlweißlingen, so rasch ich konnte – in der Hoffnung, ein Foto zu bekommen.

Nach etwa 20 Minuten gelang es mir schließlich, ein Foto zu machen. Wenn dieses Buch veröffentlicht wird, möchte ich das Foto auf Facebook hochladen und Ihnen mitteilen, dass es einen der drei Schmetterlinge zeigt, von denen ich hier spreche. Der Schmetterling auf dem Foto saß auf einer Pflanze, die in gewisser Weise einem Kohl ähnelte. Allerdings hatte sie größere Blätter und Stängel.

Ich fragte die arbeitslosen Engel: »Was meint ihr – habe ich irgendeine Chance, einen Admiral zu finden?«

»Das wird wohl sehr schwierig sein, Lorna«, antworteten sie. Aber ich erwiderte: »Lasst uns trotzdem danach suchen.«

Ich schmunzelte, weil die Engel immer noch drei Kohlweißlinge mit uns mitfliegen ließen. Manchmal schwirrten sie in einem Kreis um meinen Kopf herum. Ich muss auf der Suche nach einem Admiral etwa eine Stunde lang zwischen Wildblumen hindurch- und an Büschen vorbeigelaufen sein sowie einige Wiesen überquert haben, aber wir stießen auf keinen. Selbst als ich zum Parkplatz zurückging, hielt ich noch Ausschau nach diesem speziellen Schmetterling, den ich früher in so großer Anzahl in meinem eigenen Garten und hier auf dem Land gesehen habe. In diesem Jahr habe ich noch keinen einzigen gesehen.

»Wo sind sie nur alle geblieben?«, fragte ich die Engel.

Doch sie sagten nichts darauf. Ich wandte mich ab und ging in den Wald hinein. Nachdem ich eine kleine Distanz zurückgelegt hatte, erblickte ich einen Baumstamm auf dem Boden und setzte mich für ein paar Minuten darauf. Durch die Bäume drang nicht sehr viel Licht, aber das störte mich nicht, sobald sich meine Augen daran gewöhnt hatten und ich sehen konnte, wohin ich ging. Ich sprach laut mit den arbeitslosen Engeln. Einer von ihnen stand am Ende des Baumstamms und ein weiterer unter einem der großen alten Bäume. Der andere arbeitslose Engel befand sich im Unterholz.

»Es müssten eigentlich viele Schmetterlinge da sein, aber wir haben kaum welche gesehen. Das ist wirklich traurig und enttäuschend«, bemerkte ich.

Der Engel am anderen Ende des Baumstamms fragte mich: »Was ist dir noch durch den Kopf gegangen, Lorna?«

»Ich erinnere mich an den Moment, als Gott mir eine mögliche Zukunft gezeigt hat.«

Kaum hatte ich diese Worte ausgesprochen, leuchtete ein Lichtstrahl rechts von mir durch die Bäume, und der Erzengel Michael trat dazwischen hervor. Als er auf mich zukam, verschwand der Lichtstrahl hinter ihm, leuchtete dafür aber die ganze Zeit vor ihm herab.

Ich begrüßte ihn schmunzelnd: »Hallo, na das ist ja toll, Erzengel Michael. Ich wünschte, ich könnte das auch, wenn es dunkel ist. Es wäre sehr hilfreich, einen Lichtstrahl vor mir zu haben, um den Weg im Dunkeln zu finden.«

Der Erzengel Michael erklärte mir, er brauche den Lichtstrahl nicht. Er hatte ihn nur für mich leuchten lassen.

»Du erinnerst dich also an eine Zukunft, die Gott dir vor langer Zeit gezeigt hat, Lorna.«

»Ja, das tue ich, Erzengel Michael, und es bereitet mir heute wirklich Sorgen. Ich habe nicht zum ersten Mal den Eindruck, dass die Menschheit überhaupt nicht zuhört. Offenbar haben die Menschen ihre Ohren verschlossen. Sie denken nur an sich, an das Hier und Jetzt und nicht an die Zukunft.«

»Erzähl mir von dieser Zukunft, Lorna«, forderte der Erzengel Michael mich auf.

Ich sah ihn überrascht an. »Wie meinst du das, Erzengel Michael? Du musst es doch wissen.«

»Ja, aber erzähl mir trotzdem von dem Teil, der dich am meisten berührt hat.«

»Wo soll ich beginnen?«, fragte ich ihn.

»Irgendwo«, antwortete er. »Fang einfach an zu sprechen und lass die Erinnerungen kommen, so wie Gott sie dir eingibt.«

Die Menschheit muss an die Zukunft denken. Es war herzergreifend, als Gott mir eine Zukunft der Menschheit zeigte. Es gab nur sehr wenige Kinder, und diese wenigen Kinder lebten in Gebilden, die wie Seifenblasen aussahen. Ihre Kleidung wirkte wie ein abgedichteter Anzug, und ihre Lehrerin zeigte ihnen, wie unsere wunderbare Welt in der Vergangenheit ausgesehen hatte, all das Leben auf dem Planeten. Die Lehrerin deutete auf ein Foto von Schmetterlingen und einem kleinen Mädchen, das durch eine hohe Wiese voller Wildblumen lief. Auf dem Foto hielt sie einen langen, leichten Stock in der Hand, an dessen Ende sich ein im Wind wehendes Netz befand.

Die Lehrerin erklärte: »Das Mädchen versucht, den Schmetterling zu fangen, um ihn sich genauer anzusehen.«

Ein etwa elfjähriger Junge fragte die Lehrerin: »Das ist nicht fair. Warum haben die Menschen der Vergangenheit alles zerstört? Sehen Sie nur, wie wir heute leben müssen.«

Ein kleines Mädchen stand auf und sagte: »Waren sie etwa dumm?«

Die Lehrerin zeigte den Kindern viele Fotos von Bäumen sowie von Vögeln, Pferden, Elefanten, Katzen, Hunden und vielen weiteren wilden Tieren und Haustieren. Die Kinder interessierten sich am meisten für das Foto des kleinen Mädchens, das durch das hohe Gras rannte und versuchte einen Schmetterling zu fangen. Ich konnte ihre Traurigkeit spüren. Es war schmerzlich für mich, dass sie nicht an der frischen Luft herumrennen und spielen konnten, da es keine frische Luft gab. Die Kinder der Zukunft wussten nicht, wie es ist, einen Baum zu berühren oder durch Gras zu laufen.

Ein noch kleineres Kind, etwa sechs Jahre alt, sagte: »Natürlich hatten sie keinen Verstand und hörten nie auf Gott oder ihren Schutzengel.«

Dieser Teil überraschte mich. In diesem Moment verwuschelte Gott mir die Haare und sagte mir, ich müsse nun gehen.

Und im Nu war ich wieder zurück in dem kleinen Cottage in Maynooth.

Ich stand auf und ging mit dem Erzengel Michael aus dem kleinen Wald hinaus zu dem kleinen Fußweg. Es sah so aus, als würde er Arbeitskleidung tragen, die etwas abgenutzt wirkte. Aber als ich genauer hinsah, erkannte ich, dass sie in Wirklichkeit tadellos war.

Ich fragte den Erzengel Michael: »Was ist, wenn Leute vorbeikommen und dich bei mir sehen?«

»Keine Sorge, Lorna«, antwortete er. »Sie würden nichts Seltsames daran finden, dass sich ein Arbeiter mit dir unterhält. Gott würde nicht zulassen, dass sie mich erkennen. Heute ist es sehr ruhig hier, und niemand ist in der Nähe.«

Der Erzengel Michael blieb stehen und nahm meine beiden Hände in seine: »Ich weiß, dass dein Herz schwer ist, Lorna.«

»Ja, das ist es«, bestätigte ich und dachte an jene spezielle Zukunft. »Es war keine gute Zukunft, die ich da gesehen habe, vielmehr ist sie sehr beängstigend. Es ist eine schreckliche Vorstellung, dass diese Kinder noch nie einen echten Schmetterling gesehen und nur Fotos davon haben.«

»Ich weiß«, sagte der Erzengel Michael.

Es gibt noch viele Schmetterlinge auf der Welt, aber hier in Irland nimmt ihre Zahl offensichtlich ab. Bevor wir weitergingen, fragte ich den Erzengel Michael: »Könntest du mich an die Hand nehmen? Es würde mir helfen, mich ein bisschen besser zu fühlen.«

Er ergriff meine rechte Hand, und dann schlenderten wir durch die Außenanlagen, wo all die Wildblumen wuchsen, durch die Gärten, zwischen den Bäumen hindurch und am Flussufer entlang.

»Sieh nur, Lorna«, sagte der Erzengel Michael, »die Schmetterlinge gesellen sich zu uns.«

Die drei Kohlweißlinge umflatterten den Erzengel Michael und mich. Sie flogen so, wie Schmetterlinge es tun, nie in einer geraden Linie, sondern auf und ab. Ich sage häufig, dass sie durch die Luft tanzen. Sie umkreisten uns, während wir weitergingen.

»Ich habe keinen einzigen Admiral gesehen, seitdem wir über diese Schmetterlingsart gesprochen haben, Erzengel Michael, nur hin und wieder eine Motte.«

Die Zahl der Motten nimmt wahrscheinlich ebenfalls ab. Natürlich ist die Welt sich der Tatsache bewusst, wie selten die Bienen geworden sind und wie wertvoll sie sind, aber alle Insekten sind sehr wertvoll. Wir vergessen, dass wir sie brauchen. Was für eine Schande es wäre, wenn die Schmetterlinge verschwänden und man sie nur noch auf einer Schmetterlingsfarm zu sehen bekäme.

»Ich bin sehr wütend, Erzengel Michael. Und ich mag es nicht, so zu empfinden.«

Er blieb stehen und nahm meine andere Hand in seine. Seine Liebe durchströmte mich und half mir, mich zu entspannen. Zudem flatterten die drei Kohlweißlinge zwischen uns umher und um uns herum. Das brachte mich zum Lachen, und der Erzengel Michael lachte ebenfalls. Allerdings nicht zu laut. Ich war froh darum, weil ich weiß, dass sein Lachen wie Donnerhall klingen kann.

Dann setzten wir unseren Spaziergang fort.

Ich sagte zum Erzengel Michael: »Ich weiß, dass wir hier in Irland eine Schmetterlingsfarm haben. Vielleicht habe ich eines Tages die Gelegenheit, dorthin zu fahren, aber ich würde die Schmetterlinge viel lieber über die Wiesen und in unseren Gärten fliegen sehen.«

Als mein kleiner Enkelsohn Billy Bob gerade ein Jahr alt war – das ist nun etwa vier Jahre her –, war ich einmal mit ihm im Garten. Ich zeigte ihm Schmetterlinge, die auf Blumen landeten. Es waren nicht nur Kohlweißlinge und Admirale, sondern auch einige andere, deren Namen ich nicht kenne. Ich sagte zum Erzengel Michael: »Es ist August. Da müssten sehr viele Schmetterlinge unterwegs sein. Haben die Menschen sie mit Insektiziden, Unkrautvernichtungsmitteln und anderen Chemikalien ausgerottet?«

»Viele Dinge in der Natur sind verschwunden, Lorna. Das Traurige daran ist, dass man sie nie wieder zurückholen kann. Hilf den Menschen weiterhin dabei, spirituell zu wachsen, und hilf ihnen, sich des wunderschönen Planeten bewusst zu werden sowie der Natur, die Gott ihnen geschenkt hat. Hilf ihnen, damit aufzuhören, das zu zerstören.«

Wir gingen weiter auf dem Pfad entlang. Nach einer Weile blieb ich stehen und betrachtete all die wunderschönen Bäume, die Vögel und die Wildblumen im Gras.

Ich wandte mich dem Erzengel Michael zu: »Was für eine traurige Vorstellung es ist, all dies vielleicht zu verlieren.«

Er antwortete mir nicht darauf, aber mittlerweile waren wir bereits in der Nähe des Parkplatzes angekommen, und er sagte lediglich: »Ich muss gehen, Lorna.«

Er schritt wieder auf die Bäume zu. Kurz bevor er verschwand, wandte er sich um und winkte mir zu. Das macht der Erzengel Michael nicht sehr häufig. Plötzlich begann er zu strahlen und leuchtete sehr hell. Er trug nun keine Arbeitskleidung mehr. Ich kann weder beschreiben, welche Kleidung er nun anhatte, noch, wie wunderschön beziehungsweise wie unglaublich er aussah. Er war so strahlend. Ich konnte sein blitzendes Schwert und seinen Schild sehen. Ich wusste, dass er sich direkt zum Thron Gottes begab, und dann war er verschwunden.

Innerhalb von ein paar Minuten saß ich im Auto und fuhr langsam nach Hause. Als ich beim Tor ankam, blieb ich stehen, stieg aus und öffnete es. Dann parkte ich das Auto. Ich weiß nicht, wie ich beschreiben kann, was als Nächstes passierte. Ich war gerade aus dem Auto ausgestiegen und sagte dabei zu mir selbst, wie traurig es sei, dass ich den Admiral nicht gesehen hatte, und wie schön es gewesen wäre, einen zu fotografieren.

Als ich mich umdrehte, um die Autotür zu schließen, flog mir ein wunderschöner, herrlicher Admiral mitten ins Gesicht. Es war, als wäre er aus einer der Hauswände herausgekommen. Er berührte meine Nase und verharrte dort einen Moment – mitten in der Luft an meiner Nasenspitze. Ich war völlig perplex. Was für eine Überraschung! Es war unglaublich. Er flog an mir vorbei, doch obwohl ich mich augenblicklich umdrehte, war er plötzlich verschwunden. Ich beklagte mich bei den Engeln darüber, doch sie lachten mich nur aus.

Der Engel Hosus stand am Tor. »Gott wollte dich überraschen, Lorna. Er hat diesen Schmetterling nur für einen Moment geschickt. Er sitzt nun auf Seiner Handfläche.«

»Hätte Gott ihm nicht erlauben können, noch ein bisschen länger dazubleiben und auf einer Blume zu landen? Dann hätte ich ein Foto von ihm machen können.«

»Nein, Lorna, nicht von diesem Schmetterling. Er kommt aus dem Himmel«, erwiderte der Engel Hosus.

Dann sagte der Engel Hosus, er müsse gehen, und damit verschwand er. Ich hatte in den nächsten Tagen keine Gelegenheit, noch irgendeine andere Frage zu stellen. Und ich glaube, mir ist auch kein einziger Schmetterling entgangen. Bisher waren es nur Kohlweißlinge, denn es gibt kaum noch Schmetterlinge. Auch einen Admiral habe ich nicht mehr gesehen. Hoffentlich gelingt es mir, bevor der Sommer vorbei ist.

KAPITEL 22

Die Kirche

Die St. Paul's Kirche ist eine wunderschöne kleine protestantische Kirche in Ardmore, in der Grafschaft Waterford. Ich war dort eingeladen, um im Rahmen eines Festivals einen Vortrag zu halten. Ardmore ist ein kleiner Küstenort mit einem wunderschönen Strand. Meine Tochter Ruth war am Wochenende mit ihren Kindern zu Besuch gekommen, und in zwei Wochen wollten wir gemeinsam zum Festival fahren.

Ruth war gerade in der Scheune und deckte den Tisch für das Abendessen, als sie zu mir sagte: »Du brauchst eine Pause, Mum, und dies ist eine gute Gelegenheit für dich, ein paar Tage vor deinem Vortrag nach Ardmore zu fahren.«

Ich zögerte etwas. Ich hatte auf der Couch mit Billy Bob und seinem Spielzeug, den Transformers, gespielt.

Ich sagte zu meinem Enkelkind: »Ich muss kurz mit deiner Mum sprechen.«

Ich stand von der Couch auf und erklärte ihr: »Ich glaube nicht, dass ich mir die Zeit freinehmen kann. Wie du weißt, muss ich drei Bücher schreiben, und im Moment arbeite ich an dem Hauptbuch.«

»Gott möchte sicherlich nicht, dass du ausbrennst, Mum. Du brauchst eine Pause.«

Genau in dem Moment, als Ruth das zu mir sagte, wurde meine Aufmerksamkeit auf die Vorhänge bei der Scheunentür gelenkt. Der Vorhang links von mir wurde etwas heller, und ein Zipfel eines Umhangs tauchte auf. Ich wusste sofort, wer es war.

»Hallo, Engel Hosus«, sagte ich, als dieser gerade hinter dem Vorhang hervortrat.

»Guten Abend, Lorna. Du solltest auf Ruth hören und ihr vorschlagen, dass es vielleicht eine gute Idee wäre, auch die Kinder mitzunehmen. Verbringt etwas Zeit miteinander am Strand. Die Kinder werden es lieben, und dir wird es ebenfalls gefallen. Gott möchte nicht, dass du ausbrennst.«

»Ich weiß«, antwortete ich ihm.

Als Ruth mich fragte: »Mum, hörst du mir zu? Bitte schenk mir deine Aufmerksamkeit! Was denkst du?«, erwiderte ich: »Ich denke nach.«

Natürlich wusste sie nicht, dass der Engel Hosus an der Scheunentür stand. Ich hätte es ihr liebend gerne gesagt, aber der Engel Hosus sagte mir, ich dürfe es nicht.

Ich wandte mich Ruth zu, schenkte ihr meine volle Aufmerksamkeit und half ihr, den Tisch auszuziehen. Dann sagte ich zu ihr: »Okay, Ruth, was hältst du davon, wenn wir alle gemeinsam dorthin fahren? Billy Bob und Jessica hätten eine tolle Zeit. Dort findet ein Festival statt, und es gibt auch jede Menge Dinge für die Kinder zu erleben.«

»Ich habe schon nachgesehen, was für die Kinder angeboten wird, Mum. Es gibt irgendwas mit Robotern, wovon Billy Bob begeistert sein wird, und verschiedene Musikveranstaltungen, es werden Geschichten erzählt, man kann mit Legosteinen bauen und viele andere Dinge tun.«

Also machte Ruth sich auf die Suche und fand ein Hotel, das etwa eine halbe Stunde von Ardmore entfernt lag. Dann sagte sie lachend zu mir: »Du solltest dich lieber wieder an die

Arbeit machen, Mum, weil du tatsächlich ein paar Tage frei haben wirst.«

Ich strahlte sie an und sagte: »Es wird großartig. Ich freue mich schon darauf.«

Da kam Billy Bob in die Scheune gerannt und rief: »Oma, komm mit nach draußen zum Spielen!«

Also ging ich mit ihm zur Scheunentür hinaus.

Der Engel Hosus stand nun neben der Schaukel. Billy Bob rannte dorthin, setzte sich darauf und rief mir zu: »Oma, schubs mich an!«

Als ich die Schaukel erreichte, sagte der Engel Hosus, er müsse gehen, und damit verschwand er.

Ein paar Tage später standen zwei arbeitslose Engel an der Tür, als ich gerade aus dem Bett aufgestanden war. Sie sagten zu mir: »Noch neun Tage, Lorna.«

Ich sah sie überrascht an und fragte sie: »Was meint ihr damit? Was ist in neun Tagen?«

Sie antworteten gleichzeitig: »Das Ardmore Festival. Dein Vortrag in der St. Paul's Kirche. Deine Enkelkinder freuen sich schon sehr auf ihre Ferien.«

Manchmal verwende ich die Redewendung »Oh mein Gott«, wenn die Engel mir etwas Außergewöhnliches zeigen oder – wie in diesem Fall – wenn ich versuche, Gottes Aufmerksamkeit auf mich zu ziehen. Ich tat es an jenem Morgen, als ich aus dem Bett aufstand. Doch jedes Mal, wenn ich »Oh mein Gott« sage, werden die Engel still und neigen ihren Kopf leicht nach unten. Sie sind dann in dem Moment im Gebet. Ich sage diese Worte nicht sehr oft, aber an diesem Morgen konnte ich nicht anders.

Ich setzte mich seitlich auf mein Bett, um ein paar Gebete zu sprechen, und ich dankte Gott für den neuen Tag. Jeder Tag ist wertvoll für uns alle. Ich habe auch für Sie gebetet. Sie, die Leserinnen und Leser, sind stets in meine Gebete eingeschlossen. Ich bitte für all den Segen, den Sie in Ihrem Leben benötigen, und Sie brauchen viel davon. Sie sind sich des Segens, der Ihnen jeden Tag zuteilwird, oft nicht bewusst. Des Segens etwa, morgens aufstehen zu können und die Dinge zu tun, die Sie tun. All das, was Sie als selbstverständlich erachten, ist ein Segen. Ich danke Gott für den Segen, der mir jeden Tag zuteilwird. Und an diesem Morgen dankte ich Ihm für den Segen, aus dem Bett aufstehen und nach unten gehen zu können sowie nach Holly sehen und die frische Luft genießen zu können.

Ich war gerade wieder durch die Scheunentür hineingegangen, als mein Telefon klingelte. Es war Ruth. Sie wusste nicht, dass ich strahlte, als sie das Gleiche zu mir sagte wie die Engel beim Aufstehen.

»Noch neun Tage, Mum.«

Ich verriet ihr nicht, dass die Engel das an diesem Morgen bereits zu mir gesagt hatten. Im Laufe des Tages neckte mich hin und wieder ein arbeitsloser Engel und brachte mich damit zum Lachen. Die Engel taten so, als hätten sie einen Eimer und einen Spaten in der Hand. Manchmal warf ein arbeitsloser Engel einen Eimer in die Luft. Der Eimer war voller Wasser, und als das Wasser in die Luft katapultiert wurde, verwandelte es sich in einen Regenbogen. Das Wasser fiel nie zu Boden. Es blieb ein paar Sekunden lang als Regenbogen voller wunderbarer Farben erhalten und verschwand dann.

Ich sagte zu dem arbeitslosen Engel: »Ich hoffe, es wird nicht jeden Tag regnen, wenn wir auf dem Festival sind.«

»Nein, die Sonne wird scheinen. Es wird etwas regnen, aber nicht sehr viel, Lorna«, antwortete er.

Die neun Tage vergingen sehr schnell.

Am Donnerstagabend kam Ruth mit den Kindern zu mir, und am Freitagmorgen fuhren wir los zum Ardmore Festival. Die Kinder waren sehr aufgeregt und konnten es gar nicht erwarten, dort anzukommen. Ich werde Ihnen nun ein paar Dinge erzählen, die in diesen paar Tagen passierten.

Als wir in unserem Hotel ankamen, packten wir unsere Sachen aus und gingen dann zum Essen. Die Kinder waren sehr aufgedreht.

Sie wollten zum Strand gehen. Ruth beruhigte sie und schlug ihnen vor: »Lasst uns erst in den Ort Ardmore gehen, um zu schauen, wo die St. Paul's Kirche ist, und dann gehen wir zum Strand.«

Die Kinder waren damit einverstanden, und so zogen wir nach einer Weile los.

Als wir in Ardmore ankamen, waren überall Autos geparkt und sehr viele Leute unterwegs. Es war sehr voll. Wir fuhren langsam weiter, und als wir die Kreuzung im Zentrum des Ortes erreichten, bogen wir rechts ab und fuhren einen Hügel hinauf. Nachdem wir etwa ein Viertel des Hügels hinaufgefahren waren, stand rechter Hand eine kleine Kirche. Wir konnten an dieser Stelle nicht stehen bleiben, deshalb fuhr Ruth langsam daran vorbei.

Ich sagte zu ihr: »Das ist sie. Das ist die Kirche.«

Es bestand kein Zweifel. Ein wunderschöner goldener Engel stand vor dem Eingangstor zur Kirche. Er hatte weder eine männliche noch eine weibliche Erscheinung. Er war groß und elegant und trug ein durch und durch goldenes Faltengewand. Als ich einen Blick durch das Tor warf, erblickte ich zwei weitere Engel in der Nähe der Kirche. Sie waren ganz in Weiß gekleidet.

Ruth fuhr weiter bergaufwärts.

Ich warf einen Blick zurück auf den wunderschönen Engel. Ruth sagte: »Du hast recht, Mum. Das ist die Kirche.«

»Ich weiß«, antwortete ich.

Ich erzählte ihr nicht, warum ich zurückblickte.

Ich sagte lediglich zu ihr: »Ich habe es nur überprüft.«

Natürlich wusste ich, dass es sich um die Kirche handelte. Waren die Engel nicht da, um mir das zu zeigen? Hin und wieder musste Ruth stehen bleiben, um ein Auto vorbeizulassen. Weiter oben auf dem Hügel befand sich ein Turm mit einem Friedhof, den viele Menschen besichtigten. Wir stiegen nicht aus dem Auto aus, weil die Kinder zum Strand wollten. Ruth fand eine Stelle, an der sie wenden konnte, dann fuhren wir wieder hinunter und zurück in die Richtung, aus der wir gekommen waren. Wir parkten bei der Schule. Dann gingen wir zu Fuß zur Stadt und hielten auf den Strand zu. Als wir die Kreuzung im Zentrum erreichten, blickte ich den Berg hinauf, in Richtung der St. Paul's Kirche. Der wunderschöne goldene Engel stand immer noch dort.

Ich sprach nur einen kurzen Moment ohne Worte zu dem Engel: »Hallo. Ich hoffe, du bist für alle da, die in die Kirche gehen.«

»Ja«, bestätigte der goldene Engel.

»Nehmt euch bitte alle bei der Hand, wenn wir über die Straße gehen«, forderte Ruth uns auf. Es war sehr viel los. In der Stadt wimmelte es von Familien, Teenagern und Urlaubern. Von den Engeln ganz zu schweigen. Es fällt mir stets sehr schwer, alles, was ich sehe, in Worte zu fassen. Eine Band mit jungen Musikern spielte auf dem Pier, und einige Engel musizierten gemeinsam mit ihnen. Ich konnte die Musik der Band hören, aber auch die Musik der Engel. Sie spielten ebenfalls auf Musikinstrumenten.

Ein Engel spielte ein Instrument, das ich noch nie zuvor gesehen hatte. Es hatte einen riesigen Innenraum und befand sich direkt hinter den jungen Musikern. Ein Teil davon sah aus wie eine irische Harfe, aber auf beiden Seiten befanden sich zudem zwei riesige Trompeten. Die Röhren der goldenen Trompeten wanden sich spiralförmig nach oben zu einem großen Schalltrichter. Der

Engel blies nicht darauf, das Instrument erzeugte vielmehr einen wunderbaren Klang, wenn er es berührte. Gleichzeitig ließ der Engel seine Fingerspitzen über die Saiten der silberfarbenen Harfe gleiten. Wenn der wunderschöne Engel auf diesem Instrument spielte, hielten die anderen Engel inne, obwohl die Band weiterspielte. Ich kann Ihnen die wundervolle Melodie, die auf diesem Instrument gespielt wurde, wirklich nicht beschreiben. Ich kann Ihnen lediglich sagen, wie unglaublich es war, allein das Licht der Engel zu sehen, das die Bühne erleuchtete. Die Musik der Engel kann ich nicht in Worte fassen. Vor allem, weil sie sich mit der Musik der Band vermischte.

Wenn ein Engel mit einem Sänger singt, ist es so, als trage der Engel die Stimme des Sängers mit der Musik in Wellen durch die Luft. Ich wollte gerne stehen bleiben und nur der Musik der Band in Begleitung der Engel lauschen, aber das konnte ich nicht, deshalb ging ich so langsam wie möglich an ihnen vorbei.

Ich hatte mit meinen Enkelkindern ein paar fantastische Tage am Strand. Als die Zeit für meinen Vortrag in der St. Paul's Kirche gekommen war, stand der wunderschöne goldene Engel immer noch davor und erwartete mich.

Die Kirche hatte die Form eines Kreuzes und war voller Menschen. Ich sagte zu den Engeln: »Ich bin nervös.«

Sie erwiderten lediglich: »Sieh dir die Leute an und all die Engel, die hier bei dir sind, Lorna.«

Ich lächelte sie an. Als es an der Zeit war, vor das Publikum zu treten, winkten die Engel mir zu. An diesem Tag konnte ich den Schutzengel jeder einzelnen Person in der Kirche sehen. Während ich so dastand, beobachtete ich einen Moment lang nur die Engel, die weiterhin in die Kirche strömten.

Ich fragte die Engel sogar im Stillen: »Noch mehr? Wenn noch mehr von euch hereinkommen, wird kein Raum mehr für die Leute bleiben. Ihr werdet sie noch hinausdrängen.«

Ein arbeitsloser Engel erwiderte: »Keine Sorge, Lorna. Es ist genug Platz.«

Am Morgen vor meinem Vortrag hatte meine Tochter Megan, die tags zuvor angereist war, einige Dinge auf einem Blatt Papier notiert, über die ich eventuell sprechen wollte. Allerdings forderten die Engel mich während des Vortrags auf, über andere Dinge zu reden, daher sprach ich nichts von dem, was auf dem Zettel stand, an.

Wenn ich einen Vortrag halte, erzähle ich den Menschen normalerweise von den Engeln, die ich im Publikum sehen kann, aber ich verrate ihnen nicht, ob der Erzengel Michael oder der Engel Elija oder der Engel Hosus mit mir auf der Bühne sind und mir sagen, worüber ich sprechen soll. Dieses Mal stand der Erzengel Michael links von mir, und der Engel Hosus war einen guten Meter rechts von mir entfernt. Hin und wieder mischte sich der Engel Hosus unter die Menge, und der Erzengel Michael stand direkt neben mir. Und ich erzählte den Menschen, was sie hören sollten.

Als der Vortrag vorbei war, lud ich alle ein, für eine Segnung nach vorne zu kommen. Eine Frau sagte zu mir, sie wolle den Segen nicht für sich selbst, sondern wünsche ihn sich sehr für ihren Sohn, der eine schwere Zeit durchmache. Viele Menschen bitten mich um einen Segen für jemanden, den sie lieben und dem sie zugetan sind. Gott gewährt ihnen den Segen ebenso wie ihren Lieben.

Im Anschluss daran verließ ich die kleine Kirche mit meinen Töchtern und meinen Enkelkindern. Wir gingen etwas essen, aber die Kinder wollten nichts anderes, als wieder zum Strand zu gehen. Unterwegs begegneten wir einer Gruppe von Frauen mit ihren Kindern.

Sie hielten uns an und sagten: »Danke! Sie haben uns sehr zum Nachdenken angeregt.«

Eine der jungen Frauen war etwa 18 Jahre alt. Ihr Freund war bei ihr.

»Sie haben unser Leben verändert und uns wieder Hoffnung geschenkt«, sagte sie zu mir.

Als wir in der Nähe des Strands waren, berichtete Ruth mir: »Eine der jungen Familien hat etwas für deine Wohltätigkeitsorganisation für Kinder gespendet, Mum, aber ich kann mich nicht mehr an den Namen der Mutter erinnern.«

»Das ist schon in Ordnung«, antwortete ich. »Falls du diese Familie siehst, kannst du sie mir ja zeigen.«

Bevor wir wieder zu unserem Hotel zurückfuhren, schlug Ruth vor, den Hügel hinauf und an der Kirche vorbeizufahren, um ein Hotel auf den Klippen anzusehen, das direkt oberhalb des Meeres lag.

Ich fragte sie: »Bist du sicher?«

»Es wäre einfach schön, es zu sehen«, antwortete sie. »Ich habe so viel von diesem Hotel gehört. Es soll eine wunderschöne Lage haben.«

Ich lächelte, als wir wieder an St. Paul's vorbeifuhren. Der wunderschöne goldene Engel stand noch immer dort. Der Weg zum Hügel hinauf gestaltete sich aufgrund all der anderen Autos und der Fußgänger als etwas mühsam. Schließlich kamen wir oben an, aber wir sahen das Hotel nur aus der Ferne. Es sah sehr schön aus und hatte tatsächlich eine wunderschöne Lage.

»Es sieht toll aus«, sagte ich zu Ruth. »Aber ich finde das Hotel, in dem wir wohnen, viel schöner. Falls wir die Gelegenheit haben, ein anderes Mal wiederzukommen, würde ich wahrscheinlich erneut in dem Hotel wohnen, in dem wir jetzt sind.«

Wir wendeten mit dem Auto und begannen die Straße langsam wieder hinunterzufahren. Es ging nur zentimeterweise vorwärts und gestaltete sich als ein einziges Chaos. Dann erregten Engel in einiger Entfernung meine Aufmerksamkeit, indem sie mir zuwinkten. Ganz in ihrer Nähe parkte ein schwarzes Auto mit einer Mutter und ihren Kindern darin. Wir bewegten uns im Schneckentempo auf sie zu. Ich beobachtete die Engel bei den Kindern. Sie taten ihr Bestes, um diese zu behüten.

Der Schutzengel eines kleinen Mädchens öffnete seine riesigen schneeweißen Flügel. Er trug blendende gelbe Gewänder. Schutzengel erlauben mir nicht immer, ihre Flügel zu sehen. Der Schutzengel des kleinen Mädchens umschloss es mit seinen Flügeln, und als es aus dem Auto ausstieg, flüsterte er ihm zu, es solle dort bleiben, weil es sehr gefährlich sei. Ich schmunzelte, da das kleine Mädchen die Anweisungen seines Schutzengels genau befolgte.

Die arbeitslosen Engel, die meine Aufmerksamkeit auf sich gelenkt hatten, standen in einer Reihe da. Mindestens sechs von ihnen gaben ihr Bestes, um die Mutter und ihre Kinder zu behüten. Es war eine drei- oder vierköpfige Familie.

Der Schutzengel eines Jungen hatte eine männliche Erscheinung. Seine beiden goldenen, lichtvollen Hände lagen auf den Schultern des kleinen Jungen, während dieser um das Auto herumging. Sein Schutzengel war in verschiedene Rottöne gekleidet und ragte über ihm auf. Ich konnte deutlich erkennen, dass die Schutzengel dieser Kinder ihr Bestes gaben, um diese mit der Hilfe ihrer Mutter zu behüten.

Als wir uns näherten, fragte ich den Schutzengel des kleinen Jungen: »Weiß er, dass du da bist?«

»Ja«, antwortete sein Schutzengel. »Alle Familienmitglieder wissen, dass sie Schutzengel haben. Sie hören sehr gut zu.«

Als wir die Familie fast erreicht hatten, sagte Ruth zu mir: »Das ist die Familie, die das Geld für die Wohltätigkeitsorganisation gespendet hat, Mum.«

Wir winkten ihnen intensiv zu, als wir vorbeifuhren. Sie winkten zurück, aber wir konnten nicht stehen bleiben. Langsam fuhren wir weiter den Hügel hinunter.

Ich sagte zu Ruth: »Es war sehr freundlich von dieser Mutter, die 15 Euro zu spenden.«

Mein Herz war bewegt von ihrer Güte, auch an andere zu denken, vor allem an Kinder. Als Eltern hat man den schwersten Job auf der ganzen Welt, und es ist die wichtigste Aufgabe. Ich sah, dass diese Mutter ihr Bestes gab. Als wir vorbeifuhren, sagte ihr Schutzengel mir, sie sei eine Mutter voller Mitgefühl und Liebe, die nur das Beste für ihre Kinder wolle. Ich bat all die Schutzengel der Familie, gut auf sie aufzupassen. Und als ich mich nach ihnen umsah, winkten sie immer noch.

Kapitel 23

Mutter Erde

Es war Samstag, daher beschloss ich, mir etwas freizunehmen. Nun ja, eigentlich nur den Morgen. Ich fuhr nach Mount Juliet, um mir einen Tee und pochierte Eier zu gönnen. Ich genoss es, einfach dort zu sitzen und das Treiben zu beobachten. Im Hunter's Yard, dem Restaurant in Mount Juliet, war nicht viel los. Als ich durch das Fenster zum Golfplatz und den Bergen sah, bemerkte ich viele Wolken am Himmel. Zwischendurch sah es so aus, als könnte es vielleicht regnen. Doch da es immer noch warm war, beschloss ich, einen Spaziergang zu machen.

Ich ging am Fluss entlang, atmete die frische Luft ein und freute mich über all die einfachen Dinge des Lebens, die mich umgaben. Der einzige Engel bei mir war mein Schutzengel.

Ich kam zu einem künstlichen See und blieb kurz stehen, um nach Schwänen oder Enten auf dem Wasser Ausschau zu halten, aber es waren keine dort.

Ich sagte zu meinem Schutzengel: »Das ist schade.«

Ich versuchte, irgendeine Bewegung im Schilf und am Flussufer zu erkennen.

»Etwas weiter flussaufwärts sind ein paar«, verriet mir mein Schutzengel. »Vielleicht bekommst du sie heute aber auch nicht zu sehen.«

Ich setzte meinen Spaziergang fort, bis der Pfad ziemlich überwuchert war. Ich blieb stehen und überlegte, ob ich zurückgehen sollte, als ich einen arbeitslosen Engel etwas weiter links vorne auf dem überwucherten Pfad erblickte, der an dieser Stelle zum Fluss führte.

Der arbeitslose Engel winkte und rief mir zu: »Komm hier entlang.«

Häufig verschwand der arbeitslose Engel im dichten Bewuchs und war nicht mehr zu sehen. Der Pfad war sehr schmal, sodass ich mich manchmal seitlich vorwärtsbewegen musste.

Ich rief dem arbeitslosen Engel zu: »Das ist wirklich schwierig. Vielleicht sollte ich besser umkehren.«

Aber der arbeitslose Engel erwiderte: »Nein, komm weiter mit, Lorna.«

Die Stechpflanzen, wie ich sie nenne – viele Menschen bezeichnen sie, wie ich weiß, als Brennnesseln –, waren so hoch wie ich selbst und von Dornenranken und Ästen durchdrungen. Während ich dem engen kleinen Pfad Schritt für Schritt weiter folgte, dachte ich bei mir, dass es so aussah, als nutze ein Angler diesen Pfad, um den Fluss zu erreichen. Ich war sehr achtsam, als ich mich dem Fluss näherte und das Geräusch des vorbeiströmenden Wassers immer lauter wurde.

Ich fragte laut: »Gibt es hier einen Wasserfall?«, in der Hoffnung, der arbeitslose Engel würde mir antworten, aber er sagte nichts.

Als ich das Wasser erreichte, sah ich, dass es schnell über große Felsen in der Mitte des Flusses hinwegschnellte. Daher klang es wie ein Wasserfall. Ich kletterte das Flussufer hinunter zu einem Bereich, in dem viele kleinere Steine lagen. Ich überquerte sie, um mich auf die Überbleibsel eines alten Piers zu setzen. Während ich dort saß, betrachtete ich das Flussbett und lauschte all den Geräuschen des Flusses. Abgesehen davon herrschte Stille.

Ich muss etwa zehn Minuten dort gesessen haben, dann hörte ich, wie mein Name gerufen wurde. Ich wandte mich um und sah den Erzengel Michael über die Steine auf mich zukommen. Er war wie ein Angler gekleidet, mit Stiefeln, die bis zu den Hüften reichten, und hielt eine Angel in der Hand.

»Hallo«, begrüßte ich ihn. »Ich habe dich nicht erwartet. Das ist ja eine Überraschung.«

Der Erzengel Michael antwortete mir nicht. Er kam einfach zu mir und setzte sich rechts neben mich auf einen Teil der alten Piermauer – zumindest auf das, was davon übrig geblieben war.

Er legte die Angel aus der Hand und sagte lächelnd zu mir: »Guten Morgen, Lorna. Ich hoffe, du genießt es.«

»Ja, das tue ich«, antwortete ich. »Es ist wunderbar, einfach hier zu sitzen.«

Der Erzengel Michael ergriff meine Hand, während wir so dasaßen.

Dann sagte er zu mir: »Gott weiß, wie schwer es für dich sein wird, über die Kreuzigung zu schreiben. Gott hat Seine Meinung geändert, weil Er weiß, wie schmerzlich es für dich sein wird, selbst über einen kleinen Teil davon zu berichten, und wie viel Angst du davor hast. Gott wird dich nur ein bisschen darüber schreiben lassen, was du gesehen und erlebt hast, als deine Seele in die Vergangenheit zurückgeführt wurde, um die Kreuzigung mitzuerleben. Gott weiß auch, wie viel es deinem menschlichen Körper abverlangt und wie sehr es dich schwächt, wenn dir stets zu Ostern mehr davon gezeigt wird, was bei der Kreuzigung geschah.«

Tränen rannen an meinen Wangen hinab, während der Erzengel Michael mit mir sprach.

Verwirrt sah ich zu ihm auf: »Ich dachte, es sei Gottes Wunsch, dass ich über die Kreuzigung schreibe.«

»Ja, Lorna, das sollst du irgendwann auch tun, aber wenn es so weit ist, wird Er dafür sorgen, dass viele Seiner Erzengel dich umgeben«, antwortete er.

Der Erzengel Michael streckte seine Hand aus und trocknete meine Tränen mit dem schneeweißen Taschentuch, das er stets benutzt.

»Wirst du auch da sein, Erzengel Michael? Wirst du bei mir sein, wenn ich anfange, über die Kreuzigung zu schreiben?«

»Ja, das werde ich, Lorna. Ungefähr in einer Woche wirst du bereit sein, die Dinge über die Kreuzigung zu schreiben, die Gott dir vorgibt. Was meinst du, Lorna, sollte ich etwas angeln?«

Das brachte mich zum Lachen. Aber der Erzengel Michael lachte nicht mit. Er lächelte mich lediglich freundlich an und sagte: »Sieh nur, dort drüben schwimmt ein Schwan den Fluss hinunter.«

Kurz darauf verkündete er mir, er müsse gehen. Er stand auf und ging über die Steine dorthin, wo er zuerst aufgetaucht war. Er trug immer noch die Stiefel der Angler. Und dann verschwand er.

Ich blieb noch ein paar Minuten auf dem alten Pier sitzen und dachte über die Dinge nach, die der Erzengel Michael mir gesagt hatte, sowie über Gottes Botschaft. Ich beschloss, all das für den Moment beiseitezuschieben. Da tauchte der arbeitslose Engel zu meiner Linken zwischen ein paar Bäumen auf. Ich erhob mich und ging auf ihn zu.

Er sagte zu mir: »Ein Abenteuerspaziergang auf diesem überwucherten Flussbett würde dir gefallen, Lorna. Wenn dieser Bereich überflutet ist, wird er nämlich zu einem Teil des Flusses.«

Also folgte ich dem arbeitslosen Engel. Ich weiß nicht mehr, wie weit ich ging, aber ich lief das trockene Flussbett entlang und betrachtete all die Pflanzen, die unter Wasser leben, wenn der Flusspegel steigt. Anhand der Markierungen an den Bäumen konnte ich sehen, wie hoch das Wasser zum Teil anstieg. Mich mit meinen 1,52 Metern würde es definitiv bedecken.

Schließlich sagte der arbeitslose Engel zu mir: »Es ist an der Zeit zurückzukehren, Lorna.«

Also machte ich kehrt und ging wieder in Richtung des alten, ramponierten Piers. Ein paar kleine Vögel kamen herbeigeflogen und ließen sich auf den Zweigen um mich herum nieder. Ich hätte sie beim Gehen mit den Händen berühren können.

Als ich beim alten Pier ankam, bedankte ich mich bei den Vögeln für ihre Gesellschaft. Ich bedankte mich auch bei dem arbeitslosen Engel und natürlich bei meinem Schutzengel.

Für einen Moment blieb ich noch am Ufer des Flusses stehen. Das Wasser berührte fast meine Sandalen. Als ich meinen Blick über den Fluss schweifen ließ, bebte die Erde urplötzlich unter meinen Füßen, und ich wusste, dass der Engel Jimazen gleich erscheinen würde.

Meine Füße waren wie festgeklebt und ließen sich nicht bewegen. Die kleinen Wellen des Flusses legten sich, das Wasser hörte auf zu fließen. Alles fror ein. Das Erste, was ich sah, war sein Stab. Er erschien direkt über den Felsen in der Mitte des Flusses. Und im nächsten Moment erschien auch der Engel Jimazen, gut einen Meter über den Felsen.

Ich begrüßte ihn: »Hallo, Engel Jimazen.«

Lächelnd blickte er zu mir herab. Er ist in jeder Hinsicht riesig, wie ein Gigant. Er trägt eine gold-rote Rüstung mit einem Hauch von Schwarz darin. Egal wie oft ich den Engel Jimazen sehe, ich habe immer etwas Angst, weil er die Erde unter meinen Füßen zum Beben bringt. Er ist so wichtig für uns alle. Und er ist wichtig für unseren Planeten Erde. Wie ich bereits an anderer Stelle erklärt habe, ist er der Torhüter der Erde. Gott hat den Engel Jimazen zum Schutzengel unseres gesamten Planeten gemacht. Er ist einer der seltenen Engel, die unseren Planeten nie verlassen können, nicht einmal für eine Sekunde, genauso wie Ihr Schutzengel Sie nie verlassen kann.

Als ich ein Kind war, hat der Engel Jimazen mir erklärt, dass unser Planet lebendig ist. Dieser mächtige Engel half mir zu verstehen, warum er manchmal so aufgebracht oder wütend wirkt und warum sein Gesicht gleichzeitig so viel Mitgefühl und Liebe ausstrahlt, während er versucht, Mutter Erde zu beruhigen. Mutter Erde ist die Lebenskraft im Inneren unseres Planeten, ein wunderbarer Engel. Der Engel Jimazen versucht sie davon abzubringen, sich zu viel zu drehen und zu winden, aber sie muss das tun, um unsere Erde zu heilen. Und er muss Mutter Erde besänftigen.

Mehr darüber habe ich in meinem Buch *Himmelspfade* geschrieben. Zum Beispiel, wie der Engel Jimazen die Erde öffnete, damit ich ins Zentrum unseres Planeten sehen konnte. Dort sah ich Mutter Erde in sich zusammengerollt wie ein Baby. Sie ist so wunderschön. Sie war eine sehr weibliche Erscheinung. Daran bestand kein Zweifel. Sie war groß, schlank und geschmeidig wie Seide, mit wunderschönen unbeschreiblichen Farben. Es waren Smaragdfarben in Blau und Grün, durchzogen mit Bernsteinfarben, die wie goldene Venen hindurch- und ineinanderflossen. Sie war absolut hinreißend, und egal wie ich sie beschreibe, es wird ihr nicht gerecht. Dieser wunderschöne unglaubliche Engel im Herzen der Erde wird Mutter Erde genannt. Sie hat viele Arme, die wie Segel aus ihr herausfließen. Mit überaus sanften Bewegungen streckt sie diese segelähnlichen Arme zu jedem Teil unseres Planeten aus, der Heilung braucht. Sie ist wie eine Mutter, die ihre Kinder nährt, und tut ihr Bestes, um unseren Planeten und all das Leben darauf und in seinem Inneren zu behüten.

Wir müssen dem Engel Jimazen helfen, sie zu besänftigen. Wir müssen aufhören, unseren Planeten zu zerstören, weil wir damit Mutter Erde töten. Sie tut ihr Bestes, um alles Leben zu retten, und das schließt die Menschheit mit ein. Ist Ihnen bewusst, dass unser Planet langsamer geworden ist? Mutter Erde kann nichts dagegen tun, weil wir ihr ständig Dinge rauben – Öl, Gas und viele weitere Mineralien –, die sie braucht, um diesen wunderschönen Planeten am Leben zu erhalten. Unsere Erde wurde uns als Geschenk gegeben, und wir behandeln sie so schlecht. Sie scheint uns egal zu sein.

Der Engel Jimazen hat eine unglaubliche Beziehung zu Mutter Erde. Er ringt mit ihr, um sie daran zu hindern, sich zu häufig aufzubäumen, aber er weiß, dass sie es tun muss, um unseren Planeten zu heilen. Er tippt sie dann mit seinem Stab an, um sie zu bezwingen. All dies tut er jedoch aus Liebe für Mutter Erde. Er ist so frustriert und wütend auf die Menschheit, weil wir die Erde immer weiter zerstören und damit auch den wunderschönen Engel töten – Mutter Erde.

Jedes Mal, wenn wir Menschen der Erde etwas nehmen, durch Umweltverschmutzung oder weil wir Löcher bohren und ihr zu viel Öl, Gas und andere Mineralien rauben, muss Mutter Erde, dieser wunderschöne Engel, versuchen, unseren Planeten angesichts all dessen so gesund wie möglich zu erhalten. Dann muss sie sich zum Wohle allen Lebens auf dem Planeten Erde drehen und winden.

Der Engel Jimazen kann die Erde nie verlassen, nicht einmal eine Sekunde lang, weil er ihr Schutzengel ist. Aber er benötigt stets unsere Hilfe. Jedes Mal, wenn er auftaucht, fürchte ich mich, aber an jenem Tag lächelte er mich lediglich an.

Er sagte: »Hallo, Lorna, du musst die Menschen weiterhin daran erinnern, wie wertvoll unser Planet ist und wie wertvoll Mutter Erde ist, dieser wunderschöne Engel, dessen Arme wie Segel sind, während sie sich im Zentrum der Erde dreht und windet, um die Schäden, die die Menschen diesem wunderschönen Planeten zufügen, zu heilen. Gott hat uns allen diesen Planeten zum Geschenk gemacht.«

Im nächsten Moment verschwand er wieder.

Daraufhin ging ich am Flussufer zurück. Ich bewegte mich vorsichtig Schritt für Schritt vorwärts, um mich nicht an den Brennnesseln zu brennen und mir meine Beine nicht zu sehr an den Dornen zu zerkratzen. Leider trug ich an diesem Tag keine Hose, sondern nur einen Rock. Als ich zum Auto zurückging, betete ich dafür, dass die Menschen der Welt auf den Engel Jimazen hören mögen, damit er Mutter Erde so gut wie möglich besänftigen kann. Jedes Mal, wenn ich den Engel Jimazen sehe, befürchte ich, es könnte ein Zeichen dafür sein, dass Mutter Erde sich qualvoll dreht und windet, um die Schäden zu heilen, die wir verursacht haben – weil wir ihr keine Wahl gelassen haben. Das kann zu Erdbeben führen, zu einem Vulkanausbruch oder zu einer anderen großen Naturkatastrophe, die sehr viel Leben auf unserem wunderschönen Planeten auslöscht. Und wenn das geschieht und viele Menschen leiden, gehört es zu meiner Aufgabe, dabei zu helfen, ihr Leid zu lindern.

Mutter Erde möchte sich nie so heftig hin und her winden, da sie weiß, wie wertvoll alles Leben auf der Erde ist. Ihr ist bewusst, dass die Menschen Gottes Kinder sind und dass jeder Einzelne von uns eine Seele hat. Aber Gott hat ihr auch aufgetragen, unseren Planeten in jeder Weise am Leben zu erhalten. Gott hat sowohl das Leben im Inneren des Planeten erschaffen als auch das auf seiner Oberfläche. Mutter Erde tut ihr Bestes, aber wir müssen unseren Teil dazu beitragen und auf den Engel Jimazen hören. Er schickt uns ständig Botschaften, unseren wunderschönen Planeten nicht zu verschmutzen und zu zerstören. Manchmal ist er frustriert, weil wir nicht zuhören, aber seine Frustration ist Liebe. Er versucht die Erde und uns zu schützen, aber er kann unseren freien Willen nicht übergehen. Wir haben die Wahl, unsere Luft, die Flüsse, Seen, Meere, Wälder und Berge vor der Verschmutzung zu bewahren. Wir haben die Wahl, all die wunderschönen Orte zu behüten sowie all das wunderbare Leben in unserer Umwelt, das wir jeden Tag sehen. Die gesamte Natur, die prächtigen Bäume, die Tiere und die Vögel sind ein Geschenk für jeden Einzelnen von uns. Bitte leisten Sie Ihren Beitrag und helfen Sie dem Engel Jimazen, Mutter Erde zu beruhigen, damit sie sich nur auf eine sanfte Weise drehen und winden muss. Mutter Erde hat häufig aggressiv reagiert, weil wir diesen wunderschönen Planeten als selbstverständlich erachten. Wenn sie sich auf eine destruktive Weise aufbäumt, machen wir stets Gott dafür verantwortlich.

»Warum hat Er das zugelassen?«, fragen wir dann.

In Wirklichkeit sind wir Menschen die Ursache. Deshalb betete ich auf meinem Rückweg zum Hunter's Yard.

Ein paar Stunden später war ich wieder zu Hause. Ich sah ein Bündel von Briefen durch, die mit der Post gekommen waren. Unter ihnen war ein Brief von einer Mutter, die in Italien lebte.

Sie schrieb:

Vielleicht erinnern Sie sich nicht daran, dass ich Ihnen bereits einen Brief geschrieben habe, Lorna. Darin fragte ich Sie, ob es Ihnen möglich wäre, meinen Sohn zu besuchen, der auf der Intensivstation in einem italienischen Krankenhaus lag, und für ihn zu beten. Ich habe Ihnen meine Telefonnummer gegeben. Sie haben mich angerufen und mir mitgeteilt, dass Sie in den nächsten paar Tagen in Italien seien und meinen Sohn falls irgend möglich besuchen würden. Das haben Sie getan. Ich möchte Ihnen nur eine wunderbare Nachricht mitteilen! Mein Sohn wachte am nächsten Tag auf und ist nun zu Hause. Ich danke Gott, dass er unsere Gebete erhört und uns unseren Sohn zurückgegeben hat.

Ich dankte Gott sofort und bat ihn darum, dass der junge Mann weiterhin genesen werde. Als ich im Krankenhaus gewesen war, hatte seine Mutter mich zur Intensivstation begleitet. Auf unserem Weg dorthin hatte sie mir erzählt, dass jeder Knochen im Körper ihres Sohnes gebrochen sei, vom Kopf bis zu den Zehen. Er war in einem kritischen Zustand, und die Ärzte wussten nicht, ob er es schaffen würde oder nicht. Die Mutter sagte, sie habe ein paar Monate zuvor bereits einen Sohn verloren und flehe Gott an, ihr nicht auch noch diesen Sohn zu nehmen.

Als wir die Tür der Intensivstation erreichten, ergriff ich die Hand der Mutter und sagte zu ihr: »Ich kann Gott nur im Namen Ihres Sohnes darum bitten, ihn überleben zu lassen. Alles liegt in Gottes Händen. Ich kann nur darum bitten.«

Sie antwortete: »Ich weiß, Lorna, aber es ist mir wichtig, dass Sie ihn darum bitten. Ich möchte, dass mein Sohn lebt. Es wird so kommen, wie auch immer Gott entscheidet, das weiß ich.«

Die Mutter drückte eine Klingel, und kurz darauf öffnete sich die Tür. Ich betrat die Intensivstation und sah den jungen Mann, aus dem überall Schläuche herauskamen. Ich war sehr geschockt, ihn in einem solchen Zustand zu sehen. Sein Schutzengel hielt ihn in seinen Armen und hatte seine Flügel schützend um ihn gelegt. Ich ging seitlich auf sein Bett zu, um über ihm zu beten. Die Ärzte winkten mich auffordernd herein, und einer von ihnen sagte zu mir: »Kommen Sie nur, wir können nichts weiter für ihn tun.«

Der Schutzengel des Patienten sprach ohne Worte mit mir: »Dieser junge Mann hat so stark getrauert, Lorna. Sein Schmerz angesichts des Verlustes seines Bruders war so unerträglich, dass er selbst den Willen zu leben verlor.« Sein Engel teilte mir etwas mit, das seine Mutter nicht wusste.

Ich verstand, was sein Schutzengel sagte. Ich wusste, dass dieser junge Mann sich eigentlich nichts antun wollte. Aber seine Trauer war einfach unerträglich für ihn gewesen.

Sein Schutzengel sprach erneut zu mir: »Vermittle ihm den Willen zu leben, Lorna. Er wird dich hören.«

Als ich das Bett des jungen Mannes erreichte und ihn so liegen sah, war ich sehr betroffen. Ich empfand tiefes Mitgefühl für den jungen Mann, und als ich zu beten begann, umgaben die Heilengel ihn. Sie hielten ihre Hände über ihn. Ich sah, wie ihr leuchtendes, strahlendes Licht seinen menschlichen Körper berührte, während ich ihm die Worte ins Ohr flüsterte, die mir aufgetragen wurden, um ihm seinen Lebenswillen zurückzugeben.

Während ich betend an seinem Bett stand, bat ich Gott darum, den jungen Mann wieder genesen zu lassen. Seine Mutter und seine Familie brauchten ihn. All das sagte ich Gott. Ich liebte diesen jungen Mann, obwohl ich ihn nicht kannte.

Ich bat Gott: »Bitte erlaube diesem jungen Mann, wieder vollständig gesund zu werden.«

Es war wunderbar, die Nachricht zu erhalten, dass er aufgewacht war. Seine Mutter schrieb, sie habe mir eigentlich schon längst Bescheid geben wollen, dass er gleich am nächsten Morgen, nachdem ich für ihn gebetet hatte, aufgewacht war und nun zu Hause sei.

Es macht mich sehr glücklich, großartige Dinge wie diese zu erfahren. Manchmal erzählt mir jemand Jahre später bei einer Signierstunde oder wenn ich ihn nach einem Vortrag segne, dass Gott ihn geheilt hat. Danke, Gott. Es liegt stets in Gottes Händen, ob jemand überlebt. Es ist etwas, das wir nicht immer verstehen. Wir stellen so viele Fragen. Warum lässt Gott einen Menschen leben und einen anderen sterben? Warum holt Er einige Seelen nach Hause in den Himmel und andere nicht?

Ich rief die Mutter an und sagte ihr, wie sehr ich mich freue, dass Gott ihrem Sohn eine zweite Lebenschance gegeben hatte.

Kapitel 24

Jesus und der Baum des Lebens

Eines Freitagabends saß ich mit meiner Tochter Megan auf der Couch. Sie ärgerte sich über das WLAN und beklagte sich darüber.

»Die Engel könnten mir doch helfen! Vor allem, wenn ich versuche, deinen Post auf Facebook hochzuladen, Mum. Denken die Engel etwa, ich kann meine ganze Zeit vergeuden?«

Ich lächelte ihr zu und beobachtete ihren Schutzengel.

Dann sagte ich zu ihr: »Ich glaube nicht, dass die Engel beim WLAN viel ausrichten können.«

Ich brach in Gelächter aus. Ich konnte es einfach nicht unterdrücken.

Megan sah mich fragend an: »Worüber lachst du, Mum? Das ist nicht lustig!«

»Entschuldige, aber ich konnte es mir dieses Mal nicht verkneifen.«

»Ich habe so viel zu tun, und das blöde WLAN hält mich auf. Was ist daran so lustig, Mum?«

»Du bist es und auch dein Schutzengel.«

»Dann sag mir, was mein Schutzengel macht«, forderte Megan.

»Willst du wirklich, dass ich es dir sage?«

»Ja, Mum.«

»Ich beobachte, wie dein Schutzengel deinen Frust darstellt. Das ist sehr lustig und bringt mich zum Lachen.«

»Was macht er denn?«, hakte Megan nach.

»Jedes Mal, wenn du frustriert bist und in die Luft gehst, muss ich den Raum verlassen. Ist dir das noch nie aufgefallen? Weil dein Schutzengel deine Frustration nachahmt.«

Megan sah mich überrascht an: »Sag mir, was mein Schutzengel gemacht hat.«

»Dein wunderschöner Schutzengel tut gerade so, als würde er sich vor lauter Frust die Haare ausreißen.«

Ich ahmte Megans Schutzengel nach, danach standen mir die Haare zu Berge.

Meine Tochter sagte lachend: »Genau das würde ich am liebsten machen.«

Nun mussten wir beide schallend lachen. Megans Schutzengel flüstert ihr ständig etwas ins Ohr, wenn sie aufgebracht ist, und fordert sie auf, sich zu beruhigen.

»Hat mein Schutzengel nach wie vor dieselbe Erscheinung wie vor vielen Jahren, als ich noch klein war, Mum? Wie du ihn gesehen hast, als ich an der Hand meines Vaters lief und Ruth mich bei der anderen Hand hielt – damals, als wir am Rand des Dubliner Bergs auf dich zukamen? Ich liebe diese Geschichte und auch das Foto, das du damals gemacht hast, obwohl mein Schutzengel nicht darauf zu sehen ist. Es hilft mir, die Erinnerung an jenen Tag zu bewahren. Ich muss damals etwa zwei Jahre alt gewesen sein.«

Ich sagte zu Megan: »Sei nicht traurig. Denke immer daran: Dein Dad ist stets bei dir, wenn du ihn brauchst. Ich werde das Foto holen. Ich weiß, wo es ist. Möchtest du es haben?«

»Ja, sehr gerne«, antwortete Megan.

»Es ist in einer Schachtel auf dem Dachboden. Ich steige morgen die Leiter hinauf und suche es für dich heraus. Es gibt mehrere dieser Fotos von deinem Dad und deiner Schwester mit dir in der Mitte. Und ja, Megan, dein Schutzengel hat immer noch die gleiche Erscheinung wie an jenem Tag.«

»Kannst du ihn mir noch einmal beschreiben, Mum?«

Ich betrachtete Megans Schutzengel, der mir mit einem freundlichen Lächeln zunickte.

»Dein Schutzengel hat stets eine weibliche Erscheinung und verändert sein Geschlecht nie, Megan«, sagte ich. »Du kennst seinen Namen.«

»Ja, das tue ich«, antwortete Megan.

Sie sagte den Namen ihres Schutzengels, aber ich kann Ihnen diesen nicht verraten, weil meine Tochter mich gebeten hat, dieses Geheimnis zu bewahren.

»Du bist nun eine junge Frau, deshalb hat dein Schutzengel nicht mehr die Erscheinung eines kleinen Kindes, und ich muss schmunzeln, weil dein Schutzengel etwa in deinem Alter erscheint.«

Ich sagte Megan, dass alle Engel zur gleichen Zeit erschaffen wurden und sie daher alterslos sind. Sie werden nicht älter.

Dann fuhr ich fort: »Dein Schutzengel trägt seine Haare immer noch in zwei Zöpfe geflochten, die von einem orange-rot-grünen Band zusammengehalten werden. Außerdem hat er sich eine wunderschöne rote Feder ins Haar gesteckt. Ich sehe nichts, woran die Feder befestigt wäre. Es ist, als hätte dein Schutzengel sie dorthin gesteckt und als würden seine Haare die Feder festhalten. Sie befindet sich an seinem Hinterkopf, aber auf der linken Seite. Natürlich hat er ein wunderschönes Lächeln. Das Gesicht deines Schutzengels strahlt. Er hat wunderschöne braune Augen, so groß wie Untertassen, die von einem glitzernden, strahlenden Licht erfüllt sind. Die Augen von Schutzengeln haben normalerweise keine Farbe. Die Augen der meisten Engel sind wie die Sterne, die wir am Himmel sehen. Sie haben keine Farbe, sondern sind voller Licht, das wie die Sterne am Nachthimmel strahlt. Mitten auf der Stirn deines Schutzengels befindet sich ein sternförmiges Licht. Es leuchtet die ganze Zeit so hell wie ein Stern. Dein Schutzengel trägt immer noch die wunderschöne Tunika aus hellem Gold. Er hat gerade seine Hände auf deinen Kopf gelegt, Megan.«

Megan bedankte sich bei ihrem Schutzengel, umarmte mich dann herzlich und sagte: »Danke, Mum. Das habe ich jetzt gebraucht.«

Kurz darauf funktionierte das WLAN wieder. Ich stand auf und machte uns eine Tasse Tee. Dann sahen wir uns gemeinsam eine unserer Lieblingsserien im Fernsehen an, *Nashville*.

Als Megan ein paar Tage später zum College gefahren war, beschloss ich, auf den Speicher zu gehen und nach dem Foto zu suchen. Ich wusste, dass es in einer der Schachteln war.

Als ich gerade die Leiter ausziehen wollte, sagte mein Schutzengel zu mir: »Wenn du das Foto findest, solltest du es an irgendeinem sicheren Ort auf dem Speicher aufbewahren. Gib es Megan jetzt noch nicht. Warte bis zur Weihnachtszeit. Hole es dann herunter und gib es ihr als Überraschung.«

»Vergiss nicht, mich kurz vor Weihnachten daran zu erinnern«, bat ich meinen Schutzengel.

Ich saß vor dem Computer, und alles wurde still. Kein Laut war zu hören. Es war, als würde die Zeit stillstehen. Ich wandte mich um und sah zur Tür. Der Erzengel Michael erschien gemeinsam mit dem Engel Amen.

»Hallo, ich habe euch nicht erwartet«, begrüßte ich sie.

»Der Engel Amen wird deine Seele in den Himmel mitnehmen«, antwortete der Erzengel Michael.

Ich hatte Angst, als der weibliche Engel Amen sich auf einem Knie vor mir niederließ. Engel Amen hob ihre Hand in Zeitlupe.

Ich begann mich schwerelos zu fühlen, wie eine in der Luft schwebende Feder. Ich spürte den Frieden und die Ruhe, welche mich stets überkommen, bevor meine Seele mitgenommen wird.

Der Engel Amen lächelte und sagte leise zu mir: »Hab keine Angst.«

Ich sprach im Stillen mit ihr, da ich wusste, dass sie mich hören konnte: »Ich habe keine Angst. Es ist nur etwas beängstigend, wenn mir für einen kurzen Moment der Atem genommen wird. Ich glaube, ich werde mich nie daran gewöhnen.«

Als ihre Hand sich auf meine Brust zubewegte und hineindrang, sagte sie: »Gott verlangt nach dir, Lorna. Es gibt keinen Grund, Angst zu haben.«

Zur gleichen Zeit, als der Engel Amen nach meiner Seele griff, umgaben andere Engel mich. Sie hüllten mich in die besondere Decke ein, um meinen Körper zu behüten.

Im nächsten Augenblick war ich im Himmel. Amen stand neben mir. Sie nahm meine Hand, und dann gingen wir gemeinsam los. Ich wusste, wo ich hinging. Gott hat mir diesen Ort bereits häufig gezeigt. Ich konnte den Sand unter meinen Füßen spüren. Er war wie Seide. Alles war sehr weiß. Während ich Hand in Hand mit dem Engel Amen über die Hügel ging, schien überall um uns herum Licht zu schimmern, aber es blendete nicht. Wenn ich es mit menschlichen Worten beschreiben müsste, würde ich sagen, dass wir nur ein paar Minuten unterwegs waren. Aber das trifft es nicht wirklich, weil es im Himmel keine Zeit gibt.

Als wir stehen blieben, deutete der Engel Amen auf einen der Hügel und sagte: »Du sollst dorthin gehen, Lorna. Gott wird gleich bei dir sein.«

Ich erblickte einen riesigen Baum oben auf dem Hügel. Es waren nirgendwo andere Bäume zu sehen. Die Hügel waren allesamt mit strahlend weißem Sand bedeckt. Es gab nicht einmal einen Felsen oder irgendwelche anderen Pflanzen. Mir wurde bewusst, dass es sich um den Baum des Lebens handelte. Er war gigantisch. Ich war bereits viele Male dort gewesen.

Im nächsten Moment stand ich am Fuß des Hügels. Ich erklomm ihn, so schnell ich konnte, auf meinen Händen und Knien. Als ich den Baum erreichte, setzte ich mich auf seine Wurzeln. Sie waren so groß wie die Äste des Baums und wanden sich verschlungen auf der Oberfläche des Bodens entlang. Dann verschwanden einige von ihnen in dem sandigen Hügel.

Ich war keine Erwachsene mehr. Ich war nun ein Kind von etwa zehn Jahren und trug eine schneeweiße Tunika. Ich bin immer ein Kind, wenn Gott meine Seele in den Himmel holt, da wir alle Gottes Kinder sind. Erwachsenen fällt es in der Regel schwer, das zu verstehen, das ist mir bewusst, aber für Gott sind wir nur Kinder.

Ich hörte, wie mein Name gerufen wurde, und wandte mich um. Ein kleiner Junge in meinem Alter stand neben dem Baumstamm und hielt sich daran fest, um sein Gleichgewicht zu bewahren, während er auf einer der großen Wurzeln balancierte. Er war wie ich in eine weiße Tunika mit Hosen gekleidet, so wie immer.

Er begrüßte mich: »Hallo, Lorna.«

»Hallo, Jesus«, antwortete ich.

Ich stand auf und begann über die Wurzeln des Baums zu laufen. Manchmal musste ich zwischen ihnen hinunterspringen. Dann saßen wir nebeneinander, blickten über die Hügel und ließen den Sand durch unsere Finger rinnen.

Jesus sagte zu mir: »Vater hat gesagt, wir sollen miteinander spielen. Du weißt, wer mein Vater ist?«

Ich sah ihn überrascht an: »Ja, natürlich weiß ich das. Dein Vater ist mein Vater, unser himmlischer Gottesvater.«

»Weißt du, wer ich bin?«, fragte mich der kleine Junge.

»Ja, natürlich tue ich das. Du bist Jesus – Gottes Sohn«, antwortete ich ihm.

Lachend sagte er: »Ich teste dich nur, Lorna.«

Dann sprangen wir auf und begannen zu spielen. Wir rannten und sprangen um den gigantischen Baum herum. Wir jagten einander, lachten und sprachen wie zwei Kinder miteinander. Jesus holte mich immer ein, aber ich konnte ihn nie fangen.

Wir stürzten uns den Hügel hinunter und überschlugen uns gemeinsam. Manchmal kopfüber, aber wir taten uns dabei nie weh. Wir spielten, wer zuerst am Fuß des Hügels ankam, und rannten dann so schnell wie möglich wieder nach oben. Wir lachten die ganze Zeit und hatten einen riesigen Spaß dabei.

Danach saßen wir gemeinsam zwischen den großen Wurzeln des Baums.

Wir ließen den Sand zwischen unseren Fingern hindurchrinnen, als Jesus sagte: »Lass uns auf den Baum klettern, Lorna.«

Ich sah ihn zögernd an.

»Der Baum ist so hoch, Jesus. Ich kann nicht einmal seine Spitze sehen. Wie in aller Welt sollen wir dort hinaufklettern?«

»Kein Problem«, sagte Jesus und legte seine Hand an den Baum. »Lass uns hier beginnen.«

Er begann hinaufzuklettern, und ich folgte ihm. Als ich den Baum betrachtete, sah ich keine Möglichkeit, irgendwo hinaufzuklettern, aber als Jesus seine Hände an den Baum legte, veränderte sich dieser etwas, und wir bewegten uns mühelos von Ast zu Ast.

Wir kletterten nicht ganz bis nach oben hinauf, da Jesus an einem bestimmten Punkt sagte: »Ich denke, dies ist weit genug.«

Wir setzten uns auf einen der dicken Äste und blickten zum Himmel hinauf. Der Himmel sah wie ein strahlendes Licht aus, das keinen Anfang und kein Ende zu haben schien. Ich erblickte Millionen von Engeln und Millionen von Seelen: Männer, Frauen und Kinder, die gestorben waren und sich im Himmel befanden.

Nun konnte ich sehen und spüren, wie die Liebe von überallher kam, von all den Seelen und von all den Engeln. Ich wusste – diese Liebe war Gott.

Jesus legte seinen Arm um mich und sagte: »Es ist an der Zeit zu gehen, Lorna.«

Ich antwortete Jesus: »Ich möchte nicht gehen. Ich möchte hier bei dir bleiben.«

Er erwiderte: »Nein, Lorna, mein Vater erlaubt es nicht. Deine Zeit ist noch nicht gekommen. Du musst deine Seele vom Engel Amen zu deinem menschlichen Körper zurückbringen lassen.«

Wir kletterten den Baum wieder hinunter, und Jesus sagte: »Mal sehen, wer den Fuß des Baums zuerst erreicht!«

Dieses Mal ließ Jesus mich das Wettklettern gewinnen. Der Engel Amen stand am Fuße des Baums und nahm meine Hand. Ich blickte über die Schulter zu Jesus zurück, doch er war bereits verschwunden.

Innerhalb eines Wimpernschlags saß ich wieder an meinem Computer. Der Engel Amen stand vor mir.

Sie sagte: »Mach dir eine Tasse Tee, Lorna.«

Dann musste sie gehen. Sie bewegte sich auf die Tür meines kleinen Arbeitszimmers zu, und damit verschwand sie.

Kapitel 25

Der Engel Amen, der Alltag und meine Freundin Catherine

Die Engelfrau Amen ist in meinem Leben, seitdem ich ein kleines Kind war. Sie hat mir beigebracht zu beten. Ich bin ihr zum ersten Mal begegnet, als ich in dem Haus in Old Kilmainham wohnte. Für gewöhnlich saß sie auf meinem Bett. Sie brachte mir bei, mich zu segnen und Gebete wie das Vaterunser und das Ave Maria zu sprechen. Außerdem lehrte sie mich, mit jedem Teil meines Seins zu beten, mit jeder Faser meines Körpers und meiner Seele. Im Gebet tritt meine Seele in den Vordergrund, um sich mit Gott zu vereinen.

Der Engel Amen hat stets eine weibliche Erscheinung und trägt immer ein wunderschönes Kleid, das ihr fast bis zu den Knöcheln reicht. Die Taille und das Oberteil ihres Kleides wirken wie aus einer längst vergangenen Zeit. Sie ist elegant, groß und wunderschön. Ihre Hände sind feingliedrig. Als sie mir im Alter von etwa vier Jahren beibrachte, mich zu segnen, berührte sie meine Hand mit ihren Händen. Es brachte mich zum Lachen, weil ihre Hände aufleuchteten. Ihre Fingerspitzen strahlten am hellsten. Sie wurden golden, und ein wunderschönes Licht strömte von ihnen zu meiner Hand, während ich mich segnete.

Bis zum heutigen Tag kommt der Engel Amen immer wieder kurzfristig in mein Leben und betet häufig mit mir.

Ich betete gerade, als der Engel Hosus an die Tür klopfte.

Er rief mir zu: »Du bist spät dran, Lorna. Beeile dich mal ein bisschen.«

Ich schwang mit meinem Stuhl herum und fragte ihn: »Weshalb bin ich spät dran?«

»Der Friseur wartet!«, antwortete er.

Ich warf einen Blick auf die Uhr und sah, dass es zehn nach drei war. Ich sprang auf, schnappte mir meine Tasche und rannte die Treppe hinunter. Unten angekommen schlüpfte ich rasch in meine Stiefel und nahm meinen Mantel vom Stuhl. Draußen regnete es in Strömen. Außerdem ging ein starker Wind, deshalb musste ich das Tor festbinden, damit es offen blieb und im Sturm nicht auf- und zuschlug.

Als ich ins Auto einstieg, saß der Engel Hosus auf dem Beifahrersitz.

Ich sagte zu ihm: »Ich danke dir. Ich habe den Friseurtermin vollkommen vergessen. Was würde ich nur ohne dich machen, Engel Hosus? Auch den Wohltätigkeitstee am Samstag in Kerry hatte ich vollkommen vergessen. Lass uns beten, dass die kleine Straße nicht gesperrt ist, damit ich nicht anhalten und zurücksetzen muss.«

»Lass dir Zeit«, beruhigte mich der Engel Hosus. »Die Friseurin Eimear wird auf dich warten.«

Es herrschte schrecklich viel Verkehr in der kleinen Stadt. Überall waren Autos geparkt. Ich musste auf dem Parkplatz am anderen Ende der Stadt parken. Als wir den Parkplatz erreichten, sagte der Engel Hosus zu mir, er müsse gehen.

»Vergiss nicht, das Auto abzusperren, Lorna«, fügte er hinzu.

Und damit verschwand er.

Ich lief, so schnell ich konnte, durch die kleinen Straßen zum Friseur, aber es war bereits halb vier, als ich zur Tür hineinging.

»Es tut mir leid, dass ich zu spät komme!«, entschuldigte ich mich bei Eimear.

»Das macht nichts. Ich habe Sie deshalb schon angerufen«, antwortete sie.

»Ich habe mein Telefon nicht gehört. Ich muss wohl im Auto gewesen sein, als Sie angerufen haben. Auf den Straßen herrschte ein einziges Chaos.«

»Aus irgendeinem Grund geht das jetzt schon die letzten paar Wochen so«, sagte Eimear.

Die nächsten eineinhalb Stunden ließ ich mir die Haare machen.

Danach ging ich zur Apotheke, um ein Rezept einzulösen. Als ich zum Auto zurückkam, saß der Engel Hosus wieder auf dem Beifahrersitz.

Er sagte: »Du solltest etwas Futter für Mimsy besorgen, Lorna – Karotten, Salat und Brokkoli. Morgen früh wirst du keine Zeit dafür haben, weil du nach Maynooth fahren musst.«

Als ich gerade vom Parkplatz losfuhr, verkündete mir der Engel Hosus, er müsse gehen, und damit verschwand er.

Ich steuerte den Supermarkt an, um meine Einkäufe zu erledigen. Als ich mich danach auf dem Heimweg befand, bog ich im Kreisverkehr automatisch rechts ab.

Ich sagte laut: »Oh je, soll ich es riskieren und auf dieser engen Straße nach Hause fahren?«

»Ja«, antwortete mein Schutzengel.

»Aber was ist, wenn mir ein anderes Auto, ein Lieferwagen oder ein Laster entgegenkommt?«, hakte ich nach.

»Das wird nicht passieren«, beruhigte mich mein Schutzengel.

Also war ich nach ein paar Minuten zu Hause und fuhr durch das Tor hindurch. Es regnete immer noch heftig. Ich beschloss, eine Pause zu machen und mir etwas zu kochen, da ich mich sehr erschöpft fühlte. Ich hatte den ganzen Tag geschrieben und fühlte mich ein bisschen ausgelaugt. Aber ich wusste, dass ich später – in ein paar Stunden – nach oben gehen und noch etwas weiterschreiben musste.

Während ich nun schreibe, beginnt es dunkel zu werden. Wenn ich aus dem Fenster zur nächsten Wiese sehe, kann ich all die Kühe und die kleinen Kälbchen hin und her rennen sehen. Sie sind etwas unruhig. Ich weiß nicht, was sie erschreckt hat. Eigentlich müsste der Farmer bald auftauchen. Normalerweise kommt er abends zur Kontrolle vorbei, und wahrscheinlich warten sie sehnsüchtig auf ihn.

Ich war in der Küche gewesen und hatte mir etwas zu essen gemacht. Ich schnitt etwas Gemüse und hatte gerade den Ofen angestellt, als ich aus dem Augenwinkel ein Licht in der Scheune bemerkte.

Ohne mich umzudrehen, rief ich: »Bist du das, Erzengel Michael?«

Dann schnitt ich ein paar Zwiebeln, und meine Augen begannen zu tränen und zu brennen.

»Du hast mich gerufen, Lorna«, antwortete der Erzengel Michael.

Ich ging zur Spüle hinüber und sagte: »Es war mir nicht bewusst, dass ich dich gerufen habe.« Ich ließ etwas Wasser über meine Hände laufen und rieb mir die Augen. Dann trocknete ich sie mit einem Geschirrtuch. Der Erzengel Michael kam in die Küche und berührte meine Schulter, damit ich mich ihm zuwandte.

»Hast du denn vergessen, Lorna«, fragte er mich, »dass du einen Engel eigentlich nicht bei seinem Namen rufen musst? Alle Engel Gottes sind stets bei dir.«

»Woher wusstest du denn, dass ich mit dir sprechen wollte?«, fragte ich ihn zurück.

»Du hast offensichtlich vergessen, was ich dir vor langer Zeit gesagt habe, Lorna. Dein Geist und deine Seele sind miteinander verbunden und wissen vor deinem Bewusstsein, mit wem du reden möchtest.«

Ich antwortete dem Erzengel Michael schmunzelnd: »Ja, du hast recht. Ich vergesse immer wieder, dass mein menschliches Selbst, mein Geist und meine Seele als Einheit miteinander verbunden sind. Du weißt, wann ich das Bedürfnis habe, mit dir zu reden, noch bevor mein menschliches Selbst sich dessen bewusst ist – das ist mir klar. Es klingt tatsächlich verrückt, dass meine Seele es vor meinem Geist weiß, wenn ich mit dir sprechen möchte. Etwas setzt mir sehr zu, Erzengel Michael.«

Der Erzengel Michael nahm meine Hand und erfüllte mich mit Liebe.

Catherine und ihre Mutter waren die ersten Freunde, die Joe und ich in Johnstown gewannen. Wir besuchten sie regelmäßig zu Weihnachten, und sie kamen zu uns nach Maynooth.

Als ich so beim Spülbecken in der Küche stand, sagte ich zum Erzengel Michael: »Ich hätte nie gedacht, dass meine Freundin sterben würde. Sie war mir immer so nah.«

»Weißt du nicht mehr, was ich dir vor zwei Jahren gesagt habe, Lorna?«

»Doch«, antwortete ich. »Ich erinnere mich an den Tag, an dem ich Catherine in der Entfernung gemeinsam mit ihrem Schutzengel sah, der nach ihrer Seele griff und sich darauf vorbereitete, sie in den Himmel zu bringen. Als ich nach Hause kam, standest du genau hier in meiner Küche. Seit dieser Zeit habe ich zu Gott gebetet. Als sie krank wurde, flehte ich ihn an, sie wieder genesen zu lassen. Als der Tod näher kam, bat sie um Gebete, nur um die Schmerzen etwas zu lindern. Und als sie mich vom Krankenhausbett über ihr Handy anrief, war ich am Boden zerstört, weil ihre Stimme so elend und schwach klang. Selbst zu diesem Zeitpunkt betete ich immer weiter. Ich hoffte immer noch, dass sie wieder gesund werden würde. Aber tief in meinem Herzen wusste ich: Sie würde nach Hause zurückkehren, in den Himmel. Doch es war ein großer Schock für mich, Erzengel Michael. Ich dachte, Catherine würde zu meiner Beerdigung gehen. Stattdessen sollte es genau andersherum geschehen. Ich ging zu ihrer Beerdigung – es ist so schwer, das zu glauben. Ich bete für ihre Kinder und ihre Enkelkinder. Ich weiß, wie sehr sie trauern, und ich fühle mit ihnen.«

»Auch du trauerst, Lorna«, erwiderte der Erzengel Michael. »Koche dein Abendessen fertig, dann werde ich dir Gesellschaft leisten.«

Und damit verschwand er. Ich dachte, er wollte mir Gesellschaft leisten, aber nun ist er fort, sagte ich zu mir selbst. Ich bereitete mein Essen fertig zu, und als ich gerade den Teller in die Hand nahm, tauchte der Erzengel Michael am Tisch in der Scheune wieder auf.

»Mir war nicht bewusst, dass du zurückkommen würdest«, sagte ich zu ihm.

»Ich habe dir gesagt, dass ich dir Gesellschaft leisten würde, Lorna.«

Ich stellte mein Essen auf den Tisch in der Scheune und zog einen Stuhl heran.

Lachend fragte ich den Erzengel Michael: »Möchtest du gerne am Ende des Tisches sitzen?«

»Ja. Du bist mit dem Buch fast fertig, Lorna«, fuhr er fort.

»Ja, das bin ich. Kann ich dir eine Frage stellen, Erzengel Michael?«

»Ja, du kannst mir alle Fragen stellen, die du möchtest«, antwortete er.

»All ihr Engel habt mich so viele Dinge gelehrt, und ich würde gerne noch etwas in dieses Buch mitaufnehmen, um den Menschen zu helfen, eine Verbindung zu ihrem Schutzengel und zu all euch Engeln herzustellen. Allerdings fällt es mir schwer, etwas Passendes auszuwählen. Hast du irgendwelche Vorschläge, Erzengel Michael?«

»Ich dachte, du würdest nie danach fragen, Lorna. Gott hat mir gesagt, welche Übung du den Menschen beibringen kannst. Du wirst dich daran erinnern, dass du sie als Kind gemacht hast. Wir haben dir all diese Dinge beigebracht, damit du den Menschen zeigen kannst, wie sie eine Verbindung zu ihrer spirituellen Seite herstellen können: zu ihrer Seele und ihrem Schutzengel.«

»Welche Übung wolltest du mir denn vorschlagen, Erzengel Michael?«

»Du musst mir ein paar nennen«, sagte er zu mir, »aber iss zuerst etwas von deinem Abendessen.«

»Ich kann dabei auch reden«, protestierte ich.

»Natürlich«, sagte er lachend.

Sie wissen, wie das Lachen von Erzengel Michael klingt – wie Donnerhall –, aber er lachte nur ein paar Sekunden lang.

»Wenn du noch länger gelacht hättest, wäre mein Abendessen wahrscheinlich auf dem Boden gelandet«, scherzte ich mit ihm.

Er strahlte mich herzlich an, und ich lächelte zurück. Ich aß noch etwas von meiner Mahlzeit. Dann schlug ich drei Spiele vor, die die Engel mir beigebracht hatten: sanft pusten, meine Augen schließen und bis zehn zählen und das Spiel mit den Blumen und dem Duft.

»Welches schlägst du vor, Erzengel Michael?«

»Keins davon. Erinnerst du dich an das Spiel, das ich dir beigebracht habe, Lorna?«

Ich sah den Erzengel Michael an und antwortete: »Ja, das tue ich. Du hast es früher oft mit mir gespielt.«

»Das tue ich immer noch, aber ich lasse dich mich dabei nicht sehen«, sagte er. »Als du neulich im Obstgarten warst, hast du es geübt, Lorna.«

»Ja, ich erinnere mich, das Gras war beinahe kniehoch, und die Sonne schien durch die Bäume hindurch. Ich dachte daran, wie ich es letztes Jahr mit dir geübt habe. Ich hielt meine Arme seitlich, leicht von meinem Körper entfernt, sodass meine Hände mit eng aneinanderliegenden Fingern zum Boden zeigten. Ich drehte mich langsam und ließ all die menschlichen Geräusche und die gesamte Natur verschwinden, sodass ich nur die Engel hören konnte. Ich sagte den Engeln die ganze Zeit, dass ich nur sie singen hören möchte, aber ich glaube nicht, dass jeder in der Lage dazu wäre, Erzengel Michael.«

»Die Menschen müssen sich nicht langsam auf einer Stelle drehen und ihre Arme dabei seitlich halten, sodass ihre Finger zum Boden weisen, Lorna. Sie können auch auf einem Stuhl sitzen oder auf einem Bett liegen. Sie können ihre Augen schließen und all die Engel bitten, sie zu umgeben und ihnen dabei zu helfen, sich zu entspannen, sodass alle Geräusche verschwinden.«

Ich fragte den Erzengel Michael: »Wäre es nicht wundervoll, wenn die Menschen das üben würden, egal wie alt sie sind? Es würde ihnen helfen, die Präsenz ihres Schutzengels zu spüren. Ich weiß, was dann noch passieren könnte. In dem Moment, in dem sie ihre Augen öffnen, in diesem Bruchteil einer Sekunde, könnten sie einen flüchtigen Blick auf ihren Engel erhaschen. Wäre das nicht wunderbar?«

Ich war nun mit dem Essen fertig und stand vom Tisch auf, um in die Küche zu gehen. Der Erzengel Michael folgte mir, und kurz bevor er verschwand, nahm er meine Hände in seine und hielt sie fest, was mich mit Liebe und Trost erfüllte.

»Ich hoffe, du bist jetzt nicht mehr so traurig«, sagte er.

»Nein, das bin ich nicht mehr. Ich weiß, dass meine Freundin im Himmel ist. Sie ist glücklich und friedlich vereint mit all ihren Lieben, die vor ihr gegangen sind. Und sie ist für ihre Kinder und auch für ihre Enkelkinder da.«

»Ich muss nun gehen«, verkündete der Erzengel Michael.

Damit ging er in die Scheune hinaus und verschwand wieder.

Die Engel sind für jeden Einzelnen von uns da. Wir alle haben einen Schutzengel, der uns keine Sekunde verlässt. Ihr Schutzengel liebt Sie. Sie sind vollkommen und einzigartig. Erlauben Sie sich selbst, sich so zu sehen, wie Ihr Schutzengel Sie sieht.

Kapitel 26

Die Schriftrolle

Jedes Mal, bevor ich ins Ausland reise, um einen Vortrag zu halten, mache ich Termine, zum Beispiel beim Friseur und so weiter. Ich fahre dafür mindestens ein oder zwei Tage vorher nach Maynooth, um alles zu erledigen. Währenddessen wohne ich im Haus meines Sohnes, dem alten Cottage, in dem Joe und ich unsere ersten drei Kinder während ihrer Kindheit und Jugend großgezogen haben. Unser viertes Kind Megan lebte fünf Jahre in dem Cottage, bis kurz nach Joes Tod, dann zog ich mit ihr nach Kilkenny. Das Cottage ist stets im Familienbesitz geblieben, und mein Sohn Christopher hat das Haus und den Garten großartig gestaltet. Er ist ein toller Gärtner. Er scheint die Blumen nur zu berühren, und schon wachsen sie überaus kräftig.

Jedes Mal, wenn ich nach Maynooth zurückkomme, kehren auch viele Erinnerungen zurück. Manchmal sitze ich dann auf der Couch im Empfangszimmer und erinnere mich daran, wie Joe im Sessel saß und ein Buch las oder die Nachrichten sah. Oder ich erinnere mich daran, wie er am Küchentisch saß und Karten spielte. Oder wenn ich vom Einkaufen nach Hause kam, am Küchenfenster vorbeifuhr und ihn beim Geschirrspülen sah. Sobald er mich erblickte, strahlte er mich an und winkte mir durch das Küchenfenster zu. Kurz darauf öffnete er die Haustür und trocknete mit einem Geschirrtuch seine Hände ab. Am meisten erinnere ich mich wohl an sein Lächeln.

Ich muss zeitlich vier Jahre zurückgehen und würde mir wünschen, dass Sie mich auf dieser Reise begleiten. Eigentlich hoffe ich, dass Sie das bereits während des gesamten Buchs getan haben – dass Sie in meine Fußspuren getreten sind, all die verschiedenen Dinge gesehen und gehört haben, die in meinem Leben geschehen. Ich versuche, Ihnen zu helfen, eine Verbindung zu Ihrer spirituellen Seite aufzubauen.

Damals also ging ich zur Post im Gewerbegebiet neben dem Kreisverkehr in Maynooth, um zu sehen, ob irgendwelche Briefe für mich gekommen waren. Es war ein großes Bündel für mich da, das ich mit zum Auto nahm und einfach auf den Rücksitz fallen ließ. Ich schenkte den Briefen in diesem Moment keine weitere Beachtung, weil ich gerade wieder nach Kilkenny zurückfahren wollte.

Als ich etwa zwei Tage später abends auf der Couch saß, fragte mich einer der arbeitslosen Engel: »Warum öffnest du nicht ein paar der Briefe, Lorna?«

Ich blickte zum Tisch und sah eine große Plastiktüte voller Briefumschläge. Ein weiterer Stapel aus etwa 30 Briefen lag auf dem Tisch verstreut.

»Behellige mich nicht damit. Du weißt, dass ich ziemlich müde bin. Ich wollte früh zu Bett gehen«, sagte ich zu dem Engel.

Aber dieser arbeitslose Engel blieb einfach vor mir stehen. Er zeigte sich in einer sehr menschlichen Erscheinung und hatte seine Hände in die Hüften gestemmt. Diese Geste erinnerte mich an meinen kleinen Enkelsohn, der manchmal genauso dasteht, wenn er darauf besteht, dass ich mit ihm zum Spielen hinausgehe. Das brachte mich zum Lächeln.

»Na los, Lorna. Öffne ein paar Briefe«, forderte der Engel mich auf.

Ich gab nach und sagte: »Na gut.«

Ich hüllte mich in die Couchdecke ein und stand auf. Dann holte ich die große weiße Tüte mit den Briefen und ließ sie auf die Couchlehne fallen. Das Gleiche tat ich mit den übrigen Briefen. Zwischen der Couch und dem Esszimmertisch standen mehrere Engel in einer Reihe. Meine Couch hat eine L-Form und teilt den Raum in zwei Hälften, sodass er sowohl mein Wohnzimmer als auch mein Esszimmer ist.

Ich sagte laut: »Zunächst werde ich mir eine Tasse Tee machen. Ich hoffe, ihr Engel helft mir beim Lesen dieser Briefe. Einige davon werden auf Englisch sein, aber selbst diese werden für mich schwer zu lesen sein.«

Ich kann sie nur mithilfe der Engel entziffern. Ohne sie wäre ich wegen meiner Legasthenie überhaupt nicht in der Lage dazu.

Ein paar Minuten später stellte ich meinen Tee und einen Keks auf dem kleinen Tisch neben der Couch ab. Ich machte es mir bequem und wickelte mich wieder in die Decke ein. Der arbeitslose Engel, der zuvor seine Hände in die Hüften gestemmt hatte, stand immer noch vor mir, etwas links vom kleinen Tisch. Jetzt hatte er die Hände nicht mehr in die Hüften gestemmt, sondern hielt einen Stift und Papier in der Hand.

»Trink etwas Tee und probiere den leckeren Keks«, forderte er mich auf.

Er lächelte mich strahlend an, und ich erwiderte sein Lächeln, während ich nach meiner Tasse griff und meinen Tee trank. Der Keks war wirklich sehr lecker. Ich bedankte mich bei all den Engeln, nahm den ersten Brief zur Hand und öffnete ihn.

Die Engel hinter der Couch beugten sich nach vorne und flüsterten mir zu, was in jedem Brief stand. Dabei versuchte ich auch selbst ein bisschen zu lesen. Meine Fähigkeit zu lesen verbessert sich im Laufe der Jahre immer mehr.

Ich weiß nicht, wie viele Briefe ich durchging. Mittlerweile musste mehr als eine Stunde vergangen sein, und ich wurde sehr müde. Jedes Mal, wenn ich einen Brief mit den Engeln las, betete ich dafür, dass die darin enthaltene Bitte erhört werden würde. Ich bat die Engel, diese in die Gebetsrolle mitaufzunehmen, und das taten sie. Jedes Gebet, jede Bitte, die irgendjemand jemals an einen Engel richtet, wird in diese Schriftrolle eingetragen. Dann geben die Engel mir diese Schriftrolle, damit ich sie Gott übergebe.

Manche Briefe waren sehr traurig. Sie handelten von jemandem, der sehr krank war, vom Verlust eines geliebten Menschen oder von einer Mutter oder einem Vater, die versuchten, mit einer schwierigen Familiensituation fertigzuwerden. Die meisten Briefe stammen in der Regel von Müttern und Vätern, die sich Sorgen um ihre Kinder machen und sich wünschen, dass diese ihre Prüfungen bestehen, eine Arbeit finden, heiraten, Kinder bekommen oder einfach glücklich sind.

Manche Eltern richten die folgende Bitte an mich: »Bitte setzen Sie unseren Namen auf die Gebetsliste, die Sie Gott übergeben, Lorna. Ich weiß, dass Er auf Ihr Gebet für unser Kind hören wird.«

Manche bitten Gott darum, ihrem Kind dabei zu helfen, keine Drogen mehr zu nehmen oder keinen Alkohol mehr zu trinken, oder darum, dass ihr Kind nicht wieder im Gefängnis landet. Häufig bitten sie darum, dass ihr Kind Freunde findet. Manchmal schreibt ein Elternteil ihr Kind habe keine Freunde, niemanden, mit dem es reden könne. Es trifft mich jedes Mal, wenn ich einen solchen Brief lese, weil es sehr viele Menschen gibt, ob jung oder alt, die sich sehr einsam fühlen. Sie haben niemanden zum Reden. Es ist sehr wichtig, Freundschaften zu schließen, und ebenso wichtig ist es, diese Freundschaften zu pflegen.

Ich empfehle den Eltern auf der ganzen Welt: »Ermutigt eure Kinder, egal wie alt sie sind, einem Verein beizutreten, zum Tanzen, Bergwandern, Radfahren, Fußballspielen, Schwimmen oder Reiten zu gehen oder sich einer Organisation anzuschließen, um etwas über die Natur zu lernen. Erinnert sie daran, dass sie versuchen sollten, nicht zu schüchtern zu sein. Fordert sie dazu auf, Menschen, denen sie begegnen, zu helfen, da es ihnen hilft, Freunde zu gewinnen.«

Ich wollte gerade mit dem Briefelesen und Beten aufhören, als derselbe arbeitslose Engel, der vor mir an dem kleinen Tisch gestanden hatte, zu mir sagte: »Nur noch ein weiterer Brief, Lorna.«

Ich schlug die Decke zurück, in die ich mich eingewickelt hatte, und erwiderte: »Ich bin wirklich müde. Ich werde den Rest morgen Abend erledigen. Ich weiß, dass du da sein wirst, um mir zu helfen.«

Ich schob den kleinen Tisch vorsichtig nach rechts, damit der leeren Tasse und dem Unterteller nichts passierte. »Nur noch ein Brief, Lorna, dann kannst du zu Bett gehen«, sagte der arbeitslose Engel beharrlich.

Seufzend antwortete ich: »Okay. Ein Brief noch, aber nicht mehr.«

Ich setzte mich wieder auf die Couch. Als ich gerade nach einem der Briefe greifen wollte, hielt ich inne und sah zu dem arbeitslosen Engel auf, da mir der Gedanke durch den Kopf ging, dass ich stets arbeitslose Engel einstelle.

Ich sagte zu dem Engel: »Du bist jetzt bei mir angestellt, weil du mir mit diesen Briefen hilfst.«

»Das hast du bereits vor langer Zeit getan, Lorna«, antwortete der arbeitslose Engel.

Lachend betrachtete ich den arbeitslosen Engel genauer. »Ja, du hast recht. Ich bin ja so gedankenlos.«

Ich erkannte diesen speziellen Engel. Er ist immer bei mir, wenn ich Briefe öffne.

»Zurück an die Arbeit, Lorna«, forderte er mich auf.

Ich tastete zwischen den Briefen herum, die verstreut auf der Couch lagen, und versuchte zu entscheiden, welchen ich auswählen sollte.

Als ich mich gerade für einen Brief entschieden hatte, schaltete der Engel sich ein: »Nein, nicht diesen, Lorna.« Er deutete auf den Briefstapel.

»Welchen soll ich nehmen?«, fragte ich ihn. »Es ist schwer zu erraten.«

Der Engel beugte sich nach vorn und ließ das Licht aus seiner Fingerspitze auf die Ecke eines Briefes leuchten, der unter den anderen hervorlugte. Ich zog ihn heraus und öffnete den Briefumschlag. Es war ein kurzer Brief. Er stammte von einem 14-jährigen Jungen. Einer der Engel hinter der Couch beugte sich nach vorne und half mir, den Brief zu lesen. Der Junge entschuldigte sich für sein schlechtes Englisch und schrieb dann, seine Mutter sei unheilbar an Krebs erkrankt. Er habe große Angst davor, dass sie sterbe, da außer seiner Mutter und ihm niemand da sei und er in ein Heim kommen werde, falls seine Mutter sterben würde. Er habe panische Angst davor. Er bat mich darum, dafür zu beten, dass seine Mutter gesund würde. Er bat mich, zu Gott zu beten, dieses Wunder geschehen zu lassen. Und er schrieb, wie sehr er seine Mutter liebe.

Dieser junge Teenager hatte weder eine Adresse noch eine Telefonnummer angegeben. Ich hatte keine Ahnung, wo er wohnte. Als ich die Engel danach fragte, sagten sie es mir nicht. Aber in jenem Jahr begegnete ich dem Jungen bei einer meiner Vortragsreisen durch ein paar skandinavische Länder.

Ich war dort, um einen Vortrag von Gott und den Engeln über Liebe, Frieden, die Umwelt sowie über die Rettung der Welt und über Heilung zu halten. Ich kann mich nicht mehr genau erinnern, in welchem Land ich den Vortrag hielt, aber ich weiß noch, wie voll der Saal war und dass sich auch zahlreiche junge Leute im

Publikum befanden. Das überraschte mich sehr. All diese jungen Teenager wollten etwas über Gott, ihren Schutzengel, Liebe und Frieden wissen. Die Engel erklärten mir, dass die jungen Menschen einen starken Glauben hätten und an Wunder glaubten.

Bei meinen Veranstaltungen segne ich jeden persönlich und bitte um die Heilung, die der jeweilige Mensch braucht. Ich weiß nicht, wie lange es dauerte, um jeden an diesem Abend zu segnen. Viele Menschen sagten mir, dass sie den Segen nicht für sich selbst wollten, sondern sich wünschten, dass Gott den Segen auf ihre Liebsten übertrug, auf ihre Familie und ihre Freunde.

Ich ging an der Reihe all der jungen Leute entlang und segnete sie nacheinander. Als ich gerade einen Schritt nach vorne machen wollte, um einen Jungen zu segnen, flüsterten die Engel, die mich umgaben, mir zu: »Das ist der 14-jährige Junge, der dir einen Brief über seine krebskranke Mutter geschrieben hat.«

Die Engel ließen mich in diesem Moment sehen, wie ich den Brief dieses Jungen auf der Couch gelesen hatte. Der Junge trat einen Schritt nach vorne. Als ich meine Hand ausstreckte, um ihn zu segnen, flüsterte er mir ins Ohr: »Ich möchte diesen Segen nicht für mich. Ich möchte ihn für meine Mutter, Lorna. Ich habe Ihnen einen Brief geschrieben. Sie hat Krebs. Ich möchte, dass Gott sie gesund werden lässt, damit wir zusammen sein können.«

»Ich erinnere mich an den Brief, den du mir geschickt hast«, flüsterte ich zurück. »Ich habe Gott jeden Tag darum gebeten, seitdem ich deinen Brief erhalten habe. Keine Sorge, ich werde dich segnen und Gott gleichzeitig darum bitten, deiner Mutter einen Segen für ihre Heilung zu schicken.«

Ich segnete ihn, und dann forderten die Engel mich auf, zur nächsten Person zu gehen.

Während ich das tat, sagte ich zu Gott: »Er ist so jung, erst 14 Jahre alt. Er wünscht sich so sehnlich, dass seine Mum wieder gesund wird. Bitte gewähre diesem Jungen ein Wunder, Gott.«

Ich fuhr damit fort, eine Person nach der anderen zu segnen. Ich weiß, dass während der Segnungen viele Wunder geschehen, manche ereignen sich auch erst später. Dieser Junge hatte einen starken Glauben und bat Gott darum, seiner Mutter ein Wunder zu schenken.

Nun folgt der nächste Teil der Geschichte: Zwei Jahre später kehrte ich im Rahmen einer weiteren Lese- und Vortragsreise noch einmal in dasselbe Land zurück. Die Engel erzählten mir, ich werde bei einem der Vorträge eine kleine Überraschung erleben. Während der vergangenen beiden Jahre hatte ich oft an den Jungen und seine Mutter gedacht, obwohl ich dieser nie begegnet war. Die Engel hatten mir nie erzählt, ob Gott ihr das Wunder gewährt hatte oder nicht. Ich habe den Erzengel Michael oder Gott selbst auch nie danach gefragt. Das tue ich nicht. Ich bete lediglich dafür, dass Gott den Menschen in ihrem Leben so viele Wunder wie möglich gewährt. Und ich betete dafür, dass Gott der Mutter dieses Jungen das Wunder gewähren würde, gesund zu werden und zu überleben, damit er kein Waise wurde.

Während der Segnung bei einer meiner Veranstaltungen stand der mittlerweile 16-jährige junge Mann nun wieder vor mir und sagte: »Danke, Lorna. Gott hat das Wunder gewährt. Meine Mutter lebt, und es geht ihr gut. Sie ist hier genau hinter mir.«

Genau in dem Moment, als der junge Mann mir das sagte, waren er und seine Mutter hinter ihm plötzlich von Engeln umgeben.

Seine Mutter trat nach vorne und stellte sich neben ihren Sohn. Mein Herz machte vor lauter Freude einen Satz. Ich war so glücklich über diese gute Nachricht.

Der Junge, der nun ein junger Mann war, sagte: »Das ist meine Mutter, Lorna.«

Ich begrüßte sie lächelnd: »Hallo, ich freue mich sehr, Ihnen zu begegnen.«

Mir war klar, dass sie nicht wusste, wie glücklich ich war. Ich konnte den Schutzengel ihres Sohnes sehen, der seine Hände auf dessen Schultern gelegt hatte. Er brachte dem jungen Mann so viel Liebe entgegen. Ihr eigener Schutzengel umarmte sie überaus sanft und liebevoll.

Dann segnete ich die beiden und bat darum, dass das Wunder für die Mutter fortdauern würde, damit sie weiterhin eine großartige, liebevolle Mutter für ihren Sohn sein konnte. Ich bat Gott darum, die Mutter alt werden zu lassen, damit ihr Sohn sie in seinem Leben haben konnte. Außerdem bat ich darum, dass der junge Mann eine Arbeit finden würde, wenn er die Schule abgeschlossen hatte, dass er glücklich werden und ebenfalls eine Familie haben würde. Ich weiß, dass er ein großartiger Vater wäre. In meinem Herzen weiß ich, dass ich die beiden wiedersehen werde.

Der junge Mann sagte zu mir: »Ich glaube an Gott. Danke, dass Sie mir von meinem Schutzengel erzählt haben.«

Als ich die Mutter und ihren Sohn gesegnet hatte, verabschiedeten die beiden sich von mir.

Bevor sie gingen, überreichte der junge Mann mir einen weißen Rosenkranz mit den Worten: »Ich möchte Ihnen diesen schenken, Lorna. Es ist der Rosenkranz, den ich jede Nacht verwendet habe, um zur Muttergottes zu beten, damit sie ihren Sohn darum bitten würde, das Wunder für meine Mutter geschehen zu lassen. Nun sollen Sie ihn haben. Ich weiß, dass ich ihn jetzt nicht mehr brauche.«

»Nein, er gehört dir«, erwiderte ich. »Wir sollten stets beten.«

Der junge Mann antwortete mir: »Ich kann mir einen anderen besorgen, aber ich möchte, dass Sie diesen Rosenkranz haben. Es ist derjenige, mit dem ich jede Nacht für meine Mutter gebetet habe, weil Sie mir Hoffnung geschenkt haben. Sie haben mich an Gott glauben lassen.«

Ich wollte den Rosenkranz nicht annehmen, aber mein Schutzengel beugte sich zu mir herab und flüsterte mir ins Ohr: »Du solltest ihn annehmen.«

Also bedankte ich mich bei dem jungen Mann dafür.

Ich hielt den Rosenkranz in meiner Hand, musste ihn dann aber jemand anderem zur Verwahrung geben, damit ich mit der Segnung fortfahren konnte. Ich weiß nicht, wie lange die Segnung dauerte. Manchmal dauert sie zwei Stunden, manchmal länger, aber ich bete stets dafür, dass Gott jedem Heilung schenkt, egal was für eine Heilung das auch sein mag.

Als ich in mein Hotelzimmer zurückkam, verwahrte ich den Rosenkranz sicher in meiner Tasche, um ihn mit nach Hause zu nehmen. In meinem Haus in Irland habe ich diesen weißen Rosenkranz unter mein Kopfkissen gelegt. Ich nutze ihn selbst. Ich habe noch nie solche weißen Rosenkranzperlen gesehen. Sie sind anders als die traditionellen Perlen, die wir hier in Irland verwenden. Der Rosenkranz wird mir immer am Herzen liegen, und ich werde den jungen Mann und seine Mutter nie vergessen. Ich werde sie für immer in meine Gebete einschließen.

KAPITEL 27

Die dreizehnjährige Olivia

Megan und ich sind, seit sie auf der Welt ist, bereits vier Mal umgezogen. Offenbar pendle ich immer zwischen Maynooth und Kilkenny hin und her. Ich beklage mich ständig bei Gott darüber, denn ich hätte lieber ein Heim an einem Ort, ohne ständig aufs Neue umziehen zu müssen.

Als ich das zweite Mal umziehen musste, weinte ich, und es macht mir nichts aus, das zuzugeben. Ich fand es sehr nervenaufreibend, und Megan hat es auch belastet. Ich saß oben in meinem Schlafzimmer auf dem Bett und sagte zu mir selbst: »Das ist so unfair! Ich möchte nicht wieder umziehen. Schenke mir bitte Wurzeln, Gott, damit ich an einem Ort bleiben kann.«

Kaum hatte ich Gott das gesagt, erschien der Erzengel Michael im Zimmer.

Ich sah zu ihm auf und begrüßte ihn.

Er streckte seine Hand aus, legte sie mir auf den Kopf und sagte: »Es wird alles gut klappen, Lorna.«

»Ich hasse es nun mal umzuziehen«, antwortete ich. »Ich sollte mich nicht beklagen, das weiß ich, aber wie häufig werde ich deiner Meinung nach noch umziehen müssen?«

»Wie du weißt, hat Gott dir gesagt, dass du möglicherweise häufig umziehen musst, Lorna.«

»Was heißt häufig?«, hakte ich nach.

»Ich kenne die Antwort darauf nicht, Lorna, weil Gott es mir nicht gesagt hat.«

Ich atmete tief ein und sagte: »Ist schon in Ordnung. Im Moment geht es mir gut.«

Daraufhin verkündete der Erzengel Michael: »Ich muss gehen.«

Und damit verschwand er.

Vielleicht ist Ihnen nicht bewusst, was für ein schüchterner Mensch ich bin und wie schwer es mir fällt, Kontakte zu anderen Menschen zu knüpfen. Als meine Kinder klein waren, mussten die Engel mich extrem ermutigen, vor allem, wenn ich zu einem Elternsprechtag in der Schule gehen musste oder wenn die Kinder zum Beispiel ein Krippenspiel aufführten. Es verlangte mir sehr viel Mut ab. Ich brachte den Mut, dorthin zu gehen, nur auf, weil die Engel mich regelrecht zur Tür hinausschoben und mir versicherten, dass alles gut gehen werde. Wahrscheinlich war ich deshalb so schüchtern, weil ich nicht sehr viele Leute kannte.

Ich erinnere mich an die Zeit, als Megan etwa fünf Jahre alt war. Sie ging in eine Klosterschule für Mädchen. Die Schule führte ein Theaterstück auf, und Megan war ganz aufgeregt, weil sie darin mitspielte. Es machte mich ziemlich nervös, dorthin zu gehen, aber ich ließ mir ihr gegenüber nichts anmerken. Wir brachen sehr früh von Old Greenfield zur Schule auf, denn alle Teilnehmer mussten rechtzeitig dort sein.

Hin und wieder beklagte ich mich beim Erzengel Michael, beim Engel Hosus und gelegentlich auch bei meinem eigenen Schutzengel, weil sie zu mir sagten: »Du darfst nicht nach einer Ausrede suchen, nicht hinzugehen, Lorna.«

Als ich mit Megan zur Schule ging, beklagte ich mich beim Engel Hosus. Er lief neben uns her, und ich sagte ohne Worte zu ihm: »Wie du weißt, möchte ich am liebsten nach Hause zurückgehen, aber das kann ich nicht, das ist mir klar. Ich muss dies für meine kleine Tochter tun.«

»Es wird alles gut gehen, Lorna«, versicherte mir der Engel Hosus.

Er ermutigte mich, nicht nervös zu sein, und sagte mir, das Stück werde mir gefallen.

Als wir das Schultor fast erreicht hatten, blieb Megan stehen und sagte: »Keine Sorge, Mum, es wird dir gefallen.«

Lächelnd erwiderte ich: »Natürlich wird es das.«

Ich blickte kurz zu ihrem Schutzengel, da er ihr etwas ins Ohr flüsterte. Daraufhin umarmte Megan mich fest und ging dann Hand in Hand mit mir durch das Schultor und in die Schule hinein.

Als wir die Aula der Schule betraten, suchten sich bereits viele Eltern und Kinder einen Platz. Natürlich liefen auch viele Lehrer umher. Außerdem war die Aula zum Bersten voll mit Engeln. Manche saßen auf den Stuhlreihen, die noch unbesetzt waren. Andere Engel hatten sich unter die Eltern und Kinder gemischt, so als würden sie diese willkommen heißen.

Megan rannte zu ihren Freundinnen, und ich suchte mir weit hinten einen Platz. Neben mir standen einige leere Stühle. Der Engel Hosus setzte sich auf einen davon.

»Ich fühle mich vollkommen fehl am Platz«, sagte ich zu ihm. »Was soll ich tun? Einfach Däumchen drehen?«

Genau in diesem Moment kam Megan mit ein paar Freundinnen zu mir. Sie wollte nur sehen, ob es ihrer Mutter gut ging. Ich begrüßte die anderen kleinen Mädchen, die bei ihr waren, und sagte ihnen, wie sehr ich mich darauf freute, sie in ihrer Rolle auf der Bühne spielen zu sehen. Sie bedankten sich bei mir und eilten dann wieder zum Bereich seitlich der Bühne zurück. Ich brach fast in Gelächter aus und musste extrem schmunzeln, weil eine Gruppe von Engeln hinter den kleinen Mädchen herlief und jede ihrer Bewegungen nachahmte. Die Mädchen kicherten und sprachen miteinander, und genau das taten auch die Engel.

Die Aula füllte sich innerhalb kürzester Zeit. Als das Stück begann, war ich gefesselt von den kleinen Kindern auf der Bühne und all den Engeln, die sie nachahmten. Als die Kinder sangen, stand auch eine Gruppe von singenden Engeln hinter ihnen. Sie hielten ein Gesangbuch in der rechten Hand und eine brennende Kerze in der linken. Die Kinder sangen wunderschön. Neben den Kindern, die Musikinstrumente spielten, standen Engel, die jeweils auf denselben Instrumenten spielten. Allerdings leuchteten diese. Mir war klar, was die Engel taten. Mit ihrem Gesang und den Instrumenten unterstützten sie die Darbietung der Kinder. Ich empfinde es an jedem Tag meines Lebens als Privileg zu sehen, auf welche Weise die Engel in unser Leben eingebunden sind.

Als das Stück vorbei war, klatschte und jubelte das gesamte Publikum. Die Kinder verbeugten sich, und die Engel verbeugten sich mit ihnen. In diesem Moment war es, als hätten die Engel einen vielfarbigen Regenbogen über die Bühne gespannt. Meine Tochter und ihre Freundinnen hüpften vor Freude auf und ab. Dann sah es so aus, als löse sich der farbenfrohe, leuchtende Regenbogen in kleine Fahnen und Luftblasen auf, die sich auf der Bühne verteilten. Megan kam mit all den anderen kleinen Mädchen von der Bühne herunter. Als sie durch die Menge der Eltern ging, blieb sie hier und da stehen, um Freunde zu begrüßen oder sich von ihnen zu verabschieden. Als sie schließlich zu mir in den hinteren Bereich der Aula kam, war sie ganz aufgeregt und glücklich.

Auf dem Nachhauseweg sprach Megan über nichts anderes als die Aufführung und ihre Freundinnen. Es war wunderbar, ihr zuzuhören. Der Engel Hosus begleitete uns nach Hause.

Es hatte mir Spaß gemacht, mir die Aufführung anzusehen und das ganze Drumherum mitzubekommen, aber ich hatte mit niemandem gesprochen. Mich hatte auch niemand angesprochen, weil ich niemanden kannte. Mir ist bewusst, dass ich häufig über das Thema Freundschaft spreche, aber ich muss zugeben, dass ich selbst kaum Freunde habe. Gott hat mir nie erlaubt, viele Freunde in meinem Leben zu haben, und das ist bis heute so.

Es fällt mir nach wie vor schwer, mich in Gesellschaft an Gesprächen zu beteiligen, aber ich kann gut zuhören. Wahrscheinlich liegt es daran, dass so viel passiert, wenn ich in der Gesellschaft anderer Menschen bin. Ich höre alles, worüber jeder Einzelne spricht, aber ich höre auch den anwesenden Engeln zu.

Elternsprechstunden sind ein weiterer sozialer Kontakt, vor dem es mir graut. Natürlich sind viele andere Eltern ebenfalls etwas nervös, weil sie befürchten, etwas Negatives über ihr Kind zu hören.

Meine Tochter Ruth ist mittlerweile verheiratet und hat selbst zwei Kinder. Ihr jüngster Sohn geht zur Schule, und auch ihr behagt die Vorstellung nicht, zur Elternsprechstunde zu gehen.

Neulich fragte sie mich: »Was, wenn die Lehrerin mir sagt, dass Billy Bob in der Schule ungezogen ist, seine Hausaufgaben nicht macht oder nicht aufpasst?«

Wie alle Mütter befürchtet sie, diese Dinge in der Elternsprechstunde zu hören, aber wir sollten uns bewusst machen, dass Lehrer nur das Beste für die Kinder wollen.

»Ich glaube nicht, dass die Lehrerin viel an Billy Bob auszusetzen hat. Er ist wirklich ein sehr braver Junge«, beruhigte ich Ruth.

»Das hoffe ich«, antwortete sie.

Wenn Ruth dieses Buch liest, wird sie einige Dinge über ihre Mutter erfahren, die sie noch nicht wusste. Die folgende Geschichte gehört dazu.

Ich musste zu einer Elternsprechstunde, in der es um Megan ging. Ich war sehr nervös, unter anderem, weil ich Legasthenikerin bin. Als meine Kinder in der Grundschule und auf dem Gymnasium waren, konnte ich kaum lesen. Wenn ein Lehrer mir daher die Noten meiner Kinder zeigte, wurde ich daraus nicht schlau. Ich befürchtete, der Lehrer werde mir etwas in die Hand drücken und von mir erwarten, es zu lesen. Es war tatsächlich sehr schwer, geheim zu halten, dass ich weder lesen noch schreiben konnte. Wenn ich irgendetwas unterschreiben musste, buchstabierte ich meinen Namen im Kopf, um ihn richtig zu schreiben, und das war nicht einfach. Es gelang mir jedoch mithilfe der Engel, da sie mir so viel wie möglich beibrachten, und sie helfen mir noch heute.

Ich glaube, meiner Mutter, meinem Vater und meinen Geschwistern war nicht bewusst, dass ich nicht lesen konnte. Aber Joe und meine Kinder wussten es. Noch heute fällt es mir sehr schwer. Ich kann mittlerweile etwas besser lesen, aber manches lerne ich auch auswendig.

Wenn ich Bücher signiere, sprechen die Engel mir die Worte immer wieder ins Ohr und buchstabieren sie für mich, aber ich mache trotzdem Fehler. Ich musste jahrelang üben, aber es hat mich im Leben nicht aufgehalten. Ich habe mich auf die Reise begeben, auf die Gott mich geschickt hat, und ich tue, was Er mir aufgetragen hat. Lassen Sie mich Ihnen Folgendes sagen: Gott ist real, Sie haben eine Seele und einen wunderschönen Schutzengel, der die ganze Zeit bei Ihnen ist und Sie mit seiner Liebe umgibt. Gott hat Ihren Schutzengel zum Torhüter Ihrer Seele ernannt.

Ein paar Jahre nachdem ich mein Buch *Engel in meinem Haar* geschrieben hatte, war ich einmal im Liffey Valley Shopping Centre. Es liegt etwa 23 Autominuten von Maynooth entfernt. Ich hatte ein paar Einkäufe zu erledigen, und als ich damit fertig war, begab ich mich ins oberste Stockwerk eines Kaufhauses, um dort etwas zu essen. Soweit ich mich erinnere, befand sich das Restaurant links vom Aufzug. Ich stellte mich in der Schlange an und kaufte mir etwas gebratenes Hühnchen mit Gemüse. Dann suchte ich mir einen Tisch an einem ruhigen Platz an der Wand. Es war nicht viel los. Als ich zu essen begonnen hatte, hörte ich, wie mein Name gerufen wurde. Ich sah zum Eingang. Dort waren zwei Engel, die mir zuwinkten und ein junges Mädchen begleiteten. Es war etwa 13 Jahre alt. Es hatte eine Sporttasche dabei, trug aber keine Schuluniform. Die Engel gaben auf das Mädchen acht. Ich sah das Licht seines Schutzengels direkt hinter ihm. Die anderen beiden Engel gingen neben dem Mädchen her, einer auf seiner rechten und der andere auf seiner linken Seite.

Die beiden Engel sagten nichts zu mir, also genoss ich weiterhin meine Mahlzeit. Kurz darauf setzte sich das junge Mädchen an den Tisch mir gegenüber. Hin und wieder riefen die Engel, die bei ihm waren, mir zu, und ich sah auf. Jedes Mal, wenn ich das tat, sah das Mädchen zu mir herüber, deshalb lächelte ich ihm stets freundlich zu. Aber das Mädchen erwiderte mein Lächeln nicht. Die Engel riefen mir weiterhin zu. Das junge Mädchen sah stets in meine Richtung, wenn ich aufblickte. Ich lächelte es weiterhin freundlich an. Das muss etwa sieben Mal so gegangen sein.

Schließlich lächelte das junge Mädchen zurück. Daraufhin strahlte ich es noch mehr an. Im selben Moment öffnete sich das Licht seines Schutzengels. Was er tat, beunruhigte mich. Er hielt ein Licht vor das Mädchen, und ich wusste sofort, was das bedeutete. Das kleine Mädchen vor mir, das eigentlich in der Schule hätte sein sollen, war sehr traurig oder deprimiert.

Ich fragte seinen Schutzengel ohne Worte: »Was ist denn passiert?«

Sein Schutzengel antwortete mir nicht, aber einer der Engel neben dem Mädchen erklärte mir, es denke darüber nach, sich das Leben zu nehmen, weil es sich nutzlos fühle und in der Schule gemobbt werde.

Ich fragte den Engel: »Soll ich zu dem Mädchen hinübergehen?«

»Nein, Lorna«, antwortete der Engel. »Lächle es einfach freundlich an. Dein Lächeln hilft ihm, Mut zu schöpfen.«

Also sah ich jedes Mal auf, wenn die Engel meinen Namen riefen, und warf dem jungen Mädchen ein Lächeln zu. Offenbar spielte es nur mit dem Essen auf seinem Teller, ohne es zu verzehren. Der Engel, der mit mir gesprochen hatte, zeigte sich in einer weiblichen Erscheinung und war in eine wunderschöne lilafarbene Robe gekleidet, durch die ein flackerndes goldenes Licht hindurchschimmerte. Der andere Engel hatte ebenfalls eine weibliche Erscheinung und war in ein leuchtendes Rosa gekleidet.

Ich war gerade mit dem Essen fertig und trank noch meine Tasse Tee, als das junge Mädchen vom Tisch aufstand und seine Schultasche mitnahm. Es sah so aus, als würde es das Restaurant verlassen. Die Engel flüsterten ihm etwas zu. Ich konnte nicht hören, was sie sagten, deshalb wusste ich nicht, welche Gedanken sie dem Mädchen eingaben. Aber dann blieb es stehen, machte kehrt und kam an meinen Tisch.

Das Mädchen sagte: »Hallo. Entschuldigen Sie bitte, aber ich glaube, ich habe Ihr Buch *Engel in meinem Haar* gelesen.«

Die Stimme des Mädchens zitterte. Ich lächelte es an und lud es ein, sich zu mir zu setzen. Das tat es und seufzte dabei tief. Ich fragte das Mädchen, was los sei. Es begann zu weinen. Schluchzend erklärte es mir, dass es sich das Leben nehmen wolle. Es habe das Gefühl, es kümmere seine Eltern nicht, dass es in der Schule ständig gemobbt werde. Jeder lache es aus und sage ihm, es sei hässlich, dumm und fett.

Zwischendurch zog ich ein Taschentuch aus meiner Tasche heraus und reichte es ihm.

Der Engel forderte mich auf: »Bring das junge Mädchen dazu, dich anzusehen.«

Ich legte meine Hand unter sein Kinn und hob leicht seinen Kopf, sodass es mich ansah und wir uns in die Augen blickten.

»So ist es viel besser«, sagte ich zu ihm.

Plötzlich schlang es seine Arme um mich. Einen Moment später ließ es mich schüchtern wieder los.

»Ich liebe dich, obwohl ich dich nicht kenne«, sagte ich zu ihm.

Es strahlte mich aus tiefstem Herzen an. Der Engel rechts von ihm sprach zu mir. Ich wiederholte dieselben Worte für das Mädchen.

Ich sagte zu ihm: »Deine Eltern lieben dich, und ich weiß, dass du sie liebst. Warum solltest du dir das Leben nehmen wollen? Um denjenigen einen Gefallen zu tun, die dich mobben? Du bist viel besser als sie. Du bist nicht hässlich. Du bist sehr hübsch.«

Das Mädchen sah mich überrascht an und sagte: »Aber sie sagen, dass ich hässlich und fett bin.«

»Das bist du nicht«, erwiderte ich. »Wenn du nach Hause kommst, schau in den Spiegel. Du bist sehr hübsch. Du hast *Engel in meinem Haar* gelesen. Daher weißt du, dass du einen Schutzengel hast. Und ich kann deinen Schutzengel hier bei dir sehen. Abgesehen von den anderen beiden wunderschönen Engeln. Dein Schutzengel hält das Licht der Hoffnung vor dir hoch und möchte nicht, dass du dir das Leben nimmst. Du bist wertvoll, und du bist nicht allein. Dein Schutzengel möchte dir helfen, und das möchten auch die anderen beiden Engel, die dein Schutzengel auserkoren hat, damit sie dich dabei unterstützen, diese schwierige Zeit zu überstehen. Du darfst dir das Leben nicht nehmen, denn es wird mich, deine Eltern und all diejenigen, die dich lieben, zutiefst treffen. Es würde mich innerlich zerreißen. Ich kenne dich nicht, aber ich liebe dich.«

Das junge Mädchen begann erneut zu weinen.

»Weine nicht«, sagte ich zu ihm. »Du hast mir deinen Namen noch gar nicht verraten.«

»Olivia«, antwortete sie.

Ich ergriff ihre Hand.

Da lächelte sie, und als wir uns die Hand gaben, sagte ich: »Ich heiße Lorna.«

»Ich heiße Olivia.«

Als sie ihren Namen zum zweiten Mal sagte, beugte sich ihr Schutzengel über sie und umschloss sie mit seinen goldenen Flügeln. Gleichzeitig hielt er immer noch das Licht der Hoffnung vor ihr hoch.

Ihr Schutzengel sagte zu mir: »Sie kann nun das Licht der Hoffnung sehen, Lorna.«

»Geh nach Hause und sag deiner Mum, warum du heute nicht zur Schule gegangen bist, Olivia. Erzähle ihr alles. Sag ihr, was in der Schule los ist. Lass nichts aus. Deine Eltern lieben dich. Bitte deinen Schutzengel darum, dir zu helfen. Dein Schutzengel hilft dir immer. Du hast es gehört, als dein Schutzengel dir etwas ins Ohr geflüstert hat. Du hast auf ihn gehört, und anstatt zu gehen, bist du stehen geblieben und hast dich umgedreht. Du hast mich erkannt. Du hast getan, was dein Schutzengel dir gesagt hat. Als er dir ins Ohr geflüstert und dich aufgefordert hat, zu mir zu gehen und Hallo zu sagen, hast du genau das getan. Kannst du lesen, schreiben und buchstabieren?«

Olivia sah mich etwas verwundert an: »Natürlich kann ich das. Ich lese sehr gern, und ich weiß, dass ich gut buchstabieren kann.«

»Nun, dann kannst du alles lernen.«

Einer der Engel, die neben Olivia standen, sprach ohne Worte zu mir: »Frag sie, wie es mit Mathe aussieht.«

Das tat ich: »Wie gut bist du in Mathe?«

»Es geht so«, antwortete sie schulterzuckend.

»Offenbar bist du dir nicht sicher, Olivia.«

»Ich glaube, ich bin gar nicht so schlecht in Mathe. Es fällt mir nur sehr schwer.«

Einer der wunderschönen Engel neben ihr, derjenige mit dem lilafarbenen Gewand, durch das ein goldenes Licht hindurchschimmerte, forderte mich auf: »Sag ihr, dass sie sich in Mathe nur etwas mehr Mühe geben muss. Dann wird es ihr leichter fallen. Sie kann es besser, als sie denkt.«

Ich tat, wie der Engel mich geheißen hatte.

»Lerne fleißig und tue es für dich selbst. Widme dich der Mathematik etwas intensiver. Dann wird es dir mit der Zeit sicher leichter fallen. Wie alt bist du, Olivia?«

»Ich werde bald dreizehn«, antwortete sie.

»Der Engel neben dir ist in ein wunderschönes lilafarbenes Gewand gekleidet, durch das ein goldenes Licht hindurchschimmert. Der andere Engel trägt ein leuchtendes Rosa. Sie sagen mir, dass du eine Freundin hast.«

Olivia sah mich an und entgegnete: »Nein, das stimmt nicht.«

»Aber die Engel sagen, du hättest eine. Das andere Mädchen ist nur sehr schüchtern.«

Sobald ich das gesagt hatte, antwortete sie: »Ach ja, jetzt weiß ich, wen Sie meinen, aber wir sind nicht miteinander befreundet.«

»Wenn du morgen in der Schule bist, dann geh zu dem Mädchen und sag Hallo zu ihm. Ihr werdet beste Freundinnen werden. Aber denk daran, es ist schüchtern, deshalb könnte es eine kleine Weile dauern.«

Als wir uns voneinander verabschiedeten, schlang Olivia ihre Arme um mich und sagte: »Ich danke Ihnen!«

Ich erinnerte sie an ihren Schutzengel, und als sie das Einkaufszentrum verließ, lächelten die Engel, die bei ihr waren, mir zu. Ich blieb noch ein paar Minuten sitzen, bevor ich aufstand, um zu gehen. Ich betete und bat darum, dass dieses junge Mädchen sich nie das Leben nehmen würde. Ich betete dafür, dass Olivia erkannte, wie sehr ihre Eltern sie liebten, und dass sie Freunde hatte. Ich bat darum, dass sie einfach glücklich sein würde.

Ein paar Jahre später sprach mich während einer Signierstunde beim Buchladen Easons eine etwa 17-jährige junge Frau an: »Ich danke Ihnen, Lorna. Sie haben mir das Leben gerettet, als ich 13 Jahre alt war. Sie haben sich die Zeit genommen, mit mir zu reden.«

»Gern geschehen«, sagte ich zu ihr.

Sie blieb seitlich neben dem Tisch stehen und wartete auf ihre Freundin, die sich ebenfalls ein Buch signieren ließ. Die Engel erinnerten mich sofort an unsere erste Begegnung. Ich weiß nicht, wie die Engel das machen. Es ist, als würde ich mich innerhalb von einer Sekunde an alles erinnern. Ich muss nicht einmal darüber nachdenken.

Als ich das Buch von Olivias Freundin signiert hatte, kam Olivia noch einmal zu mir und gab mir die Hand. »Nochmals vielen Dank, Lorna«, sagte sie.

Ein anderer Leser kam zu mir, um sich sein Buch signieren zu lassen, und die beiden jungen Frauen verabschiedeten sich von mir. Als ich ihnen hinterherblickte, sah ich ihre Schutzengel, so wie bei jedem Menschen, aber ich schmunzelte, weil ich auch dieselben beiden Engel erblickte, die Olivia am Tag unserer ersten Begegnung im Liffey Valley Shopping Centre begleitet hatten. Beide Engel hatten immer noch eine weibliche Erscheinung. Und so wie damals war einer in ein leuchtendes Rosa gekleidet, und der andere trug ein wunderschönes lilafarbenes Gewand, durch das goldenes Licht hindurchschimmerte. Die beiden Engel winkten mir gleichzeitig zu und riefen zum Abschied meinen Namen. Ich dankte ihnen ohne Worte dafür, dass sie Olivia geholfen hatten, diese schwere Phase in ihrem Leben zu überstehen, und fuhr dann mit dem Signieren von Büchern fort.

Kapitel 28

Die Energie der Natur

Als Joe schon sehr krank war, hat Gott ihm eine weitere spirituelle Erfahrung beschert, die ihn Energie wahrnehmen ließ. Seine erste Erfahrung dieser Art machte Joe, als die Engel ihm am Kanal von Maynooth die Energie der wilden Schilfpflanzen und der Blumen zeigten, die am Wasser entlang wuchsen. Seine zweite spirituelle Erfahrung hatte er, etwa sechs Monate bevor Gott ihn nach Hause in den Himmel holte.

Manchmal unternahm ich mit Joe einen kurzen Ausflug mit dem Auto. Er hatte mir ein paar Mal vorgeschlagen, gemeinsam in die wunderschönen Gärten der theologischen Hochschule in Maynooth zu fahren. Ich zögerte etwas, da ich nicht daran glaubte, das Tor zum Hochschulgelände mit dem Auto passieren zu dürfen, da dort immer Wachleute zugegen waren. Ich hatte bereits gesehen, wie sie andere Autos abwiesen, daher betete ich wochenlang darum, eingelassen zu werden. Eines Tages begegnete ich dann jemandem, der an der Hochschule arbeitete.

Ich fragte ihn: »Wäre es überhaupt möglich, mit dem Auto auf das Hochschulgelände zu fahren?«

Er antwortete: »Ja, am Sonntag wäre der beste Tag dafür. Da sind sie nicht so streng. Wenn Sie durch das Tor kommen, halten Sie sich links und fahren Sie auf den ersten Parkplatz. Sagen Sie nichts, wenn jemand beim Tor ist. Tun Sie einfach so, als wüssten Sie, wohin Sie fahren.«

»Danke. Das sind großartige Neuigkeiten«, sagte ich. »Das werde ich Joe erzählen. Er wird sich sehr darüber freuen, weil er so gerne einen Spaziergang durch die Gärten machen möchte.«

Wir verabschiedeten uns, und als ich nach Hause kam, erklärte ich Joe, dass ich ihn zur Hochschule fahren könne, es aber an einem Sonntag sein müsse, damit wir durch das Tor und auf den Parkplatz linker Hand fahren könnten.

Er freute sich sehr darüber, aber es vergingen noch mehrere Wochen, bevor wir dann wirklich hinfuhren. Ich musste warten, bis es Joe gut genug ging.

Als ich eines Morgens mit einer Tasse Tee und einem Sandwich für Joe durch die Schlafzimmertür kam, war sein Bett von Engeln umgeben – von strahlenden weißen Engeln.

Ich fragte sie: »Ist alles in Ordnung?«

Sie wandten sich mir zu und sagten: »Es ist alles okay, Lorna. Joe schläft nur.«

Als ich ans Bett trat und Joe betrachtete, schlief er wie ein Baby. Er hatte in der Nacht nicht gut geschlafen, daher verließ ich das Zimmer leise und ging wieder in die Küche zurück.

Ich sagte zu Megan: »Komm, wir machen uns fertig und gehen zum Einkaufen. Dein Vater schläft gerade.«

Megan war damals etwa dreieinhalb Jahre alt, deshalb setzte ich sie in ihren Kinderwagen. Als ich zur Tür hinausging, sah ich den Erzengel Michael beim Tor stehen.

»Hallo, Erzengel Michael. Was für eine Überraschung! Ich hatte nicht erwartet, dich zu sehen.«

»Ich weiß, Lorna«, antwortete der Erzengel Michael. »Ich wollte nur kurz vorbeischauen. Ich soll dich von Gott wissen lassen, dass es Joe in ein paar Wochen gut genug gehen wird, um den Spaziergang auf dem Hochschulgelände zu machen, von dem er die ganze Zeit träumt.«

Ich sagte zum Erzengel Michael: »Joe hat mir nie etwas von seinem Traum erzählt, auf dem Hochschulgelände spazieren zu gehen. Nun muss ich dafür sorgen, dass es auch klappt.«

»Du wirst durch das Tor kommen, Lorna.«

»Das erleichtert mich«, sagte ich zum Erzengel Michael, »denn ich befürchte, von einem der Wachleute angehalten und abgewiesen zu werden. Ich habe dafür gebetet. Denn egal wo ich in der Stadt parken würde, es wäre für Joe zu weit zu laufen. Er würde es keinesfalls bis zum Hochschulgelände schaffen.«

»Bete einfach weiter, Lorna«, antwortete der Erzengel Michael. »Joe wird dir eines Sonntagmorgens sagen, dass er diesen Spaziergang machen möchte. Fahr ihn dann einfach dorthin. Du wirst problemlos durch das Tor fahren können. Nun muss ich gehen, Lorna.«

Damit verschwand der Erzengel Michael wieder.

Ich öffnete das Tor und ging wieder zu Megan zurück, um sie in ihrem Kinderwagen nach draußen zu schieben. Damals ging ich zu Fuß ins Dorf. Ich hatte mir angewöhnt, stets sehr schnell zu laufen, weil ich nie zu lange von Joe weg sein wollte. Daher waren wir im Handumdrehen wieder zurück. Ich hob Megan aus ihrem Kinderwagen heraus, zog ihr den Mantel aus und setzte sie zum Spielen auf den Küchenboden. Dann ging ich zum Schlafzimmer am Ende des Flurs. Dort öffnete ich langsam und geräuschlos die Tür und spähte ins Zimmer hinein. Joe schlief immer noch tief und fest, und die Engel umgaben sein Bett. Einige saßen darauf. Ich schloss die Tür sanft und ging wieder in die Küche. Megan spielte immer noch auf dem Fußboden. Etwa eine halbe Stunde später hörte ich Joe rufen.

Megan rannte mit einem Ausmalbuch und ein paar Malstiften in sein Zimmer. Als ich es betrat, saß sie bereits neben ihrem Vater auf dem Bett. Joe hatte begonnen, gemeinsam mit ihr ein Bild auszumalen. Das Zimmer war immer noch voller Engel.

Ich trat ans Bett heran, gab Joe einen Kuss und fragte ihn: »Was hättest du gerne zum Frühstück?«

»Ich hätte sehr gerne ein gekochtes Ei und Toastbrot.«

»Ich auch, bitte!«, sagte Megan.

»Sehr gerne.«

Ich ging wieder in die Küche und bereitete ein Frühstück für uns drei zu, auch wenn Megan bereits gefrühstückt hatte.

Ich wollte gerade alles auf das Tablett stellen, als ich ein leises Klopfen an der Küchentür vernahm. Wie bereits gesagt, ist es für Engel sehr ungewöhnlich, sich auf eine physische Weise anzukündigen, daher wusste ich, dass es sich um einen besonderen Anlass handelte. Ich sah auf und lächelte, da der Engel Hosus dort stand.

»Du hättest nicht klopfen müssen, die Tür stand doch offen«, sagte ich zu ihm.

Der Engel Hosus klopfte erneut drei Mal gegen die Tür, was mich zum Lachen brachte.

Er sagte: »Beeil dich mit dem Frühstück. Du wirst schon sehnsüchtig im Schlafzimmer erwartet.«

Also nahm ich das Tablett und trug es ins Schlafzimmer.

Als ich durch die Tür kam, sprach ich ohne Worte zu den Engeln: »Es ist sehr voll hier drinnen. Vielleicht sollten ein paar von euch gehen.«

In diesem Moment verschwanden sehr viele Engel, und nur vier blieben zurück. Einer sah zum Fenster hinaus. Einer saß am Ende des Bettes. Die anderen beiden bewegten sich im Raum umher, ohne an einem bestimmten Platz zu verweilen.

Lächelnd sagte ich ohne Worte zu ihnen: »Ich danke euch Engeln.«

»Es wird aber auch Zeit«, bemerkte Joe. »Ich dachte schon, du würdest nie mit dem Frühstück kommen. Ich bin am Verhungern, und Megan möchte das Tablett gerne auf das kleine Schränkchen neben dem Bett stellen.«

Ich befürchtete, Megan würde das Frühstückstablett fallen lassen, daher schlug ich ihr vor: »Lass es uns gemeinsam machen.«

Ich setzte mich auf den Hocker neben dem Bett. Diesen Hocker habe ich immer noch. Im Haus in Kilkenny wird er ständig an einen anderen Platz gestellt. Manchmal steht er oben, dann wieder unten, und im Sommer kommt er sogar raus in den Garten. Ich musste ihn häufig reparieren, und wahrscheinlich wird er eines Tages einfach auseinanderfallen, aber bis dahin liebe ich diesen kleinen Schemel.

Joe erwähnte den Spaziergang erst viele Wochen später. Er verbrachte die meiste Zeit im Bett und stand gelegentlich auf, um in seinem Lieblingssessel im Empfangszimmer zu sitzen und fernzusehen. Eines Sonntags dann, als ich auf dem Hocker neben dem Bett saß und eine Tasse Tee trank, während Joe ein Sandwich aß, kam Ruth ins Zimmer und setzte sich am Fußende auf das Bett ihres Vaters. Wir unterhielten uns eine Weile, und Joe brachte sie zum Lachen.

Ruth wandte sich mir zu und fragte mich: »Wo ist Megan, Mum?«

»Sie macht ein Nickerchen in ihrem Zimmer.«

»Wenn Megan aufwacht, würde ich sie gerne auf einen Spaziergang zu meiner Freundin mitnehmen, wenn das okay ist.«

»Ja, das wäre toll, aber nimm den Kinderwagen mit. Du wirst ihn brauchen. Megan wird müde sein, bevor ihr bei deiner Freundin ankommt. Aber einen Teil der Strecke wird sie sehr gerne laufen. Sie wird sicher bald aufwachen.«

Ruth erhob sich, machte einen Schritt auf ihren Vater zu und erklärte: »Ich bereite schon einmal alles vor, bevor Megan aufwacht.«

Sie gab ihrem Dad einen Kuss und sagte: »Bis später.«

Als sie das Zimmer verließ, lächelte ich, weil drei Engel ihr folgten.

Ich sagte zu ihnen: »Passt heute für mich auf Ruth und Megan auf.«

Sie antworteten mir nicht, aber ich wusste, dass die Engel mich gut verstanden hatten.

Im nächsten Moment rief Megan, und Ruth ging zu ihr. Ich hörte die beiden lachen. Allem Anschein nach kitzelte Ruth die kleine Megan. Kurz darauf kam Megan ins Schlafzimmer gelaufen. Sie rannte zu ihrem Dad, umarmte ihn und gab ihm einen Kuss. Dann sagte sie ihm, sie werde mit ihrer großen Schwester losziehen. Sie war ganz aufgeregt. Er ermahnte sie, sie solle sich gut betragen, und sie versicherte ihm, das werde sie. Kurz darauf hörten wir, wie die beiden zur Haustür hinausgingen, und dann war es still im Haus.

Joe nahm meine Hand.

»Ich würde nun sehr gerne den Spaziergang auf dem Hochschulgelände machen«, sagte er.

Lächelnd antwortete ich: »Super.«

Ich half ihm beim Anziehen, und etwa 15 Minuten später waren wir fertig. Wir stiegen ins Auto, und ich fuhr dorthin. Die Fahrt dauerte nur kurz, und währenddessen betete ich unaufhörlich dafür, dass wir einfach durch das Tor fahren können würden und niemand uns ansprechen würde. Als wir beim Tor der Hochschule ankamen, stand an jeder Seite ein Engel. Die Engel waren in Gewänder mit einer silberähnlichen Farbe gekleidet. Es waren keine Wachleute zu sehen.

Lächelnd bedankte ich mich bei den Engeln, während ich geradewegs durch das Tor fuhr und dann links zum Parkplatz abbog. Einer der Engel, die am Haupttor gestanden hatten, befand sich nun auf dem Parkplatz und deutete auf einen Platz, auf dem ich parken sollte. Es waren bereits eine Menge Autos dort, aber der Platz, den der Engel mir zugewiesen hatte, war groß genug, sodass Joe problemlos aus dem Auto aussteigen konnte. Ich war dem Engel dankbar für seine Hilfe.

Langsam öffnete Joe die Beifahrertür und stieg aus dem Auto aus. Er blieb einen Moment stehen und atmete tief ein.

»Ich liebe diese reine, frische Luft«, sagte er.

Hin und wieder war er etwas wacklig auf den Beinen, deshalb hakte ich ihn unter. Er wollte den holprigen Pfad zu den Blumengärten entlanggehen, aber das ließ ich nicht zu.

»Ich denke, wir sollten den leichten Weg nehmen.«

Am Ende stimmte Joe mir zu. Wir gingen sehr langsam in Richtung des Gartens und blieben von Zeit zu Zeit stehen. Joe sah sich um und machte mich darauf aufmerksam, wie wunderschön die Bäume und Blumen waren. Er blickte zum Tor zurück, durch das wir gerade gefahren waren, und sagte mir, wie sehr ihm die alten Gebäude der Hochschule gefielen.

Inzwischen hatten wir den ummauerten Garten beinahe erreicht. Der Duft der Blumen war wunderbar. Ich konnte den Eingang sehen. Er lag in etwa sechs Metern Entfernung direkt vor uns. Eine leichte Brise wehte in unsere Richtung. Joe blieb einen Moment lang stehen und atmete den wohlriechenden Duft der Blumen tief ein.

»Es ist herrlich«, sagte er.

Ich war sehr froh, dass Joe es so weit geschafft hatte, und ich dankte seinem Schutzengel und den Engeln, die uns umgaben, dass sie mir halfen, ihn zu stützen. Dann betraten wir den ummauerten Garten kurzerhand durch das Tor. Links von uns stand eine Bank, also gingen wir dorthin, und Joe setzte sich. Er muss etwa 20 Minuten dort gesessen haben, denn er forderte mich auf, alleine etwas im Garten herumzulaufen. Er werde mir von seinem Sitzplatz aus zusehen. Hin und wieder blickte ich zu Joe zurück und sah seinen Schutzengel, der seine Flügel um ihn gelegt hatte. Ich wusste, dass sein Schutzengel ihm half, sich warm zu halten. Offenbar genoss Joe es sehr, einfach dort in der Sonne zu sitzen. Wenn ich mich zwischendurch nach ihm umsah, winkte er mir zu. Ich beobachtete ein paar kleine Vögel, die sich ihm näherten und um ihn herumhüpften. Sie waren nur etwa 30 Zentimeter von Joe entfernt. Er sah zu ihnen hinab und begann, mit ihnen zu reden, aber sie schienen keine Notiz von ihm zu nehmen.

Ich ging durch den ganzen Garten und blieb häufig stehen, um all die unterschiedlichen Blumen und Sträucher zu bewundern. Manche der Bäume, die in dem ummauerten Garten wuchsen, waren riesig. Dann kehrte ich zu Joe zurück, setzte mich neben ihn und erzählte ihm etwas über die verschiedenen Blumen, die in dem Garten wuchsen. Er wollte jedes Detail hören. Ich erzählte ihm von den Goldfischen in dem kleinen Teich am Ende des Gartens und von den vielen kleinen zarten Blumen, die in den verschiedenen Beeten wuchsen. Ich fand, der Gärtner, der sich um alle die Pflanzen kümmerte, machte seine Sache sehr gut. Außerdem beschrieb ich Joe die vielen Vögel, die ich gesehen hatte: Finken, Drosseln, Amseln, Spatzen, Rotkehlchen und sogar kleine Blaumeisen.

»Ich weiß«, sagte Joe. »Ein paar von ihnen sind zu mir gekommen, um Hallo zu sagen. Die Vögel hier im Garten sind sehr zahm, Lorna. Sie sind an Menschen gewöhnt.«

»Ja, ich habe sie bei dir gesehen«, antwortete ich. »Sollen wir zum Auto zurückgehen?«

Zu meiner Überraschung erwiderte Joe: »Nein, ich möchte durch die Allee auf der Rückseite der Universität gehen.«

Ich wollte bereits protestieren, als der Engel Hosus, der links von Joe hinter der Bank stand, zu mir sagte: »Bring Joe überallhin, wenn er das möchte, Lorna.«

Daher sagte ich zu Joe: »Okay, wir lassen uns Zeit.«

Wir gingen wieder durch das Tor des ummauerten Gartens und liefen zum Obstgarten mit den Apfelbäumen. Ich betete, weil ich nicht wusste, ob Joe genug Kraft haben würde, und weil ich Bedenken hatte, ob wir es von der Baumallee bis zum Auto zurück schaffen würden, aber der Engel Hosus ging links neben Joe her.

Er sprach ohne Worte zu mir: »Er wird dazu in der Lage sein. Mach dir keine Sorgen. Erinnere dich daran, was der Erzengel Michael dir gesagt hat, und an die Botschaft, die er dir von Gott übermittelt hat, dass Joe eine spirituelle Erfahrung machen wird, um mehr Energie zu sehen.«

»Das habe ich vergessen«, räumte ich ein. »Ich fühle mich immer etwas gestresst, weil ich befürchte, dass Joe zusammenbrechen könnte.«

»Das wird er nicht. Hab Vertrauen, Lorna«, antwortete der Engel Hosus.

Ich wandte mich Joe zu, um ihn unterzuhaken. Dabei bemerkte ich, dass sein Schutzengel seine Arme um ihn gelegt hatte, dieses Mal nicht nur, um ihn zu wärmen, sondern auch, um ihn zu stützen. Die Hände seines Schutzengels wirkten riesig. Sie waren von einem weiß-goldenen Licht erfüllt. Die Fingerspitzen des Schutzengels strahlten in einem noch helleren goldenen Licht, und ich konnte jedes Detail erkennen. Ich bedankte mich im Stillen bei ihm, da ich wusste, dass er Joe liebevoll und auf eine sanfte Weise festhielt.

»Was hast du gesagt?«, fragte mich Joe.

»Ich habe mit mir selbst gesprochen«, antwortete ich.

Joe begann zu lachen. Wir blieben einen Moment lang stehen.

»Es ist kein gutes Zeichen, wenn du Selbstgespräche führst«, bemerkte Joe.

»Wie recht du hast!«, pflichtete ich ihm bei.

Wir lachten beide und setzten unseren Weg fort, wobei wir von Zeit zu Zeit stehen blieben. Schließlich kamen wir zu der Allee auf der Rückseite der Hochschule.

Joe hielt kurz inne und betrachtete die Allee.

Dann wandte er sich mir zu und sagte: »Lass uns losgehen.«

Wir gingen langsam vorwärts. An einem Punkt blieb er stehen, wandte sich mir zu und sagte: »Ich möchte gerne alleine laufen, Lorna. Geh einfach neben mir her.«

Ich tat, worum Joe mich gebeten hatte, und er machte ein paar Schritte. Dann blieb er stehen und begann schließlich weiterzugehen. Zu beiden Seiten von uns befanden sich Bäume. Erneut blieb Joe stehen und sah sich um.

Der Engel Hosus war immer noch bei uns, als Joe sich mir zuwandte und mich fragte: »Siehst du, was ich sehe, Lorna?«

»Ja, das tue ich«, antwortete ich.

»Was passiert mit dem Gras?«

»Gott erlaubt dir, die Energie zu sehen, die von dem Gras ausgeht.«

Ich konnte die Aufregung in Joes Gesicht erkennen.

»Aus jedem Grashalm strömt Energie. Ich habe noch nie so viele Farben gesehen. Sie sehen wie Messer aus, die wie ein Feuerwerk aus den Grashalmen herausschießen«, sagte er lachend.

»Sieh mal zu den Bäumen hinauf«, empfahl ich Joe.

Joe blickte von einem Baum zum anderen. Ich konnte sehen, was er sah, und ich musste dem Engel Hosus zuschmunzeln, weil sonst niemand da war. Zuvor, als wir auf dem Hochschulgelände herumgelaufen waren, waren ein paar Leute an uns vorbeigekommen, aber nun hatten wir die Baumallee ganz für uns. Tief in meinem Inneren wusste ich, dass Gott sie extra für Joe frei gehalten hatte.

Joe streckte seine Hand nach mir aus. Ich machte einen Schritt auf ihn zu und hakte ihn unter.

»Was passiert hier?«, fragte er. »Das ist unglaublich. Ich habe mich stets an den Tag am Kanal erinnert, an dem ich die Energie einiger Blumen gesehen habe, die dort wuchsen.«

»Ich erinnere mich daran«, sagte ich zu ihm.

»Sieh nur, Lorna, es ist ganz anders.«

»Ich weiß, denn Gott lässt dich etwas mehr sehen«, erklärte ich ihm.

»Ich weiß, dass Gott real ist, Lorna, und manchmal spüre ich, wie mein Schutzengel mich festhält. Nun sehe ich die grüne und lilafarbene Energie hier aus den Bäumen strömen. Es wirkt so, als würde die Energie sich hin und wieder so weit wie möglich ausdehnen, um die Energie eines anderen Baums zu berühren. Es ist, als würden die Bäume sich die Hand geben.«

»So ist es«, stimmte ich Joe zu.

Joe atmete tief ein, und im nächsten Moment fragte er mich lachend: »Was passiert deiner Meinung nach jetzt hier, Lorna? Denn nun springen Bälle aus Energie von den Ästen eines Baumes zu den anderen Bäumen hinüber.«

»Keiner weiß das, aber die Bäume sprechen miteinander. So würde ich beschreiben, was du siehst. Sie kommunizieren miteinander. Sie sprechen nicht so miteinander, wie wir das tun. Aber das hilft jedem Baum, stark zu werden. Es ist wie Medizin für die Bäume. Kannst du auch sehen, was dort drüben geschieht, Joe?«

Joe blickte zu ein paar kleinen Baumschösslingen. Sie waren winzig. Joe sah Bälle aus farbenprächtiger grüner und lilafarbener Energie von den größeren Bäumen auf sie hinabfallen und zerplatzen. Die Energie verschwand in den kleinen Bäumchen. Aus diesem Grund sollten stets einige ältere Bäume dort stehen, wo junge Schösslinge gepflanzt werden.

Joe zupfte mich am Arm, und ich wandte mich in die Richtung, in die er blickte – etwas links von den Bäumen.

»Ich glaube wirklich … ich glaube, ich sehe Engel, Lorna, aber nicht sehr deutlich«, sagte Joe. »Sie sind wie Schatten, aber mit extrem strahlenden Augen. Kommen sie, um mich zu holen?«

»Nein, noch nicht«, erwiderte ich.

»Du weißt, dass ich bereit bin zu gehen.«

»Ja, das weiß ich«, antwortete ich ihm.

In diesem Moment kamen die Engel aus allen Richtungen. Sie gingen durch den Schleier hindurch. Ich habe Ihnen den Schleier noch nie richtig beschrieben. Er ist wie ein Schleier zwischen der Zeit. Er ist wie die Luft selbst, aber glatt und rein. Er ist wie Seide, ein Schleier aus Licht, aber völlig makellos. Ich nehme ihn die ganze Zeit wahr, aber zuweilen ist der Schleier deutlicher sichtbar. Meistens konzentriere ich mich nicht darauf, es sei denn, die Engel lenken meine Aufmerksamkeit darauf, so wie in jenem Moment.

Genau als die Engel durch den Schleier traten, erschien eine goldene Linie, als hätte jemand mit Bleistift und Lineal eine gerade Linie auf dem Schleier gezogen. Sobald die Engel durch ihn hindurchgegangen waren, verschwand die goldene Linie wieder, so als wäre sie nie da gewesen. Der Schleier war wieder unversehrt.

Joe war wie in Trance und sagte kein Wort. Ein paar Minuten vergingen, dann verblassten all die Engel sowie die Energie aus dem Gras und von den Bäumen. Alles wurde wieder normal, zumindest für Joe.

Dann sagte er zu mir: »Lass uns zum Auto zurückgehen.«

Wir brauchten eine Weile dafür. Der Engel Hosus begleitete uns und half Joe. Joes Schutzengel hatte immer noch seine Arme um ihn gelegt. Als wir beim Auto ankamen, stieg Joe ein.

Ich wollte gerade den Motor anlassen, da bat mich Joe: »Nein, lass uns ein paar Minuten nur hier sitzen.«

»Du warst sehr still«, sagte ich zu ihm.

»Ich weiß. Ich habe mich an meinen Traum erinnert. Ich habe dir nie davon erzählt, Lorna, aber seit Monaten, schon so lange, habe ich davon geträumt, auf dem Hochschulgelände spazieren zu gehen, und in meinem Traum warst du bei mir. Die Sonne schien so wie heute, und auf der baumbestandenen Allee sah ich in meinem Traum das, was ich heute gesehen habe.« Tränen rannen an Joes Wangen hinab, während er sprach. »Als ich gerade dort stand, dachte ich sogar, ich sei in einem Traum. Es war, als wäre mit einem Wimpernschlag alles verschwunden, und dann warst du an meiner Seite.«

»Dieses Mal hast du nicht geträumt, aber manchmal lässt Gott es auf diese Weise geschehen, und es fühlt sich dann an wie ein Wimpernschlag«, erklärte ich Joe.

Joe streckte seine Arme nach mir aus, und wir umarmten uns. Dann küsste er mich auf die Wange. Schließlich ließ ich den Motor an, und wir fuhren nach Hause. Ich danke Gott, dass er Joe erlaubt hat, diese spirituelle Erfahrung zu machen, all die Energie wahrzunehmen und auch die Engel vage zu sehen.

Aus allen Dingen strömt Energie. Es ist etwas, das die Menschheit offenbar nicht ganz begreift. Auch aus der Nahrung kommt Energie, und wir nehmen sie zu uns, damit sie uns Energie schenkt. Ich sehe Energie aus allen Dingen kommen. Sogar wenn ich im Supermarkt bin, sehe ich die Energie von Gemüse, Obst, Dosen, Flaschen, Plastiktüten und Pappkartons. Möglicherweise verstehen die Menschen nicht, dass jedes eine unterschiedliche Energie hat. Das Lebensmittel in einer Dose hat eine andere Energie als die Dose selbst. Vielleicht werde ich eines Tages ein Buch über all die Energie schreiben, die uns umgibt. Die Energie, die aus den Pflanzen kommt, aus dem Wasser, der Erde, den Tieren, den Menschen, den Insekten, sogar über die Energie, die um einen Planeten herumzufließen scheint. Vielleicht werde ich dieses Buch schreiben und verfügen, dass es erst nach meinem Tod veröffentlicht wird. Ich sage stets zu Gott, dass Er mir Zeit geben muss, um es zu schreiben, aber im Moment arbeite ich nur an diesem Buch.

Sie sollten sich vor allem daran erinnern, dass Sie eines Tages in der Zukunft in der Lage sein werden, die Energie zu sehen, die aus allem kommt, einschließlich aus Ihnen selbst, den Menschen, die Sie lieben, sowie aus Ihren Kindern. Manchmal wünschte ich, Gott würde den Menschen erlauben, diese Energie deutlich zu sehen, weil wir meiner Meinung nach unseren Planeten dann nicht so zerstören würden, wie wir es tun. Für den Moment werde ich dies für Sie als eine Art Mysterium so stehen lassen.

KAPITEL 29

Fremde Menschen am Gartentor

Auf einer meiner Veranstaltungen sprach eine freundliche Frau namens Fiona mit meiner Tochter und erzählte ihr von einer renovierten alten Mühle, die sie gemeinsam mit ihrem Mann an Urlauber vermiete, die nach einer ruhigen Unterkunft suchten. Sie bot mir an, dort eine Erholungspause einzulegen oder die Mühle sogar als Ort zum Schreiben zu nutzen. Ich habe nicht oft die Gelegenheit, solche freundlichen Angebote von Menschen anzunehmen, aber dieses Mal klappte es. Ich fuhr mit meiner jüngsten Tochter Megan zu besagter Mühle in Dunshaughlin. Fiona traf uns in der Stadt. Wir gingen zum Kaffeetrinken, und nachdem wir uns ausgetauscht hatten, folgten wir ihr mit dem Auto zur Mühle.

Als Fiona die Tür mit dem Schlüssel aufsperrte und Megan und ich ihr ins Haus folgten, war es, als würden wir in die Vergangenheit zurückkehren. Die antike Küche mit dem Essbereich hatte einen Steinplattenfußboden. So etwas hatte ich schon lange nicht mehr gesehen. Der Rest des Hauses hatte Holzböden, und die Fenster waren mit Fensterläden versehen. Wie viele von Ihnen wissen, liebe ich alles, was alt ist. Den wilden Garten hinter dem Haus fand ich ebenfalls wunderschön.

Nachdem wir dann ein paar Tage dort gewesen waren, kam Megan einmal die Treppe heraufgelaufen und sagte zu mir: »Fiona hat angerufen und gesagt, dass der Lieferwagen mit dem Tisch und den Stühlen für den Garten in etwa zehn Minuten hier sein wird.« Ich war erst vor Kurzem von einer Vortragsreise in Italien zurückgekehrt und lag oben auf dem Bett, um mich auszuruhen. Ein paar Minuten später stand ich auf und ging die Treppe hinunter. Als ich das Wohnzimmer betrat, erblickte ich zwei Engel auf der Couch.

Ich lächelte sie an und fragte sie: »Seid ihr gekommen, um mir Gesellschaft zu leisten, während ich mich hier ein paar Tage erhole?«

»Ja, Lorna«, antworteten die beiden Engel.

Dann verschwanden sie wieder.

Schmunzelnd sagte ich zu mir selbst: »Sie sind ja nicht lange geblieben.«

Als ich in die Küche ging, standen dieselben Engel jedoch rechts und links von Megan, die am Küchentisch saß und für ihre Prüfung am College lernte, die in jener Woche am Donnerstag stattfinden sollte. Gerade als ich zum Küchenfenster hinausblickte, sah ich einen weißen Lieferwagen vor dem Tor vorfahren.

»Der Lieferwagen ist da«, verkündete ich.

Megan stand vom Tisch auf und sagte, sie wolle sehen, ob sie helfen könne.

»Komm mit, Mum!«

Ich sagte zögernd: »Nein, geh du schon vor. Ich komme gleich nach.«

Ich sagte das aufgrund meiner Schüchternheit und stellte lieber erstmal den Wasserkocher an. Dann ging ich über den Steinplattenboden in der Küche zu der kleinen Vordertür. Ich lugte hinaus und achtete darauf, nicht gesehen zu werden. Ich sah Fiona, die sich mit einem jungen Mann unterhielt, der den Gartentisch und die Stühle lieferte. Ihre wunderschöne elfjährige Tochter Ava war ebenfalls da.

Das Wasser begann gerade zu kochen, und ich schloss die Tür.

Ich wollte Tee zubereiten und in den Garten gehen, um zu fragen, ob noch jemand einen Tee trinken wollte, aber die beiden Engel in der Küche hielten mich zurück: »Nein, Lorna. Außerdem sind sie nun hinter dem Haus.«

Als ich zur Hintertür hinausging, fielen ein paar Regentropfen vom Himmel herab.

Ich sprach ein kleines Gebet: »Bitte lass es aufhören zu regnen.«

Ich begrüßte Fiona und ihre Tochter. Wir unterhielten uns kurz, dann kam der junge Mann hinter einer Ecke des Hauses mit dem Tisch hervor.

Er begrüßte uns und stellte den Tisch ab. Dann fragte er Fiona: »Wäre es in Ordnung, den Tisch vor dem Schuppen stehen zu lassen?«

»Ja«, antwortete sie.

Daraufhin verschwand er wieder hinter der Hausecke, um die Stühle zu holen. Kurz darauf war er wieder zurück und verstaute die Stühle im Schuppen.

Nun wandte sich meine Tochter dem jungen Mann zu und sagte zu ihm: »Wir haben ganz vergessen, Ihnen zu helfen, weil wir so viel geredet haben.«

Der junge Mann erwiderte freundlich lächelnd: »Kein Problem. Alles erledigt.«

Er verschloss den Schuppen, verabschiedete sich und winkte uns zu, bevor er hinter der Hausecke verschwand.

Fionas Tochter Ava ist sehr hübsch. Sie stand schüchtern da und wippte leicht auf ihren Füßen hin und her. Ich konnte sehen, wie glücklich sie war. Dieses junge Mädchen war voller Liebe, während wir so dastanden und miteinander plauderten. Avas

Schutzengel wippte hin und wieder rhythmisch mit ihr mit. Er war riesig groß. Im Vergleich mit ihrem Schutzengel, der zu ihr hinabsah, wirkte Ava winzig. Der Schutzengel hatte eine weibliche Erscheinung und war in jeder Hinsicht elegant. Er trug einen fließenden blauen und purpurfarbenen Umhang, der wie Seide war. Er leuchtete und reflektierte Wellen aus Licht. Die Hände des Schutzengels schimmerten. Seine langen, eleganten Finger strichen sanft über Avas Schultern. Manchmal fuhren sie auch sanft über ihren Kopf.

Ich sprach kurz mit Ava, als wir ins Haus gingen. Gleichzeitig sagte ich zu ihrem Schutzengel: »Eigentlich würde man meinen, dass du dich der Größe dieses wunderschönen Mädchens etwas mehr angleichen würdest.«

Kaum hatte ich diese Worte gesagt, glich sich der Schutzengel Avas Größe stärker an. Trotzdem war er immer noch sehr groß, etwa drei Meter, und hatte Kopf und Schultern über das junge Mädchen geneigt. Er legte seine Arme um das Mädchen herum und verschränkte seine Hände sanft in einer liebevollen Umarmung. Wir alle standen noch ein paar Minuten in der Küche und unterhielten uns. Dann verließen uns Fiona und ihre Tochter.

Ich kochte nun einen Tee für Megan und mich selbst. Danach bereitete Megan sich wieder auf ihre Prüfung vor, und ich ging auf dem kleinen Pfad spazieren.

Wir genossen die paar Tage in der Mühle, und in meinen Schreibpausen erkundete ich wunderbare Wege durch den Wald und zur nahe gelegenen Burg.

Kapitel 30

Mein Liebesvogel

An einem Mittwochmorgen im Mai 2016 stand ich aus dem Bett auf, schlüpfte in meine Hausschuhe und zog das Rollo vor meinem Schlafzimmerfenster hoch. Als ich aus dem kleinen Fenster blickte, um zu sehen, wie das Wetter war, gesellte sich ein Engel zu mir. Er beugte sich nach vorn, um mit mir hinauszusehen. Ich wandte mich dem Engel zu und schmunzelte angesichts des Anblicks dieses extrem großen Engels, der sich hinunterbückte, um aus meinem kleinen Schlafzimmerfenster zu blicken und zu sehen, wie das Wetter war.

Der Engel hatte eine weibliche Erscheinung. Er war sehr schön und elegant. Er war von oben bis unten in ein silbernes Licht gehüllt und hatte lange silberne Haare. Als er sich nach unten bückte, um mit mir aus dem Fenster zu sehen, berührten seine langen silbernen Haare die Fensterbank – und schienen dabei zu funkeln.

Ich sagte zu dem Engel: »Was meinst du? Sollte ich wieder ins Bett gehen und mir noch ein paar extra Stunden Ruhe gönnen?«

Ich hoffte, der Engel würde Ja sagen. Es war ein Morgen, an dem ich mich gerne wieder unter die Bettdecke gekuschelt hätte.

Doch der Engel entgegnete: »Nein, es ist schon acht Uhr morgens. Entscheide in ein paar Minuten, was du tun möchtest.«

Der Engel stand aufrecht da und bewegte sich anmutig und langsam.

Dann wandte er sich um und verabschiedete sich von mir.

Als der Engel sich anschickte, aus dem Zimmer zu gehen, folgte ich ihm, aber er schien weit von mir entfernt zu sein – Hunderte von Metern, obwohl wir in meinem winzigen Schlafzimmer waren. Der Engel ging durch die Tür, und als ich diese erreichte, blickte ich zum Flur hinaus, aber natürlich wusste ich tief in meinem Inneren, dass der Engel nicht mehr da sein würde.

Kleine Lichtfunken sprangen vom Fensterbrett im Flur empor, aber der Engel war verschwunden und hatte mir nicht einmal seinen Namen gesagt. Engel verhalten sich häufig so. Es gibt nicht immer einen Grund für sie, einen Namen zu nennen. Daher erkläre ich den Menschen stets, dass Engel auch sehr gerne Engel genannt werden.

Ich kleidete mich rasch an, erledigte meine allmorgendlichen Aufgaben und verbrachte etwas Zeit mit Holly sowie mit Mimsy, meinem Kaninchen. Dann machten Holly und ich einen Spaziergang durch den Obstgarten und entlang der kleinen Landstraße. Wie Sie inzwischen wissen werden, gingen wir natürlich nicht alleine spazieren. Die Engel begleiteten uns durch das kleine vordere Gartentor. Holly rannte wie üblich herum und schnupperte am Gras. Hin und wieder blieb sie stehen und sah sich um. Offensichtlich erhaschte sie zuweilen einen Blick auf die Engel, die bei uns waren.

Die Engel erlauben Tieren häufig, sie zu sehen. Die Tiere sehen sie zwar nicht richtig, aber für einen kurzen Moment können sie einen flüchtigen Blick auf die Engel werfen und wissen dann, dass alles in Ordnung ist. Und genau das tat Holly. Dann schnupperte sie weiter im Gras herum. Es war ein trüber Tag, der Himmel war sehr bedeckt, und es begann zu nieseln. Schließlich kehrten Holly und ich, von den Engeln begleitet, wieder zum

Haus zurück. Kaum waren wir zur Tür hineingegangen, begann es draußen zu schütten.

Ich bereitete mir eine Tasse Tee mit Toast zu. Dann ging ich nach oben, um zu arbeiten. Es war etwa ein Uhr, als ich die Arbeit beendete. Ich schwang mich mit dem Drehstuhl herum und sah, dass das Wetter sich nicht stark verändert hatte. Allerdings regnete es nicht mehr. Von Zeit zu Zeit versuchte die Sonne zwischen den Wolken hervorzuspähen.

Als ich das Sonnenlicht sah, dachte ich, es wäre schön, einen richtigen Spaziergang zu machen, also schaltete ich den Computer aus und stand auf. Als ich die Treppe gerade hinuntergehen wollte, stieß ich auf vier arbeitslose Engel, die auf verschiedenen Stufen standen.

Sie sagten: »Vielleicht möchtest du nicht nur einen Spaziergang machen, Lorna. Du könntest auch ein Stück fahren.«

Während ich die Stufen hinunterging, sagte ich zu ihnen: »Das ist keine schlechte Idee. Es ist ziemlich trüb draußen, und es regnet. Vielleicht könnte ich mit dem Auto irgendwo stehen bleiben und mich etwas ins stille Gebet vertiefen.«

Ich liebe es, Zeit in der Natur zu verbringen. Da ich überall von ihr umgeben bin, kann ich sie häufig genießen. Ich sprach meine Gedanken gegenüber den arbeitslosen Engeln laut aus, als ich mich fertig machte, um das Haus zu verlassen.

Kurz darauf fuhr ich zum Tor hinaus und die Straße entlang. Ich hatte keinen Plan, wohin ich fahren würde. So ist es mir stets am liebsten. Ich blieb auf den kleinen Nebenstraßen und folgte keiner Beschilderung. Nach einer Weile kam ich in eine sehr hügelige Gegend. Ich fuhr langsam und bewunderte die Szenerie. Mir kamen vielleicht drei Autos entgegen. Ich winkte den Fahrern zu, und sie erwiderten meinen Gruß. Hier in Irland ist das auf dem Land so üblich. Ich weiß nicht, wie es in anderen Ländern ist, aber bei uns ist es auf dem Land eine Möglichkeit, um die Nachbarn kennenzulernen. Wenn man sie dann im Supermarkt oder an der Tankstelle trifft, begrüßt man sie.

Ich hatte mich warm eingepackt. Die Sonne spähte kurz zwischen den Wolken hindurch, bevor sie wieder dahinter verschwand. Es nieselte, während ich auf den Straßen weiterfuhr. Ich sah, wie sich der Himmel vor mir verdunkelte, und dachte bei mir, dass es bald sehr stark regnen würde.

Ein arbeitsloser Engel sagte zu mir: »Sieh nur, Lorna!«

Einer der Engel deutete zum Himmel, und die Sonne begann zwischen den Wolken hervorzubrechen. Dieses Mal leuchtete sie offenbar heller. Die Strahlen des Sonnenlichts schienen direkt auf einen kleinen Fluss. Ich hätte ihn nie bemerkt, wenn er nicht im Sonnenlicht geschimmert hätte, da es ein sehr trüber Tag war. Dann fand ich einen Platz, an dem ich halten und das Auto parken konnte, um zum Fluss hinunterzugehen.

Als ich aus dem Auto ausstieg, fragte ich die arbeitslosen Engel: »Habt ihr das Licht der Sonne heller auf diesen kleinen Fluss scheinen lassen?«

Doch sie antworteten mir nicht. Engel haben die Gewohnheit, mich zu ignorieren, wenn ich eine Frage stelle. Häufig wirkt es so, als würden sie nicht einmal zuhören und keine Notiz von mir nehmen, aber das stört mich nicht. Es ist die Art der Engel.

Ich ging durch ein kleines Wäldchen und folgte einem schmalen Pfad, der wahrscheinlich von Füchsen und Dachsen benutzt wurde. Vielleicht sogar von Rehen. Er schlängelte sich zwischen den Bäumen hindurch. Einige Bäume waren ziemlich groß. Als ich eine kleine Lichtung erreichte, kam die Sonne wieder heraus. Ich ging auf den Fluss zu. Er war nicht groß. Vielleicht würde man ihn treffender als Bach bezeichnen. Darin befanden sich viele Steine, und ein Teil des Wassers floss über sie hinweg wie ein Wasserfall. Es war sehr schön und friedlich dort. Auf der gegenüberliegenden Seite des kleinen Flusses standen ebenfalls

Bäume. Ich dachte bei mir selbst, dass ich das Flüsschen überqueren könnte, wenn ich von einem Stein zum nächsten balancierte.

Als ich gerade im Begriff war, das zu tun, hörte ich, wie mein Name gerufen wurde. Der Erzengel Michael kam zwischen den Bäumen hervor.

»Hallo, Lorna«, sagte er.

»Hallo, Erzengel Michael«, begrüßte ich ihn. »Was machst du hier? Ich habe dich nicht erwartet.«

Der Erzengel Michael lächelte mir zu, beantwortete meine Frage allerdings nicht.

Er sagte: »Überquere den Fluss nicht. Bleib hier und genieße die gesamte Natur um dich herum.«

Dann verschwand er, ohne anzukündigen, dass er gehen musste, was, wie gesagt, ziemlich selten vorkommt. Also setzte ich mich auf einen der Steine und lauschte dem Rauschen des Flusses, der wie ein Wasserfall über die Steine strömte. Ein paar kleine Vögel kamen herbei, um zu trinken, hüpften auf den Steinen herum und pickten daran. Ich wurde innerlich ruhig und entspannte mich, während ich all den Geräuschen der Stille und der Ruhe der Natur lauschte.

Die Engel lehrten mich schon als Kind, alle Geräusche voneinander zu unterscheiden und mich zum Teil nur auf ein einziges zu konzentrieren – dieses eine Geräusch wahrzunehmen und jedem Ton davon zu lauschen. Ich sollte lernen zu hören, was es sagte. Manchmal lauschte ich einem Insekt. Ein anderes Mal war es ein Vogel oder das Pfeifen des Windes. Ich folgte dem Klang, während er durch die Luft getragen wurde, bis er sich in alle Richtungen zerstreute. Ich bedanke mich stets bei Gott für diesen wunderschönen Planeten mit seiner gesamten Natur.

Das ist ebenfalls etwas, das Sie alle versuchen könnten. Es ist eine weitere Übung, etwas, das man erlernen kann. Ich habe es gelernt, seit ich ein Kind war. Häufig brachte ich alles durcheinander und stellte fest, dass ich auf den falschen Klang geachtet hatte und nicht auf denjenigen, dem ich den Engeln zufolge lauschen sollte.

Wenn Sie zum Beispiel auf einer Bank sitzen, können Sie das Geplauder all der Menschen in Ihrem Umfeld hören. Suchen Sie sich eine Stimme heraus und achten Sie darauf. Begleiten Sie diese Stimme und beobachten Sie, wohin sie geht. Mit der Zeit werden Sie das immer besser beherrschen. Es ist nicht leicht, aber wenn ich es lernen konnte, dann können Sie es auch, dessen bin ich mir sicher.

Vielleicht würden Ihre Kinder es viel leichter lernen als Sie, aber es schadet nicht, es zu versuchen. Selbst wenn Sie mit Freunden beisammensitzen, könnten Sie alle ein Spiel daraus machen. Jeder von Ihnen könnte sich einen Klang auswählen. Erzählen Sie sich gegenseitig, welches Geräusch Sie sich ausgesucht haben, und versuchen Sie es dann fünf Minuten lang zu hören. Prüfen Sie, wie gut es Ihnen gelingt. Wie häufig verlieren Sie den Klang? Können Sie eine Minute lang dranbleiben, bevor Sie ihn verlieren? Halten Sie einen Stift und Papier bereit, und jedes Mal, wenn Sie das Geräusch verlieren, vermerken Sie das mit einem Symbol auf dem Papier. Jedes Mal, wenn Sie es wieder hören, halten Sie das mit einem anderen Zeichen fest. Verwenden Sie, welche Symbole auch immer Sie möchten. Es ist eine Übung, die Sie überall durchführen können, vor allem, wenn Sie alleine sind. Bitten Sie Ihren Schutzengel, Ihnen zu helfen. Er wird wahrscheinlich weitere Engel um Sie scharen, die Ihnen ebenfalls helfen.

Ich weiß nicht, wie lange ich an dem kleinen Fluss gesessen hatte, aber als ich die Hand meines Schutzengels auf meiner Schulter spürte, sah ich mich um und erblickte zahlreiche Engel. Einige saßen auf den Steinen, andere gingen am Fluss entlang.

Wenn wir in der Natur sind, kommen wir innerlich meistens zur Ruhe. Wir lassen los. Wenn wir uns gestatten, in die Natur zu gehen, kommen wir vielleicht mit dem spirituellen Teil unseres Selbst in Kontakt. So ist es jedenfalls bei mir.

Die Füße der Engel berührten den Boden nicht, nicht einmal einen Grashalm. Aber ich konnte sehen, wie die Grashalme sich bewegten, als würde das Lichtkissen zwischen der Erde und den Füßen der Engel sie berühren.

Einer der Engel ging an dem kleinen Flüsschen entlang und deutete auf den Wald. Als ich dort hinsah, erblickte ich erneut den Erzengel Michael, der aus dem wunderschönen Wald auf mich zukam. Er war in einen langen Trenchcoat gekleidet, der ihm bis über die Knie reichte und im Wind flatterte. Sein Mantel war beigefarben, dazu trug er eine dunkle Hose. Sie hatte eine tiefbraune Farbe wie einige der Bäume. Als er auf mich zukam, erkannte ich das Lichtkissen unter seinen Füßen. Es verhinderte, dass die Füße des Erzengels den Boden berührten. Hätte irgendein anderer Mensch ihn gesehen, hätte er gedacht, er laufe auf der Erde.

Jeder Schritt, den er machte, war wie ein Donnerhall. Manchmal wurde sein Trenchcoat vom Wind aufgeweht, und ich konnte das goldene Oberteil sehen, das er darunter trug. Er sah so stattlich aus wie immer.

Ich sagte: »Hallo, Erzengel Michael. Du hast vorhin gar nicht gesagt, dass du gehen musst, sondern bist einfach verschwunden!«

Er ignorierte das und sagte lediglich: »Hallo, Lorna.«

Dann kam er zu mir und stellte sich links von mir etwas hinter mich.

»Hat dir die Zeit hier draußen gefallen?«, fragte er mich.

»Ja, sehr«, antwortete ich.

»Sieh zum Fluss, rechts von dir und oben zum Baum hinauf, Lorna.«

Ich blickte zum Fluss und fragte ihn: »Von welchem Baum sprichst du?«

»Von demjenigen, der am meisten herausragt«, antwortete der Erzengel Michael.

Plötzlich wurde der größte Baum auf der gegenüberliegenden Seite des Flusses heller. Manche Bäume trugen mehr Blätter als andere, die gerade erst zu knospen begannen. Daher konnte man all die Äste ziemlich deutlich erkennen.

Ich betrachtete die Äste, und dann erkannte ich, worauf Erzengel Michael mich aufmerksam machen wollte. Ich erblickte einen Raubvogel. Diese Vogelart steht aufrechter da als andere Vögel.

Ohne mich zum Erzengel Michael umzudrehen, sagte ich: »Er sieht wie ein Falke aus. Er ist wunderschön.«

Plötzlich flog der Vogel los und glitt zwischen den hohen Ästen der Bäume hindurch. Dann kam er zurück und landete auf dem Ast des Baums, auf dem ich ihn zuvor gesehen hatte.

Es freut mich immer sehr, einen dieser wunderschönen Vögel zu sehen. Er saß dort ein paar Minuten lang und ließ seinen Blick umherschweifen.

»Ich danke dir. Es gefällt mir immer, wenn Gott mich einen Raubvogel sehen lässt, weil es mich stets an das Geschenk erinnert, das Gott mir gemacht hat, als ich noch ein Kind war«, sagte ich zum Erzengel Michael. »Das hilflose Küken, das ein kleiner Raubvogel war, mein Liebesvogel.«

Der Erzengel Michael trat einen Schritt nach vorne, berührte meine Hand und erfüllte mich mit Ruhe und Liebe. Ich mag es immer sehr, wenn er meine Hand nimmt.

»Deshalb bin ich zu dir gekommen, Lorna, weil Gott möchte, dass du deinen Liebesvogel noch einmal siehst«, antwortete er.

Ich bin immer sehr gerührt, wenn ich an einen Liebesvogel denke, weil er etwas mit meiner Mission auf der Erde zu tun hat – sowie mit all den wunderbarsten und den schwierigsten Dingen in meinem Leben, den schlimmsten und den besten Zeiten.

Der Liebesvogel ist ein Symbol, und wie all die Symbole, die Gott und die Engel uns im Laufe der Zeit geschenkt haben, hat es viele verschiedene Bedeutungsebenen, die wir im Laufe der Zeit vielleicht immer mehr deuten und verstehen können, eine Ebene nach der anderen.

Überdies ist es ein lebendiges Symbol, denn als der Liebesvogel zum ersten Mal zu mir kam, war er ein lebendiges spirituelles Wesen, ein perfektes und strahlendes Wesen, das sich physisch manifestiert hatte. Bei den sehr seltenen und wertvollen Gelegenheiten, zu denen es später im Leben zu mir kam, wie etwa bei der, die ich hier beschreibe, wohnt dasselbe lebendige Wesen einem Geschöpf aus Fleisch und Blut inne, aber als es zum ersten Mal in mein Leben kam, *war* es dieses Geschöpf.

Normalerweise ist es für spirituelle Wesen wie zum Beispiel Engel sehr schwierig, unmittelbare Veränderungen in der physischen Welt zu bewirken. In meinen Büchern habe ich ein paar Beispiele erzählt, als Engel an Fenster oder Türen geklopft haben oder den Wind wehen ließen. Doch obwohl solche Dinge in meinem Umfeld mittlerweile häufiger passieren, sind sie nach wie vor überaus selten. Ich habe auch über den Erzengel Michael geschrieben, der Leuten erscheint, so als wäre er ein normaler Mensch. Als der Liebesvogel jedoch zum ersten Mal zu mir kam, war dies etwas völlig anderes, denn da hatte sich ein spirituelles Wesen tatsächlich in Fleisch und Blut materialisiert.

Ich verstehe dieses Symbol nicht ganz, aber mir ist klar, dass es in Verbindung damit steht, was Gott sich von mir wünscht und was ich Ihm zufolge in die Welt bringen soll. Gott braucht mich, um Seine Liebe auszudrücken, und deshalb brauchen mich auch die Funken Gottes, die Seelen in jedem einzelnen Menschen. Jemanden zu lieben und geliebt zu werden bringt eine große Verantwortung mit sich, und manchmal ist Gottes Liebe so überwältigend, wenn ich in Seiner Gegenwart bin, so mächtig, dass ich fortrennen möchte. Deshalb fragt Gott mich manchmal: »Warum versteckst du dich?«

Ich glaube, als Symbol vermittelt der Liebesvogel etwas sehr Wichtiges über eine neue Art und Weise, wie die Liebe auf der Welt wirkt, über eine große Veränderung, die geschieht. Es geht um einen spirituellen Prozess, um die Art und Weise, wie die Liebe Materie verändert. Das fängt bei unserem eigenen menschlichen Körper an. Es beginnt mit der Verflechtung des Körpers und der Seele.

Bei seltenen Gelegenheiten habe ich das Privileg, diese Verflechtung zu sehen, wenn ich jemanden beobachte, der sich in tiefem Gebet befindet. Damit dieser Prozess stattfinden kann, muss die Seele in den Vordergrund treten, das heißt, sie muss teilweise aus dem Körper heraustreten.

Manchmal, wenn ich eine Seele auf diese Weise sehe, geschieht dies, weil die Seele sich vorbereitet, den Körper zu verlassen. Wenn der Tod naht, sind die Menschen spirituell häufig offener. Sie sind in der Regel liebevoller und fürsorglicher und stellen mehr Fragen, wenn sie wissen, dass sie dem Tod nahe sind.

Zu einigen dieser Veränderungen kommt es auch, wenn die Menschen in einem tiefen Gebet sind. Viele Menschen beten nicht häufig oder nicht intensiv genug. Sie wiederholen bestimmte Phrasen auf eine mechanische Weise und beten, ohne genügend davon überzeugt zu sein oder daran zu glauben.

Aber wenn wir mit jeder Faser unseres eigenen Seins beten, sodass wir es im Innersten spüren, geben wir unserer Seele die Erlaubnis, in den Vordergrund zu treten, und wenn das geschieht, kann die Verflechtung beginnen. Die spirituelle Erfahrung intensiviert sich. Sobald wir akzeptieren, dass unsere Seele reine Liebe in einem liebevollen Universum ist, können wir spirituellen Wesen begegnen. Dann fühlt sich der Körper leichter an.

In einem früheren Buch habe ich über eine Zukunftsvision geschrieben, die mir gezeigt wurde, eine Zukunft, in der Kinder über das Wasser eines Flusses laufen. Sie sind dazu in der Lage, weil ihre Körper leichter sind, weil sie durch die Verflechtung von Seele und Körper transformiert wurden. Als Jesus Christus nach seinem Tod wiederauferstand, war er transfiguriert. Als seine Jünger ihm daraufhin auf der Straße begegneten, erkannten sie ihn nicht, weil sein gesamtes Wesen einschließlich seines physischen Körpers transfiguriert worden und damit wieder vollkommen war. Dies sind einige der Bedeutungsebenen, einige der Mysterien, die der Liebesvogel uns vermittelt.

Als der Erzengel Michael mir sagte, es sei Gottes Wunsch, dass ich den Liebesvogel erneut sehe, füllten meine Augen sich mit Tränen – nicht aus Traurigkeit, sondern vor lauter Freude.

Der Erzengel Michael sagte: »Ich hoffe, das sind Freudentränen.« Er streckte seine Hand aus, um meine Tränen mit seinen Fingerspitzen wegzuwischen.

»Ja, das sind sie«, antwortete ich.

»Genieße, was du siehst, Lorna. Wo ist der Vogel?«

Wir blickten zu dem riesigen Baum, und ich sagte zum Erzengel Michael: »Dort ist er. Ist er nicht wunderschön?«

Der Falke saß stolz auf einem der Äste, und ich bewunderte seine Schönheit. Plötzlich glitt er in einem eleganten Sturzflug herab, schwebte über einen etwa drei Meter entfernten Felsen und ließ sich dann darauf nieder. Ich saß regungslos da, weil ich befürchtete, er würde sonst wegfliegen. Ich war ihm so nah. Ich spürte, wie der Erzengel Michael meine Hand losließ, aber ich wandte den Blick nicht von dem wunderschönen Vogel ab.

»Der Vogel wird nicht wegfliegen. Beobachte ihn einfach weiterhin«, forderte der Erzengel Michael mich leise auf.

Ich weiß nicht, wie lange wir den Vogel beobachteten. Vielleicht waren es nur ein paar Sekunden, vielleicht ein paar Minuten.

Es ist schwer, in Worte zu fassen oder Ihnen zu beschreiben, was als Nächstes passierte. Das Wasser des kleinen Flusses strömte über ein paar Felsen dahin. Abrupt flog der Vogel nach oben und entfernte sich von dem Wasser, das zwischen den Felsen herumwirbelte und dabei weiße Schaumblasen erzeugte. Hin und wieder spritzten diese Schaumblasen wie in Zeitlupe auf den Felsen, auf dem der wunderschöne Falke nun stand. Elegant neigte der Vogel seinen Kopf und blickte zum Felsen hinunter, auf dem er sich befand. Er beobachtete die Blasen, die auf den Felsen spritzten und manchmal seine Krallen berührten. Der Vogel bewegte sich nicht, wenn dies passierte. Das spritzende Wasser schien den Falken etwas zu irritieren, aber er wusste, dass er nicht in Gefahr war.

Offenbar nahm er den Erzengel Michael und mich nicht wahr. Wir beobachteten ihn, während er seinen Kopf leicht nach links und dann wieder nach rechts wandte.

Leise sagte ich zum Erzengel Michael: »Der Raubvogel sieht uns nun direkt an, nicht wahr? Er wendet seinen Blick nicht von uns ab.«

Der Erzengel Michael erwiderte: »Nein, Lorna, der Raubvogel hat nur Augen für dich. Er hat seine Augen nicht von dir abgewendet. Aber du hast es erst jetzt bemerkt.«

Ich wollte mich dem Erzengel Michael zuwenden, nachdem er diese Worte zu mir gesagt hatte, doch er wies mich an: »Jetzt nicht mehr reden!«

Ich sagte kein Wort mehr. Ich stand lediglich neben dem Erzengel Michael und beobachtete, was geschah.

Plötzlich wurde alles still. Die leichte Brise legte sich. Kein durch die Luft fliegender Vogel und kein Insekt war mehr zu hören. Der Schmetterling, den ich noch vor einem Moment über das Wasser hatte fliegen sehen, war verschwunden.

Der Vogel wandte seine Augen nicht von mir ab. Auch ich sah ihn unaufhörlich an. Er öffnete langsam seine Flügel, während er auf dem Felsen stand. Ich bemerkte, dass sich der Fluss nun ebenfalls nicht mehr bewegte. Das Wasser hatte aufgehört zu fließen. Es wirkte wie Kristallglas und sah sehr zerbrechlich aus. Sogar das Wasser, das auf den Felsen gespritzt war, bewegte sich nicht mehr. Es stand still in der Luft oder lag wie Perlen auf dem Felsen.

Die Flügel des Falken breiteten sich aus, als würde er von dem Felsen losfliegen. Als seine Flügel sich bewegten, veränderte sich die Farbe der Flügelspitzen. Jede einzelne Feder verwandelte sich in wunderschönes glänzendes Gold. Es wirkte so, als würde ich das in Zeitlupe beobachten. Jede Feder war von Gold durchdrungen. Es begann oben am Kopf des Falken und zog sich bis zu seinen Krallen hinunter. Er war vollkommen aus Gold. Der Raubvogel hatte sich vollständig verändert, und ich sah nun meinen Liebesvogel.

Ich war überwältigt und begann zu weinen. Freudentränen rannen an meinen Wangen hinab. Ich lächelte, aber ich wandte meine Augen nicht von meinem Liebesvogel ab. Da begann er über dem Felsen zu schweben. Seine Flügel schienen in der Luft zu schimmern. Und dies schien sich auf das Wasser auszuwirken. Die Wassertropfen, die in der Luft gefroren waren, begannen sich zu bewegen, als würden sie den Flügeln des Falken Platz machen.

Dann glitt der Falke rasch, aber elegant über den kleinen Fluss entlang und an uns vorbei. Er bewegte sich schnell, dennoch konnte ich jedes Detail erkennen. Ganz deutlich sah ich jede Feder des Vogels. Ich war mir sicher, dass er seinen Kopf wandte, um mich anzusehen, bevor er in den Himmel hinaufstieg und eine golden strömende Lichtspur hinter sich zurückließ.

Er stieg immer höher hinauf und sank dann wie Meereswellen herab, um sogleich erneut aufzusteigen und sich wieder herabsinken zu lassen. Dabei strömte das goldene Licht aus ihm hervor. Jede Feder meines Liebesvogels erzeugte eine Spur aus funkelndem Gold.

Gerade als ich dachte, mein Liebesvogel werde verschwinden, machte er kehrt und begann sich rasch im Gleitflug herabsinken zu lassen. Dann wurde er langsamer, als würde er sich Zeit nehmen, bevor er wieder zu den Bäumen flog und erneut mühelos zwischen den Ästen hindurchglitt. Schließlich ließ er sich wieder auf dem Ast des Baums nieder, auf dem ich ihn zuerst erblickt hatte.

Ich wollte gerade etwas zum Erzengel Michael sagen, als mein Liebesvogel wieder losflog. Erneut stieg er in den Himmel auf, wobei er eine Spur aus goldenem Licht hinterließ, und dann verschwand er.

Alles wurde wieder normal. Ich konnte die Vögel, die Insekten und das Wasser des kleinen Flusses hören, das auf die Felsen spritzte und darüber hinwegfloss. Ich war traurig und glücklich zugleich. Ich konnte meinen Liebesvogel nicht mehr sehen, deshalb liefen mir Tränen die Wangen hinab, aber ich war auch glücklich. Der Erzengel Michael nahm erneut meine Hand, und mit seiner rechten Hand zog er sein schneeweißes Taschentuch aus der Tasche seines Trenchcoats hervor und trocknete damit meine Tränen.

»Weine nicht mehr«, sagte er sanft.

Als er meine Wangen mit dem weißen Taschentuch abtupfte, wurde ich von Freude erfüllt und lächelte. Daraufhin lächelte der Erzengel Michael ebenfalls.

»Stell mir deine Frage, bevor ich gehe, Lorna.«

»Warum hat Gott mir erlaubt, den Liebesvogel noch einmal zu sehen?«

»Weil Gott weiß, wie sehr du deinen kleinen Liebesvogel vermisst, Lorna. Gott möchte, dass du dich stets an alles erinnerst, was Er dir über deinen Liebesvogel erzählt hat. Es ist sehr wichtig. Erinnere dich daran, was Gott zu dir gesagt hat, als du Ihn als Kind danach gefragt hast, warum Er dich als Seinen Liebesvogel bezeichnet hat, Lorna. Gib den genauen Wortlaut wieder.«

»Ich verstehe es immer noch nicht, Erzengel Michael. Ich habe irgendwie Angst davor. Ich befürchte stets, Gott und die Menschen der Welt zu enttäuschen. Gott hat an jenem Tag so viel zu mir gesagt. Dazu gehörte, dass ich so wie mein kleiner Vogel Liebe in mir trage. Außerdem sagte Gott, Er brauche mich. Das beschäftigt mich häufig, und ich kann es nicht begreifen. Ich verstehe es nicht, und Gott beantwortet mir diese Frage nicht.«

Der Erzengel Michael stand vor mir, ergriff meine Hände und verschränkte sie wie im Gebet miteinander.

Dann sagte er zu mir: »Gott konnte heute nicht kommen, aber Er hat mich, Seinen Erzengel, geschickt, Lorna. Jedes Mal, wenn Gott dich deinen Liebesvogel sehen lässt, erinnert Er dich daran, was Er dir an jenem Tag über deinen Liebesvogel und über dich gesagt hat. Nun muss ich gehen.«

Der Erzengel Michael ließ meine Hände los, aber ich hielt sie gefaltet, da ich mich nun im Gebet befand. Der Erzengel Michael ging auf den Wald zu, doch kurz bevor er hineinging, drehte er sich lächelnd zu mir um. Dann verschwand er.

Ich weiß nicht, wie lange ich dort stand und betete. Als ich mein Gebet beendete, bemerkte ich, dass ich von Engeln umgeben war. Meine Hände waren kalt, also rieb ich sie gegeneinander.

All die Engel sprachen gleichzeitig zu mir: »Es ist an der Zeit, nach Hause zu gehen.«

Ich weiß nicht mehr genau, wie ich durch den Wald zurückging, aber ich erinnere mich daran, im Auto zu sitzen und festzustellen, dass ich bereits fast zu Hause war. Ich fuhr die kleine Auffahrt entlang, stieg aus dem Auto aus und öffnete das Tor. Dann machte ich Feuer und bereitete das Abendessen zu. An diesem Abend ging ich nach oben, setzte mich vor meinen Computer und schrieb noch etwas weiter.

Kapitel 31

Sie werden geliebt

Als ich eine Hochzeitseinladung von meinen beiden Freunden Don und Pascal bekam, freute ich mich unbändig und fühlte mich sehr geehrt. Die Hochzeit fand im Ballyheigue Castle statt. Ich war im Sommer zuvor dort gewesen und hatte ein paar Tage im Haus von Dons Familie verbracht.

Dieses Mal blieb ich vier Tage in Ballyheigue. An meinem ersten Tag, vor der dreitägigen Hochzeit, machten mein Sohn Christopher und ich eine Wanderung auf die Hügel in der Umgebung. Dabei blieben wir häufig stehen, um die wunderschöne Landschaft zu betrachten. Sie war voller Wildgräser, Heidekraut und Wildblumen. Als wir dem Weg auf den Hügel folgten, sahen wir etwas wilde Baumwolle. Ich blieb stehen und rollte sie zwischen meinen Fingern hin und her. Ich erzählte Christopher, dass die Frauen in Äthiopien, als ich in Afrika gewesen war, Baumwolle gesammelt und zu Fäden gesponnen hatten, um daraus in Handarbeit Kleidung anzufertigen.

Ich fragte ihn: »Warum machen wir das bei uns nicht, obwohl hier Baumwolle wächst?«

»Es wäre wahrscheinlich zu teuer, Baumwolle so anzubauen, wie es in anderen Ländern gemacht wird. Unser Wetter ist nicht gut genug dafür«, antwortete er.

Wir blieben ein paar Minuten lang an unserem Platz stehen und genossen den Blick aufs Meer, das man von dort aus sehen konnte.

Dann ging Christopher auf dem Pfad weiter, und ich folgte ihm.

An diesem Tag legten wir eine große Distanz zurück.

Beim Haus des Vaters von Don, dem O'Neill's Bed and Breakfast, machten wir Rast. Wir wurden dort sehr herzlich empfangen. Wir nahmen Platz, tranken Tee und aßen selbstgebackenen Apfelkuchen und Scones. Bis zur Geburtstagsparty von Pascal – die an diesem Tag, einen Tag vor der Hochzeit, gefeiert wurde – hatten wir noch zweieinhalb Stunden Zeit. Daher konnten wir uns noch eine kleine Weile ausruhen. Überall herrschte ein emsiges Treiben, da sich alle für die Hochzeit vorbereiteten, und ich freute mich sehr, daran teilzunehmen.

Christopher und ich gingen wieder zum Hotel zurück und bummelten noch etwas in der Stadt herum, bevor wir schließlich zur Geburtstagsfeier aufbrachen.

Ich werde Ihnen nun ein paar Dinge erzählen, die in spiritueller Hinsicht auf der Hochzeit geschahen. Dons Mutter war ein paar Jahre zuvor gestorben, und von Zeit zu Zeit, wenn Dons Vater tanzte, sah ich, wie die Seele von Dons Mutter mit ihm tanzte, sodass sie sich gemeinsam über den Tanzboden bewegten. Es geschah jeweils nur für ein paar Sekunden, manchmal auch etwas länger, aber falls Dons Vater ihre Gegenwart wahrnahm, das wusste ich, würde es ihm viel länger vorkommen. Ich bin sicher, dass er die Anwesenheit seiner Frau hin und wieder spürte.

Zu besonderen Anlässen – sowohl freudigen als auch traurigen – lässt Gott unsere Lieben bei uns sein. Wahrscheinlich war dieser Anlass zugleich freudig und traurig, da sein Sohn heiratete, aber seine Frau nicht dabei war, um mit ihnen zu feiern.

Die Hochzeit war von Liebe erfüllt. Ich konnte die Liebe sehen, die von allen ausgestrahlt wurde. Ich saß an einem Tisch mit Christopher, einigen Mitgliedern von Dons Familie, einigen Familienangehörigen von Pascal sowie einigen ihrer besten Freunde. Ich fühlte mich sehr geehrt, dort zu sitzen. Don und Pascal kümmerten sich um all ihre Gäste, und als es an der Zeit war, mit dem Abendessen zu beginnen, stand Pascal vom Tisch auf, holte sich das Mikrofon von der Bühne und stellte sich in die Mitte des Raums, um über ihre Liebe zu sprechen. Er erzählte, wie sie sich vor 20 Jahren kennengelernt hatten.

Als Pascal sich wieder an den Tisch setzte, stand zu meiner Überraschung die Seele seines Vaters als junger Mann direkt hinter dem Paar und hielt ein riesiges rotes Herz in der Hand. Er war mit ihrer Liebesverbindung einverstanden. Etwa zehn Engel standen in einem Halbkreis um das Paar herum. Als ich mich im Raum umsah, stand neben jedem Menschen jeweils ein Engel.

Diese Hochzeit war tatsächlich eine Liebesverbindung. Die Liebe kennt keine Grenzen. Gott hat mir immer wieder gesagt, wie viel Liebe Er uns allen gegenüber empfindet. Gott liebt all Seine Kinder auf die gleiche grenzenlose Weise. Wir sind alle Gottes Kinder, und an jenem Tag hat Gott mir genau das gezeigt. Er zeigte mir Seine Liebe für Don und Pascal. Ihre Heirat war mit Liebe, Einigkeit, Freundschaft, Fürsorge, Verständnis, Glück und Freude für ihre Zukunft gesegnet. Gott segnet jede Liebesheirat.

Die Engel, die auf der Hochzeit neben jedem Menschen standen, warfen die Herzen, die sie in den Händen hielten, hoch in die Luft. Diese explodierten und zerbarsten in winzige kleine Stücke. Ich beobachtete, wie viele dieser kleinen Stücke in die Herzen all der Menschen geleitet wurden, um ihnen dabei zu helfen, sich selbst mehr zu lieben. Auf diese Weise können sie auch andere lieben und haben keine Angst mehr vor den Unterschieden, die zwischen uns allen bestehen. Wir sollten uns in unserem Herzen und unserem Geist bewusst machen, dass die Liebe über alles siegt. Liebe währt ewig. Wir alle sehnen uns nach Liebe, verschließen Sie daher die Türen nicht. Halten Sie diese geöffnet und lassen Sie die Liebe in Ihr Leben sowie in das Leben all der Menschen in Ihrem Umfeld kommen.

Genau das taten Don und Pascal am Tag ihrer Hochzeit. Sie ließen ihre Familien und Freunde an ihrer Liebe teilhaben. Ihre Liebe berührte alle, mich selbst eingeschlossen. Und ich habe ihre Liebe in meinem Herzen bewahrt.

Anstatt nach der Hochzeit direkt zum Hotel zurückzukehren und zu packen, machte ich einen Spaziergang am Strand. Es regnete in Strömen. Der Wind wehte sehr stark und ließ mich von Zeit zu Zeit frösteln, aber ich genoss jeden Moment. Auf dem Rückweg sah ich ein paar Angler, die ihre Angeln in den Sand gesteckt hatten und auf diese Weise Fische fingen. Im Vorbeigehen sprach ich ein kleines Gebet, dass sie damit Erfolg haben würden. Kurz darauf, gegen Ende meines Spaziergangs, sah ich eine junge Frau mit einem kleinen Mädchen und einem braunen Hund mit gekräuseltem Fell. Sie hatten großen Spaß.

Als ich mich ihnen näherte, sagte ein Engel zu mir: »Sie werden nun nach Hause gehen.«

Manchmal weiß ich nicht, warum die Engel mich auf etwas Offensichtliches hinweisen. Die Mutter ging hinter der Hundeleine her, die auf dem Boden entlangschleifte. Die kleine Gruppe lief nun in meine Richtung, aber ich kürzte zum Parkplatz ab. Ich war überrascht, als ich wieder ins Hotel kam. Mir war nicht bewusst gewesen, dass ich zwei Stunden lang spazieren gegangen war. Die Engel hatten in dieser Zeit kein Wort zu mir gesagt. Sie wussten, wie sehr ich es genossen hatte.

Mein Schutzengel hat mich letzte Nacht aufgeweckt. Er blies mir ins Gesicht, sodass meine Haare sich bewegten.

Im Halbschlaf sagte ich zu ihm: »Geh weg. Lass mich in Ruhe. Ich bin müde.«

Aber das tat mein Schutzengel nicht.

»Steh auf«, hörte ich fortwährend.

Es war vier Uhr morgens.

Ich drehte mich um, öffnete meine Augen und sagte: »Okay.«

Ich schlug die Decke zurück. Mein Schutzengel macht so etwas manchmal ebenso wie der Engel Hosus oder der Erzengel Michael, aber letzte Nacht war nur mein Schutzengel da. Ich beklagte mich, während ich meinen Morgenmantel und meine Hausschuhe anzog.

Ich fragte ihn: »Was ist denn los? Was soll ich tun?«

Mein Schutzengel benutzte keine Worte, aber trotzdem wusste ich genau, was er wollte. Also ging ich in mein Arbeitszimmer und stellte den Computer an.

Mein Schutzengel sprach leise und sanft zu mir: »Du solltest Männer, Frauen und Kinder daran erinnern, dass ihr Schutzengel sie liebt, was auch immer passieren mag, Lorna. Erinnere sie daran, dass sie wunderschön, einzigartig und vollkommen sind. Ihre Schutzengel haben nur Augen für sie. Sie sollten sich nicht alleine fühlen.«

Ihr Schutzengel möchte Sie daran erinnern, dass er bei Ihnen ist und Sie keine Sekunde lang verlässt. Sie sind nicht allein, und selbst wenn Sie denken, dass niemand Sie liebt, sollten Sie sich stets daran erinnern: Ihr Schutzengel liebt Sie. Ich tue das auch, obwohl ich Sie nicht kenne. Ihr Schutzengel möchte, dass Sie stets das Licht der Hoffnung in Ihrem Leben sehen. Sie sollten dieses Licht der Hoffnung nie ausgehen lassen, denn Ihr Leben ist wertvoll für Ihren Schutzengel, Ihre Familie und Ihre Freunde. Ihr Leben ist sogar wertvoll für mich, obwohl Sie mir wahrscheinlich fremd sind.

Ich wandte mich meinem Schutzengel zu und fragte ihn: »Sprechen wir davon, wenn jemand an einem dunklen Ort ist? Wenn er einsam ist und das Gefühl hat, niemand würde ihn lieben? Wenn jemand in einem dunklen Loch sitzt und kämpft und keinen Ausweg sieht? Sprechen wir über einen Suizid?«

»Ja«, bestätigte mein Schutzengel.

Wenn wir das Gefühl haben, dass jemand deprimiert, nervös oder voller Angst ist und sich einsam fühlt – in einer solchen Zeit sollten wir alle ihm helfen, das Licht zu sehen, das sein Schutzengel vor ihm hochhält – das Licht der Hoffnung.

»Erinnerst du dich daran, als du vor ein paar Monaten in Maynooth warst, Lorna?«

Ich dachte kurz nach.

Dann sagte ich: »Ja, das tue ich.«

Ich war im Elite Café, meinem Lieblingscafé gewesen. Jedes Mal, wenn ich zurück nach Maynooth, zum Haus meines Sohnes komme, fühlt es sich immer noch wie mein Zuhause an, obwohl ich nicht mehr dort wohne. Und jedes Mal gehe ich ins Elite Café. Ich treffe dort meine Familie und manchmal meine Freunde. Hin und wieder sitze ich auch alleine dort und genieße die Gesellschaft all der Leute, die in dem Café sind. Natürlich ist auch das Essen dort sehr lecker.

Wenn ich auf meinen Reisen im Ausland bin, sage ich manchmal zu den Engeln, die bei mir sind: »Ich würde jetzt liebend gerne einfach ins Elite Café gehen und dort etwas essen.«

Es gibt dort wunderbare selbstgebackene Kuchen und Brot, Ofenkartoffeln, Salate und Quiches. Alles ist hausgemacht. Bei dem Gedanken an das Essen bekomme ich gerade Hunger.

Ich hörte, wie mein Name gerufen wurde, und wandte mich zur Tür. Dort stand der Engel Hosus.

Er sagte: »Guten Morgen, Lorna.«

»Hallo, Engel Hosus.«

Er kam zu mir und legte seine Hand auf meine Schulter.

»Ich werde dir helfen, dich zu erinnern.«

Ich sagte zum Engel Hosus: »An jenem Tag traf ich meine Tochter Ruth und meine kleine Enkeltochter Jessica. Als wir das Café verließen, half ich meiner Tochter dabei, ein paar Einkäufe zu erledigen. Ein paar Stunden später umarmte ich Ruth und Jessica und verabschiedete mich von ihnen.

Als ich das Einkaufszentrum verließ, beschloss ich, einen Spaziergang zu machen, und ging zur Universität. Ich war schon ziemlich lange nicht mehr dort gewesen. In jenem Jahr war das Wetter in Irland sehr wechselhaft gewesen, mit schrecklich viel Regen. Ich trug eine Jacke, Jeans und meine Wanderschuhe. Dennoch ging ich durch den Obstgarten auf dem Universitätsgelände und dachte an die Zeiten, als Joe mit mir und den Kindern dort spazieren gegangen war. Es brachte alte Erinnerungen zurück, glückliche Erinnerungen.

Wenn ich jetzt durch den Obstgarten der Universität gehe, erinnere ich mich jedes Mal an die Begegnung mit den Nonnen, Engel Hosus. Sie grüßten mich, blieben stehen und unterhielten sich kurz mit mir. An eine von ihnen erinnere ich mich besonders. Manchmal traf ich sie alleine, wenn sie die Äpfel, die von den Bäumen auf den Boden gefallen waren, aufhob und in eine Tüte packte. Ich fragte sie, ob es in Ordnung sei, wenn ich mir auch ein paar nähme. Sie bejahte, denn dies sei besser, als alle auf dem Boden verfaulen zu lassen. Sie schlug mir vor, ein paar Apfelkuchen zu backen. Sie hatte eine weitere Tüte in ihrer Tasche dabei und forderte mich auf, diese für mich selbst mit Äpfeln zu füllen und mit nach Hause zu nehmen. Wenn ich daran denke, muss ich stets lächeln. Die Nonne weilt nicht mehr unter uns. Sie ist nach Hause in den Himmel zurückgekehrt.«

Der Engel Hosus sagte: »Ja, Lorna, ich weiß, dass du sie mochtest.«

»Das stimmt. Sie gehörte zu den wenigen Menschen, mit denen ich gelegentlich sprach, als Joe sehr krank, aber noch am Leben war«, antwortete ich. »Sie erzählte mir von ihrer Arbeit, davon, dass sie und die anderen Nonnen viele junge Frauen beherbergten, die an der Universität studierten. Sie hatte ein herzliches Lachen. Als sie sich einmal bückte, um ein paar Äpfel vom Boden aufzusammeln, flog eine Dohle über sie hinweg und setzte sich über ihr auf einen Ast des Baumes. Genau in diesem Moment fiel ein Apfel von diesem Ast herab und traf sie am Kopf. Sie sagte ›Aua‹, aber dann begann sie zu lachen. Sie erkannte, wie lustig es eigentlich war, und ich lachte mit ihr.«

Der Engel Hosus unterbrach mich: »Erzähl mir weiter von dem Tag vor ein paar Monaten.«

»Ich ging auf dem von Bäumen gesäumten Pfad auf der Rückseite der Universität auf und ab. Ich glaube, ich habe an jenem Tag nur ein oder zwei Menschen gesehen. Niemand schien draußen herumzulaufen, und auf meinem Rückweg durch das Universitätsgelände beschloss ich, in den Garten hineinzugehen. Es ist ein kleiner Garten, aber es gibt dort ein paar wunderschöne Bäume und Blumenbeete und natürlich auch einige Sitzgelegenheiten. Ich bemerkte niemanden sonst in dem Garten, sah auch keine Engel darin. Ein Rotkehlchen hüpfte vor mir über den Weg, als ich hörte, wie mein Name gerufen wurde. Du warst es, Engel Hosus. Du standest auf der anderen Seite des Gartens unter dem großen knorrigen Baum und hast mich aufgefordert, in deine Richtung zu gehen, ohne mir zu sagen, dass jemand dort saß. Als ich näher kam, sah ich einen Schutzengel, bevor ich den Mann erblickte, zu dem er gehörte. Normalerweise ist es andersherum. Der Engel hielt ein Licht vor dem Mann hoch. Es waren noch drei weitere Engel dort. Alle hielten Lichter in der Hand und versuchten ihn dazu zu bringen, das Licht der Hoffnung in seinem Leben zu sehen.

Der Mann saß zusammengekauert da, als ich ihn erblickte. Er war etwa vierzig Jahre alt. Ich blieb stehen und grüßte ihn. Ich wusste nicht, ob ich eine Antwort bekommen würde oder nicht, doch der Mann sah auf und grüßte mich zurück. Ich fragte ihn, ob bei ihm alles in Ordnung sei. Er antwortete, dass es ihm eigentlich nicht gut gehe. Offenbar war er mit seinen Gedanken an einem dunklen Ort. Er glaubte nicht mehr an sich selbst und dachte, er sei völlig unfähig. Ich erblickte einen Ehering an seinem Finger und fragte ihn, ob er eine Frau und Kinder habe. In diesem Moment verlor er die Fassung. Er berichtete mir, er sei seiner Frau und seinen Kindern keinerlei Hilfe und es sei wahrscheinlich besser, wenn er tot wäre.

Du hast mich aufgefordert, ihn zu fragen, warum er sich so fühle, Engel Hosus. Er wusste es nicht. Er sagte mir, es sei einfach so. Er könne nichts empfinden. Er fühle sich leer, als sei er in einem dunklen Raum, ohne Türen und Fenster, von Dunkelheit umgeben, ohne einen Ausweg. Ich fragte ihn, ob ihm bewusst sei, dass er Depressionen habe, und sagte ihm, er brauche Hilfe. Er wusste, dass er eine Depression hatte. Er war sogar schon bei einem Arzt gewesen, aber das half ihm nicht wirklich weiter. Ich erinnerte ihn an seine Frau und seine Kinder und fragte ihn, ob er sie liebe, aber er wusste es nicht. Du hast ohne Worte zu mir gesprochen, Engel Hosus, und ich habe es dem Mann gegenüber wiederholt. Du hast ihm gesagt, seine Frau liebe ihn, aber sie habe große Angst. Sie wusste, dass er Depressionen und große Probleme hatte, und versuchte, ihm zu helfen. Sie wollte ihn nicht verlieren. Du hast mich aufgefordert, ihn daran zu erinnern, dass seine Kinder ihn liebten. Er war ihr Vater, und sie liebten ihn. Er sollte versuchen, ihre Liebe zu spüren. So wie seine Frau und seine Kinder liebevoll auf ihn zugingen, so sollte auch er ihnen liebevoll begegnen. Sie reichten ihm in dieser Dunkelheit ihre Hände, die voller Licht und Liebe waren. Ich sagte ihm, ich wisse, dass seine

Liebe sich auf sie zubewegen könne, damit sie ihn aus der Dunkelheit herausziehen könnten.

Er sah mit Tränen in den Augen zu mir auf. Er fragte mich, wer ich sei, aber ich antwortete lediglich, dass ich niemand sei. Er musste mir versprechen, sich nicht das Leben zu nehmen. Ich sagte ihm, ich wolle ihm eines Tages auf der Straße oder im Supermarkt oder vielleicht dort auf dem Universitätsgelände mit seiner Frau und seinen Kindern begegnen. Er werde mich nicht erkennen, aber ich würde ihn erkennen. Ich sagte ihm auch, ich wolle nicht, dass seine Kinder ihre Mutter immer wieder fragen würden: ›Warum hat Dad uns verlassen? Warum hat er uns abgelehnt?‹ Und ich sagte ihm, dass sie ihn liebten und er damit beginnen solle, Fenster sowie eine Tür in den dunklen Raum einzubauen. Dann solle er diese weit öffnen und das Licht der Hoffnung, das Licht der Liebe hineinlassen, das seine Frau und seine Kinder für ihn trügen. Als ich mich von ihm entfernte, lächelte er. Er ließ das Licht der Liebe wieder in sein Leben hereinkommen. Sein Schutzengel hatte seine Arme um ihn gelegt und umarmte ihn liebevoll.«

Jeden Tag bete und bitte ich für diesen jungen Mann. Manchmal frage ich den Engel Hosus, wie es ihm geht. Der Engel Hosus sagt mir, er sei auf einem guten Weg. Er hat sich seiner Frau und seinen Kindern wieder genähert und lässt sich von ihrer Liebe berühren. Er fühlt sich nicht mehr ungeliebt.

Die Liebe muss in das dunkle Loch im Inneren eines Menschen vordringen, der zu einem solchen Zeitpunkt keinen Sinn mehr im Leben sieht und darüber nachdenkt, sich das Leben zu nehmen. Die Familie, Freunde und andere geliebte Menschen bemühen sich stets nach Kräften, wenn jemand, den sie lieben, sich in diesem dunklen Loch befindet. Sie helfen ihm, die Liebe in seinem Inneren aufzuspüren und die Liebe in seinem Umfeld zu erkennen. Es ist wichtig, den Menschen Mut zu machen, sie wissen zu lassen, dass sie geliebt werden, und ihnen zu helfen, ihre Zuversicht und ihren Glauben an sich selbst wiederzufinden.

Ihr Schutzengel flüstert Ihnen zu verschiedenen Zeiten in Ihrem Leben etwas zu, vor allem, wenn etwas schlecht läuft, wenn Ihnen etwas Angst macht oder wenn Sie Ihre Lebensenergie verloren haben. Vielleicht haben Sie das Gefühl, in diesem dunklen Loch zu sein, aber Ihr Schutzengel sagt Ihnen, dass Sie geliebt werden. Sie sind vollkommen. Sie sind einzigartig und werden auf dieser Welt gebraucht. Sie haben eine Aufgabe zu erfüllen. Jeder auf dieser Welt braucht Sie. Ich brauche Sie, deshalb bitte ich Menschen immer darum, sich nicht das Leben zu nehmen. Machen Sie sich bewusst, dass Sie geliebt werden. Sie können jeden dunklen Lebensabschnitt überstehen, egal wie katastrophal die Situation Ihnen auch vorkommen mag. Vielleicht haben Sie das Gefühl, nicht in der Lage zu sein, aus diesem dunklen Loch herauszuklettern, aber Sie können es, das weiß ich.

Es gibt Hilfe dort draußen. Haben Sie keine Angst – bitten Sie Ihre Familie und Ihre Freunde, Ihnen zu helfen. Suchen Sie sich die Hilfe, die Sie brauchen. Ich werde Sie nicht aufgeben. Gott und Ihr Schutzengel wollen ebenfalls nicht, dass Sie sich aufgeben. Machen Sie sich bewusst: Gott liebt Sie.

Auf einer meiner Vortragsreisen begegnete ich einer Mutter, die mir erzählte, sie habe ihre junge Tochter verloren, da diese sich das Leben genommen habe. Sie wisse, dass sie im Himmel sei, und manchmal spüre sie die Anwesenheit ihrer Tochter. Jedes Mal, wenn ich erfahre, dass jemand sich das Leben genommen hat, trifft es mich zutiefst, egal wie alt dieser Mensch war. Dann beklage ich mich bei Gott und frage, warum es dazu kommen konnte, aber es gibt kein Warum. Manchmal können wir nichts dagegen tun. Egal welche Hilfe und Liebe einer Person entgegengebracht wird, ihr Schmerz und ihre Verletzung kann zu viel für sie sein, sodass sie nie mehr aus diesem dunklen Loch herauskommt.

Für die Hinterbliebenen ist es dann sehr schwer, und viele Familien zerbrechen daran. Manche Menschen brauchen ein ganzes Leben, um es zu akzeptieren. Für viele Familien ist es unmöglich. Es ist ein Kampf, den sie jeden Tag aufs Neue erleben. Der geliebte Mensch ist im Himmel. Gott hat ihn in die Decke der Liebe gehüllt und in den Himmel gebracht.

Zu der Zeit, als ich in Maynooth lebte, bevor Joe starb und als er noch relativ gesund war und für die Gemeinde arbeitete, kam eine Frau bei mir zu Hause vorbei. Sie war etwa 60 Jahre alt. Sie besichtigte die Gegend und fuhr einfach etwas herum. Ihr Mann saß im Auto. Sie erklärte mir, sie habe meine geöffnete Tür gesehen, und fragte mich, ob sie die Toilette benutzen dürfe.

Ich antwortete: »Ja, aber sie befindet sich auf der Rückseite des Hauses.«

Ich führte sie dorthin und hängte etwas Wäsche ab, während sie auf der Toilette war.

Als sie wieder herauskam, bedankte sie sich bei mir.

Der Engel Elija stand an der Ecke unseres Cottages und forderte mich auf, sie zu einer Tasse Tee einzuladen.

Ich rief sie zurück und fragte sie: »Möchten Sie und Ihr Mann vielleicht eine Tasse Tee?«

Sie war überrascht und zögerte kurz.

Dann antwortete sie: »Das ist sehr freundlich von Ihnen. Wir hätten sehr gerne eine Tasse Tee.«

Sie ging zum Tor und rief nach ihrem Mann. Er stieg aus dem Auto aus und folgte uns in das kleine Hinterzimmer im Cottage, das Joe zur Küche mit einer Spüle, einem Herd, ein paar Küchenschränken, einem Küchentisch und einem großen alten Kühlschrank umgebaut hatte.

»Nehmen Sie Platz«, forderte ich die beiden auf.

Ich setzte den Teekessel auf und nahm ein paar Tassen aus dem Schrank.

»Ich habe keine Kekse, aber etwas Brot und Marmelade«, sagte ich.

»Vielen Dank, ich habe tatsächlich etwas Hunger«, antwortete der Mann.

»Ich heiße übrigens Josie«, stellte sich die Frau vor.

»Ich bin John«, ergänzte ihr Mann. »Es ist schön, Sie kennenzulernen. Wie ich sehe, haben Sie Kinder.«

»Ja, zwei kleine Jungs, Christopher und Owen. Christopher ist in der Schule, und Owen macht ein Nickerchen«, antwortete ich.

John begann über seine erwachsenen Kinder, zwei Söhne und eine Tochter, zu sprechen.

»Sie sind mittlerweile alle verheiratet«, erklärte er. »Josie und ich haben sehr jung geheiratet. Wir haben bereits sechs Enkelkinder.«

Josie sagte kein Wort, während John redete. Als ich sie ansah, wirkte sie traurig. Ihr Schutzengel hatte seine Arme um sie gelegt und sagte mir, sie leide sehr. Allerdings sagte er mir nicht, worunter sie litt. Ich nahm an, dass sie vielleicht körperliche Schmerzen hatte.

Im nächsten Moment dampfte das Wasser im Teekessel, und ich bereitete den Tee zu. Dann schenkte ich drei Tassen Tee ein. John schmierte sich ein Brot mit Butter und Marmelade.

»Die Marmelade schmeckt gut«, sagte er.

»Das freut mich«, sagte ich. »Ich habe sie selbst gemacht. Es ist schwarze Johannisbeermarmelade vom letzten Jahr. Wir haben ein paar alte Sträucher im Garten.«

Josie sagte, ihre Mutter habe ebenfalls selbst Marmelade gemacht. Sie begann, über ihre Mutter und ihren Vater zu sprechen. Sie stamme aus einer kleinen Familie. Außer ihr selbst gebe es noch eine Schwester und einen Bruder. Dann brach sie in Tränen aus. Sie sagte, ihr Bruder habe sich mit nur 20 Jahren das Leben genommen. Sie sei damals 13 und ihre Schwester 18 Jahre alt gewesen.

»Es war schrecklich. Wir durften nicht über ihn sprechen, weil es als Schande angesehen und verheimlicht wurde.«

Danach war es, als habe ihr Bruder nie existiert. Dabei war es weder der Fehler ihrer Mutter noch ihres Vaters gewesen. Sie liebten ihren Sohn, aber sie waren Opfer der damaligen gesellschaftlichen Einstellung.

»Er hieß John. Ich glaube, zum Teil habe ich mich in meinen Mann verliebt, weil er auch John heißt. Meine Eltern sind bereits vor langer Zeit gestorben, aber meine Mutter und mein Vater haben stets intensiv für meinen Bruder gebetet.«

Sie glaubten alle, er sei in die Hölle gekommen, weil man ihnen es so gesagt hatte, und auch seine Schwester glaubte das. Während sie aufwuchs und sogar bis zu jenem Tag – als Mutter von erwachsenen Kindern, die verheiratet waren – weinte sie, wenn sie an ihren Bruder dachte, da sie der Meinung war, er brenne in den schrecklichen Flammen der Hölle.

Als sie das erzählte, schüttelte ihr Schutzengel seinen Kopf und sagte: »Nein, das stimmt nicht.«

Im selben Moment tauchte der Engel Elija neben Josie auf und sprach ohne Worte zu mir. Ich sollte ihr sagen, dass ihr Bruder im Himmel bei Gott und ihren Eltern und den anderen Menschen sei, die seitdem gestorben waren. Sie sind alle zusammen.

Als ich ihr das sagte, ergriff sie meine Hände.

Tränen der Freude und des Glücks rannen über ihre Wangen, und sie fragte mich: »Glauben Sie das wirklich, Lorna?«

»Ja«, antwortete ich. »Gott hat Ihren Bruder geliebt. Er ist Gottes Kind.«

»Das ist alles, was ich hören wollte. Nun kann ich für den Rest meines Lebens Frieden in meinem Herzen schließen.«

Kaum hatte Josie diese Worte gesagt, öffnete ihr Schutzengel seine Flügel, die er um sie gelegt hatte. Die Seele ihres Bruders stand lächelnd in der Küchentür. Er sah wie ein sehr attraktiver junger Mann aus.

Im nächsten Moment stand er neben Josie und blickte liebevoll auf seine Schwester hinab. Josie atmete tief ein.

»Sie spüren häufig die Anwesenheit Ihres Bruders, das weiß ich«, sagte ich zu ihr.

»Ja, Lorna. Ich spüre ihn in diesem Moment. Ich bin so glücklich.«

Ich ergriff ihre Hand.

Ihr Mann nahm sie in seine Arme und sagte: »Ich habe dir ja gesagt, dass dein Bruder im Himmel ist.«

Die beiden umarmten sich, und dabei lachten und weinten sie gleichzeitig.

»Gott sei Dank, Gott sei Dank«, wiederholte Josie ein paar Mal.

Ich sah, wie der Stress und die Sorgen von ihr abfielen. Josie war nun wie ausgewechselt.

Ein paar Minuten später standen die beiden auf, um weiterzufahren. Die Seele von Josies Bruder blieb bei ihr, als ich sie zum Tor begleitete. Dann bedankten Josie und ihr Mann sich für den Tee und das Marmeladenbrot, stiegen ins Auto ein und fuhren los. Ich weiß nicht einmal, woher sie kamen. Ich habe sie nicht danach gefragt. Ich habe sie auch nie wiedergesehen.

Solche Dinge schienen ständig zu passieren, als ich in Maynooth wohnte – noch bevor irgendjemand etwas über mich wusste. Wenn ich nun daran denke, muss ich schmunzeln. Mal tauchte ein Lastwagenfahrer auf oder jemand, der sich verfahren hatte, oder ein Tourist. Allerdings gab es bei uns nicht so viele Touristen. Ich erinnere mich stets an zwei Männer und zwei Frauen aus China. Sie hatten die Universität besichtigt und waren etwas in Maynooth herumgelaufen.

Damals war unser Haus noch nicht von einer Siedlung umgeben, sondern fast ausschließlich von Wiesen. Wir wohnten im letzten Cottage in der Old Greenfield Road. An jenem Nachmittag spielten die Kinder im Garten, und die Hühner liefen draußen herum. Heidi, unsere gutmütige Schäferhündin, jagte sie nie. Sie stand lediglich am Tor.

Christopher kam zu mir gelaufen und sagte: »Mami, da sind Fremde draußen!«

Als ich zur Tür hinausging, sah ich sie am Tor stehen. Sie waren von Engeln umgeben.

Ich sagte: »Hallo, kann ich Ihnen helfen?«

Einer der Männer sprach darüber, was für einen großen Garten wir hätten. Er konnte das Gemüse sehen. Er begann mir Fragen darüber zu stellen, also bat ich die Gruppe herein und zeigte ihnen unseren Gemüsegarten mit den Kartoffeln, dem Weißkohl, dem Blumenkohl und dem Rosenkohl. Heidi war ihnen gegenüber sehr brav. Sie saß die meiste Zeit einfach auf dem Rasen. In dem kleinen Vorgarten stand ein Zelt, und auf der Wiese lag eine Decke. Zwei der Besucher ließen sich auf der Türschwelle nieder und die anderen beiden auf der Decke. Die Kinder setzten sich neben sie. Ich machte ihnen eine Tasse Tee, und wir tranken ihn gemeinsam draußen im Garten, da es ein wunderbar sonniger Tag war.

Sie sprachen vorwiegend darüber, wie hübsch Maynooth und die Universität seien und dass alle Menschen sie gegrüßt hätten, als sie in den verschiedenen Stadtbezirken von Maynooth herumgelaufen waren.

Der ältere der beiden Männer sagte: »Dies war das einzige Haus, bei dem wir das Gefühl hatten, stehen bleiben und Hallo sagen zu können.«

Kurz darauf verabschiedeten die Besucher sich sehr glücklich. So etwas geschah häufig, und es war absolut in Ordnung so. Die

Engel sagten mir, es sei wichtig für die Besucher gewesen, die Wärme, die Liebe und die Herzlichkeit der Familie wahrzunehmen.

KAPITEL 32

Andere verurteilen

Ich habe den Engel Hosus und die anderen Engel, die zu unterschiedlichen Zeiten bei mir sind, häufig gefragt, warum Menschen andere Personen, die gestorben sind, verurteilen und der Meinung sind, sie wären aus irgendwelchen Gründen nicht in den Himmel gekommen. Ich habe eines Tages sogar Gott danach gefragt. Es war zu einer Zeit, als ich in Edenmore wohnte. Ich war damals ein junger Teenager von etwa 14 Jahren. Ein Nachbar aus unserer Nähe war gestorben. Ich kannte ihn nicht, aber ich hatte diesen Mann bei verschiedenen Gelegenheiten gesehen, wenn er einkaufen gegangen war. Kurz bevor er starb, hatte ich ihn vielleicht zwei Mal gesehen. Einmal, als er aus dem Lebensmittelladen kam, und ein weiteres Mal, als er auf der Straße entlangging und eine Zigarette rauchte. Damals wussten wir nicht, wie schlecht es für die Gesundheit, ja wie lebensgefährlich das Rauchen ist.

Wenn jemand gestorben war, ging damals die gesamte Nachbarschaft zum Begräbnis. Jeder schien jeden zu kennen. Ich selbst ging nicht dorthin, aber ich stand an der Straße und beobachtete, wie der Leichenwagen das Kirchengelände verließ. Alle folgten ihm. Ich wusste, dass der Mann in den Himmel gekommen war, da sein Schutzengel die letzten paar Male, als ich ihn gesehen hatte, seine Seele festgehalten hatte.

Damals als Kind achtete ich nie besonders darauf, wenn ich einen Schutzengel eine Seele festhalten sah. Mir war klar, dass diese Person bald sterben würde, aber das beunruhigte mich nicht, weil ich wusste, dass sie in den Himmel kommen würde.

Was mich allerdings sehr irritierte, war, wenn Erwachsene sich unterhielten und jemanden verurteilten und sich fragten, ob dieser Mensch gut genug gewesen sei, um in den Himmel zu kommen. Ich war sehr traurig, wenn jemand – so wie in diesem Fall – sagte, dass es für den Verstorbenen keine Hoffnung gäbe oder er keine Chance habe, durch das Himmelstor zu gelangen, weil der Heilige Petrus es ihm nicht erlauben werde. Dass dieser Mensch vielmehr in die Hölle geschickt werde. Ich beklagte mich bei meinem Schutzengel und den Engeln, die um mich herum waren. Ich war sehr verärgert. Ja sogar etwas wütend. Vielleicht auch mehr als nur etwas. Ich kickte dann häufig einen Stein weg und rannte, so schnell ich konnte, bis ich außer Hörweite war.

Ich beklagte mich: »Wissen die blöden Erwachsenen denn nicht, dass Gott uns liebt? Ich möchte sie am liebsten anschreien.«

Dann sagten die Engel zu mir: »Das bringt nichts, Lorna. Sie würden nicht auf dich hören. Sie denken, du wärst nur ein dummes Kind. Sie wissen es nicht besser.«

Nach dem besagten Begräbnis ging ich dann mit Shane, dem Hund der Nachbarn, in unserer und der nächsten Siedlung Gassi. Während dieses Spaziergangs entlang einer kleinen Straße fuhr nur ein einziges Auto an uns vorbei.

Ich beklagte mich immer noch bei Gott und den Engeln darüber, dass Erwachsene solch grausame Dinge über jemanden sagen konnten, der gerade gestorben war. Da hörte ich, wie mein Name gerufen wurde. Ich erblickte einen Engel, und als ich mich ihm näherte, um ihn zu begrüßen, verschwand er.

Durch ein geöffnetes Gatter betrat ich eine Weide und ließ Shane von der Leine. Da ich ihn von dem geöffneten Gatter fernhalten wollte, ging ich zum anderen Ende der Wiese. Shane blieb stets in meiner Nähe und rannte am Gras schnuppernd herum. Ich setzte mich auf eine Böschung und betete für die Familie des Mannes, der vor Kurzem gestorben war.

Während ich dort saß, sprach ich laut zu Gott: »Es ist so schrecklich, wenn Erwachsene denken, jemand sei in die Hölle gekommen. Bitte, Gott, lass das nie jemandem widerfahren, der auf der Welt stirbt.«

Da hörte ich eine Stimme sagen: »Reg dich nicht auf, Lorna.«

Sofort stand ich auf, denn ich erkannte diese Stimme. Sie erfüllte mich mit großer Liebe. Es war überwältigend.

Ich sah mich um und fragte: »Wo bist du? Ich kann dich nicht sehen.«

»Du musst mich nicht sehen, Lorna. Du weißt, dass ich hier bei dir bin.«

Ich war etwas enttäuscht und setzte mich wieder hin.

Etwa eine Minute später fragte ich: »Bist du noch da?«

»Ja, Lorna«, antwortete mir Gott.

Gott sprach mit großer Liebe und Zuneigung zu mir.

»Wenn jemand stirbt, ist es nicht an den Menschen, ihn zu verurteilen, Lorna. Im Moment des Todes, wenn der menschliche Körper stirbt, verlässt die Seele gleichzeitig den Körper. Dann weiß dieser Mensch, dass ich Gott bin. In diesem Moment sieht er seinen Schutzengel und all die Seelen seiner Lieben vor sich stehen. Niemand weiß, ob mich ein Mann, eine Frau oder ein Kind in diesem Moment des Todes um Vergebung gebeten hat.«

Ich sagte zu Gott: »Ich weiß, dass du jeden einzelnen Mann, jede Frau und jedes Kind auf der Welt liebst. Was immer auch sein mag.«

»Geh jetzt nach Hause, Lorna.«

Ich sagte nichts mehr zu Gott. Ich rief nach Shane und nahm ihn wieder an die Leine. Wir gingen quer über das Feld und blieben am Gatter stehen, das immer noch geöffnet war. Ich blickte nach links und nach rechts, um sicherzugehen, dass keine Autos kamen, und dann machte ich mich auf den Nachhauseweg.

Mir ist bewusst, wie schwer es manchen Menschen fällt, sich überhaupt vorzustellen, dass jemand, der etwas sehr Schlimmes getan hat, die Chance hat, in den Himmel zu kommen, wenn er stirbt. Aber wir sollten uns bewusst machen, dass niemand von uns weiß, ob dieser Mensch im Moment des Todes um Vergebung gebeten hat. Gott liebt uns alle und möchte all Seine Kinder wieder nach Hause zurückholen. Mir ist noch nie gezeigt worden, dass Gott jemanden in die Hölle geschickt hätte. Sie sollten sich bewusst machen, dass jede Seele ein Lichtfunke Gottes ist. Ihre Seele ist ein Teil von Gott, deshalb möchte Er, dass wir alle nach Hause in den Himmel kommen, wenn es für uns an der Zeit ist, aber nicht eher.

Ich weiß, wie schrecklich der Schmerz für einen Elternteil sein muss, wenn das eigene Kind ermordet wurde. Es hat viele Anführer auf der Welt gegeben, die schreckliche Gräueltaten begangen haben: Genozid, die Ermordung von Männern, Frauen und Kindern. Ich könnte einige dieser Anführer benennen – einige aus der Vergangenheit und einige aus der heutigen Zeit. Es fällt uns sehr schwer, ihnen zu vergeben, weil wir so viel Leid empfinden. Manche Menschen bemühen sich sehr darum zu verzeihen, und manchen gelingt es, das weiß ich.

Dennoch sollten wir diese Verbrechen nie vergessen, damit wir sie nicht immer wieder aufs Neue wiederholen.

Leider lernen wir bis heute immer noch nicht aus der Vergangenheit. Gräueltaten geschehen nach wie vor auf der Welt. Es kommt immer noch zum Genozid, zu Krieg und Terrorismus.

Das ist einer der Gründe, warum wir eine Verbindung zu unserer spirituellen Seite herstellen müssen – zu unserer Seele. Wir sollten auf unseren Schutzengel hören, um die Botschaften zu vernehmen, die Gott jedem Einzelnen von uns schickt.

Gott hat gesagt: »Liebt einander, so wie ich euch liebe.«

KAPITEL 33

Die Begegnung mit Brian

Brian war ein sehr besonderer Mensch, der in mein Leben und das meiner kleinen Tochter Megan kam. Wie ich weiter oben erwähnt habe, sagte Joe gegen Ende seines Lebens mehrfach zu mir, ich solle jemand anderen in mein Leben hineinlassen, wenn er nicht mehr da sei.

In der Regel überging ich seine Worte und entgegnete ihm: »Ein Mann im Leben ist genug. Warum sollte ich jemand anderen in meinem Leben wollen? Ich liebe dich. Und das wird mein ganzes Leben lang so sein.«

Als ich dann eines Tages beim Abwaschen an der Spüle stand, erhob Joe sich vom Tisch, legte seine Arme um mich und sagte: »Ich werde sterben, Lorna. Ich weiß, dass meine Zeit bald gekommen sein wird. Du sollst Folgendes wissen: Ich wünsche mir, dass du jemand anderen in dein Leben hineinlässt. Dann wirst du dich nicht so einsam fühlen. Und ich würde mich sehr für dich freuen.«

Bevor ich den nächsten Abschnitt über Joe und über Brian schrieb, sprach ich mit dem Erzengel Michael darüber, wie schwer es mir fiel, über einige dieser Dinge zu berichten. Ich sagte ihm, ich bräuchte wirklich viel Hilfe und Ermutigung, um hier weiterzukommen.

Der Erzengel Michael legte seine Hand auf meine Schulter. »Gott weiß das, Lorna, aber Er möchte trotzdem, dass du über diese persönlichen Dinge schreibst.«

»Weißt du, Erzengel Michael, es ist wirklich schwer für mich, über Joe und meine Familie zu sprechen.«

»Jedes Mal, wenn du Hilfe brauchst, wird Gott sie dir schicken, Lorna.«

Ich wollte dem Erzengel Michael gerade eine Frage stellen, als er sagte, er müsse gehen. Und damit verschwand er. Ich war enttäuscht, weil ich so viele Fragen hatte.

Ich beschloss, zunächst einen Spaziergang zu machen – zog meinen Mantel an und öffnete die Tür. Als ich hinaustrat, stand der Erzengel Michael wieder vor mir. Ich lachte kurz.

»Ich wäre fast in dich hineingelaufen«, sagte ich.

»Das ist unmöglich«, erwiderte der Erzengel Michael.

»Deshalb ist es ja so lustig.«

Er stand vor mir und trug Arbeitskleidung. Der Erzengel Michael kleidet sich stets passend zu dem Umfeld, in dem er erscheint. Das gefällt mir sehr gut. Wenn jemand vorbeikäme, würde er ihn vielleicht auch genau so sehen. Ich habe den Erzengel Michael nie danach gefragt. Ich weiß nicht, warum Gott das gelegentlich zulässt. Manchmal sind Menschen an mir vorbeigegangen und haben mich gegrüßt, als der Erzengel Michael bei mir war.

Nun sagte ich zu ihm: »Du warst doch gerade erst hier, Erzengel Michael.«

»Lass uns hinter das Haus in den Obstgarten gehen.«

»Okay«, antwortete ich. »Ich sollte allerdings den Schlüssel aus dem Haus holen, damit ich das Tor öffnen kann.«

Das tat ich, und als ich wieder herauskam, konnte ich den Erzengel Michael nicht mehr sehen. Dann hörte ich, wie mein Name gerufen wurde. Er war bereits hinter dem Haus.

Als ich ihn erreichte, sagte ich zu ihm: »Du brauchst keinen Schlüssel für das Tor, aber ich schon.«

Als wir den Obstgarten betraten, blieb der Erzengel Michael stehen und wandte sich mir zu.

»Gott hat mir aufgetragen, dich wissen zu lassen, dass Er deine Gebete erhört hat und Joes Seele auf einen Besuch zu dir schicken wird, Lorna.«

Ich stand einfach nur da und sah den Erzengel Michael an.

»Wann?«, fragte ich ihn leise.

»Ich weiß es nicht«, antwortete der Erzengel Michael. »Ich muss nun gehen.«

Und damit verschwand er.

Als ich dort so im Obstgarten stand, war ich überwältigt von der Aussicht, Joe zu sehen. Viele Jahre waren vergangen, seitdem Gott seine Seele zu mir geschickt hatte. Im Gebet bedankte ich mich bei Gott dafür, wann auch immer dies geschehen würde. Ich spazierte etwas im Obstgarten umher, und unser kleiner Hund Holly rannte um meine Füße herum. Ich beugte mich nach unten, um sie zu begrüßen und zu streicheln. Sie musste mir durch das Tor gefolgt sein, daher nahm ich sie auf einen kleinen Spaziergang über die Wiesen mit.

Ein paar Wochen vergingen. Ich war oben und schrieb. An diesem Tag war der Engel Hosus bei mir. Früher am Morgen war der Engel Elija da gewesen, doch er war bereits wieder fort. Ein paar andere Engel waren ebenfalls im Zimmer.

»Du wirst heute Besuch bekommen, Lorna.«

»Das hoffe ich nicht. Das passt mir heute wirklich nicht, Engel Hosus. Ich möchte so viel schreiben wie möglich. Außerdem, wer könnte mich besuchen?«

Der Engel Hosus beantwortete meine Frage nicht, also fuhr ich mit der Arbeit fort. Etwa eine Stunde später wurde mein Name gerufen. Ich erkannte die Stimme. Mit stockendem Atem drehte ich mich langsam um. Ich war sehr aufgeregt.

Dort stand Joe in der Tür. Er sah so attraktiv und so jung aus. Er trug Kleidung, die ich aus der Vergangenheit kannte: schwarze Hosen und ein hellblaues Hemd. Er sah in jeder Hinsicht vollkommen aus. Sein Lächeln war wunderschön.

»Hallo, Lorna«, sagte er.

Er machte einen Schritt in den Raum herein.

Ich wollte aufstehen, aber Joe sagte: »Nein, bleib, wo du bist.«

Mittlerweile muss ich wohl geweint haben, denn er fügte hinzu: »Weine nicht, Lorna. Gott hat mir erlaubt, eine kleine Weile hier bei dir zu sein.«

Als Joe ins Zimmer hereinkam, bedankte er sich beim Engel Hosus dafür, dass er mein Freund sei.

»Es ist mir eine Ehre«, antwortete der Engel Hosus.

Dann unterhielten sich Joe und Hosus in einer Sprache, die ich nicht verstand. Häufig sprechen Engel in einer anderen Sprache mit mir, die ich verstehe, aber dieses Mal war es nicht der Fall.

Joe stand neben mir, während ich vor meinem Schreibtisch saß. Er legte seinen Arm um meine Schultern. Ich liebe seine Berührung. Sein Arm fühlte sich schwerelos an. Es erfüllte mich mit Liebe.

»Erinnerst du dich an deine Freundin Sylvia, Lorna?«, fragte mich Joe.

»Ja«, antwortete ich. »Sie ist vor ein paar Jahren Witwe geworden …« Zögernd sah ich Joe an, da es mir schwerfiel, die folgenden Worte zu sagen.

»Es ist alles gut«, sagte Joe.

Also atmete ich tief ein und sagte dann mit Tränen in den Augen: »Eines Abends saß ich mit Sylvia in ihrer Küche. Es war ein kalter Winterabend, und wir tranken Tee. Die Zeitung lag auf dem Tisch, und ich erinnere mich zudem an einen Stift und Papier. Ich besuchte sie sehr gerne, da wir uns über alles miteinander unterhalten konnten. Eines Abends dann …«

»Ja«, unterbrach mich Joe, »ich war bei dir, Lorna, aber Gott hat dir nicht erlaubt, meine Anwesenheit wahrzunehmen. Als du am Tisch saßt und Tee trankst, erlaubte Sylvias Schutzengel dir, die Worte zu hören, die er ihr zuflüsterte.«

»Ja«, antwortete ich. »Ich war geschockt.«

Ich erinnerte mich daran, dass ich zu Sylvias Schutzengel gesagt hatte: »Nein, nicht!« Denn ihr Schutzengel hielt sie dazu an, mich zu ermuntern, eine Annonce in der Zeitung aufzugeben.

Einen Moment später hatte Sylvia nach der Zeitung gegriffen und mir von einer Freundin erzählt, die eine Kontaktanzeige in der Zeitung aufgegeben hatte. Außerdem habe sie selbst das vor einem Monat getan und jemanden kennengelernt. Sie erzählte mir alles über den Mann, den sie getroffen hatte, und wie wunderbar es sei, jemanden zu haben, mit dem sie hin und wieder ausgehen könne.

»Du wirst das Gleiche tun, Lorna«, sagte sie.

»Auf keinen Fall«, sagte ich prustend vor Lachen.

Mittlerweile war der Raum voller Engel, die alle sagten: »Doch, Lorna.«

Sylvia hatte weitergesprochen und nicht aufgegeben.

Nun sagte Joe zu mir: »Du hast dich einsam gefühlt und es ihr gegenüber zugegeben. Sie hatte recht damit, dass du dich manchmal einsam gefühlt und zu ihr gesagt hast, du hättest manchmal gern einen Mann in deinem Leben, aber du hast ihren Vorschlag trotzdem nach wie vor abgelehnt. Doch schließlich brachte sie dich dazu, es zu tun.«

Joe lachte.

Ich sagte: »Ja, ihr Schutzengel flüsterte ihr unaufhörlich etwas zu. Deshalb gab Sylvia diesbezüglich auch nicht auf, obwohl ich ihr immer wieder gesagt habe, dass ich keinen weiteren Mann in meinem Leben brauche. Ich hatte genug Liebe von dir bekommen, Joe, und das würde mir ein Leben lang reichen.«

»Erinnerst du dich daran, was genau du zu Sylvia gesagt hast, Lorna?«

»Ja, ich sagte zu ihr ›Ich könnte niemanden so lieben, wie ich Joe geliebt habe‹.«

In diesem Moment nahm Joe meine Hand und sagte: »Es ist in Ordnung, jemand anderen zu lieben, Lorna. Schreibe nun sofort auf, worüber wir gesprochen haben. Hab keine Angst. Wenn du nicht über dein Leben schreibst, wie kannst du dann über Gott und die Engel schreiben? Sie sind ebenfalls ein Teil deines Lebens, nicht nur deine Familie. Es ist in Ordnung, über diesen Teil deines Lebens zu schreiben.«

Joe beugte sich zu mir herab und flüsterte mir ins Ohr: »Ich liebe dich.«

Dann sagte er, er müsse nun gehen, ließ meine Hand los, und damit verschwand er.

Ich sagte zum Engel Hosus: »Ich wünschte, Joe hätte nicht gehen müssen. Ich wünschte, er hätte hierbleiben können, während ich diesen Teil schreibe.«

Tage später versuchte Sylvia wieder, mich zu überzeugen. Sie brachte mich mit all den Dingen zum Lachen, die sie sagte. Sie stelle sich zum Beispiel vor, wie ich mit einem Mann ausgehe, mit ihm an einem Tisch sitze und mit ihm zu Mittag esse oder einen Spaziergang mit ihm mache. Wir lachten so viel, dass ich in meinem Herzen und meiner Seele wusste, dass sie recht hatte. Ich war manchmal einsam, und manchmal hätte ich gerne jemanden in meinem Leben gehabt, aber ich konnte mir nie vorstellen, wie ein Mann in mein Leben passen sollte. Bis heute ist mir das nicht klar, aber an diesem Abend gab ich schließlich nach. Sylvia begann aufzuschreiben, was ich am Telefon sagen sollte. Sie organisierte alles für mich, und am folgenden Wochenende stand die Anzeige in der Zeitung.

Zwei Wochen vergingen. Sylvia rief mich alle paar Tage an, um mich zu ermutigen, die Nummer anzurufen, um zu sehen, ob irgendwelche Nachrichten eingegangen waren. Die Engel erinnerten mich ständig daran zu tun, was Sylvia sagte. Ich weigerte mich, aber schließlich gab ich nach.

Eines Abends gegen zehn Uhr wählte ich die Nummer, und tatsächlich waren ein paar Nachrichten vorhanden. Meine Hand zitterte, als ich sie abhörte. Daraufhin rief ich sofort Sylvia an und erzählte ihr, dass vier Männer Nachrichten sowie ihre Telefonnummern für mich hinterlassen hatten.

»Ich bin so gespannt darauf, diese Nachrichten auf deinem Handy zu hören, wenn du am Samstag bei mir vorbeikommst«, sagte sie. »Schau bitte auf dem Nachhauseweg bei mir herein. Das ist so aufregend!«

Am Samstag kam ich gegen 19.00 Uhr bei Sylvias Haus an. Noch bevor ich die Tür erreichte, war diese bereits geöffnet. Sylvia stand mit einem breiten Grinsen im Gesicht dort.

Sie sagte: »Komm herein, Mädel! Hol dein Handy raus.«

Sie hatte bereits Tee gekocht. Dann hörte sie sich die vier Nachrichten an und wählte eine davon aus.

»Diese gefällt mir«, sagte sie. »Er klingt nett, und er ist Witwer. Du verlässt dieses Haus nicht, bevor du diesen Anruf getätigt hast, Lorna.«

Also nahm ich schließlich mein Telefon zur Hand. Meine Hände zitterten, als ich die Nummer wählte. Zu meiner Erleichterung nahm niemand ab.

»Meldet sich niemand?«, fragte Silvia. »Versuch es noch einmal. Ich lasse nicht zu, dass du so schnell aufgibst. Ruf ihn noch einmal an. Hinterlasse eine Nachricht, wenn er nicht abhebt. Du musst dir gegenüber ehrlich sein. Du bist noch jung, viel jünger als ich. Manchmal fühle ich mich einsam und sehne mich nach der Gesellschaft eines Mannes. Daran ist nichts verkehrt. Los, ruf an. Du hast ein Recht auf ein bisschen Spaß, darauf, dass dich jemand zum Essen einlädt, mit dir ins Kino oder spazieren geht.«

Sylvia brachte mich ein paar Mal zum Lachen, also nahm ich das Telefon zur Hand und rief an. Wieder nahm niemand ab, aber ich hinterließ eine Nachricht mit meinem Namen und meiner Telefonnummer.

Ein paar Monate später, als ich mit Megan draußen spazieren ging, erhielt ich einen Anruf. Da ich die Nummer nicht kannte, sagte ich zu den Engeln: »Ich gehe nicht dran«, obwohl sie mich dazu aufforderten, es zu tun. Sie sagten nicht, warum ich es tun sollte, und ich fragte sie nicht danach. Aber dann erhielt ich ein paar Wochen später einen weiteren Anruf. Ich weiß noch, wie ich das Handy in der Hand hielt und es betrachtete. Mein Schutzengel flüsterte mir ins Ohr, ich solle drangehen.

Dann tauchte der Engel Hosus nur für einen kurzen Moment vor mir auf und sagte zu mir: »Geh dran!«

Daraufhin tat ich es und hörte die Stimme eines Mannes, die ich nicht kannte. Er sagte, sein Name sei Brian. Er habe vor ein paar Monaten eine Nachricht hinterlassen und auf die Annonce in der Zeitung geantwortet. Ich war perplex und wusste nicht so recht, was ich antworten sollte.

Also sagte ich zu ihm: »Es ist schön, dass Sie angerufen haben.«

Ich erklärte ihm, ich sei Witwe und habe vier Kinder, von denen eins noch bei mir lebe, da es noch ein kleines Mädchen sei. Er berichtete mir, er sei ebenfalls Witwer, und sprach die meiste Zeit über den Verlust seiner wunderschönen Frau und darüber, wie schwer es ihm falle, damit fertigzuwerden.

Als wir uns voneinander verabschiedeten, fragte er mich: »Wäre es in Ordnung, wenn ich Sie an einem anderen Tag erneut anrufe?«

»Ja«, antwortete ich.

Wir telefonierten in den nächsten sechs Monaten häufig miteinander.

Eines Tages wusch ich das Auto draußen im Hof, mit einem Eimer voller Seifenwasser und einem Schwamm ausgerüstet. Als ich gerade damit fertig war und den Schlauch anstellte, um das Auto abzuspritzen, tauchte der Engel Elija auf. Gleichzeitig erschien ein Regenbogen über dem Auto.

Ich fragte den Engel Elija: »Warst du das?«

»Nein«, sagte er, »das Sonnenlicht wird lediglich im Sprühnebel des Wassers reflektiert.«

Es sah wunderschön aus.

»Sogar die wunderschönen Bernsteinfarben, die du trägst, werden reflektiert«, stellte ich fest.

Ich drehte das Wasser ab und fragte ihn: »Bist du gekommen, um mir zu helfen?«

Der Engel Elija erwiderte: »Nein, ich wasche keine Autos, Lorna, aber ich bin gekommen, um mit dir zu reden.«

Also gingen wir hinter das Haus.

»Wenn Brian dich noch einmal anruft und dich treffen möchte, sag ja, Lorna.«

»Brian wird mich das nie fragen, Engel Elija. Er unterhält sich lediglich gerne mit mir am Telefon, und auch mir gefällt es. Wir tauschen uns nur miteinander aus.«

»Nein, Lorna. Er wird dich bitten, dich mit ihm zu treffen und mit ihm zum Essen zu gehen.«

Ich sah den Engel Elija etwas überrascht an.

»Ich finde es wirklich seltsam, mit einem anderen Mann als Joe auszugehen«, sagte ich.

»Es wird noch eine Weile dauern. Ich muss nun gehen.«

Damit verschwand er, und ich wusch das Auto fertig.

Bald darauf rief Brian mich an und fragte, ob ich mich mit ihm treffen und vielleicht zum Essen gehen würde. Ich tat, wie der Engel Elija mich geheißen hatte. Wir verabredeten uns für einen Samstag, aber am Freitag davor rief ich Brian an, um ihm abzusagen, da es Megan nicht gut ging. Mehrere Monate lang planten wir mehrfach, uns zu treffen, aber es kam nie dazu. Allmählich verstand ich, was der Engel Elija gemeint hatte, als er erwähnt hatte, es werde noch eine Weile dauern, bis ich Brian treffen würde.

Schließlich kamen wir überein, dass Brian – wenn unser Treffen je stattfinden würde – zu mir nach Hause kommen sollte, damit er meine kleine Tochter Megan kennenlernen konnte. Wir beschlossen, dass es an einem Sonntag sein sollte. Ich sagte Megan, ein Freund von mir komme zu Besuch, sein Name sei Brian, und wir drei würden vielleicht gemeinsam einen Spaziergang machen. Sie war sehr aufgeregt.

Brian sollte um zwei Uhr zu uns kommen, aber um zwölf Uhr rief er an. Er saß in seinem Auto und weinte. Es war wirklich schwer für ihn. Er vermisste seine Frau so sehr. Er entschuldigte sich und sagte, er verstehe es einfach nicht. So etwas sei ihm noch nie zuvor passiert. Er erklärte mir, er sei bereits mit anderen Frauen ausgegangen, und es sei kein Problem für ihn gewesen, sie zu treffen, aber dieses Mal habe er das Gefühl, als würde er seine Frau tatsächlich loslassen. Er sagte: »Ich trauere so stark. Ich schaffe es einfach nicht, Lorna.«

»Das ist in Ordnung. Es ist nicht schlimm«, antwortete ich.

Als er sich wieder gefasst hatte, verabschiedete ich mich von ihm. Er sagte, er werde sich melden, aber ich erwiderte, das müsse er nicht. »Ich möchte nicht, dass du so leidest.«

Ich sagte ihm einfach Lebewohl und zog stattdessen mit Megan auf ein Abenteuer im Wald los.

Etwa sechs Wochen später bekam ich erneut einen Anruf. Als ich Brians Namen auf meinem Telefon sah, zögerte ich einen Moment, bevor ich dranging, aber es war schön, seine Stimme zu hören. Er sagte, er wolle kommen und Megan und mich zum Mittagessen abholen. Er war etwa eine halbe Stunde entfernt und wollte eine Wegbeschreibung haben.

Ich fragte Brian: »Was hat dich dazu veranlasst, mich anzurufen?«

»Ich unterhalte mich gerne mit dir und möchte dich treffen«, antwortete er schlicht.

Er traf am Tor ein. Er war ein attraktiver, freundlicher Mann mit einem wunderbaren Lächeln, und Megan mochte ihn auf Anhieb. Eine halbe Stunde später gingen wir zum Mittagessen.

Ich sagte immer wieder zu den Engeln: »Es ist sehr leicht. Ich habe das Gefühl, als würde ich diesen Mann schon mein ganzes Leben lang kennen.«

Unsere Beziehung begann an diesem Tag. Brian war humorvoll und gutmütig. Er erzählte Megan und mir ständig Witze, die uns zum Lachen brachten. Es war sehr unkompliziert, mit ihm zusammen zu sein.

Im Laufe der Jahre hatten Megan und ich viele glückliche Momente mit Brian. Wir unternahmen viele Dinge zusammen und hatten einfach Spaß. Wir waren immer zu dritt. Brian wurde wie ein Vater für Megan. Die beiden sangen die gleichen alten traditionellen irischen Lieder zusammen, die auch Joe bei jeder Gelegenheit mit ihr gesungen hatte. Megan liebte das. Sie war begeistert, wenn Brian sie mit zum Einkaufen nahm, weil die beiden auf dem ganzen Weg sangen. Megan rief Brian auch häufig an, wenn sie Hilfe bei ihren Hausaufgaben brauchte. Und selbst wenn wir uns nicht sehen konnten, unterhielt Megan sich am Telefon mit ihm.

Die Engel forderten mich auf, Brian zu sagen, dass ich schreiben wolle. Ich verstand nicht, warum ich es ihm auf diese Weise sagen sollte. Eine Woche nachdem ich das Schreiben erwähnt hatte, klopfte er an die Tür. Ich bat ihn herein, und er stellte einen Laptop auf den Tisch.

An jenem Abend rief er mich an und fragte mich, ob mir die Überraschung gefalle. Er sagte zu mir: »Ich weiß, dass du weder lesen noch schreiben kannst, Lorna, aber nun wirst du dazu in der Lage sein, weil du einfach in den Computer hineinsprechen kannst.« Er hatte auch eine Spracherkennungssoftware und ein Headset für mich gekauft.

Eines Abends saß ich mit Brian am Feuer.

»Du wirkst sehr ruhig heute Abend«, bemerkte ich.

Er stand von der Couch auf und legte etwas Torf und ein Holzscheit auf das Feuer. Dann setzte er sich wieder neben mich. Das Feuer begann aufzulodern. Es war sehr schön, einfach mit jemandem dazusitzen, der mir sehr viel bedeutete. Megan schlief oben in ihrem Bett.

»Ich möchte dir von den letzten Momenten erzählen, die ich mit meiner Frau verbracht habe, bevor sie starb, Lorna«, sagte Brian.

Sobald Brian das gesagt hatte, schien das Licht des Feuers sich auszubreiten. Dann kamen aus allen Richtungen Engel ins Wohnzimmer. Eine große Ruhe und Stille erfüllten den Raum mit Frieden und Liebe. Schließlich begann Brian, über seine wunderschöne Frau zu sprechen, die Krebs gehabt hatte. Er wusste nie, wie viel Zeit sie noch miteinander haben würden.

Die Seele einer wunderschönen, eleganten jungen Frau tauchte neben dem Feuer auf. Ihr Schutzengel war dicht bei ihr. So etwas sehe ich nicht jeden Tag. Mir wird nicht immer erlaubt, den Schutzengel einer Seele zu sehen, die aus dem Himmel gekommen ist. Der Engel stand neben ihrer Seele anstatt hinter ihr und berührte sanft ihre Hände. Ich war extrem gerührt. Die Seele bewegte sich vorwärts und stellte sich neben Brian. Sobald er zu sprechen begann, streckte sie ihre Hand aus, so als wolle sie seine Schulter berühren. Dabei lächelte sie zu ihm hinab. Die Seele seiner Frau stand die ganze Zeit dort, während Brian sprach, und als er damit fertig war, mir vom Tod seiner Frau zu erzählen, verschwand sie.

Brian erzählte mir, seine Frau sei ins Badezimmer gegangen, und kurz darauf habe er sie rufen gehört. Er war voller Verzweiflung aufgesprungen, weil er wusste, dass etwas nicht stimmte. Sie lag vor der Badezimmertür im Flur. Er hielt sie in seinen Armen, sagte ihr, dass er sie liebe und dass sie durchhalten solle. Sie solle nicht aufgeben. Sie solle kämpfen, um zu leben. Doch in seinem Herzen wusste er, dass sie im Sterben lag.

»Der Krankenwagen wird gleich hier sein«, sagte er zu ihr.

Sie antwortete ihm, sie liebe ihn, aber sie könne nicht mehr durchhalten: »Ich muss gehen.«

Sie starb in seinen Armen. Er weinte, während er mir das erzählte. Es war, als würde er das alles noch einmal durchleben.

»Ich habe das noch niemandem erzählt. Alle glauben, sie hätte noch gelebt, als sie mit dem Krankenwagen fortfuhr, aber das tat sie nicht. Sie war bereits fortgegangen«, erklärte er mir.

»Ich verstehe, wie das ist«, sagte ich zu Brian.

Wir hielten einander eine Weile in den Armen.

Meine Beziehung mit Brian war ein ständiges Auf und Ab. Mehrfach machte ich Schluss mit ihm. Einer der Gründe dafür war, dass es für Brian sehr schwer war, mich mit der Welt zu teilen. Er bat mich darum, ihn etwas mehr Anteil an meinem Leben haben zu lassen, aber ich entgegnete ihm, ich könne es nicht. Es war mir nicht erlaubt.

Ich bin sehr froh darüber, dass Gott diese Beziehung zwischen uns beiden zugelassen hat, und ich danke Joe, aber ich könnte nie jemanden auf die gleiche Weise lieben, wie ich Joe geliebt habe. Joe war meine erste Liebe, die Liebe, von der der Engel Elija mir erzählt hat, die Liebe, die Gott für mich ausgewählt hat.

Ich danke Gott dafür, dass Brian in mein Leben gekommen ist, um mich ihn und ihn mich so lieben zu lassen, wie wir es taten. Ich konnte mein Leben nicht ganz für ihn öffnen, aber ich muss sagen, dass ich ihn vermisse. Es war wunderbar, ihn die Lieder singen zu hören, die Joe früher gesungen hat. Ich denke, Brian ist der einzige Mann, der mir nach Joes Tod etwas nähergekommen ist. Und ich danke Joe dafür, mir den Mut geschenkt zu haben, Brian so weit in mein Leben hereinzulassen, wie ich es getan habe. Es war erfüllt von Liebe und Freude, und wir hatten viele glückliche Zeiten miteinander. Ich weiß, dass auch Megan es so empfindet, weil Brian wie ein Vater für sie war.

Gott hat auch ihn nach Hause in den Himmel geholt. Er ist nun dort mit seiner wunderschönen Frau, seiner Mutter und seinem Vater und all den geliebten Menschen, die vor ihm gegangen sind. Ich freue mich für ihn, da ich weiß, wo er ist. Ich weiß, dass er sich ebenfalls für mich freut und nun alles versteht – all die Fragen, die er mir gestellt hat und die ich ihm nie beantworten konnte.

Kapitel 34

Ein Glas Milch

Kurz nach Weihnachten traf ich einen Freund in einer Hotellobby. Er erzählte mir die folgende unglaubliche Geschichte, die ein kleiner Junge in Äthiopien vor vielen Jahren erlebte. Ich hoffe, dass ich keinen Teil der Geschichte falsch wiedergebe. Im Wesentlichen geht es um einen unglaublichen Jungen von etwa 12 oder 13 Jahren. Er hatte keine Eltern mehr und lebte auf der Straße. Er machte alle möglichen Jobs, um sich seinen Lebensunterhalt zu verdienen und zu überleben. Dabei nahm er so ziemlich jede Arbeit an, die man sich vorstellen kann. Wenn er einen Weg sah, um etwas Geld zu verdienen, dann tat er es, aber es war sehr schwer für ihn.

Häufig hungerte er und hatte Durst. Er war ein guter Junge, aber er war schüchtern. Eines Tages war er sehr hungrig, weil er tagelang nichts gegessen hatte. Er überlegte, ob er all seinen Mut zusammennehmen und zu einem Haus gehen konnte, um dort um etwas Milch zu bitten. Den ganzen Tag über ging ihm das durch den Kopf, aber er befürchtete, angeschrien oder sogar verprügelt zu werden. Am Ende des Tages war er so verzweifelt, dass er zu einem Haus ging und an die Tür klopfte.

Er sagte zu sich selbst: »Nein, ich sollte lieber nicht um ein Glas Milch bitten. Ich werde einfach nach einem Glas Wasser fragen.«

Die Tür öffnete sich, und eine Frau stand vor ihm.

Der kleine Junge fragte sie: »Könnte ich bitte ein Glas Wasser haben?«

»Du siehst hungrig aus«, sagte die Frau zu ihm.

Sie verschwand kurz im Haus.

Als sie zu dem Jungen zurückkam, sagte sie: »Hier hast du ein Glas Milch.«

Das Wunder, das sich nach diesem Tag ereignete, trug sich auf eine Weise zu, die sich nicht vollkommen erklären lässt. Ich bin diesem jungen Mann nie selbst begegnet, aber auf irgendeine Weise muss sich für ihn etwas verändert haben, nachdem er das Glas Milch getrunken hatte. Das freundliche Verhalten der Frau verlieh dem Jungen den Willen zu überleben. Irgendwie gelang es ihm aufgrund der Freundlichkeit einer Fremden, eine Ausbildung zu machen. Der Schutzengel des Jungen und der Schutzengel der Frau arbeiteten zusammen. Und beide hörten auf sie. Gottes Hand war bei allem, was geschah, im Spiel.

Viele Jahre später, inzwischen müssen mindestens 20 Jahre vergangen gewesen sein, war die besagte Frau im Krankenhaus, weil sie sehr krank war. Sie hatte Krebs. Der Spezialist und der Chirurg im Krankenhaus sagten ihr, die einzige Hoffnung, die sie habe, sei eine Operation. Sie betete Tag und Nacht darum, dass die Operation erfolgreich verlaufen werde, und das tat auch ihre Familie.

In den Tagen nach ihrer Operation, als sie sich noch im Krankenhaus regenerierte, kam der Chirurg, der sie operiert hatte, an ihr Bett, um ihr zu sagen, dass die Operation erfolgreich verlaufen sei und sie wieder gesund werde. Er sagte ihr, sie solle sich keine Sorgen mehr über den Krebs machen, da er ihn komplett entfernt habe.

»Hier ist die Rechnung«, fügte er hinzu.

Als er sie der Frau reichte, antwortete sie: »Vielen Dank für alles. Gott sei Dank bin ich gesund.«

Dann ging der Chirurg mit der Krankenschwester zum nächsten Bett.

Die Frau drückte die Krankenhausrechnung an ihre Brust und betete, dass sie nicht zu teuer wäre und sie und ihre Familie genug Geld haben würden, um sie zu bezahlen. Nervös öffnete sie den Umschlag. Oben auf der Rechnung stand: »Für ein Glas Milch. Kostenlos.«

Die Frau hatte den jungen Chirurgen nicht erkannt. Wie sollte sie auch? Er war damals noch ein Junge gewesen, zerlumpt, dreckig und hungrig, aber ihre freundliche Geste, ein Glas Milch, war der Anfang der Veränderungen im Leben dieses kleinen Jungen gewesen. Er wurde ein Chirurg, der ihr Leben und das vieler anderer Menschen rettete.

Jedes Mal, wenn wir uns anderen gegenüber freundlich verhalten, egal wie klein unsere Geste auch sein mag, wissen wir nicht, welche Folgen das haben wird. Die kleine freundliche Geste dieser Frau entpuppte sich als großer Akt der Anteilnahme. Das sollte meiner Meinung nach jeden mit Hoffnung, Liebe und Freude erfüllen. Ich hoffe, es berührt Ihr Herz.

KAPITEL 35

Die Kreuzigung

Heute saß ich auf der Couch und sah mir die Nachrichten an. Meine Tochter Megan saß in eine Decke gewickelt, mit ein paar Kissen hinter sich und mit dem Rücken zu mir auf der anderen Couch.

Sie sagte: »Eine Tasse Tee wäre jetzt toll.«

»Du meinst, ich soll aufstehen und dir eine Tasse Tee machen?«, fragte ich sie lachend.

Megan lachte, ohne ihren Blick von ihrem Laptop abzuwenden. »Ja, bitte. Ich hab noch einiges zu tun, Mum.« Sie wandte sich zu mir um. »Bitte, Mum, eine Tasse Tee wäre großartig.«

»Okay, dann sollte ich wohl aufstehen«, antwortete ich.

»Ich wusste, dass du es tun würdest«, sagte Megan lachend.

Also erhob ich mich von der Couch und ging in die Küche. Ich hatte gerade die Milch aus dem Kühlschrank genommen, da begann das Wasser im Wasserkocher zu kochen. Als ich wieder zur Spüle ging, hielt ich inne und blickte durch die kleine Tür, die von der Küche zur Scheune führt. Einen Moment lang blieb ich dort stehen, sah in die Scheune hinein und beobachtete die Engel bei Megan.

Meine Tochter war eifrig dabei, mein Buch auf ihrem Laptop zu redigieren. Drei wunderschöne Lehrengel waren bei ihr. Hin und wieder machte der Lehrengel rechts von der Couch einen Schritt nach vorne und sah zu Megan hinab, um ihre Arbeit zu überprüfen.

Ich sagte zu mir selbst und vergaß dabei, dass der Lehrengel mich ja hören konnte: »Sie prüfen wohl, ob Megan richtig redigiert.«

Der Lehrengel wandte sich um und sah mich an, sagte aber nichts. Er strahlte mich lediglich an und neigte den Kopf bejahend.

»Danke, dass ihr da seid«, sagte ich zu den drei wunderschönen Lehrengeln, die meiner Tochter halfen.

Der Lehrengel hielt ein Buch in seiner Hand. Er wandte sich einem anderen Lehrengel zu, der mit einem Clipboard, Papier und Stift in der Hand beim Feuer am Ende der Couch stand.

Ich hörte die Worte, die der Lehrengel mit dem Buch in der Hand, derjenige, der mich so angestrahlt hatte, zu dem anderen wunderschönen Engel beim Feuer sagte: »Du kannst das nun abhaken. Megan hat es perfekt gemacht.«

Der Engel mit dem Clipboard und dem Stift in der Hand hakte etwas auf dem Papier ab. Lehrengel machen stets Bewegungen, die wir mit menschlichen Lehrern in Verbindung bringen.

Der andere Lehrengel im Zimmer trug Bücher in allen möglichen Größen auf dem Arm. Er stand bei dem Ledersessel am Fenster.

Er wandte sich mir zu und sagte: »Der Wasserkocher, Lorna.«

Erst jetzt bemerkte ich, dass das Wasser wie wild kochte und eine Dampfwolke in der ganzen Küche hing. Ich eilte zum Wasserkocher, stellte ihn ab und öffnete das Küchenfenster, um den Dampf hinauszulassen. Außerdem stellte ich die Dunstabzugshaube über dem Herd an. Ein paar der Engel in der Küche wedelten mit ihren Händen wie mit einem Fächer und halfen so, den Raum vom Dampf zu befreien. Innerhalb kürzester Zeit hatte er sich komplett aufgelöst.

Ich nahm den Deckel vom Wasserkocher, um zu sehen, wie viel Wasser noch übrig war. Es war nicht sehr viel, weil fast alles verdampft war. Also befüllte ich den Wasserkocher erneut, bereitete den Tee zu und stellte ihn auf den kleinen Tisch neben Megan.

Dieser kleine Tisch bedeutet mir sehr viel, weil meine Mutter ihn vor vielen Jahren in einem Geschäft in Mullingar für mich gekauft hat, in das sie sehr gerne fuhr. Sie kaufte ihn einfach so für mich und sagte: »Ich kaufe dir nie etwas, Lorna, doch diesen Tisch möchte ich dir nun schenken.«

»Nein, verschwende dein Geld nicht. Kaufe dir lieber etwas für dich selbst«, widersprach ich meiner Mutter.

Aber meine Mutter ließ sich nicht davon abbringen. Nun, da sie in den Himmel gegangen ist, denke ich jeden Tag an sie, vor allem, wenn ich meine Teetasse auf diesem kleinen Tisch abstelle. Die Tischplatte ist wie ein dreiblättriges Kleeblatt geformt und besteht komplett aus Holz. Ich liebe diesen Tisch.

Wenn ich ihn ansehe, sage ich jedes Mal: »Hallo, Mum.«

Manchmal höre ich sie dann antworten: »Hallo, Lorna.«

Ihre Stimme ist so liebevoll und sanft. Sie ist immer direkt hinter mir. Ich drehe mich nie um, weil die Engel mir sagen, ich solle es nicht tun, aber es ist wunderschön, allein ihre Stimme zu hören.

Unsere Lieben sind immer an unserer Seite, vor allem, wenn wir an sie denken oder wenn jemand uns an die Zeit erinnert, als sie noch hier bei uns waren, bevor sie starben. Sie sind jetzt im Himmel, und dennoch sind sie gleichzeitig bei uns. Ich danke Gott immer wieder dafür, dass er die Seelen unserer Lieben bei uns sein lässt, wenn wir sie brauchen.

Selbst wenn Sie ihre Anwesenheit nicht spüren, die Seele des geliebten Menschen spricht zu Ihnen, wenn Sie an sie gedacht haben. Aus diesem Grund haben Sie ihre Anwesenheit überhaupt wahrgenommen. Viele Menschen sagen mir, sie hätten die Präsenz eines geliebten Menschen noch nie gespürt und auch kein Zeichen von ihm erhalten.

Ich frage sie dann: »Wie oft denken Sie an ihn?«

Manchmal antworten sie: »Jeden Tag.«

Andere stellen fest, dass sie einfach so, ohne irgendeinen Grund an den geliebten Menschen denken. Manchmal sehen sie etwas, oder jemand sagt etwas zu ihnen, das sie an den geliebten Menschen erinnert. Oder es ist irgendein Begriff, oder sie finden ein Foto in einer Schublade oder eins, das aus einem Buch herausgefallen ist. Eines Tages helfen Sie jemandem vielleicht bei der Gartenarbeit. Möglicherweise ist es etwas, wofür Sie eigentlich überhaupt keinen Sinn haben, aber trotzdem helfen Sie einer Freundin oder einem Nachbarn. Vielleicht haben Sie dann plötzlich eine Ahnung, während Sie ein Blumenbeet bearbeiten, und Sie erinnern sich daran, wie der geliebte Mensch im Garten gearbeitet hat, oder daran, dass er Ihnen Rosen oder einen Baum gekauft hat. Plötzlich wissen Sie, wie gerne dieser Mensch ins Gartencenter gefahren ist oder Blumen für Sie gekauft hat. Wenn diese Dinge geschehen, nehmen Sie die Seele des geliebten Menschen wahr, die bei Ihnen ist. In solchen Momenten sollten Sie einfach Hallo zu ihm sagen, seinen Namen rufen, mit ihm reden oder auch sich bei ihm beklagen, wenn Sie möchten. Erzählen Sie ihm von all Ihren Sorgen und all den guten Dingen, die passiert sind, von all dem Glück und der Freude. Vergessen Sie nicht, ihn darum zu bitten, Sie zu unterstützen, und danken Sie auch Ihrem Schutzengel dafür, die Seele des geliebten Menschen bei Ihnen sein zu lassen, wenn Sie diese brauchen. Machen Sie sich bewusst, dass letztlich Gott der Seele des geliebten Menschen erlaubt, bei Ihnen zu sein, und Ihr Schutzengel tut stets, was Gott will.

Ich stellte Megans Teetasse auf den kleinen Tisch, den Mum für mich gekauft hatte.

Ich fragte sie: »Wie kommst du voran?«

»Ganz gut«, antwortete sie. Dann hielt sie kurz inne, sah mich an und sagte: »Danke, Mum.«

Als sie die Teetasse von dem kleinen Tisch nahm, antwortete ich: »Gern geschehen.«

Ich setzte mich wieder auf die Couch, sagte nichts zu den Lehrengeln, sondern genoss einfach meinen Tee.

Ein paar Minuten später stand ich von der Couch auf. Als ich wieder zur Küche ging, sagte ich zu Megan: »Ich hoffe, der Tee schmeckt dir.«

»Ja, das tut er«, antwortete sie. »Danke noch mal, Mum.«

»Ich gehe nun nach oben und komme später wieder herunter«, sagte ich zu ihr.

Ich bedankte mich bei den drei Lehrengeln dafür, dass sie mit Megan arbeiteten, als ich durch die Holztür ging. Ich wusste, dass Megan sich dem Lektorat des Manuskripts intensiv widmete.

Die drei Lehrengel antworteten gleichzeitig mit einer Stimme: »Das tun wir sehr gerne, Lorna. Deine Tochter hat um einen Lehrengel gebeten, aber ihr Schutzengel hat ihr drei von uns geschickt.«

Das brachte mich zum Schmunzeln, während ich durch die Küche und die Treppe hinaufging. Die Treppe befindet sich in der Küche, daher muss man nicht in einen Flur hinausgehen. Auf halbem Weg nach oben bückte ich mich nach unten und blickte durch das Treppengeländer in die Küche und durch die Tür in die Scheune, um einen weiteren Blick auf die Lehrengel zu werfen, die Megan halfen. Ich bedankte mich erneut bei ihnen und ging dann weiter die Treppe hinauf.

Als ich ein paar Stunden später wieder hinunterging, arbeitete Megan immer noch. Ich sagte zu ihr: »Ich hoffe, du hast einen Lehrengel darum gebeten, dir bei der Bearbeitung zu helfen.«

Sie wandte sich um und sah mich überrascht an, als wäre das eine alberne Frage. »Natürlich habe ich das, Mum. Du hast mich oft genug dazu angehalten, mich nicht davor zu scheuen, mich an die Lehrengel zu wenden, egal zu welcher Zeit, weil sie da sind, um mir zu helfen. Du hast mir gesagt, mein Schutzengel werde mir Lehrengel schicken. Ich habe nur um einen Lehrengel gebeten, Mum, aber ich habe das Gefühl, als sei mehr als einer bei mir. Jedes Mal, wenn du ein solches Grinsen im Gesicht hast, weiß ich, dass du mir etwas vorenthältst, Mum! Was ist es diesmal?« Megan riss ihre Augen weit auf, als sie mich fragte: »Siehst du den Lehrengel mit mir arbeiten?«

Ich zuckte mit den Achseln und begann zu lachen. Ich konnte mir das Lachen nicht verkneifen, denn ich sah, dass sie es unbedingt wissen wollte.

»Ja, Megan, es sind drei Lehrengel bei dir. Sie sind in diesem Moment hier.«

Megan stellte mir viele Fragen: Wo standen sie? Was taten sie? Welche Symbole hielten sie in den Händen oder trugen sie an ihrer Kleidung?

Wir unterhielten uns etwa eine halbe Stunde lang, dann sagte ich: »Nun ist es genug. Ich werde uns etwas zu essen machen.«

Bei verschiedenen Gelegenheiten, als Megan das Manuskript intensiv für mich lektorierte, sah ich die Lehrengel verschiedene Dinge tun. Einmal saßen wir beide abends auf der Couch. Einer der Lehrengel klopfte ihr auf die Schulter und flüsterte ihr etwas ins Ohr, und ich hörte, was er sagte: »Konzentriere dich, Megan. Beachte dein Handy nicht. Du hast später noch genug Zeit, um mit deiner Freundin zu sprechen.«

Im selben Moment legte Megan ihr Handy zur Seite. Es ist immer wunderbar zu sehen, wenn jemand auf seinen Schutzengel oder auf einen anderen Engel hört, den der Schutzengel herbeigebeten hat.

Ein anderes Mal, als Megan am Manuskript arbeitete, saß sie wieder neben mir auf der Couch. Sie war etwas verwirrt, da einige Sätze, die sie bearbeitete, offensichtlich in der falschen Reihenfolge standen und keinen rechten Sinn ergaben. Sie beklagte sich bei mir: »Das macht mich wahnsinnig, Mum. Als du in deinen Computer gesprochen hast, musst du jeden Satz in diesem Abschnitt in der verkehrten Reihenfolge diktiert haben. Und das hast du in diesem gesamten Kapitel sehr oft getan.«

Megan sah verzweifelt aus. Sie tat mir wirklich leid. Ich wusste, dass ich das, was in dem Kapitel geschrieben war, nicht selbst verändern konnte. Ich beklagte mich im Stillen bei den Engeln: »Warum habt ihr mich nicht darauf aufmerksam gemacht, dass ich Dinge in der falschen Reihenfolge diktiert habe?«

Mein Schutzengel antwortete lediglich: »Das tust du eben manchmal, Lorna.«

Ich konnte sehen, wie frustriert Megan war, und sie beschwerte sich bei mir darüber, dass ich über sie lachte. Sie war den Tränen nahe. Ich streckte meine Arme aus, um sie zu umarmen. Offenbar half das nicht viel. Also sagte ich zu ihr: »Du brauchst eine Pause. Wahrscheinlich hast du für heute Abend genug getan.«

Immer noch mit Tränen in den Augen antwortete sie: »Nein, ich möchte dies fertigbekommen. Was findest du so lustig, Mum? Es ist wirklich nicht witzig!«

Als ich zu ihrem Schutzengel blickte, sagte er zu mir: »Ja, Lorna. Erzähle es Megan.«

In diesem Moment ahmte ihr Schutzengel sie nicht nach, vielmehr standen ihm die Haare zu Berge. Auf diese Weise veranschaulichte er Megans gestressten Zustand. Ich versuchte nicht zu lachen, als ich zu ihr sagte: »Es tut mir so leid. Ich kann nichts dafür, wenn das passiert. Als ich in den Computer hineingesprochen habe, ist mir nicht aufgefallen, dass ich die Sätze falsch diktiert habe.«

Ich umarmte sie noch einmal herzlich. »Du hattest in den letzten Minuten dieses Grinsen im Gesicht, Mum. Sag mir bitte, was so lustig ist«, hakte Megan nach.

»Okay«, antwortete ich. »Was mich wirklich zum Lachen gebracht hat, war, deinen Schutzengel zu beobachten, der mir deine Frustration demonstriert hat, Megan.«

»Du kannst meinem Schutzengel sagen, dass es nicht lustig ist! Ich habe so viel Arbeit zu erledigen«, erwiderte sie.

»Sag es deinem Schutzengel selbst«, forderte ich sie auf.

»Das ist nicht lustig, Mum.«

»Doch, das ist es wirklich«, widersprach ich.

Megan starrte mich an. »Was ist denn daran lustig?«

»Nun, ich beobachte einfach deinen Schutzengel.«

Als ich Megan erzählte, was ihr Schutzengel tat, musste sie unweigerlich lachen.

»Genau das würde ich jetzt am liebsten tun«, sagte sie.

Megans Schutzengel veranschaulichte, wie sie sich fühlte, indem er sich die Haare auf dem Kopf raufte und einige davon wie Stacheln zu Berge stehen ließ. Zudem schleuderte er seine Arme in alle Richtungen. Während er das tat, kamen viele verschiedenfarbige Lichtblitze aus jedem Stachel, die in alle Richtungen schossen und wie Farbkleckse in der Luft explodierten und dann im Raum herumtrieben. Die Haare ihres Schutzengels standen ihm zu Berge, als wären sie elektrisch geladen. Megans Schutzengel demonstrierte ihre Frustration, und ich musste sehr darüber lachen.

Ich fragte meinen Schutzengel: »Auf welche Weise kann ich sie aufheitern?«

Als ich Megan auf Anraten des Engels dann genauer beschrieb, wie ihr Schutzengel sie imitierte, brachte sie das noch mehr zum Lachen. Im Nu war ihr Ärger verflogen. Das Lachen funktionierte, und es gelang ihr, die Textmenge zu bearbeiten, die sie an diesem Abend schaffen wollte. Jedes Mal, wenn sie nun an meinem Buch arbeitet, denkt sie daran, wie ihr Schutzengel ihre Frustration imitiert. Ich weiß, dass ihr dies ein Lächeln ins Gesicht zaubert.

Die Engel sind immer da, um uns zu helfen, aber sie können die Arbeit nicht für uns erledigen. Lehrengel stärken unseren Glauben an unsere eigenen Fähigkeiten. Sie unterstützen uns dabei, uns auf die Dinge zu konzentrieren, die wir erledigen müssen – ob es darum geht, einen Brief zu schreiben, eine Prüfung zu absolvieren oder etwas Neues zu lernen. Scheuen Sie sich nicht davor, Ihren Schutzengel darum zu bitten, einen Lehrengel in Ihr Leben zu schicken, um Sie dabei zu unterstützen, zuversichtlich zu sein und sich auf etwas auszurichten, an sich selbst zu glauben und sich bewusst zu machen, dass Sie in der Lage sind, etwas zu lernen und zu erreichen. Freuen Sie sich über Ihre Fähigkeiten und über das, was Sie erreicht haben, und sagen Sie zu sich selbst: »Gut gemacht.«

Eines frühen Morgens saß ich auf dem Bett und betete. Der Raum war voller Engel, die gemeinsam mit mir beteten. Ich betete für all die Menschen auf der Gebetsrolle, die mir geschrieben hatten. Ich betete und bat um Dinge für sie, und natürlich betete ich ebenfalls für die Menschen, die mir im Leben begegnet sind, und für die fremden Menschen, die ich nicht kenne. Ich betete für jeden auf der Welt sowie für die Natur.

Als ich mit dem Beten fertig war und gerade aufstehen und mit den Füßen in meine Hausschuhe schlüpfen wollte, zögerte ich und hielt einen Moment inne. »Du weißt, dass ich jetzt aufstehen werde, aber bevor ich das tue, muss ich mit dir sprechen, Gott«, sagte ich. »Es wird so klingen, als würde ich mich im Gebet bei dir beklagen. Mein Gott, bitte vergib mir, bevor ich beginne.«

Ich sprach weiterhin laut: »Ich habe mit mir gerungen, gekämpft und bin sogar davongelaufen, Gott, denn ich möchte es im Grunde nicht tun – ich möchte nicht über die Kreuzigung schreiben. Es wird mich innerlich zerreißen. Ich mache es jedes Jahr einmal durch, und nun forderst du mich dazu auf, über die Erfahrung zu schreiben, als der Erzengel Michael meine Seele mitgenommen und mich zurück in die Vergangenheit gebracht hat. Du hast mich sehen lassen, was Jesus widerfahren ist, als er gekreuzigt wurde. Muss ich über jede schreckliche Einzelheit berichten? Muss ich es wirklich tun, Gott? Du weißt, dass ich weine, während ich hier auf meinem Bett sitze und mit dir spreche. Warum antwortest du mir nicht? ... Okay, das ist in Ordnung, aber es ist nicht fair. Du könntest einen deiner Erzengel schicken, damit er mit mir spricht ...«

Ich schlüpfte in meine Pantoffeln und wickelte mich in meinen Morgenmantel ein. Dann ging ich in mein kleines Büro und setzte mich auf den Stuhl.

Plötzlich wurde der Raum von einem strahlenden goldenen Licht erfüllt. Ich legte meine Hände vor mein Gesicht, und Tränen rannen an meinen Wangen hinab. Wie dumm von mir anzunehmen, Gott höre mich nicht – aber natürlich tat Er das. Mein Zimmer war in das wunderschöne Licht gehüllt, sogar der Stuhl, auf dem ich saß, nahm eine goldene Farbe an. Er wirkte nicht mehr wie mein alter, schwarzer, leicht defekter Bürostuhl. Das brachte mich zum Schmunzeln, und im selben Moment hörte ich, wie mein Name gerufen wurde. Von überall her kamen Erzengel. Ich erkannte sie sofort.

Der Erzengel Michael trat zwischen all den Erzengeln hervor, die für ihn beiseitegingen. Er kam zu mir und sagte: »Gott hat dein Gebet erhört, Lorna. Du musst nicht alles beschreiben, was Gott dich sehen ließ, als du bei der Kreuzigung von Jesus anwesend warst.«

Alle Erzengel umgaben mich. Der Erzengel Michael nahm meine Hand in seine. Der Erzengel Raphael knöpfte seinen Mantel auf und legte ihn mir um die Schultern. Erzengel Michael, Erzengel Gabriel, Erzengel Raphael und Erzengel Uriel standen um mich herum. All die anderen Erzengel standen hinter ihnen und füllten den Raum aus. Irgendwie schien mein kleines Büro auf einmal riesig zu sein.

Der Erzengel Michael streckte seine linke Hand nach meinem Computerbildschirm aus, der daraufhin durchsichtig wurde, sodass ich hindurchsehen konnte. Goldenes Licht kam wie ein Dunst aus dem Bildschirm heraus und strömte in alle Richtungen. Als ich etwas nach unten sah, konnte ich meine Hand in der Hand des Erzengels Michael sehen. Dann blickte ich zu meinen Schultern und sah den wunderschönen roten Umhang, den der Erzengel Raphael mir umgelegt hatte. Er fühlte sich nicht schwer an, sondern war wie eine Feder.

»Lorna«, sprach mich der Erzengel Michael an.

Ich wandte mich ihm zu und sah ihn an. Er streckte seine linke Hand aus, legte seine Finger unter mein Kinn und schob meinen Kopf etwas nach oben, sodass ich direkt in seine Augen sehen konnte. Sie erfüllten mich mit Frieden und Liebe und einer großen Ruhe.

»Du schaffst das, Lorna«, sagte er.

»Das weiß ich«, antwortete ich dem Erzengel Michael. »Ich muss tun, worum Gott mich gebeten hat. Es ist nur so, dass es mir das Herz zerreißt, mein ganzes Wesen. Meine Seele hört dann nicht mehr zu weinen auf. Es ist so schlimm, dass ich bereits weinen werde, während ich in den Computer hineinspreche.«

Ich atmete tief ein und wandte mich dem Computer zu.

Der Erzengel Michael sagte: »Wir werden die ganze Zeit hier bei dir sein.«

»Ich danke euch«, antwortete ich den Erzengeln, die mich umgaben.

Bei den ersten Malen, als ich etwas von der Kreuzigung mitbekam, ließ Gott mich nicht allzu viel davon sehen. Zu dieser Zeit war ich noch zu jung dafür. Wahrscheinlich war ich damals gerade erst sechs Jahre alt. Ich sah die ganze Kreuzigung vor meiner ersten heiligen Kommunion, aber auch zu diesem Zeitpunkt war ich erst zwölf Jahre alt. Wenn die katholische Kirche dieser Zeit gedenkt, zerreißt es mir immer wieder das Herz, weil Gott mich bestimmte Teile davon erneut miterleben lässt.

Wenn der Erzengel Michael meine Seele mitnimmt und mich zurück in die Vergangenheit bringt, um bei der Kreuzigung dabei zu sein, bin ich offenbar immer ein Kind oder ein junges Mädchen. Ich habe einen physischen Körper, aber ich betrachte mich selbst nicht.

Ich konnte die heiße Luft und die Brise spüren. Es war spät am Morgen. Ich stand barfuß da und spürte jeden Kieselstein und jedes Staubkorn unter meinen Füßen. Mein Haar war lang und offen und wehte im Wind. Der Erzengel Michael war an meiner Seite. Ich war mir seiner Anwesenheit die ganze Zeit über bewusst; dennoch sah ich hin und wieder zu ihm auf, um mich dessen zu vergewissern.

Ich befand mich in einem Bereich, der voller Leute war. Er erinnerte mich an einen Hof eines Bauernhofs oder einer Schule. Ich war in einer Ecke, in der eine Säule aus grob behauenen Steinen an einer Wand stand, und versteckte mich dahinter. Ich wollte nicht, dass irgendjemand mich sah. Ein paar Soldaten waren anwesend und kämpften miteinander. Mir wurde klar, dass sie nur übten. Ich hatte große Angst, dass sie mich entdecken würden.

Ich versuchte, im Schatten zu bleiben, und bewegte mich an der Wand entlang. Ich erblickte einen Karren, der wahrscheinlich mit Heu beladen war, und arbeitete mich bis zu ihm vor.

Ein Mann rief mir zu, ich solle mich an die Arbeit machen und ihm folgen. Er war klein und stämmig.

»Hab keine Angst«, beruhigte mich der Erzengel Michael. »Sie werden dich nicht beachten; nur wenn Gott es wünscht.«

Auf dem Boden lagen einige Säcke. Sie waren bereits mit Heu gefüllt. Ich wählte den Sack, der am leichtesten wirkte, hob ihn sogleich vom Boden auf und folgte dem Mann. Er war nicht sehr freundlich. Er schien verärgert zu sein, und das machte mir etwas Angst, aber ich wusste, dass der Erzengel Michael dicht bei mir war.

Wir gingen durch eine schwere Tür hindurch. Drinnen war es sehr dunkel. Obwohl ich nicht viel sehen konnte, folgte ich dem Mann, so schnell ich konnte. Allerdings gelang es mir nicht, ganz mit ihm Schritt zu halten. Ich holte ihn ein, als er stehen blieb, um mit einem Mann zu sprechen, der in jeder Hinsicht doppelt so groß war wie er. Dieser Mann legte gerade eine Rüstung an.

Die beiden Männer unterhielten sich intensiv miteinander, als der Erzengel Michael zu mir sagte: »Lorna, stell den Sack ab und sieh nach vorne.«

Als ich das tat, sah ich weiter drinnen im Gebäude ein Licht. Es schien weit entfernt zu sein. Ich bewegte mich auf das Licht zu. Ich ging immer weiter in die Richtung, da der Erzengel Michael mich anwies, das zu tun. Dort brannten Feuer. Sie waren sehr klein, und offenbar qualmten sie nicht. Ich weiß nicht, wie oft ich beinahe über einen Hocker oder über die Kleidung von Soldaten gefallen wäre, aber meistens konnte ich den Gegenständen ausweichen, die offenbar überall verstreut herumlagen. Die meisten dieser Dinge hätten eigentlich an der Wand hängen sollen, aber einige Soldaten hatten es wohl eilig gehabt und ihre Sachen einfach auf den Boden geworfen.

Hin und wieder sagte der Erzengel Michael zu mir: »Gib hier gut acht, Lorna.« Ich war dort, ich war bei diesen Ereignissen zugegen. Es war mehr als nur eine Vision. Ich war in einem physischen Körper dort.

Als ich näher kam, wurde mir bewusst, dass ich das Tageslicht durch eine leicht geöffnete Tür sah. Ich konnte Stimmen hören. Ich ging nun vorsichtiger, horchte und versuchte herauszufinden, was ich hörte. War es nur eine Straße voller Menschen?

Als ich bei der Tür ankam und hinausblickte, war ich entsetzt. Ich machte einen Satz zurück und stand mit dem Rücken zur Tür. »Das ist ein Teil der Kreuzigung, nicht wahr?«, flüsterte ich.

»Ja, Lorna«, antwortete der Erzengel Michael.

Zitternd atmete ich tief ein. »Ist das dort Jesus?«

»Ja, Lorna. Das ist er.«

Ich fragte den Erzengel Michael: »Muss ich hinausgehen? Kann ich nicht einfach hierbleiben?«

Ich zitterte am ganzen Körper.

»Nein, Lorna.«

Der Erzengel Michael nahm meine Hand und erfüllte mich so mit Liebe. Damit schenkte er mir die Stärke, die ich brauchte.

Dann sagte er sanft zu mir: »Dreh dich um, Lorna.«

Während ich mich langsam umdrehte, drückte ich mich widerwillig mit meinem ganzen Gewicht gegen die Tür. Schließlich öffnete ich sie etwas weiter und schob mich langsam hindurch. Dabei überprüfte ich immer wieder, ob der Erzengel Michael noch bei mir war. Ich benötigte seine Ermutigung.

Dann drückte ich mich vollständig durch den Spalt der geöffneten Tür und stand einen Moment lang reglos da. Ich wollte losrennen und die Soldaten anfahren, die so grob mit Jesus umgingen, und zu ihnen sagen: »Was tut ihr da? Aufhören!« Aber der Erzengel Michael bekam mich zu fassen.

Er hielt mich an der Schulter fest und wies mich zurecht: »Nein, Lorna. Du darfst nicht eingreifen. Du bist nur hier, um zu beobachten und zu beten. Ich möchte, dass du zu der Säule auf der rechten Seite gehst und dich dahinterstellst.«

»Okay«, erwiderte ich und blickte mich um. »Was ist, wenn jemand mich sieht?«

»Sie werden dich nicht sehen«, antwortete der Erzengel Michael.

Ich eilte zu der Säule hinüber. Als ich sie erreichte, konnte ich meine Füße nicht mehr bewegen. Sie klebten am Boden fest. So etwas bewirken die Engel häufiger. Manchmal darf ich einfach keinen Schritt tun. Ich war halb hinter der Säule verborgen. Der Stein fühlte sich kalt an meinen Händen an.

Ich war sehr nahe am Geschehen. Ich konnte sehen, wie Jesus entkleidet und halbnackt an eine kleine Säule gekettet wurde; sie bestand aus Steinen und Holz. An manchen Stellen hatte sie scharfe Kanten, und wenn Jesus physisch schwächer wurde, würde sein Körper zum Teil auf dieser Steinsäule liegen. Er war in einer seltsamen, halb aufrecht stehenden Position angekettet. Ein Soldat in einer Rüstung ging zu Jesus und stieß ihn gegen die Steinsäule, sodass er dagegengedrückt wurde.

Hunderte von Engeln umgaben Jesus. Sieben Erzengel standen in einem inneren Kreis um ihn herum. Sie waren ihm am nächsten. Zudem waren Hunderte von anderen Engeln da. Es schienen unendlich viele von ihnen zu sein. Sie standen lediglich betend da, denn sie konnten nichts tun. Es erging ihnen wie mir – sie konnten sich nicht bewegen. Sie wollten Jesus helfen so wie ich, das war mir klar, und ich fühlte mit ihnen.

Ich sagte zum Erzengel Michael: »Es muss all euch Engeln sehr wehtun, das zu sehen.«

Als ich zum Erzengel Michael aufsah, erklärte er mir: »Wir empfinden keinen Schmerz, nur Liebe, Lorna. Alle Engel hier und alle Erzengel überschütten Jesus mit Liebe, um ihn zu stärken, obwohl er denkt, Gott habe ihn verlassen. Sein Vater hat all die Erzengel und die anderen Engel hier versammelt, um ihn daran zu erinnern, wer er ist, und dass er dies für die Menschheit tun kann. Jeder Engel, den Gott je erschaffen hat, hat ihn bereits gebeten, ihn den Platz von Jesus einnehmen zu lassen. Ich selbst habe das auch getan, aber Gott lässt das nicht zu.«

»Kann Jesus die Engel sehen?«, fragte ich den Erzengel Michael.

»Nein, Lorna, das kann er nicht.«

Ich spürte eine innere Panik, als der Erzengel Michael mir das sagte. Wie um alles in der Welt konnte Gott von Jesus erwarten, in der Lage zu sein, das für uns zu tun?

Der Erzengel Michael hörte meine Gedanken und erklärte mir: »Jesus kam von Gott und ist ein Teil Gottes. So wie die Seele jedes Mannes, jeder Frau und jedes Kindes. Gott möchte, dass jede Seele zu Ihm zurückkommt, weil jede Seele ein Teil Gottes ist; ein Lichtfunken.« Ich begriff, dass das, was ich sah – und was ich Ihnen deshalb berichten kann –, uns allen hilft, unsere Seelen in den Vordergrund treten zu lassen. All unsere Seelen verstehen dies. Jesus gab sein Leben, damit wir in der Lage sein würden, unsere Seelen in den Vordergrund treten zu lassen und die Verflechtung der Seele und des Körpers zuzulassen. Im Moment seines Todes rief die Verflechtung der Seele und des Körpers von Jesus eine Kraftexplosion und einen immensen Strom der Liebe hervor, die uns noch heute berühren.

Der Erzengel Michael berührte meine Hand, die an der Säule lag, mit seiner und forderte mich auf: »Bete.«

»Ich bete bereits«, antwortete ich.

Der Erzengel Michael zog das wunderschöne schneeweiße Taschentuch aus seiner Kleidung und trocknete damit einen Moment lang meine Tränen.

»Es ist für dich an der Zeit, eine Pause zu machen. Geh nach unten und mach dir eine Tasse Tee«, sagte er.

Als er meine Tränen mit dem wunderschönen Taschentuch fortwischte, hatte ich kurz das Gefühl, als wäre ich an zwei Orten, aber ich wusste, dass es nicht so war.

»Ich danke dir«, sagte ich.

Ich stand vom Stuhl auf, ging nach unten und machte mir etwas Tee. Ich erinnere mich nicht an sehr viel, lediglich daran, dass ich mit meiner Teetasse in der Hand in den Garten hinausging. Ich weiß nicht, wie viel später es war, als ich beschloss, wieder hinaufzugehen.

Als ich den Treppenabsatz erreichte, konnte ich natürlich das wunderschöne, strahlend goldene Licht sehen. All die Erzengel waren bereits im Zimmer und erwarteten mich, das war mir bewusst. Als ich bei der Tür war, reichte der Erzengel Michael mir seine Hand und führte mich zum Stuhl, damit ich mich vor den Computer setzte.

Gleichzeitig sagte ich zu ihm und zu all den anderen Erzengeln, die mit mir im Zimmer waren: »Ich kann das nicht. Es ist zu schmerzlich. Selbst der kleine Teil, den ich gerade geschrieben habe, gibt nicht jeden einzelnen Aspekt dessen wieder, was ich an jenem Tag gesehen habe.«

»Sieh mich an, Lorna«, forderte der Erzengel Michael mich auf.

Ich schwang mit dem Stuhl herum.

Während er erneut meine Tränen wegwischte, sagte er: »Gott möchte, dass du das tust, Lorna.«

Ich atmete tief ein und antwortete: »Okay.«

Dann wandte ich mich wieder dem Computer zu, setzte mir das Headset auf und begann zu sprechen, um die Geschichte weiterzuerzählen.

Ein Soldat stand ein paar Meter von Jesus entfernt. Er trug eine schwere Rüstung. Zudem hatte er eine Maske auf. Doch ich konnte seine Augen sehen. Er hatte braune Augen, und das Weiße darin war sehr hell.

»Der Soldat sieht nicht böse aus. Ich kann das nicht in seinen Augen erkennen«, sagte ich zum Erzengel Michael.

»Das ist er auch nicht. Er hat nur keine Wahl«, erklärte mir der Erzengel Michael. »Es waren noch sechs andere Soldaten da, doch er war derjenige, der dazu ausgewählt wurde, Jesus auszupeitschen.«

»Hätte er sich nicht weigern können?«

»Nein, Lorna, ein Soldat kann sich nicht weigern. Er hat eine Familie, und wenn er sich geweigert hätte, wären seine Angehörigen ins Gefängnis geworfen oder als Sklaven verkauft worden. Von einem Soldaten könnte man auch verlangen, bis zu seinem Tod zu kämpfen.«

Der Mann tat mir leid, als ich weiterhin dortstand und Jesus beobachtete, der gleich ausgepeitscht werden würde.

»Bete«, flüsterte der Erzengel Michael mir ins Ohr.

Ich schloss meine Augen und bat Gott darum, Seinem Sohn Jesus zu helfen.

»Öffne nun deine Augen, Lorna«, wies mich der Erzengel Michael an.

Ich tat, wie er mich geheißen hatte. Rechts von dem Soldaten stand eine schwere Bank. Auf einer Seite waren Griffe angebracht. Sie war mit lauter Utensilien bedeckt. Der Erzengel Michael musste mir nicht erklären, wofür diese benutzt wurden. Ich wusste es bereits. Es waren Folterinstrumente. Sie hatten alle möglichen Größen und Formen.

Plötzlich war ein lautes Raunen zu vernehmen, sodass ich zusammenzuckte. Ich hatte Angst, denn ich ahnte, was der Soldat als Nächstes tun würde. Er ging zu der Bank und nahm eine Peitsche zur Hand, an deren Riemen jeweils scharfe Elemente befestigt waren. Sie sahen rasiermesserscharf aus; manche waren wie Dreiecke, andere waren rund, und manche hatten eine gerade Form.

Dann ging der Soldat zurück zu dem Platz, an dem er zuvor gestanden hatte, und hielt einen Moment inne, ohne sich zu bewegen. Ein weiteres Raunen war zu hören. Er machte einen Schritt nach vorne und befand sich nun etwa einen Meter von Jesus entfernt. Er stand einen Moment lang da, und die versammelte Menge wurde ruhig. Sie bestand aus wichtig aussehenden Leuten, den Verantwortlichen, die gekommen waren, um sicherzustellen, dass die Strafe vollzogen wurde. Auch andere Soldaten waren anwesend. Sie bewegten sich nicht.

Der Soldat hob seinen Arm und versetzte Jesus zwei Peitschenhiebe. Ich war entsetzt. Ich schrie innerlich und presste meine Hand auf den Mund, um mich daran zu hindern, laut zu schreien. Ich schluchzte zitternd und fiel auf meine Knie. Der Erzengel Michael hatte seine Arme um mich gelegt.

Bei diesen beiden Peitschenhieben sah ich Fleischfetzen durch die Luft fliegen und Blut aus dem Körper von Jesus in alle Richtungen spritzen. Sein Rücken war blutüberströmt. Die Peitsche riss nicht nur das Fleisch von seinem Rücken, sondern wickelte sich zudem seitlich um seinen Körper und traf seine Brust und seine Rippen. Als der Soldat die Peitsche nach vorne schnalzen ließ, bewegten sich die einzelnen Riemen in verschiedene Richtungen, kurz bevor sie den Körper Jesu trafen, und bohrten sich dann in sein Fleisch hinein und rissen kleine Stücke heraus. Die zwei Peitschenhiebe, die dazu führten, waren wie zwölf Hiebe einer anderen Peitsche. Ich sah das Blut an seinen Beinen hinab zu Boden rinnen, auf dem sich eine Blutlache bildete. Das Blut floß außerdem an der Säule hinab und lief zwischen den Steinen auf dem Boden entlang, wo sich weitere Lachen bildeten.

Der Soldat stand reglos da. Dann hörte ich jemanden rufen: »Mehr!«

Der Soldat ging zu der Bank und nahm eine andere Peitsche zur Hand. Doch aus der Menge kamen Rufe, die Peitsche sei nicht gut genug, daher musste der Soldat eine andere auswählen. Jedes Mal, wenn er eine der Peitschen auswählte, ging ein Raunen durch die Menge, und er musste seine Hand zur nächsten bewegen, bis die Menge erfreut jubelte. Es war nur eine kleine Gruppe von Menschen, aber es waren auch viele Soldaten anwesend. Allerdings kamen eine Million Engel auf je einen Soldaten.

Die Menge entschied sich für die letzte Peitsche auf der Bank. Ich sah, wie der Soldat zögerte. Er wollte diese Peitsche nicht zur Hand nehmen, aber er hatte keine Wahl. Alles an dieser Peitsche war größer. Offenbar hatte sie mehr Riemen und schärfere Elemente am Ende jedes Riemens. Einige waren etwas höher an den Riemen angebracht.

Der Soldat nahm die Peitsche in die Hand und ging auf Jesus zu. Schließlich blieb er an demselben Punkt vor ihm stehen. Ich konnte die Augen des Soldaten sehen. Es sah so aus, als seien sie voller Tränen, und plötzlich konnte ich seinen Schmerz und sein Leid spüren. Ich spürte seine Emotionen angesichts von etwas, das er nicht tun wollte. Er betete zu Gott und bat Ihn um Vergebung.

Ich fragte den Erzengel Michael: »Wird Gott ihm vergeben?«

»Ja, ihm wurde bereits vergeben«, antwortete der Erzengel Michael.

Als der Soldat seinen Arm erneut hob, wurde es still. Er versetzte Jesus einen Peitschenhieb, sodass Fleischfetzen in alle Richtungen flogen. Der Soldat wollte Jesus nicht erneut auspeitschen, aber man befahl es ihm. Er protestierte sogar, dass es ihn töten könne, doch abermals wurde er angewiesen, Jesus weitere Peitschenhiebe zu versetzen. Das tat er erneut, und das Fleisch

Jesu flog in alle Richtungen, als es von seinem Körper gerissen wurde. Ein Fleischstück flog durch die Luft und traf das rechte Auge des Soldaten. Der Soldat hielt inne und sagte, er könne nichts mehr sehen. Er sei nicht in der Lage weiterzumachen. Schließlich traten all die anderen Soldaten zurück, und da sie das taten, war Jesus gerettet.

Einige Soldaten eilten zu Jesus, um die Ketten zu lösen. Einer der Soldaten, der offenbar das Kommando hatte, zog seinen Umhang aus und warf ihn auf Jesus. Die Soldaten hoben Jesus hoch und schleiften ihn über den Hof und durch die Tür, durch die ich gerade gekommen war.

Gott ließ mich die ganze Zeit über unsichtbar bleiben. Die Soldaten bemerkten mich nicht, als sie den Körper Jesu durch die Tür schleiften. Ich blieb in der Hocke bei der Säule sitzen. Ich weiß nicht, wie lange ich dort saß. Ich bemerkte nicht, wie die Zeit verging, bis die Sonne begann unterzugehen.

Ich hörte Schritte und spähte hinter der Säule hervor. Fünf Frauen gingen zu dem Platz, an dem Jesus ausgepeitscht worden war. Sie hatten Lappen und Wassereimer dabei. Etwas Wasser schwappte aus den Eimern und Schalen in ihren Händen heraus.

»Was tun sie?«, fragte ich.

»Sie sind gekommen, um den Stein zu reinigen und das Blut Jesu vom Boden aufzuwischen«, antwortete mir der Erzengel Michael.

Eine der Frauen sammelte sorgfältig jedes Stück Fleisch von Jesus auf und legte es überaus behutsam und sorgfältig in eine Schale. Die Engel halfen den Frauen ebenfalls. Ich konnte die Frauen hören. Sie schluchzten.

»Die Frauen sind Freundinnen von Jesus«, erklärte mir der Erzengel Michael. »Sieh genau hin, Lorna. Erkennst du nicht die Frau, die die Fleischstücke vom Boden aufsammelt? Es ist die Mutter von Jesus.«

Ich sah genau hin und legte meine Hand auf meinen Mund. »Es ist tatsächlich Maria! Lass mich hingehen und helfen!«

Doch der Erzengel Michael entgegnete: »Nein, Lorna. Du musst bleiben, wo du bist.«

Marias Hände zitterten. Ihr ganzer Körper tat das. Sie nahm eine andere Holzschüssel und legte ein sauberes Tuch auf eine Blutlache auf dem Boden, damit diese von dem Tuch aufgesaugt würde. Dann wrang sie das Tuch über der Schüssel aus. Die anderen Frauen taten das Gleiche.

Ich fühlte mit Maria. Es ist unfassbar, dass eine Mutter die Fleischstücke ihres Kindes vom Boden aufsammeln und sie in eine Schüssel legen muss. Es ist unvorstellbar schrecklich, eine Schüssel mit dem Blut des eigenen Kindes füllen zu müssen, das man vom Boden aufgewischt hat.

Die Frauen achteten darauf, alles zu entfernen. Sie waren sehr sorgfältig, um mit ihren Füßen nicht ins Blut oder auf ein Stück des Fleisches zu treten, das von Jesus stammte. Sie brauchten lange dafür, weil es dunkel war.

Als sie fertig waren, gingen die anderen vier Frauen zu Maria und legten ihre Arme um sie. Dann nahmen sie die Schalen und Tücher vom Boden und gingen fort.

Ich werde Ihnen noch etwas über die Kreuzigung erzählen. Ich kniete am Kopfende des Kreuzes, als es auf dem Boden lag. Ein Hammer und einige Nägel lagen neben dem Kreuz. Der Hammer sah sehr schwer aus, und die Nägel wirkten sehr groß und klobig, nicht so wie die glatten Nägel, die wir jetzt haben. Diese Nägel waren dick und hatten eine dunkle Farbe.

Ich sah Jesus direkt ins Gesicht. Ich sah den Schrecken in seinen Augen, als zwei Soldaten seinen Arm ergriffen. Einer hielt seinen Arm fest, als dächte er, Jesus könne Widerstand leisten, als hätte er die Kraft dafür. Ich sah, wie schwach er war. Er war sehr blass. Es war keine Farbe in seinem Gesicht. Der andere

Soldat griff nach seinem Handgelenk und öffnete die Finger von Jesus.

Die beiden Soldaten sahen einander an und flüsterten Jesus dann voller Anteilnahme etwas zu. Obwohl sie in einer mir unbekannten Sprache miteinander sprachen, verstand ich ihre Worte. Sie bewegten mich. Beide sagten zu ihm: »Vergib mir. Wir werden versuchen, es mit zwei Hammerschlägen zu schaffen, damit es weniger schmerzvoll ist.«

Jesus sah den Soldaten an, der seinen Arm festhielt, und blickte dann zu dem Soldaten, der sein Handgelenk umklammerte. Ich sah die Liebe, die von Jesus kam und die Soldaten berührte, denn es waren keine Worte nötig. Ruhe und Erleichterung stellte sich bei den Soldaten ein. Dann hob einer der Soldaten den Hammer, während er den Nagel in der anderen Hand hielt, und mit zwei Schlägen durchbohrte er das Fleisch von Jesus.

Der Erzengel Michael hielt mich fest, während ich in das Gesicht Jesu blickte, als er ausgestreckt auf dem Kreuz lag. Ich konnte seinen Schmerz und seine Verletztheit sehen, da er nicht verstand, warum dies geschah – warum erlaubte sein Vater im Himmel das? Ich konnte seine Pein sehen, da er nicht verstand, warum sein Vater nichts unternahm.

»Ich kann nicht mehr über die Kreuzigung schreiben«, sagte ich zum Erzengel Michael und zu all den Erzengeln im Zimmer.

»Das ist in Ordnung«, sagte der Erzengel Michael. »Wie du weißt, hat Gott gesagt, dass du schreiben kannst, was du möchtest.«

Der Erzengel Raphael sagte zu mir: »Jedes Mal, wenn du dich hinsetzt, um etwas über die Kreuzigung zu schreiben, werde ich meinen Umhang um deine Schultern legen.«

All die anderen Erzengel sagten mir, sie würden ebenfalls da sein. Ich bedankte mich bei ihnen allen, als sie den Raum verließen. Während sie das taten, wurde das Licht langsam schwächer, bis auf das Licht des Erzengels Michael, der dicht bei mir stand.

Ich sagte zum Erzengel Michael: »Ich werde die ganze Geschichte der Kreuzigung nach und nach schreiben. Ich weiß nicht, wie lange es dauern wird, aber es ist Gottes Wunsch, dass ich es nach und nach tue, das weiß ich.«

Dann spürte ich, wie mir jemand die Haare verwuschelte, und ich wusste, dass es Gottes Hand war.

Ich fragte ihn: »Ist das in Ordnung?«

»Ja«, antwortete Gott.

Danksagung

Es ist mir die größte Freude, meiner Tochter Aideen, die in meinen Büchern Megan heißt, für all ihre Hilfe zu danken. Seit der Zeit, in der ich mit dem Schreiben von *Engel berühren meine Fingerspitzen* begann, hat sie mich sehr unterstützt. Sie hat das Buch absolut fantastisch redigiert und für meinen Verleger Mark Booth vorbereitet. Sie hat Tag und Nacht an dem Buch gearbeitet, während sie gleichzeitig zur Universität ging und ihre Prüfungen absolvierte. Daher danke ich dir eine Million Mal, Aideen.

Ich möchte auch meiner Tochter Pearl danken, die hinter den Kulissen am Umschlag und der Werbung für *Engel berühren meine Fingerspitzen* gearbeitet hat. Danke für all deine Unterstützung und deinen Glauben an mich, Pearl, sowie für all deine Geduld. Ich weiß nicht, wie du das geschafft hast.

Ich danke überdies dem Rest meiner Familie, vor allem meinen Söhnen Niall und Christopher dafür, dass sie für mich da sind. Ihr habt mich enorm unterstützt und ermutigt. All eure Hilfe ist außerordentlich wertvoll. Ohne eure Unterstützung könnte ich nicht tun, was ich tue. Ich weiß das zutiefst zu schätzen.

An all meine Freunde auf der ganzen Welt – ich schätze und liebe euch so sehr. Ich werde nur ein paar Namen nennen, aber ihr wisst alle, dass ihr in meinem Herzen seid, egal ob ihr hier genannt werdet oder nicht. Ich danke allen, die sich während dieser Zeit des Schreibens um mich gekümmert haben. Danke, dass ihr mich in jeder erdenklichen Weise unterstützt und dafür gesorgt habt, dass ich es nicht übertreibe. Enorm unterstützt haben mich Catherine und John Kerrigan, Audrey Hamilton, Don O'Neill und Pascal Guillermie, Stephen Mallaghan und seine Familie, Peter und Rene Kastenmacher und natürlich Michael und Angela Lennon.

Ohne das Verlagsteam bei Hodder & Stoughton würde dieses Buch nicht existieren. Ich danke Ihnen. Mein Verleger Mark Booth ist mir im Laufe der Jahre ein wunderbarer Freund geworden. Er war immer für mich da und hat mir besonders während der Arbeit an diesem neuen Buch gezeigt, wie sehr er daran glaubt und sich dafür begeistert. Mark hat mich sehr unterstützt, da er mich so gut versteht. Ich danke dir dafür, dass du so geduldig bist, Mark.

Ich danke allen aus tiefstem Herzen, die meine Bücher gelesen haben, die zu meinen Veranstaltungen gekommen sind und – was am wichtigsten ist – die anderen von Gott und den Engeln erzählt haben. Sie sind mein Segen.

Ich danke Gott und den Engeln dafür, dass sie mein ganzes Leben lang bei mir sind und es mir ermöglichen, Gottes Wort weiterzugeben.

Wenn Sie mehr über Lorna Byrne erfahren möchten und Ihre Gebete und Wünsche auf ihre Gebetsrolle setzen wollen oder wenn Sie herausfinden möchten, wo Sie Lorna persönlich begegnen können, besuchen Sie ihre Internetseite: www.lornabyrne.com

www.lorna-byrne.de
Facebook: www.facebook.com/lornabyrneangels
Twitter: @LornaByrne
Instagram: @lornabyrneangels

Deine Seele leuchtet

144 Seiten. ISBN 978-3-424-63128-9

Jeder von uns hat einen Schutzengel an seiner Seite, der ihn bedingungslos unterstützt und liebt – das ist die kraftvolle Botschaft von Lorna Byrne, die weltweit eine riesige Leserschaft berührt und begeistert. Dieser inspirierende Band versammelt einfühlsame Zitate, Geschichten, Gebete und neue Einsichten der Bestsellerautorin. Wunderschön und mit vielen stimmungsvollen Fotos aus Lornas irischer Heimat gestaltet, entführt er uns in eine von Engeln beseelte Welt voller Liebe, Geborgenheit und Anteilnahme. Lornas Weisheiten sind thematisch den Jahreszeiten mit ihren unterschiedlichen Schwerpunkten wie Aufbruch und Hoffnung im Frühling oder Reife und Abschied im Herbst zugeordnet. Ein Jahresbegleiter, den man durchlesen, aber auch zwischendurch zur Inspiration zur Hand nehmen kann.